narr studienbücher

Wir widmen unsere Einführung den Kindern und ihren Eltern, ohne deren Unterstützung bei der Erhebung der Daten dieses Buch nicht möglich gewesen wäre.

Natascha Müller / Tanja Kupisch
Katrin Schmitz / Katja Cantone

Einführung in die Mehrsprachigkeitsforschung

Deutsch - Französisch - Italienisch

2., durchgesehene und aktualisierte Auflage

gnv Gunter Narr Verlag Tübingen

Prof. Dr. Natascha Müller ist Professorin für Romanische Sprachwissenschaft an der Universität Wuppertal.
Dr. Tanja Kupisch lehrt als Assistant Professor an der McGill Universität, Montreal.
Dr. Katrin Schmitz lehrt als Wissenschaftliche Assistentin an der Universität Wuppertal.
Dr. Katja Cantone lehrt als Wissenschaftliche Mitarbeiterin an der Universität Bremen.

Bibliografische Information der Deutschen Nationalbibliothek

Die Deutsche Nationalbibliothek verzeichnet diese Publikation in der Deutschen Nationalbibliografie; detaillierte bibliografische Daten sind im Internet über <http://dnb.d-nb.de> abrufbar.

2., durchgesehene und aktualisierte Auflage 2007

1. Auflage 2006

© 2007 · Narr Francke Attempto Verlag GmbH + Co. KG
Dischingerweg 5 · D-72070 Tübingen

Das Werk einschließlich aller seiner Teile ist urheberrechtlich geschützt. Jede Verwertung außerhalb der engen Grenzen des Urheberrechtsgesetzes ist ohne Zustimmung des Verlages unzulässig und strafbar. Das gilt insbesondere für Vervielfältigungen, Übersetzungen, Mikroverfilmungen und die Einspeicherung und Verarbeitung in elektronischen Systemen.
Gedruckt auf chlorfrei gebleichtem und säurefreiem Werkdruckpapier.

Internet: http://www.narr.de
E-Mail: info@narr.de

Druck: Gulde, Tübingen
Bindung: Nädele, Nehren
Printed in Germany

ISSN 0941-8105
ISBN 978-3-8233-6355-2

Inhaltsverzeichnis

1	Einleitung	9
2	Mehrsprachigkeit: Definitionen	15
2.1	Simultan / sukzessiv – natürlich / gesteuert – kindlich / erwachsen	15
2.2	Kompetenz und Performanz — Transfer und Interferenz	17
2.3	Positiver und negativer Transfer im Zweitspracherwerb	22
2.3.1	Negativer Transfer	22
2.3.2	Positiver Transfer	28
2.4	Bilingualität und Parameter	29
2.4.1	Universalgrammatik	30
2.4.2	Parameter	34
2.5	Zusammenfassung	45
2.6	Aufgaben	45
3	Methoden der Datenerhebung und Formen der simultanen Mehrsprachigkeit	47
3.1	Typen der Bilingualität	48
3.2	Querschnittstudien	52
3.3	Longitudinalstudien	54
3.4	„Frühkindliche Zweisprachigkeit: Italienisch-Deutsch und Französisch-Deutsch im Vergleich"	59
3.5	Aufgaben	62
4	Der (un)balancierte Mehrsprachige	63
4.1	Sprachdominanz und die schwächere Sprache	63
4.1.1	Frühe Studien zum Thema Sprachdominanz	63
4.1.2	Die Charakterisierung der schwächeren Sprache	66
4.1.3	Die schwächere Sprache im Vergleich zum sukzessiven Spracherwerb	67
4.2	Kriterien zur Bestimmung der Sprachdominanz	70
4.2.1	Transfer und Verzögerungen	71
4.2.2	Ein Überblick über Dominanzkriterien	73
4.2.3	Gruppierung der Kriterien	85

4.3	Sprachbalance und Spracheneinfluss	86
4.3.1	Sprachbalance und Spracheneinfluss sind abhängig	87
4.3.2	Sprachbalance und Spracheneinfluss sind unabhängig	90
4.3.3	Fazit	92
4.4	Kritische Anmerkungen zum Begriff der Sprachdominanz	92
4.5	Aufgaben	93
5	**Sprachentrennung und Spracheneinfluss: Ein Überblick**	**95**
5.1	Das fusionierte System: Lexikon und Syntax	95
5.1.1	Die erste Entwicklungsphase	96
5.1.2	Die zweite Entwicklungsphase	100
5.1.3	Die dritte Entwicklungsphase	104
5.2	Sprachentrennung ohne Spracheneinfluss	106
5.2.1	Evidenz für getrennte Systeme: Gemischte Äußerungen	107
5.2.2	Evidenz für getrennte Systeme: Monolinguale Äußerungen	110
5.2.3	Die Rolle der Sprachdominanz	112
5.3	Sprachentrennung mit Spracheneinfluss	113
5.4	Zusammenfassung und Ausblick	115
5.5	Aufgaben	116
6	**Spracheneinfluss**	**119**
6.1	Beschleunigung	123
6.1.1	Verbstellung im deutschen Hauptsatz	123
6.1.2	Der Bereich der Determinanten	132
6.2	Verzögerung	143
6.2.1	Objektauslassungen	143
6.2.2	Subjektauslassungen	158
6.3	Transfer: Die Stellung des finiten Verbs im deutschen Nebensatz	171
6.3.1	Beschreibung der Zielsysteme	171
6.3.2	Studien mit monolingualen Kindern	173
6.3.3	Studien mit bilingualen Kindern	175
6.3.4	Zusammenfassung des Bereichs der Verbstellung im deutschen Nebensatz	179
6.4	Zusammenfassung des Kapitels	180
6.5	Aufgaben	181
7	**Sprachmischungen bei bilingualen Kindern**	**183**
7.1	Definitionen	184
7.2	Erwachsenensprachliche Sprachmischungen	189

Inhaltsverzeichnis

7.2.1	Soziolinguistische und pragmatische Restriktionen	189
7.2.2	Grammatische Restriktionen	190
7.3	Kindliche Sprachmischungen	197
7.3.1	Sprachmischungen aufgrund fehlender Sprachentrennung und fehlender pragmatischer Kompetenz?	197
7.3.2	Sprachmischungen aufgrund der Entwicklung der beiden Lexika?	198
7.3.3	Sprachmischungen aufgrund der grammatischen Entwicklung?	199
7.3.4	Sprachmischungen aufgrund von Sprachdominanz?	201
7.4	Das kindliche Code-switching ohne dritte Grammatik	202
7.5	Zusammenfassung	207
7.6	Aufgaben	208
8	**Lernertypen**	**209**
8.1	Lernertypen und Kompetenz	210
8.1.1	Weinreichs (1970) bilinguale Lernertypen	210
8.1.2	Studien zur Weinreichschen Unterscheidung	212
8.1.3	Kritik an der Weinreichschen Unterscheidung	214
8.2	Lernertypen nach Dominanzkriterien	216
8.2.1	Die sprachliche Entwicklung der beiden Sprachen eines Individuums und einer der Sprachen im Vergleich zur Norm	216
8.2.2	Typen der Sprachbalance	218
8.3	Zusammenfassung	220
8.4	Aufgaben	221
9	**Literatur**	**223**
10	**Glossar**	**237**
11	**Index**	**245**
12	**Anhang: Transkripte**	**253**

1 Einleitung

Der Mikrozensus 2005 - eine amtliche Repräsentativstatistik - (siehe Statistisches Bundesamt 2005) rechnete zum ersten Mal den so genannten Migrationshintergrund vieler Einwohner Deutschlands ein und gliederte demnach die Bevölkerung nach Ausländern und Deutschen mit und ohne Migrationshintergrund. Diese Unterteilung wurde vorgenommen, um einen besseren Überblick über den Integrationsbedarf zu bekommen. Die Zahlen geben uns gleichzeitig eine Übersicht darüber, wie viele mehrsprachige Menschen in Deutschland leben, denn man kann davon ausgehen, dass die meisten Deutschen mit Migrationshintergrund zweisprachig sind. Nach dem Mikrozensus sind 81% der Bevölkerung (67,1 Millionen) Deutsche ohne Migrationshintergrund. In dieser Bevölkerungsgruppe befinden sich natürlich auch zweisprachige Personen, zum Beispiel solche, die Deutsch und Plattdeutsch sprechen, oder solche, die durch den Aufenthalt in einem anderen Land mehrsprachig aufgewachsen sind; Ausländer und Deutsche mit Migrationshintergrund kommen zusammen auf ca. 19% (15,3 Millionen) der Bevölkerung, wobei die Deutschen mit Migrationshintergrund ungefähr 10% (8 Millionen) ausmachen. Laut Krefeld (2004:13) wies das Statistische Bundesamt für Deutschland 111347 Personen mit französischer und immerhin 616282 Personen mit italienischer Staatsangehörigkeit nach (Stand vom 14.8.2002). Diese Zahlen verdeutlichen, dass in Deutschland also immer häufiger die Notwendigkeit entsteht, aber damit auch die Chance, Kinder in mehrsprachigen Umgebungen aufwachsen zu lassen. Damit dies glückt, sollten folgende Voraussetzungen erfüllt sein: erstens muss ein Bewusstsein in der Gesellschaft dafür geschaffen werden, dass Deutschland kein einsprachiges Land ist; zweitens müssen Eltern, die sich entscheiden, ihre Kinder zweisprachig zu erziehen, unterstützt und beraten werden; nicht zuletzt muss eine auf Mehrsprachigkeit und den Spracherwerb gerichtete Lehrerausbildung gewährleistet werden.

Der in dem Arbeitsbuch vorgestellte Bereich der Mehrsprachigkeitsforschung dient dazu, allen hieran Beteiligten zu verdeutlichen, welche Chancen sich für die Kinder bieten und wie der Weg zu mehr als einer Muttersprache bewältigt werden kann. Insbesondere das Wissen um den Weg soll es erleichtern, auf Kritik und vermeintliche Misserfolge während des Erwerbsprozesses richtig zu reagieren und den Kindern die Möglichkeit zu geben, mehrsprachig in die Schulzeit zu starten. Das Arbeitsbuch soll aus wissenschaftlicher Perspektive Antworten geben und hat zwei Hauptanliegen. Es wird einerseits in die aktuelle Mehrsprachigkeitsforschung eingeführt, andererseits das empirische Arbeiten mit Spracherwerbsdaten eingeübt. Der Fokus liegt auf der simultanen Mehrsprachigkeit, d.h. dem gleichzeitigen Erwerb mehr als einer Muttersprache. Die Einführung richtet sich an Studierende der Romanistik (Französisch-Italienisch), Germanistik

(Deutsch) und der Allgemeinen Sprachwissenschaft und soll dazu dienen, die Thematik in die Ausbildung der zukünftigen Lehrer aufzunehmen.

Bis heute werden gegen die simultane Zwei- bzw. Mehrsprachigkeit Bedenken geäußert. So befürchten Eltern und Lehrer, dass das mehrsprachige Kind in seiner sprachlichen Entwicklung negativ beeinflusst und die Entwicklung der allgemeinen kognitiven Fähigkeiten behindert wird. Des Weiteren wird oft behauptet, dass der bilinguale frühkindliche Spracherwerb Verzögerungen unterliegt und die Trennung der beiden Sprachsysteme derart mit Problemen behaftet ist, dass keines der beiden Sprachsysteme korrekt und vollständig erworben wird. Ein Beispiel für diese Bedenken stellt der Artikel „Io trinko, io esso" von Dieter E. Zimmer in DIE ZEIT (Nr. 50, 6.12.1996) dar. Obwohl der Autor mit seinem Artikel Vorurteile gegenüber dem Bilinguismus ausräumen möchte, stützt er sich auf eine Arbeit von Taeschner (1983) zum Erstspracherwerb zweier bilingual deutsch-italienisch aufwachsender Kinder, in der argumentiert wurde, dass in sehr frühen Phasen des bilingualen Spracherwerbs nur ein einziges Sprachsystem existiert und das bilinguale Kind erst im Laufe der Sprachentwicklung mühsam zwei voneinander getrennte Systeme herausbildet. Bis heute werden Sprachmischungen — wie im Titel des Artikels — als Beleg für das Nicht-Trennen beider Sprachen und somit der Sprachsysteme angegeben. Der Titel ist jedoch unglücklich gewählt, da in der neueren Literatur zum Bilinguismus belegt ist, dass der Sprachwechsel innerhalb eines Wortes sehr selten und somit untypisch ist. Viel häufiger kommt es zu Sprachmischungen wie *macchina kaputt* oder *voiture kaputt*, also Äußerungen, die sich aus ganzen Wörtern beider Sprachen zusammensetzen. In Bezug auf solche Mischungen schreibt Montanari (2002:173):

> „Die meisten Deutschlehrer finden es schrecklich. Eltern mögen es nicht. Verwandte reagieren besorgt. Viele meinen, wer mischt, beherrsche keine Sprache richtig. Wer ein Wort entleiht, ist faul oder kennt das richtige Wort nicht. Es gibt nur eine Form, die von allen akzeptiert wird: wenn die Sprache gewechselt wird, um sich an jemanden zu wenden, der nur diese versteht."

Sprachmischungen werden also als Fehler angesehen, was sie aus einer monolingualen Perspektive vermutlich auch sind. In mehrsprachigen Gesellschaften gehört das Mischen jedoch zum Alltag. Es wird sogar als Fähigkeit gesehen, in Abhängigkeit von bestimmten Faktoren wie Redesituation, Gesprächsthema und Gesprächspartner gezielt eine der beiden Sprachen zu wählen und dann mit dem Terminus „code-switching" belegt. Weshalb sollte also das Mischen bei kleinen Kindern nicht auch gezielt und somit gewissen Regularitäten unterworfen sein? Möglicherweise unterliegt das kindliche Mischen nicht den erwachsenensprachlichen Regeln, aber das bedeutet noch nicht, dass es gar nicht regelgeleitet ist. Wenn wir davon ausgehen, dass der Sprachwechsel bei Erwachsenen Regeln unterworfen ist und wir außerdem vermuten, dass es, wie oben erwähnt, formale, rein sprachintern bedingte Eigenschaften sind, die den Sprachwechsel erlauben oder ausschließen, dann können selbstverständlich die kindlichen Mischungen nur solchen sprachinternen Eigenschaften folgen, die das Kind auch bereits erworben hat. Konstruieren wir zur Illustration das folgende Beispiel: Wir dürfen davon ausgehen, dass der Sprachwechsel innerhalb von Wörtern sehr untypisch ist. Damit diese Regularität auch in den kindlichen Sprachproduktionen zum Tragen kommen kann, muss der Wortbegriff des Kindes mit dem des Erwachsenen übereinstimmen. Nun gibt es in den romanischen Sprachen und im Deutschen komplexe Wörter, die aus mehreren ansonsten auch frei in der jeweiligen Sprache vorkommenden Wörtern bestehen, die Nominalkomposita wie *Kartoffelsuppe* im Deutschen, *chien-loup* bzw. *cane lupo* „Wolfshund" im Französischen bzw. Italienischen und ganz besonders im Deutschen die Partikelverben wie *austrinken*. Müller und Cantone (2007) weisen Sprachmischungen sowohl in Nominalkomposita als auch bei Partikelverben nach: *fruchtgust* „Fruchtgeschmack" (Beispiel von einem italienisch-deutschen Kind), *kartoffelsoupe* „Kartoffelsuppe" (Beispiel aus Veh 1990:99 von einem französisch-deutschen Kind), *dies on peut anmis- mise* „anziehen" (Beispiel aus Veh 1990:98 von einem französisch-deutsch aufwachsenden Kind). Solche Beispiele sind auch bei anderen Sprachpaaren belegt, wie z.B. zwischen dem Deutschen und dem Englischen in *aber ich sag: Esther, du cutst dein toe!* oder i*ch habe geclimbed up* (Gawlitzek-Maiwald und Tracy 1996: 911 und 914). Damit das Verbot des Sprachwechsels innerhalb von Wörtern von Kindern angewandt werden kann, muss das Kind diese auch als Wörter analysieren. Die Grenze zwischen Wort und Syntagma ist bei den genannten Beispielen nicht einmal für die Erwachsenensprache immer scharf. Die Beispiele zeigen, wie vorsichtig wir mit unseren Urteilen über die Mehrsprachigkeit sein sollten und dass nur eine genaue linguistische Analyse der kindlichen Äußerungen Aufschluss darüber geben kann, wie diese in Relation zum Ablegen der Sprachsysteme im mehrsprachigen Individuum zu interpretieren sind. Dieses soll die vorliegende Einführung leisten.

Die Einführung beginnt mit einem Kapitel zu Definitionen der Mehrsprachigkeit. Die in diesem Buch im Zentrum stehende simultane Mehrsprachigkeit wird von der sukzessiven Form des Erwerbs mehrerer Sprachen abgesetzt werden, und der hier behandelte natürliche Erwerb zweier oder mehrerer Sprachen, wie er in der Regel bei jedem Kleinkind erfolgt, wird vom gesteuerten Erwerb mit formalem Unterricht getrennt. Zu den Dichotomien simultan – sukzessiv und natürlich – gesteuert gesellt sich das Alter bei Erwerbsbeginn, was häufig mit kindlich – erwachsen umschrieben wird. In unserer Einführung wollen wir den simultanen, natürlichen und kindlichen Erwerb zweier Sprachen genauer betrachten. Das Kapitel soll auch in den theoretischen Rahmen einführen und wichtige Begriffe klären, die in den anderen Kapiteln dann an Beispielen verdeutlicht werden.

Das dritte Kapitel beschäftigt sich mit Methoden der Datenerhebung und den verschiedenen Formen der simultanen Mehrsprachigkeit. Wir geben an dieser Stelle einen Überblick über die wichtigsten Studien zur simultanen Mehrsprachigkeit und empfehlen den Studierenden, die eine oder andere Studie zu konsultieren und sie sich mit Hinblick auf die genannte Struktur des Kapitels genauer anzusehen bzw. sie einzuordnen. Selbstverständlich umfasst dieses Kapitel nicht alle existierenden Studien, da wir das Anliegen verfolgen, eine Einführung in die Thematik zu liefern.

Im vierten Kapitel wird auf der Basis vorhandener Literatur eine Unterscheidung zwischen balanciert bilingualen und unbalanciert bilingualen Individuen getroffen. Nur selten verwenden zweisprachige Kinder beide Sprachen gleich häufig und gleich gut. Oft ist es der Fall, dass sich die eine Sprache schneller entwickelt als die andere, wofür viele Autoren den Terminus Sprachdominanz verwenden. Doch auch hier müssen wir uns nicht auf unser Gefühl verlassen, sondern es sind in der Literatur Kriterien vorgeschlagen worden, mit Hilfe derer man beides, die (Un)balanciertheit in der Sprachentwicklung, und die in der Sprachverwendung messen kann. Wir wollen diese Kriterien vorstellen und sie auf Sprachkorpora von bilingualen Kindern anwenden.

Das fünfte Kapitel widmet sich einem Überblick über die Literatur zur Sprachentrennung und zum Spracheneinfluss im bilingualen Individuum. Begonnen hat die Forschung mit der Idee, dass mehrsprachige Kinder erst wie monolinguale Kinder über ein einziges Sprachsystem verfügen und dieses im Laufe der Entwicklung ausdifferenzieren. Diese Ansicht ist zu Recht sowohl empirisch als auch theoretisch hinterfragt und widerlegt worden. Bis heute lassen sich die meisten Forschungsarbeiten dahingehend charakterisieren, dass sich Trennung und Einfluss gegenseitig ausschließen: Die einen vermuten, dass bilinguale Kinder die Sprachen nicht trennen können und deshalb Einfluss sichtbar wird. Die anderen glauben, dass der Einfluss deshalb nicht existiert, weil die beiden Sprachen von Beginn an voneinander getrennt werden. Das Kapitel erarbeitet eine Sichtweise zwischen diesen Extremen, die kritisch hinterfragt, dass Trennung und Einfluss auf gesamte Sprachsysteme bezogen werden, und mit der Idee schließt, dass einige grammatische Bereiche sehr früh, andere später getrennt voneinander abgelegt werden.

Dieses ist aus empirischer Sicht das Anliegen des sechsten Kapitels, in dem der Spracheneinfluss bezogen auf bestimmte grammatische Phänomene im Mittelpunkt steht. Der Einfluss kann verschiedene Manifestationen haben: Er kann sich beschleunigend auf den Erwerbsverlauf auswirken, oder er kann den Entwicklungsverlauf verlangsamen. Diese Auswirkungen sind quantitativer Natur. Als dritte Möglichkeit steht der Transfer, der zu einer qualitativ besonderen Entwicklung führt.

Das siebte Kapitel widmet sich den Sprachmischungen. Es werden zunächst Beschränkungen für den Sprachwechsel vorgestellt, die für mehrsprachige Erwachsene in mehrsprachigen Kulturen Gültigkeit haben, und somit ein Literaturüberblick erarbeitet. Im Anschluss werden vorrangig die kindlichen Mischungen behandelt und es wird die Vermutung untermauert, dass Sprachmischungen bei bilingualen Kindern ein hohes Maß an Sprachkompetenz widerspiegeln.

Mit unserem achten Kapitel betreten wir Neuland in dem Rahmen von Spracherwerbsforschung, welchen wir zugrunde legen, und es kann in gewisser Weise als gewagt betrachtet werden. Da in den empirisch ausgerichteten Kapiteln 4 und 6 individuelle Aspekte im bilingualen Spracherwerb eine Rolle spielen, definiert das achte Kapitel Lernertypen, zunächst auf der Basis der Sprachkompetenz, dann auch auf der Basis des Sprachgebrauchs. Gewagt ist dieses Kapitel deshalb, da die Existenz von Lernertypen unter der Annahme eines angeborenen

Spracherwerbsmechanismus', der es (allen) Menschen ermöglicht, Sprache zu erwerben und diese in recht kurzer Zeit und in einer weitestgehend festen Erwerbsabfolge zu entwickeln, unerwartet ist.

Die Einführung schließt mit dem Glossar. Jedes Kapitel enthält einen Übungsteil. Damit die Studierenden die Übungsaufgaben an wirklichen Sprachbeispielen lösen können, haben wir die Transkriptionen von zwei Sprachaufnahmen, einer italienischen und einer deutschen, abgedruckt. Die Lösungen zu den im Buch gestellten Aufgaben sind in Form eines ebooks direkt vom Verlag erhältlich.

Die einzelnen Kapitel sind nach Kompetenzbereichen von jeweils einer Autorin verfasst worden: Katja Cantone ist Verfasserin der Kapitel 3 und 7, Tanja Kupisch der Kapitel 4, 6.1.2 und 8, Katrin Schmitz des Kapitels 6 und Natascha Müller der Kapitel 1, 2 und 5. Selbstverständlich sind alle Autorinnen zusätzlich für den gesamten zu vermittelnden Stoff verantwortlich, da die Einführung aus einer gemeinschaftlichen Arbeit entstanden ist.

Für die zweite Auflage wurde die Einführung inhaltlich und auch formal überarbeitet. Wir möchten den Studierenden der Spracherwerbskurse in Wuppertal, Bremen und Hannover für die Kommentare danken, die zu einer hoffentlich klareren Darstellung des Stoffes geführt haben. Ganz besonders danken möchten wir Riccarda Fasanella, die die Einführung für uns noch einmal vollständig durchgesehen hat.

2   Mehrsprachigkeit: Definitionen

2.1   Simultan / sukzessiv – natürlich / gesteuert – kindlich / erwachsen

Im Zentrum der Einführung steht die simultane Mehrsprachigkeit, bei zwei Sprachen auch Bilinguismus genannt. Unter Bilinguismus verstehen wir das Sprachvermögen eines Individuums, das aus dem natürlichen Erwerb (d.h. ohne formalen Unterricht) zweier Sprachen als Muttersprachen im Kleinkindalter resultiert (vgl. Lambeck 1984). Manche Forscher fordern, dass der Erwerb beider Sprachen simultan, also gleichzeitig und nicht zeitversetzt, erfolgen muss, um vom bilingualen Individuum sprechen zu dürfen (z.B. de Houwer 1990). Andere erweitern den Zeitraum auf das Vorschulalter (vor ca. drei Jahren), während dessen dem Kind die zweite Sprache „angeboten" werden muss. In unserer Einführung wollen wir den wirklich simultan erfolgenden Erwerb von zwei Muttersprachen betrachten (zum Sprachkontakt innerhalb und außerhalb von Sprachgemeinschaften vgl. Riehl 2004).

Vom simultanen Erwerb mehrerer Muttersprachen ist die sukzessive Form des Erwerbs mehrerer Sprachen abzugrenzen, wie er in Deutschland zumindest für das Englische für manche Kinder bereits mit dem Eintritt in die Grundschule, für andere ab der 5. Klasse stattfindet. Während der simultane Erwerb mehrerer Sprachen immer natürlich erfolgt, müssen für den sukzessiven Erwerb zwei Formen unterschieden werden: der natürliche Erwerb zweier oder mehrerer Sprachen, wie er in der Regel bei jedem Kleinkind erfolgt, und der gesteuerte Erwerb mit formalem Unterricht. Der oben genannte Fall würde zum sukzessiven gesteuerten Erwerb zählen. Wählt eine einsprachige Familie einen Wohnsitz in einem Land mit einer anderen Umgebungssprache als die Muttersprache der Eltern, so werden die Kinder der Familie die Umgebungssprache auch auf natürlichem Wege erwerben können. Zu den Dichotomien simultan – sukzessiv und natürlich – gesteuert gesellt sich das Alter bei Erwerbsbeginn, was häufig mit kindlich – erwachsen umschrieben wird. In unserer Einführung wollen wir den simultanen, natürlichen und kindlichen Erwerb zweier Sprachen genauer betrachten. Sie dient gleichzeitig als Ausgangspunkt für die aktuell diskutierte Frage, ob der im Kindesalter einsetzende Erwerb einer weiteren Sprache noch qualitativ (und quantitativ) wie der simultane Erstspracherwerb verläuft, oder ob die kindliche sukzessive Mehrsprachigkeit eher dem Erwerbsverlauf ähnelt, wie wir ihn im Erwachsenenalter vorfinden. Hinter dieser Forschungsfrage verbergen sich jedoch viele Annahmen, die selbst noch einer Prüfung standhalten müssen, wie beispielsweise die, dass der erwachsene Zweitspracherwerb nicht so effizient verläuft wie der simultane doppelte Erstspracherwerb. Der vermutete Unterschied zwischen dem simultanen und dem sukzessiven Erwerb mehrerer Sprachen basiert beispielsweise auf der Annahme, dass wir bei der simultanen Form einen zügigen Erwerbsverlauf ohne größere Spracheneinflüsse erwarten, hingegen beim sukzessiven Erwerb – verstärkend mit dem fortschreitenden Alter des spracherwerbenden Individuums – einen langwierigen und mit Spracheneinflüssen durchsetzten Erwerbsverlauf vermuten. Unsere Einführung nimmt die Perspektive des simultan bilingualen Individuums ein und wird zeigen, dass auch dort weniger zügige Spracherwerber existieren und es häufig zum Spracheneinfluss kommt. Die Sichtweise, dass der sukzessive Erwerb „ganz anders" vonstatten geht (bezogen auf die Qualität und die Quantität), ist also vermutlich nicht richtig (vgl. White 1989, 2003). Zukünftige Forschungen werden dies untersuchen müssen. Wir müssen in unserer Einführung, mit Ausnahme dieses Kapitels, den sukzessiven Erwerb mehrerer Sprachen leider aus Platzgründen vollständig ausblenden.

Der Forschungszweig, der die Altersfrage bei der Mehrsprachigkeit genauer unter die Lupe nimmt, basiert seine Vermutungen über den Unterschied zwischen der simultanen und der sukzessiven Mehrsprachigkeit und die Rolle des fortschreitenden Lebensalters auf neurophysiologische Erkenntnisse über die menschliche Sprachfähigkeit. Lenneberg (1967) hat seinerzeit die Vorlage für diesen Zusammenhang zwischen der menschlichen Sprachfähigkeit und dem Alter geliefert, indem er von einer kritischen Phase für bestimmte Fertigkeiten gesprochen hat. Die Pubertät sah Lenneberg als einen kritischen Punkt, bis zu dem eine Erstsprache erworben sein muss. Nach diesem Zeitpunkt ist ein erfolgreicher Erwerb nicht mehr möglich. Forscher wie McLaughlin (1978) haben den Punkt für den erfolgreichen Erwerb einer Sprache als Muttersprache auf das Alter bis drei Jahre vorverlegt. In der Tat sind alle Altersstufen zwischen drei Jahren und der Pubertät als das Ende der kritischen Phase für den Erstspracherwerb vorgeschlagen worden und man geht heute sogar davon aus, dass für die unterschiedlichen linguistischen Fertigkeiten (Aussprache, Wort- und Satzbau, etc.) auch unterschiedliche Altersabschnitte „kritisch" sind. Auch diese Zeitpunkte wurden auf neurophysiologische Veränderungen zurückgeführt; vgl. u.a. Long (1990) und Hyltenstam und Abrahamsson (2003). Darüber hinaus haben neurolinguistische Studien zu zeigen versucht, dass Personen, die mit ihrer zweiten Sprache später als bis zum dritten Lebensjahr in Kontakt gekommen sind, diese auch anders im Gehirn ablegen (vgl. z. B. Obler, Zatorre, Galloway und Vaid 1982, Hahne und Friederici 2001). Wenn die Vorstellung richtig ist, dass – rein neurophysiologisch betrachtet – ein Fenster geschlossen wird und sich von dem Zeitpunkt an ein andersartiger Erwerbsverlauf (sowohl qualitativ als auch quantitativ) einstellt, dann müssen wir wohl davon ausgehen, dass die mit den neurophysiologischen Voraussetzungen verbundene Fähigkeit des Erwerbs einer Erstsprache ebenso unerreichbar wird.

Bis vor wenigen Jahren glaubte man, dass Kinder bereits im Mutterleib und ab der Geburt bis zum Alter von ca. drei Jahren die meisten Lernschritte vollziehen, die mit neurophysiologischen Voraussetzungen erklärbar sind. Die Zeitspanne zwischen drei Jahren und der Pubertät ist neurophysiologisch weitestgehend ignoriert worden, eben weil man vermutet hat, dass viele Fertigkeiten im frühen

Kindesalter erworben werden, da das Gehirn eines dreijährigen Kindes als fast vollständig entwickelt galt. Diese Annahme wurde im Jahre 2005 von Jay Giedd (Neurophysiologe am National Institute of Mental Health (Bethesda, Maryland)) in Frage gestellt. Bei einem Interview für das online-Journal Frontline sagte er:

> „There's been a great deal of emphasis in the 1990s on the critical importance of the first three years. I certainly applaud those efforts. But what happens sometimes when an area is emphasized so much, is other areas are forgotten. And even though the first 3 years are important, so are the next 16. And the ages between 3 and 16, there's still enormous dynamic activity happening in brain biology. I think that that might have been somewhat overlooked with the emphasis on the early years."

Die sukzessive Mehrsprachigkeitsforschung wird sich in den kommenden Jahren noch intensiver mit der Altersfrage beschäftigen müssen, um dann Empfehlungen für den Erwerb weiterer Sprachen nach bereits erfolgtem Erwerb einer Muttersprache aussprechen zu können.

Bevor auf Erscheinungen des simultanen Erst- und des sukzessiven Zweitspracherwerbs eingegangen werden kann, muss ein grundlegendes Begriffspaar eingeführt werden, nämlich der Unterscheidung zwischen Kompetenz (Sprachwissen) und Performanz (Sprachgebrauch).

2.2 Kompetenz und Performanz — Transfer und Interferenz

Selbstverständlich sind Spracherwerbsdaten, die aufgezeichnet werden, immer Performanzdaten, da sie entstehen, wenn Kinder / Erwachsene von ihrem Sprachwissen Gebrauch machen und Sprache produzieren. Performanz ist also die Anwendung des zugrunde liegenden Sprachwissens. Das zugrunde liegende Sprachwissen wird als unsere Sprachkompetenz bezeichnet.[1]

Wenn man vermutet, dass die simultane und die sukzessive Mehrsprachigkeit zu prinzipiell unterschiedlichem Sprachwissen führen, was umgangssprachlich mit „die sukzessiv erworbene Zweitsprache, ganz besonders die nach dem Alter von drei Jahren gelernte, wird nicht so gut beherrscht wie die simultan erworbenen Erstsprachen" umschrieben werden könnte, dann sind auch „Störungen", der Spracheneinfluss, der bei der Mehrsprachigkeit unabhängig von der konkreten Form zu beobachten ist, für beide Formen der Mehrsprachigkeit anders zu klassifizieren. Ein solcher Unterschied ist in der Literatur durch die Einführung von zwei Begriffen auch zugrunde gelegt worden, nämlich dem der Interferenz, mit dem wir beginnen wollen, und dem des Transfers.

---

[1] Performanz und Kompetenz sind Begriffe, die der generativen Grammatikforschung entstammen. Für den Begriff der generativen Grammatik siehe Müller und Riemer (1998:12) und Pomino und Zepp (2004:34); vgl. auch Gabriel und Müller (2007).

Die Interferenz[2] wird in der Literatur als ein Performanzphänomen bezeichnet und oft von der Entlehnung („borrowing") abgegrenzt, welche als Kompetenzphänomen beschrieben wird. Als Konsequenz ergibt sich, dass die Interferenz eher individueller Natur, die Entlehnung dagegen als kollektiv, also eine Sprachgemeinschaft oder eine Gruppe innerhalb einer Sprachgemeinschaft betreffend, charakterisiert wird. Der Systematik und Stabilität der Entlehnung steht die Variabilität der Interferenz gegenüber. So schrieb Mackey (1962, zitiert nach Wei 2004:41): „The interference may vary with the medium, the style, the register, and the context which the bilingual happens to be using." Das Medium kann gesprochene oder geschriebene Sprache sein. Interferenzen sind nach Meinung vieler Autoren häufiger in der gesprochenen als in der geschriebenen Sprache von Mehrsprachigen. Auch der Sprachstil kann die Auftretenshäufigkeit der Interferenz beeinflussen. Je nachdem, ob Mehrsprachige beschreiben, erzählen oder spontan interagieren, werden Interferenzen weniger bzw. häufiger auftreten. Als dritte Einflussgröße wird im Artikel von Mackey das Sprachregister genannt. Vorstellbar wäre z.B., dass eine mehrsprachige Studentin im mehrsprachigen frankokanadischen Kontext unterschiedlich stark zu Interferenzen neigt, je nachdem, ob sie in der Vorlesung eine Antwort auf die Frage der Professorin gibt oder sie sich nach der Vorlesung mit ihrer Kommilitonin über den Stoff der Vorlesung austauscht. Die Sprachausprägung, die bei der Interaktion zwischen Kommilitoninnen gebraucht wird, würde dementsprechend mehr Sprachmischungen enthalten als diejenige, welche bei der Interaktion zwischen Professorin und Kommilitonin benutzt wird. Alle genannten Einflussfaktoren können sich unterschiedlich auf die Interferenz in Abhängigkeit von der jeweiligen Situation auswirken. Die Studentin kann Rede und Antwort stehen im Beisein anderer Kommilitonen oder im Beisein anderer Mitglieder des Lehrkörpers der Universität. Interferenzen können auf allen linguistischen und auch nicht-linguistischen[3] Beschreibungsebenen auftreten. Wir sind hier ganz besonders an so genannten grammatischen (oder besser syntaktischen) Interferenzen interessiert. Für Beispiele zu phonologischen (ein deutsch-italienisches Kind sagt z.B. *[p]all* für dt. „Ball", von ital. „palla"), lexikalischen (ein deutsch-italienisches Kind sagt z.B. *muß du avanti gehen* „nach vorn") und semantischen (ein deutsch-französisches Kind übersetzt z.B. den deutschen Ausdruck „wie gut er es hat" im Französischen mit *je va te montrer comment bien il a*) Interferenzen verweisen wir die LeserInnen auf die Arbeit von Mackey (1962). Die in 5.2.1 aufgeführten Beispiele für Sprachmischungen könnten als solche Interferenzen angesehen werden.

Für die grammatische Interferenz nennt Mackey (1962) die häufiger benutzte pränominale Stellung des attributiven Adjektivs im akadischen Französisch (Pöll

---

[2] „Interference is the use of features belonging to one language while speaking or writing another." Mackey (1962), zitiert nach Wei (2000:40).
[3] Zu den nicht-linguistisch klassifizierbaren Interferenzen gehört z.B. der gestische Bereich. So sind z.B. im Italienischen und Deutschen die gestischen Begleitungen von Sprachäußerungen unterschiedlich. Wenn deutsche Sprachproduktionen von typisch italienischen Gesten begleitet sind, könnte man von einer nicht-linguistisch klassifizierbaren Interferenz sprechen.

Mehrsprachigkeit: Definitionen

1998:77), d.h. der französischen Varietät, die in Akadien (heute Nouvelle-Écosse / Nova Scotia) gesprochen wird, im Vergleich zu anderen Varietäten des Französischen. So entstehen nach der englischen Vorlage komplexe Nominalsyntagmen wie *une des plus grandes jamais vue dans la région* (*one of the biggest ever seen in the area*). Die Anwendung der Unterscheidung zwischen Kompetenz und Performanz auf den Begriff der grammatischen Interferenz sollte deutlich werden lassen, dass es sich bei der Interferenz um ein Performanzphänomen handelt.

Wenn sich der Spracheneinfluss sowohl als Kompetenz- als auch als Performanzerscheinung manifestiert, da Sprachdaten *per se* zunächst Performanzdaten sind, müssen unbedingt Kriterien genannt werden, welche helfen einzuschätzen, wann Performanzdaten Kompetenzphänomene widerspiegeln und wann dies nicht der Fall ist. Ein quantitatives Kriterium ist die Frequenz des Sprachphänomens. Bei solchen Spracherscheinungen, die mit einer Frequenz von unter 5% auftreten, darf man davon ausgehen, dass sie der Performanz zuzurechnen sind. Sicher kann man sich jedoch auch bei dieser geringen Frequenz nicht sein, da es systematische Sprachphänomene gibt, die (bei monolingualen SprecherInnen) sehr niedrig frequent sind, dennoch aber die Kompetenz widerspiegeln. Yang (1999) nennt als Beispiel französische Konstruktionen, in denen ein finites Verb — *mange* und *regarde* — der Negationspartikel *pas* oder einem Adverb vorangeht: *Jean (ne) mange pas la pomme*[4] „Hans isst nicht den Apfel" und *Jean regarde souvent la télé* „Hans sieht oft das Fernsehen". Das finite Verb markiert die Kongruenz zwischen Subjekt und Verb. Dieser Konstruktionstyp macht in der spontanen Interaktion von französischen Muttersprachlern 7-8% aus, ist also sehr selten.

Die Beispiele spiegeln aber eine Eigenschaft des Französischen wider, welche im Wissenssystem abgelegt sein muss und auf der Basis dessen sich das Französische von anderen Sprachen wie dem Englischen unterscheidet, nämlich der obligatorischen Verbverschiebung (vgl. Müller und Riemer 1998, Kap. 13). Im Englischen besetzen Negationsausdrücke und Adverbien gerade eine Position, an der sie im Französischen ausgeschlossen sind. Dies wird über den genannten Unterschied bei der Verbverschiebung erklärt. Hier einige Beispiele, die den Kontrast zwischen dem Englischen und dem Französischen zeigen sollen:

(1)   a.   Jean regarde souvent la télé
       b.   *Jean souvent regarde la télé
       c.   *John watches often TV
       d.   John often watches TV
       e.   N'avoir pas écrit l'article, ...
       f.   *To have not written the article, ...

Die Beispiele in (1) machen deutlich, dass im Französischen das finite Verb bzw. das infinite Auxiliarverb (Hilfsverb) vor dem Adverb bzw. *pas* auftritt, im Englischen steht es nach diesem. Wenn man davon ausgeht, dass das lexikalische Verb

---

[4]   Wir haben *ne* in Klammern gesetzt, da es in der gesprochenen Sprache sehr oft ausfällt (vgl. Krassin 1994). Es geht uns im Beispiel um *pas*, welches nicht ausgelassen werden kann.

(*regarder*) zunächst sehr nah bei seinem Objekt steht (z.B. in Beispiel (1a) *la télé*), was in Konstruktionen mit Modalverben deutlich zu erkennen ist — *Jean veut manger la pomme* „Hans will essen den Apfel" — dann hat sich im Beispiel (1a) das finite Verb nach links verschoben: *Jean regarde souvent* ~~regarde~~ *la télé*, was wir hier mit einer durchgestrichenen Kopie des lexikalischen Verbs kenntlich machen wollen.

Ein weiteres Beispiel sind französische Konstruktionen mit dem semantisch leeren Pronomen *il* (expletives Pronomen, vgl. Müller und Riemer 1998:34ff.)[5]: *Il me faut de l'argent* „es mir fehlt an dem Geld". Obwohl das Pronomen in der spontanen Interaktion von Muttersprachlern nicht oft vorkommt, spiegelt es eine Eigenschaft des Französischen wider, welche im Wissenssystem verankert ist und durch die sich das Französische von anderen romanischen Sprachen wie dem Italienischen und Spanischen unterscheidet, nämlich der obligatorischen phonetischen Realisierung der (semantisch nicht leeren)[6] Subjektposition. Der italienische Satz *è malata* „ist krank" wird im Französischen zu *elle est malade* „sie ist krank"; der italienische Satz *lei è malata (e non lui)* „SIE[7] ist krank (und nicht ER)" wird im Französischen zu *elle, elle est malade (et non lui)* „SIE, sie ist krank (und nicht ER)". Macht also das Italienische von der Möglichkeit Gebrauch, das (pronominale) Subjekt nicht zu realisieren (weil es nicht betont ist), muss das Französische auf die so genannten schwachen Pronomina zurückgreifen und die Subjektposition mit Hilfe eines solchen Pronomens realisieren. Schwache Pronomina sind im Französischen auch dann anwesend, wenn das Subjekt kontrastiv betont wird. Das Italienische verfügt hierfür über eine Serie von starken (also betonbaren) Pronomina und muss das Subjekt in diesem Fall auch phonetisch realisieren. Die Verwendung von *il*, wenn wenig frequent, spiegelt also eine systematische Eigenschaft des Französischen wider, nämlich dass es sich nicht um eine Null-Subjekt-Sprache handelt. Hierauf werden wir in Abschnitt 2.4.2.1 genauer eingehen.

Aber kommen wir zu unseren Kriterien für die Bestimmung von Performanzphänomenen zurück. In den Ausführungen zum französischen semantisch leeren Pronomen war von Systematik die Rede. In der Tat ist dies ein qualitatives Kriterium für die Abgrenzung von Performanz- und Kompetenzerscheinungen. Ein deutscher Muttersprachler, ob einsprachig oder mehrsprachig, mag sich „versprechen" und ein falsches Genus mit einem deutschen Nomen verwenden, z.B. *der Fenster*. Ohne erkennbare Systematik handelt es sich um eine Performanzerscheinung. Nun gibt es in Sprachen aber auch Wörter, deren Genus register- oder regionalspezifisch unterschiedlich ist und deren Genus im Wandel inbegriffen ist, so z.B. fachsprachlich *das Virus* versus umgangssprachlich *der Virus*, norddt. *die Cola* und süddt. *das Cola*, wobei sich bei *Cola* die Zuweisung des Femininums ausbreitet. Im Unterschied zum Versprecher lässt sich hier eine Systematik er-

---

[5] Die Anwesenheit expletiver Subjekte ist erforderlich, wenn die Sprache die Auslassung des Subjekts nicht erlaubt.
[6] Im Falle einer semantisch leeren Subjektposition wird das Expletivum *il* benutzt, oder die Subjektposition bleibt leer (in der gesprochenen Sprache).
[7] Kontrastive Betonung wird durch Majuskeln angezeigt.

kennen. Variation kann also der Performanz oder der Kompetenz zugeschrieben werden, jedoch kann dies nur auf der Basis vorformulierter Kriterien erfolgen.

Die Interferenz wurde weiter oben als eine Performanzerscheinung beschrieben. Was nun den Spracheneinfluss auf Kompetenzebene betrifft, wurde in der Mehrsprachigkeitsforschung ein anderer Begriff benutzt, der Transfer von Wissen aus der einen Sprache in die andere Sprache. Der Transferbegriff wird besonders in der Zweitspracherwerbsforschung gebraucht, d.h. bei Spracherscheinungen von solchen Personen, die bereits eine Erstsprache erworben haben und dann sukzessiv, also zeitversetzt zur Muttersprache eine Zweitsprache lernen (Kellerman und Sharwood-Smith 1986, White 1989 im generativen Sprachmodell; Bausch und Kasper 1979). Clyne (1975) verwendet den Begriff der Transferenz, und definiert diesen (im Anschluss an Weinreich 1970) als „Übernahme von Elementen, Merkmalen und Regeln aus einer anderen Sprache" (S. 16). Transfer kann sich sowohl positiv als auch negativ auswirken. Positiver Transfer führt zu einer Erleichterung im Erwerb der Zweitsprache, negativer Transfer verlangsamt den Erwerb.

Wir wollen uns in dieser Einführung dem Vorschlag von Sharwood-Smith und Kellerman (1986) anschließen, und künftig den Begriff Spracheneinfluss, der eine Übersetzung des engl. Terminus „crosslinguistic influence" ist, als eine Art Oberbegriff verwenden, für den dann mit Hinblick auf das jeweils zu untersuchende Phänomen geklärt wird, ob der Einfluss kompetenz- (Transfer) oder performanzgetrieben ist. Wir wollen dies unter anderem deshalb tun, weil die Begriffe Transfer und Interferenz oft für ein und dieselbe Spracherscheinung auftauchen und selten Kriterien benannt werden, die zu dem einen oder dem anderen Begriff führen. Für den positiven und den negativen Transfer, wie er oft in der Literatur genannt wurde, geben wir im folgenden Abschnitt jeweils ein Beispiel. Wir werden hierfür jedoch Zweitspracherwerbsdaten anführen, da die Möglichkeit des Spracheneinflusses im simultanen Erstspracherwerb im sechsten Kapitel vorgestellt und diskutiert wird und es für den Zweitspracherwerb, jedoch nicht für den simultanen Erstspracherwerb, völlig unstrittig ist, dass Spracheneinfluss auf der Kompetenzebene auftritt.[8]

Da mit dem Begriff der sukzessiven Mehrsprachigkeit summarisch alle Fremdsprachen (L2), also die erste, zweite bis „...n-te" bezeichnet werden, schließt dies die Möglichkeit ein, dass eine mehrsprachige Person mit mehreren Zweitsprachen nicht (nur) aus ihrer Erstsprache (L1), sondern aus der ersten oder zweiten sukzessiv gelernten Sprache in die dritte Fremdsprache transferiert, was sich wiederum positiv oder negativ auswirken kann. Wir wollen uns im Folgenden auf die Transfer-Konstellation L1 / irgendeine L2 beschränken.

---

[8] Diese Sichtweise bedeutet keineswegs, dass in der Zweitspracherwerbsforschung der performanzgetriebene Spracheneinfluss ausgeschlossen wird; vgl. hierzu u.a. Clahsen und Felser (2006). Es ist vielmehr der Fall, dass der kompetenzgetriebene Einfluss für die simultane Mehrsprachigkeit strittig ist.

2.3 Positiver und negativer Transfer im Zweitspracherwerb

2.3.1 Negativer Transfer

Negativer Transfer entsteht, wenn die beiden Sprachen, die Muttersprache und die Zweitsprache, für einen bestimmten grammatischen Bereich unterschiedlich sind und der Lerner die grammatischen Regularitäten der Erstsprache auf die Zweitsprache anwendet. Positiver Transfer entsteht, wenn sich die beiden Sprachen in einem grammatischen Bereich gleichen und der Lerner die Regularitäten der Erstsprache für seine Zweitsprache übernehmen kann und sich somit ein problemloser Erwerbsverlauf abzeichnet. Da der negative Transfer in Spracherwerbsdaten gut sichtbar ist, ist diese Erscheinungsform häufiger in der Literatur betrachtet worden.

Die Abbildung 1 zeigt die Verwendung von zielsprachlichen und nichtzielsprachlichen Wortstellungen im deutschen Nebensatz durch einen Italiener, der im Jugendalter nach Deutschland ausgewandert ist. Im Italienischen steht das finite (für Person und Numerus flektierte) Verb (welches wir hervorgehoben haben) in Haupt- und Nebensatz an derselben Position, in der Regel ist dies die Position nach dem Subjekt, welches wiederum die erste Satzposition einnimmt: *Gianni* **va** *a casa quando Paolo* **ha** *telefonato* „Gianni geht nach Hause, als Paolo hat telefoniert". Im Deutschen unterscheidet sich die Position des Finitums je nachdem, ob ein Haupt- oder ein Nebensatz vorliegt. Im Hauptsatz nimmt das Finitum die Position nach der ersten Konstituente ein, die im Übrigen auch ein Satz sein kann; vgl. die Beispiele in (2).

(2)   a.   Hans **liest** den Krimi
        b.   Den Krimi **liest** Hans
        c.   Dass Hans den Krimi liest, **weiß** jeder

Mehrsprachigkeit: Definitionen

Abbildung 1. (Nicht-)Zielsprachliche Stellung des finiten Verbs im deutschen Nebensatz durch einen Zweitsprachenlerner, aus Müller (1998a)

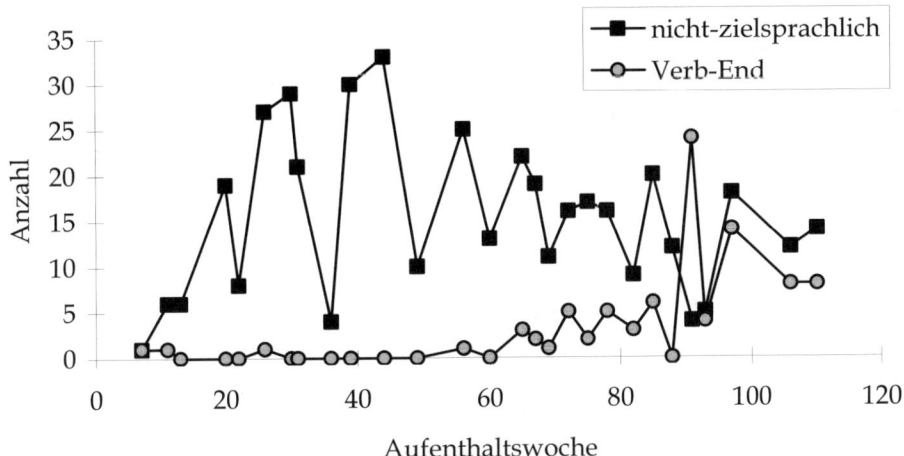

Im Nebensatz, der durch eine Konjunktion eingeleitet ist, steht das Finitum — im Beispiel *liest* — satzfinal, wie der vorangestellte Nebensatz in (2c) zeigt. Man spricht für das Deutsche auch von einer Hauptsatz-Nebensatz-Asymmetrie. Hingegen muss man für das Italienische von einer Symmetrie von Haupt- und Nebensatz ausgehen. Die Abbildung 1 zeigt nun, dass der L2-Erwerber über lange Zeit Probleme mit der Wortstellung im deutschen Nebensatz hat. Sie zeigt auch, dass diese Regularität des Deutschen bis zum Ende des Untersuchungszeitraums (in der 110. Aufenthaltswoche) nicht zielsprachlich beherrscht wird. Die Ergebnisse der Untersuchung sowie die Herkunft der Daten (vgl. Clahsen, Meisel und Pienemann 1983) können in Müller (1998a,c) nachgelesen werden. Wichtig ist noch zu erwähnen, dass der L2-Lerner das Deutsche auf natürlichem Weg, d.h. ohne formalen Unterricht, gelernt hat.

Betrachten wir nun einige der Nebensatzwortstellungen des Lerners.

(3) a. Wenn isch **habe** keine geld... (11. Woche)
     b. Auch wenne **willst** du bringen, eh, dreißig mä,.. (30. Woche)
     c. Muß eh sage ob **is** falsch oder nee oder nein (26. Woche)
     d. Er weiß dass du **kennst** du die italienisch (39. Woche)

Die Beispiele in (3) zeigen, dass der Lerner das Finitum (welches wir hervorgehoben haben) im Nebensatz an diejenigen Positionen stellt, in denen es auch im Hauptsatz vorkommt, nämlich wie in (a) direkt hinter das Subjekt (*Ich habe kein Geld*), wie in (b) direkt vor das Subjekt (wie im Hauptsatz bei der Fragesatzbildung, z.B. *Kommst du morgen mit?* bzw. *Wann kommst du morgen vorbei?*), wie in (c) hinter ein phonetisch nicht-realisiertes Subjekt, wie es im Italienischen üblich ist (*devi dire se è falso o no* „musst sagen ob ist falsch oder nein"). Das Beispiel (d) beinhaltet beide Hauptsatzstellungen — SV und VS[9] — allerdings im Nebensatz. Die nachfolgende Tabelle 1 zeigt die Anzahl der Verwendungen von den in Nebensätzen auftretenden Stellungsvarianten im Hauptsatz. X bezeichnet eine Konstituente mit beliebiger grammatischer Funktion, z.B. ein direktes Objekt.

Tabelle 1. SV in Relation zu VS

Erwerbsphase	Anzahl Stellungsmuster		Erwerbsphase	Anzahl Stellungsmuster	
Phase 1: (7. – 60. Woche)	SVX	798	Phase 2: (65. – 110. Woche)	SVX	1433
	XVS	261		XVS	417
	XSV	114		XSV	131
	VSX	123		VSX	170
Summe:		**1296**			**2151**
Davon:	SV	912		SV	1564
	VS	384		VS	587

Alle Hauptsatzordnungen, für die wir in (4) jeweils ein Beispiel aufgeführt haben, finden wir bei dem Lerner also auch im Nebensatz. Die Tabelle 1 zeigt, dass das nicht-zielsprachliche Stellungsmuster XSV im Entwicklungsverlauf seltener benutzt wird (9% in Phase 1, 6% in Phase 2). Wir können den folgenden Schluss ziehen: Der Lerner transferiert eine Eigenschaft des Italienischen, nämlich die Hauptsatz-Nebensatz-Symmetrie, in das Deutsche. Es kommt zum negativen Transfer, da die transferierte Eigenschaft nicht der Zielgrammatik (Deutsch) entspricht.

(4) a. Ich habe geler franzosisch drei jahr (7. Woche)
 b. In 18 jahre hast du niche gute freunde gehabt (26. Woche)
 c. Nach isch habe eine jahre gemacht fotograf (22. Woche), (nach=danach)
 b. Haben gehabt eine kind eine kinde (20. Woche)

Der Fehler wird für jedes nebensatzeinleitende Element einzeln revidiert, d.h. der Lerner erwirbt für jede Konjunktion bzw. jeden Einleiter von abhängigen Sätzen einzeln, dass das Deutsche die satzfinale Stellung des Finitums fordert. Auch das möchten wir gern an einigen Beispielen illustrieren. Die Beispiele in (5) zeigen eine Phase, während der nicht-zielsprachliche Stellungen des Finitums belegt sind (z.B. unter (5) von (a)-(d) für u.a. *wenn*), und dann eine Phase, während der das Finitum auch zielsprachlich steht (z.B. unter (5) von (e)-(h)). Vergleichen wir die Abbildungen 2, 3, 4 und 5 miteinander, so zeigt sich als Ergebnis, dass für keinen Einleitertyp während der gesamten Untersuchung eine Phase nachweisbar ist, die rein durch die zielsprachliche Verb-End-Stellung charakterisiert ist.

---

[9] S = Subjekt, V = Verb, hier das finite Verb.

Mehrsprachigkeit: Definitionen

Am Beispiel der Fragewörter (im Folgenden w-Wörter) wird dann in der Tabelle 2 gezeigt, dass für einzelne, also ganz konkrete Wörter (und eben nicht Einleiterklassen) ein Zeitpunkt bestimmbar ist, zu dem innerhalb des Untersuchungszeitraumes nicht-zielsprachliche Stellungen letztmalig belegt sind.

(5)   a.   Wenn hast du heute abend keine hunger hast du auch morgen keine hunger (72. Woche)
      b.   Wenn zum beispiele war da eine echt sagen wir durfe nicht (78. Woche)
      c.   ...dass er sollt in de messe fahren (82. Woche)
      d.   Auch wenn das versteht nich jeder (97. Woche)
      e.   Wenn ein idee hast das iste schon etwas (65. Woche)
      f.   Gabino wenn in schule war (69. Woche)
      g.   Du weißt ganz genau kein hat dir gesagt dass du in deutschland fahren sollst (78. Woche)
      h.   ...wenn du irgendwas nicht verstehst (91. Woche)

Tabelle 2. w-Wörter als Nebensatzeinleiter, aus Müller (1998a)

wer	abweichende Verbstellungen bis 44. Woche
wann	abweichende Verbstellungen bis 69. Woche
wo	abweichende Verbstellungen bis 78. Woche
wie	abweichende Verbstellungen bis 85. Woche
was	abweichende Verbstellungen bis 88. Woche
warum	abweichende Verbstellungen bis 93. Woche
welch	abweichende Verbstellungen bis 97. Woche

Negativer Transfer zeichnet sich also auch dadurch aus, dass er nur sehr langsam, wie im Beispiel für jeden Nebensatzeinleiter einzeln, revidiert wird. Kommen wir nun zum positiven Transfer.

Abbildung 2. Durch *wenn* eingeleitete Nebensätze im Zweitspracherwerb, aus Müller (1998a)

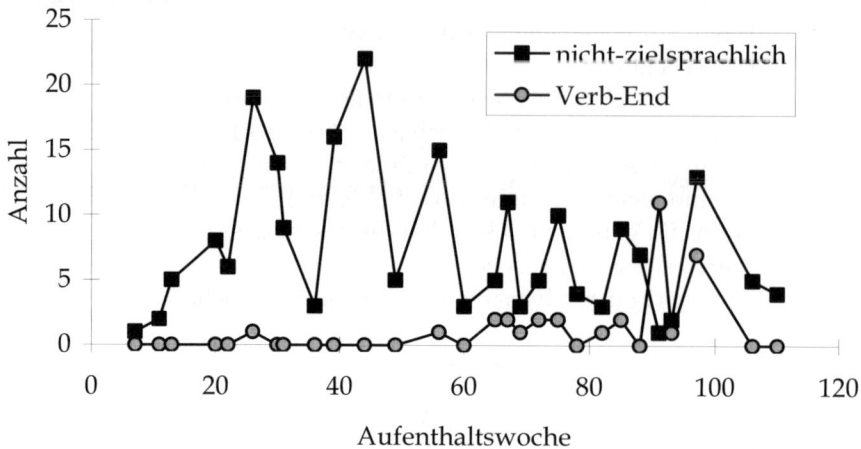

Abbildung 3. Durch *dass / ob* eingeleitete Nebensätze im Zweitspracherwerb, aus Müller (1998a)

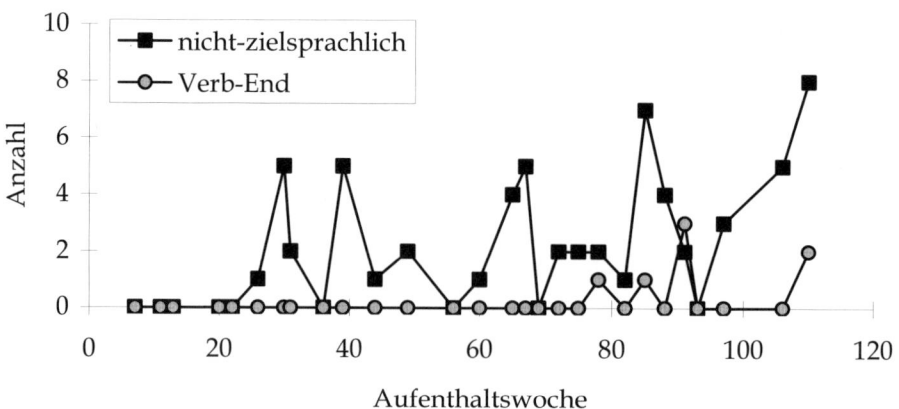

Abbildung 4. Durch Relativpronomen *der*, *die*, *das* eingeleitete abhängige Sätze im Zweitspracherwerb, aus Müller (1998a)

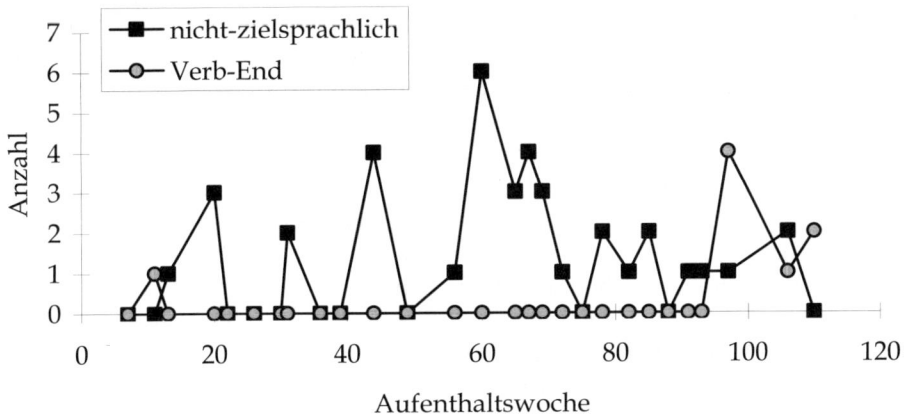

Abbildung 5. Durch ein w-Wort eingeleitete abhängige Sätze (*wann*, *wer*, *was*, etc.) im Zweitspracherwerb, aus Müller (1998a)

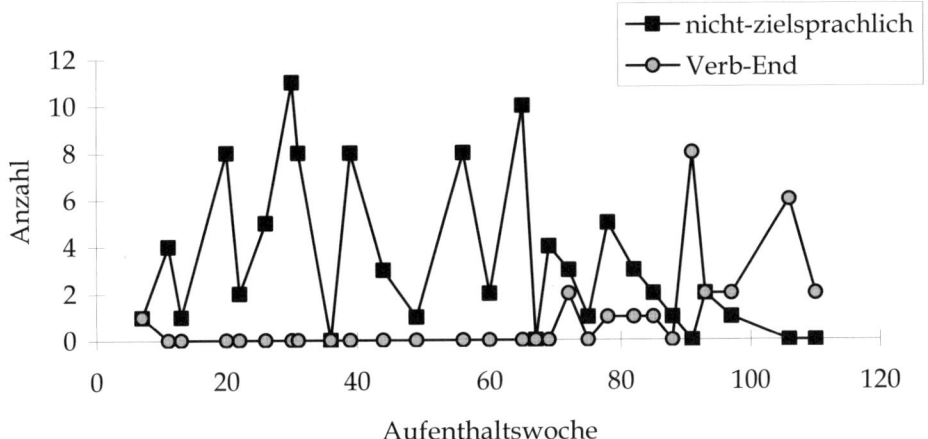

2.3.2 Positiver Transfer

Positiver Transfer führt sehr früh im Erwerbsverlauf zu zielsprachlichen Ergebnissen und nach Müller und Kupisch (2005) kann der Zweitspracherwerb in solchen Bereichen sogar schneller als der Erstspracherwerb, also beschleunigt, verlaufen. Wir wollen für die Erscheinung des positiven Transfers das Beispiel der Determinanten auswählen. Kupisch (2006a,b) zeigt für monolinguale und bilinguale (deutsch-französische und deutsch-italienische) Kinder, dass im Französischen eine Phase durchlaufen wird, während der „nackte Nomina" (undeterminierte Nomina, also Nomina ohne Determinante) anstelle von determinierten Nomina auftreten (vgl. auch Abschnitt 6.1.2). Kleine Kinder sagen also *fleur pas là* „Blume nicht da" und nicht *la fleur pas là* „die Blume nicht da" (oft werden weitere Elemente neben der Determinante ausgelassen). Die Abbildung 6 aus Müller und Kupisch (2005) zeigt die Determinantenauslassungen bei einer erwachsenen Zweitspracherwerberin des Französischen, die Spanisch als Muttersprache spricht und das Französische auf natürlichem Weg gelernt hat (zur Herkunft der Daten und weiteren Ergebnissen vgl. Müller und Kupisch 2005). Beide romanischen Sprachen erfordern im Regelfall eine Determinante. Ausnahmen hierzu sind Eigennamen, prädikative Verwendungen (*Marie est advocate* – *Maria es abogada* „Maria ist Anwältin") und bestimmte Präpositionen (*en train, en tren* „im Zug"). Sie unterscheiden sich auch mit Hinblick auf die Determinantenverwendung, denn im Spanischen dürfen Nomina mit bestimmten (semantischen) Merkmalen ohne Determinante auftreten. Dies sind Massennomen (also Nomina, die nicht-zählbare Massen bezeichnen, bezogen auf das Beispiel *zwei Milch) und pluralisierte Nomina; vgl. die Beispiele in (6).

(6)   a.   Maria quiere leche   (frz. Marie veut du lait)
            „Maria möchte Milch"
       b.   Maria compra zapatos   (frz. Marie achète des chaussures)
            „Maria kauft Schuhe"

Abbildung 6 macht deutlich, dass die Lernerin von Beginn an wenige undeterminierte Nomina gebraucht, d.h. sie lernt sehr schnell, dass das Französische obligatorisch Determinanten fordert. Müller und Kupisch (2005) zeigen auch, dass die Lernerin die Obligatheit der Determinantensetzung schneller als Erstspracherwerber lernt. Den Begriff „nackte Nomina" hatten wir weiter oben erklärt. Mit der Bezeichnung DP wird ein Nomen bezeichnet, welches zusammen mit einer Determinante auftritt. Die relative und absolute Anzahl der gemischtsprachlichen Nominalphrasen wollen wir hier nicht weiter besprechen. Die im Datenmaterial beobachteten Möglichkeiten waren: (a) Die Lernerin hat in der französischen Sprachaufnahme eine vollständige DP oder nur das Nomen innerhalb der DP in spanischer Sprache produziert: **el problema** *de moi* und le **problema** *de moi* „das Problem von mir", (b) sie hat ein französisches Nomen mit einer spanischen Determinante verwendet: *Hector* **el– el** *garçon petit* „Hector der Junge klein". Cantone und Müller haben in einer noch nicht veröffentlichten Studie gezeigt, dass die

Verwendung einer spanischen Determinante mit einem französischen Nomen in der französischen Aufnahme der Lernerin sehr viel häufiger auftritt (87%, 226 Fälle) als der Gebrauch einer französischen Determinante mit einem spanischen Nomen (13%, 35 Fälle).

Abbildung 6. Realisierung und Auslassung von Determinanten im Französischen einer L2 Lernerin, aus Müller und Kupisch (2005)

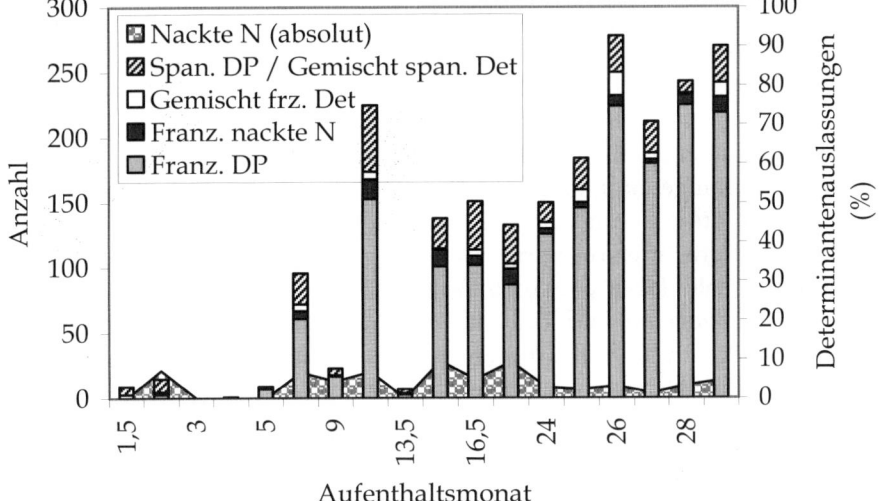

2.4 Bilingualität und Parameter

Nachdem wir das Begriffspaar Kompetenz – Performanz und daran anknüpfend die Unterscheidung zwischen Transfer und Interferenz als mögliche Formen des Spracheneinflusses erläutert haben, wollen wir noch auf die Relevanz von bilingualen Spracherwerbsdaten für eine Spracherwerbstheorie kommen. Wir werden dabei gleichzeitig in den theoretischen Rahmen einführen, der unserer Einführung zugrunde liegt.

Wir haben bereits die Unterscheidung zwischen Kompetenz und Performanz getroffen. Das bilinguale Individuum ist nun deshalb so interessant, da wir es mit einem einzigen Performanzsystem zu tun haben, aber zwei Kompetenzen erworben werden müssen. Was genau darunter zu verstehen ist, wollen wir in den folgenden Abschnitten erläutern, in denen wir in die generative Spracherwerbstheorie einführen.

2.4.1 Universalgrammatik

Die Beobachtung, dass „alle Kinder einer Sprachgemeinschaft dieselbe Grammatik in derselben Zeit erwerben" (von Stechow und Sternefeld 1988:30), lässt den Schluss zu, dass es eine Reihe von Prinzipien geben muss, mit denen das Kind ausgestattet ist und die es ihm ermöglichen, die Sprache(n) der jeweiligen Sprachgemeinschaft(en) zu erwerben. Prinzipien sind solche Eigenschaften, die allen natürlichen Sprachen gemeinsam sind. Die Annahme angeborener Prinzipien gewinnt ferner an Plausibilität, wenn man die Tatsache berücksichtigt, dass Kinder auch solche Strukturen erwerben, die in ihrem Input nur selten auftreten, wie z.B. Passivstrukturen (*der Junge wurde von dem Hund gebissen*).[10] Der Spracherwerb weist zudem eine innere Ordnung in dem Sinne auf, dass bestimmte Strukturen in einer festen Reihenfolge erworben / verwendet werden. Dies ist in allen Spracherwerbsmodelllen anerkannt.

Die Annahme angeborenen Vorwissens wurde von dem US-amerikanischen Sprachwissenschaftler Noam Chomsky in das Zentrum einer Sprachtheorie gestellt. In dieser Sprachtheorie wird davon ausgegangen, dass allen natürlichen Sprachen universale (also allgemeine) Eigenschaften zugrunde liegen. Diese sprachlichen Universalien sind Teil der Universalgrammatik (UG). Die UG wird nicht erworben, sondern sie ist angeboren und wird beim Erwerb der Muttersprache durch den Input automatisch aktiviert. Oft findet man in der Literatur auch den Begriff des deduktiven Lernens für das Aktivieren der UG wieder. Hiermit ist gemeint, dass der Lerner vom Allgemeinen zum Speziellen fortschreitet, also nicht aus der Analyse einzelner Sprachelemente eine generelle Regel ableitet, sondern umgekehrt bereits um die generelle Regel weiß, die es mit Hilfe des Inputs nur zu bestätigen gilt. Man vermutet, dass Kinder deduktiv lernen, ob ihre Sprache OV (z.B. Deutsch *den kuchen gegessen* und *den kuchen essen*) oder VO (z.B. Französisch *mangé le gateau* und *manger le gateau*, Italienisch *mangiato la torta* und *mangiare la torta*) geordnet ist. Dies erkennt man daran, dass bereits die frühesten Erwerbsdaten die „richtige" Abfolge für die jeweilige Sprache aufweisen. Im Kontrast dazu steht das induktive Lernen, welches gerade nicht für in der UG verankerte Wissensteile vermutet wird, sondern für stark einzelsprachspezifisch Geregeltes. Wir wollen hierfür ein Beispiel aus dem Bereich der Genusmarkierung anführen. Im Deutschen sind unbelebte Nomina, die auf den Laut Schwa, also [ə], auslauten, Feminina, *die Tasche, die Flasche, die Masche*, etc. Dieses kann ein Kind nicht deduktiv erwerben, da es sich um eine sprachspezifische, ganz bestimmte Wörter betreffende Regularität handelt. Das Kind muss hier induktiv vorgehen, d.h. es könnte auf der Basis von einigen auf Schwa auslautenden Nomina eine Regel aufstellen, die besagt, dass solche Nomina Feminina sind. Es könnte dann bei den belebten Nomina wie *Hase* und *Affe* zu den folgenden Fehlern kommen: *die Hase, die Affe*, wenn das Kind die Regel zu grob anwendet, d.h. auch auf die belebten Nomina.

---

[10] Mit dem Begriff Input wird das zu dem Kind Gesagte bezeichnet. Diejenigen Informationen, die das Kind dann auch tatsächlich aufnimmt, werden oft als „Intake" benannt.

Die Ansicht, dass der Spracherwerb durch die UG geleitet ist, bedeutet keinesfalls, dass dieser auch ohne Input möglich wäre. Im Gegenteil müssen wir annehmen, dass gerade der Input das UG-Potential erst in Gang setzt. Viele Forscher gehen davon aus, dass das grammatische Wissen modular aufgebaut ist, d.h. es existieren unterschiedliche Module, die Syntax, die den Satzbau regelt, die Morphologie, die den Wortaufbau regelt, etc., also unterschiedliche Abteilungen, in denen unser sprachliches Wissens jeweils nach eigenen Regeln organisiert ist.

Die Existenz einer allen Sprachen zugrunde liegenden Universalgrammatik (vgl. u.a. Chomsky 1981, 1982, 1986, 1995) wird u.a. damit begründet, dass das Kind Regularitäten erwirbt, welche den Erwachsenen nur unbewusst zugänglich sind (vgl. hierzu Müller und Riemer 1998, Kap. 1). Neben dem Problem des Erwerbs von unbewusstem Wissen stellt sich dem Kind eine weitere Schwierigkeit, die den Input selbst betrifft, den das Kind erhält. Es lassen sich grob drei Problembereiche unterscheiden (Hornstein und Lightfoot 1981), welche unter dem Begriff des logischen Problems des Spracherwerbs zusammengefasst wurden:

1) Das Kind bekommt meist nur einen kleinen, zufälligen und oft sogar unvollständigen oder fehlerhaften Ausschnitt seiner Muttersprache zu hören („degenerate data"). Mit anderen Worten: Erwachsene machen Fehler und produzieren häufig unvollständige Sätze. Valian (1990b) spricht bei ihrer Untersuchung von Subjektrealisierungen bei englischsprachigen Kindern von ca. 4% ungrammatischem Input. Dies sind ungrammatische Konstruktionen, die auch als Versprecher seitens der Erwachsenen bezeichnet werden können: *I told you that sings like a dream* „ich sagte dir, dass singt wie ein Traum". Den Input der Kinder machen zu 16% aber auch solche Konstruktionen aus, die als ungrammatisch klassifiziert werden können (da das Subjekt *she* fehlt), die aber in einem angemessenen Kontext akzeptabel sind, wie z.B. im Englischen *Sings like a dream* (im Kontext: *She's going to be a big hit* „sie wird einen großen Hit landen"), welches vollständig grammatisch eigentlich *She sings like a dream* heißen müsste. Dass der Input derartige Fehler enthält, weiß das Kind aber nicht. Die korrekte Generalisierung hängt darüber hinaus häufig von Sätzen und Strukturen ab, die im normalen Sprachgebrauch nur selten verwendet werden, d.h. das Kind wird mit ihnen während des Erwerbsprozesses nicht regelmäßig konfrontiert. Letzteres wurde in 2.2 mit Konstruktionen, die die Negationspartikel *pas* enthalten, angesprochen. Auf der Basis solcher Konstruktionen könnte ein französischsprachiges Kind entscheiden, ob die Sprache die Verbverschiebung aufweist. Diese Konstruktionen sind im Input des Kindes aber sehr selten.

2) Die natürlichen Sprachen zugrunde liegenden Regeln und Prinzipien sind äußerst komplexer Natur und spiegeln sich nicht in offenkundiger oder eindeutiger Weise in den oberflächenstrukturellen Eigenschaften einzelner Sätze wider („underdetermination"). Das heißt, für eine gegebene Menge von Äußerungen mag das Kind die korrekte Generalisierung

finden, aber ebenso ist es möglich, dass es diese Generalisierung nicht findet (vgl. hierzu White 1989).

Für diesen zweiten Punkt möchten wir ein Beispiel aus White (1989:6) wiederholen. Die *wanna*-Kontraktion ist im Englischen möglich, wenn zwischen *want* und *to* kein Element tritt (White 1989:6). Dies ist in den Beispielen (7a) bzw. (7a'), (7b) bzw. (7b'), (7c) bzw. (7c') und (7d) bzw. (7d') der Fall. In (7e) und (7f) wurde das Subjekt des abhängigen Satzes an den Satzanfang verschoben. Die Kontraktion führt in diesen Fällen zu einem ungrammatischen Ergebnis (vgl. (7e'), (7f')). Bemerkenswert ist, dass das Subjekt in den Sätzen (7e) und (7f) in seiner Ausgangsposition nicht sichtbar ist. Wenn wir uns weiter unten das Beispiel (7h) ansehen, wird deutlich, dass das Subjekt ursprünglich, also vor der Verschiebung an den Satzanfang, zwischen *want* und *to* stand. Hier notieren wir in der Syntax eine Kopie: *Who do you want ~~who~~ to feed the dog*? Die betreffende Regularität kann demnach nicht aus oberflächenstrukturellen (linearen) Eigenschaften von Sätzen abgelesen werden. Im Gegensatz zu (7e) und (7f) handelt es sich in (7d) um die Verschiebung des Objekts an den Satzanfang. Wie (7d') zeigt, führt die *wanna*-Kontraktion zu einem grammatischen Ergebnis, da die Sequenz *want to* weder durch ein sichtbares noch durch ein unsichtbares Element unterbrochen wird.

(7)   a.   I want to go
        a'.   I wanna go
        b.   John wants to go but we don't want to
        b'.   John wants to go but we don't wanna
        c.   Do you want to look at the chickens?
        c'.   Do you wanna look at the chickens?
        d.   Who do you want to see?
        d'.   Who do you wanna see?
        e.   Who do you want to feed the dog?
        e'.   *Who do you wanna feed the dog?
        f.   Who do you want to win the race?
        f'.   *Who do you wanna win the race?

Deutlich wird die Regularität auch, wenn wir uns die Antworten (7g) und (7h) auf die Fragen (7d) und (7e) ansehen. Hier wird dann sichtbar, dass *him* in (7g) Objekt und in (7h) Subjekt des Satzes [*him to feed the dog*] ist:

        g.   I want to see him
        g'.   I wanna see him
        h.   I want him to feed the dog
        h'.   *I wanna him feed the dog

Manchmal enthält der Input auch Daten, die eine falsche Generalisierung suggerieren. Betrachten wir hierfür die Beispiele in (8) aus White (1989:7f.):

(8) a. I think John is a fool
    a'. I think that John is a fool
    b. The girl I met yesterday was very tall
    b'. The girl that I met yesterday was very tall
    c. Who do you think Mary met yesterday?
    c'. Who do you think that Mary met yesterday?

Die Analyse der Beispiele könnte das Kind zu der Generalisierung führen, dass *that* fakultativ sei. Dies ist jedoch, wie das folgende Beispiel (8d') zeigt, eine falsche Generalisierung.

    d. Who do you think arrived yesterday?
    d'. *Who do you think that arrived yesterday?

Wenn das Subjekt des eingebetteten Satzes (hier: *who*) verschoben wurde, muss *that* fehlen (vgl. 2.4.2.1). Ein Problem mit diesem Erwerbsbereich ist, dass wir nicht davon ausgehen dürfen, dass das Kind, wie wir LinguistInnen es tun können, auf der Basis der grammatischen und der ungrammatischen Sätze nach der Generalisierung sucht. Dem Kind stehen durch den Input allein die grammatischen Sätze zur Verfügung, womit wir zu dem dritten Problem überleiten.

3) Der Input enthält keine negative Evidenz. Aus der Tatsache, dass eine Struktur im Input nicht auftritt, darf das Kind nicht schließen, dass diese ungrammatisch ist. Mit anderen Worten: Das Kind darf aus dem Nichtauftreten einer Konstruktion hinsichtlich der Grammatikalität dieser Konstruktion keine Konsequenzen für den Aufbau seiner eigenen Grammatik ziehen. Allein das Auftreten einer Konstruktion (positive Evidenz) darf das Kind für den Erwerb der jeweilen Grammatik nutzen. Kinder werden außerdem, wenn sie Fehler machen, nicht immer korrigiert. Korrigieren Erwachsene ausnahmsweise kleine Kinder, so hat das meist keinen offenkundigen Lerneffekt. Das Kind kann ja auch nicht wissen, auf welche Aspekte seiner Äußerung sich die Korrektur des Erwachsenen bezieht, auf formale oder eher inhaltliche. Zur Ineffizienz von Korrekturen durch Erwachsene vgl. u.a. McNeil (1966).

Ferner machen Kinder in bestimmten Bereichen generell keine Fehler. Kinder verfolgen bestimmte Hypothesen nicht, obwohl sie logisch denkbar wären. Zimmer (1995) führt zur Illustration das folgende Beispiel an. Ein deutsches Kind könnte aus den folgenden Sätzen, die es hört,

(9) a. Die Mama geht jetzt in den Garten
    a'. Geht die Mama jetzt in den Garten?

die Generalisierung ableiten, dass die Fragesatzbildung im Deutschen der folgenden Regel unterliegt: Stelle das dritte Wort an die erste Satzposition. Das Kind würde bei Anwendung dieser Regel aber auch den folgenden ungrammatischen Fragesatz bilden können:

    a″. *Im Oma ist Garten? aus dem Satz „Oma ist im Garten"

Ungrammatische Sätze wie (9a″) sind aber in Erstspracherwerbsstudien nicht belegt. Deshalb ist es also plausibel anzunehmen, dass das Kind angeborenes Vorwissen mitbringt. Diese Meinung wird als Nativismus bezeichnet. Wäre das Kind darauf angewiesen, erst alle denkbar möglichen Hypothesen durchzuprobieren, so käme es vermutlich nie ans Ziel.

2.4.2 Parameter

Die UG wird also beim Erwerb der Muttersprache(n) automatisch aktiviert und hilft dem Kind dabei, trotz der genannten Probleme die jeweilige(n) Sprache(n) zu erwerben. Um neben diesen invarianten Eigenschaften auch der einzelsprachspezifischen Variation gerecht werden zu können, stellt man sich die UG als ein parametrisiertes System vor. Demnach können die universalen Prinzipien Variablen enthalten, die in Abhängigkeit von der Einzelsprache unterschiedliche Werte annehmen. Man spricht von Parametern, die auf unterschiedliche Werte festgesetzt sind (Parametrisierung). Die Aufgabe des Kindes besteht darin, die in den Prinzipien enthaltenen Parameter mittels des Inputs (positive Evidenz) auf ihre jeweils zielsprachlichen Werte festzulegen. Man stellt sich den Spracherwerb demzufolge als das Fixieren von Parametern vor. Das Fixieren eines Parameters erfordert die folgenden Operationen (vgl. Haider 1993):

- Eine bestimmte Eigenschaft im Input muss identifiziert werden.
- Die bestimmte Eigenschaft muss als relevant für das Setzen des jeweiligen Parameters erkannt werden oder das Prinzip, für welches die bestimmte Eigenschaft Relevanz hat, muss identifiziert werden.
- Der Parameter muss auf einen Wert gesetzt werden, der mit der bestimmten Eigenschaft des Inputs übereinstimmt.

Die Identifikation und Verarbeitung von Input-Eigenschaften erfolgt mit Hilfe allgemeiner kognitiver Fähigkeiten. Eine derartige Analyse muss der linguistischen Analyse zeitlich vorangehen. So wird sichergestellt, dass eine linguistisch noch unanalysierte Input-Eigenschaft identifiziert werden kann. Die zweite und dritte Operation sind mit vielen Problemen behaftet. Dies soll am Beispiel des Null-Subjekt-Parameters / pro-drop Parameters aufgezeigt werden.

2.4.2.1 Der Null-Subjekt-Parameter

Wie wir in Abschnitt 2.2 bereits erwähnt haben, zeichnen sich Sprachen wie das Spanische und das Italienische dadurch aus, dass das Subjekt, sofern nicht kontrastiv betont, nicht phonetisch realisiert wird: *duerme, dorme* steht für dt. „er / sie / es schläft". Bei der Interpretation des entsprechenden Satzes wird das Subjekt also mitverstanden und ist somit Teil der syntaktischen Beschreibung des Satzes. Diese Eigenschaft wird als Nullsubjekteigenschaft bezeichnet. In der Subjektposition wird ein leeres nominales Element *pro* (für Pronomen, das nicht ausgesprochen wird) angenommen, welches einem phonetisch nicht-realisierten Personalpronomen entspricht (vgl. Rizzi 1986). Die Nullsubjekteigenschaft wird als eine Option des so genannten pro-drop Parameters aufgefasst (vgl. u.a. Chomsky 1981, Jaeggli 1982, Jaeggli und Safir 1989, Rizzi 1982, Safir 1985; als Überblick empfehlen wir Müller und Riemer 1998:36ff. und Kap. 12). Der pro-drop Parameter war einer der meistdiskutierten Parameter, seit die romanischen Sprachen in das Zentrum der generativen Grammatik geraten sind, da sich hier das so genannte „clustering of properties" – das Zusammentreffen bestimmter grammatischer Eigenschaften in Sprachen – zeigte. Dies wollen wir an folgenden Beispielen verdeutlichen.

Rizzi (1982, 1986) verknüpft mit den phonetisch nicht-realisierten Personalpronomina, den Null-Subjekten, die folgenden Eigenschaften:

(a) das Fehlen von expletiven Subjekten,
(b) Extraktionsmöglichkeiten für Subjekte aus *that*-t-Kontexten
(c) postverbale Subjekte in VO-Sprachen.

Auf expletive Subjekte sind wir bereits in Abschnitt 2.2 eingegangen. Sie fehlen im Italienischen, einer Null-Subjekt-Sprache, und sind im Inventar deutscher Pronomina enthalten: *es*. Das Deutsche ist keine Null-Subjekt-Sprache.

Mit der Eigenschaft (b) ist die Verschiebung des Subjekts an den Satzanfang über den Nebensatzeinleiter *that* hinweg gemeint. Im Italienischen, einer Null-Subjekt-Sprache, ist eine solche Verschiebung des Subjekts möglich, genauso wie das direkte Objekt über den Nebensatzeinleiter *che* an den Satzanfang bewegt werden kann: *Che$_i$ ha detto Gianni che Maria ha comprato t$_i$?*, *Chi$_i$ ha detto Gianni che t$_i$ ha comprato una macchina?* Im Englischen, einer Nicht-Null-Subjekt-Sprache, darf zwar das direkte Objekt über *that* hinweg an den Satzanfang verschoben werden, nicht aber das Subjekt: *What$_i$ did John say that Mary has bought t$_i$?*, **Who$_i$ did John say that t$_i$ has bought a car?* Wir sind bei den Beispielen absichtlich von der Konvention abgewichen, in der Ausgangsposition des verschobenen Elements eine durchgestrichene Kopie zu notieren, da die Spur, als *t* benannt (für engl. „trace"), der syntaktischen Eigenschaft ihren Namen gegeben hat: wenn das Subjekt nicht über *that* (ital. *che*) hinweg an den Satzanfang verschoben werden kann, spricht man vom *that*-t-Effekt. Das Fehlen des *that*-t-Effekts charakterisiert Sprachen wie das Italienische, in denen die Subjektverschiebung über *that* hinweg eben keinen syntaktischen Effekt hat. Wir werden in unserer Einführung weiterhin die Spur durch die Kopie des verschobenen Elementes markieren. Diese Notation ist inzwischen weit verbreitet und ist durch Erneuerungen im theoretischen Modell der generativen Grammatik begründet; dies können wir aus Platzgründen aber nicht weiter ausführen.

Die Eigenschaft (c) beschreibt die Möglichkeit des Italienischen, einer VO Sprache (*comprato un libro*), das Subjekt an den äußersten rechten Satzrand zu platzieren *ha comprato un libro Gianni* „hat gekauft ein Buch Gianni".

Typologisch breit gefächerte Studien haben gezeigt, dass die genannten Eigenschaften (a) – (c) nicht notwendigerweise mit der Nullsubjekteigenschaft korrelieren, was ein Problem für die Annahme ist, dass bestimmte grammatische Eigenschaften in Sprachen zusammentreffen. Galizisch (Raposo und Uriagereka 1990), Altfranzösisch (Arteaga 1994, Haiman 1974) und Bangla (Williams 1991) gehören zu den Sprachen, die Null-Subjekte erlauben, jedoch gleichzeitig expletive Pronomina aufweisen. Ferner gibt es Null-Subjekt-Sprachen, die die Platzierung des Subjekts am rechten Satzrand nicht erlauben (vgl. u.a. Adams 1987, Grewendorf 1986). Umgekehrt zeigen Müller und Rohrbacher (1989), dass Sprachen, die Subjekte am rechten Satzrand aufweisen, nicht unbedingt Null-Subjekte erlauben. Van der Auweras (1984) Arbeit gab Anlass, den Zusammenhang von phonetisch nicht-realisierten Personalpronomina und der Extraktionsmöglichkeit für Subjekte neu zu definieren. Eine Generalisierung bleibt jedoch bestehen: Alle bisher erforschten Nicht-Null-Subjekt-Sprachen sind dadurch charakterisiert, dass sie die Verschiebung des Subjekts aus *that*-Nebensätzen nicht erlauben (hierzu gehören das Englische, das Deutsche und das Französische). Es gilt aber nicht umgekehrt, dass alle Null-Subjekt-Sprachen die Verschiebung des Subjekts aus *that*-Nebensätzen tolerieren; Sprachen wie das Italienische erlauben die Extraktion, in Sprachen wie dem Russischen, dem Finnischen, dem Georgischen und dem Quechua (alles Null-Subjekt-Sprachen) sind solche Extraktionen ungrammatisch. Dieser Umstand kann wie folgt zusammengefasst werden: Das Fehlen von *that*-t-Effekten ist mit der Nullsubjekteigenschaft verbunden. Wir wollen dies einmal schematisch in Tabelle 3 darstellen. In der Tabelle bedeuten „+ *that*-t", dass der *that*-t-Effekt in der jeweiligen Sprache auftritt und entsprechend „- *that*-t" das Ausbleiben eines grammatischen Effekts.

Tabelle 3. Der Zusammenhang zwischen pro-drop und *that*-t

	+ *that*-t	- *that*-t
+ pro-drop	Russisch Finnisch Georgisch Quechua	Italienisch
- pro-drop	Französisch Englisch	------

Wenn wir mit der genannten Relation recht hätten, und das Fehlen von *that*-t-Effekten mit der Nullsubjekteigenschaft verbunden ist, müssten Kinder, die eine Null-Subjekt-Sprache wie das Italienische erwerben, auf der Basis der Konstruktion *Chi$_i$ ha detto Gianni che* c̶h̶i̶$_i$ *ha comprato una macchina?* „Wer hat gesagt Gianni dass hat gekauft ein Auto" entscheiden können, dass ihre Sprache eine Null-Subjekt-Sprache ist, weil der Satz zeigt, dass das Subjekt aus einem durch *che* eingeleiteten Satz an den Satzanfang verschoben werden kann. Die Eigenschaft (b) wird dann als „trigger"[11] bzw. Auslöser für das Fixieren des Null-Subjekt-Parameters auf den Wert „+" bezeichnet. Umgekehrt wird die ungrammatische Konstruktion *Who_i did John say that t_i has bought a car? sehr wahrscheinlich nicht im Input von englischsprachigen Kindern vorkommen und selbst wenn sie vorkommt, weiß das Kind nicht, dass sie ungrammatisch ist, weil Erwachsene sich auch einmal versprechen können. Das Festlegen darauf, dass die zu erwerbende Sprache keine Null-Subjekt-Sprache ist, sollte dem Kind also viel schwerer fallen. Außerdem zeigt die Tabelle 3, dass das Auftreten von *that*-t-Effekten sowohl für Nicht-Null-Subjekt- als auch für Null-Subjekt-Sprachen charakteristisch ist. Das Fehlen des „clustering of properties" erschwert also die Situation des Kindes erheblich, denn wir wollen nicht vermuten, dass das Kind die (realisierten und nicht-realisierten) Subjekte im Input „zählt" und auf dieser Basis Entscheidungen für die zugrunde liegende Grammatik trifft. Welche Eigenschaft der Inputdaten ist also relevant für das Setzen des Null-Subjekt-Parameters? Wir haben gesehen, dass sich diese Frage ganz besonders für Nicht-Null-Subjekt-Sprachen stellt.

Das Problem des Parametersetzens stellte sich früher nicht, als noch davon ausgegangen wurde, dass das „clustering of properties" existierte. Ein Beispiel dafür ist die bahnbrechende Arbeit von Hyams (1983), die später in Hyams (1986, 1987) revidiert wurde. Sie vermutete, dass die Ungrammatikalität von Null-Subjekten mit dem Auftreten von expletiven Pronomina zusammenhängt, zumindest in den Sprachen, in denen die Generalisierung gilt. Im Englischen, Deutschen und Französischen gibt es phonetisch realisierte expletive Pronomina, also setzt das Kind den pro-drop Parameter auf den Wert „-"; im Italienischen gibt es keine expletiven Pronomina, also wird der Wert „+" gewählt. Ferner ist die Möglichkeit der anfänglichen Wahl eines Default-Wertes für den Parameter vorgeschlagen worden. Der englische Wert („-") wurde als der unmarkierte — also Default-Wert bezeichnet. Der unmarkierte Wert ergibt sich aus der Markiertheitshierarchie in Übereinstimmung mit dem „subset principle" (vgl. Wexler und Manzini 1987): Derjenige Wert, der die mengentheoretisch betrachtet kleinere Sprache L(i) beschreibt, ist gegenüber dem Wert, der die größere Sprache L(j) beschreibt, unmarkiert. Sätze, die in der kleineren Sprache L(i) vorhanden sind (Sätze mit phonetisch realisierten Subjekten), sind auch in der größeren Sprache L(j) grammatisch; L(i) ist eine Teilmenge von L(j). Der umgekehrte Fall gilt nicht. Der Lerner wird also zunächst den Wert (i) annehmen. Sollte sich aufgrund von positiver Evidenz zeigen, dass (i) der falsche Wert ist, so wird der Lerner (j) wählen. Dafür reicht ein einziger Satz aus L(j) aus, der nicht in L(i) existiert. Dies könnte ein Satz mit fehlendem expletiven Pronomen sein. Der Default-Wert bezeichnet also einen voreingestellten Zustand des spracherwerbenden Kindes. Es handelt sich um einen Wert, der unabhängig davon, ob die Sprache beispielswei-

---

[11] Eine Spracheigenschaft, die den Lerner dazu veranlasst, einen Parameter auf den jeweils zielsprachlichen Wert zu setzen, wird als „trigger" bezeichnet.

se eine Null-Subjekt- oder eine Nicht-Null-Subjekt-Sprache ist, angenommen wird. Die Teilmengenrelation von (Nicht-)Null-Subjekt-Sprachen wollen wir an einem Schaubild illustrieren.

Abbildung 7. Englisch und Italienisch als Teilmengenrelation

Sätze ohne realisiertes Subjekt (z. B. Italienisch - Null-Subjekt-Sprache)

Sätze mit realisiertem Subjekt (z. B. Englisch - Nicht-Null-Subjekt-Sprache)

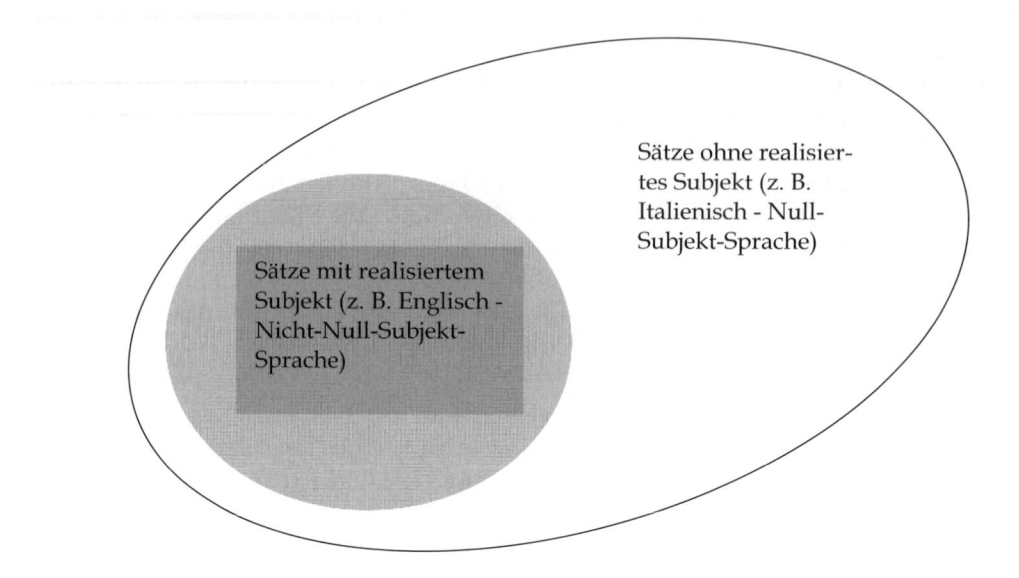

Abbildung 7 soll verdeutlichen, dass Sätze mit realisierten Subjekten in beiden Sprachen, dem Englischen (einer Nicht-Null-Subjekt-Sprache) und dem Italienischen (einer Null-Subjekt-Sprache) vorhanden sind. Sie stellen also die beiden Sprachen gemeinsame Menge dar. Sätze ohne realisiertes Subjekt sind dagegen nur im Italienischen grammatisch. Dem „subset"-Prinzip folgend sollte das Kind zunächst als unmarkierten Wert den für das Englische gültigen wählen, selbst dann, wenn es das Italienische lernen muss. Nur in diesem Fall ist garantiert, dass das Kind über die Erkenntnis, dass es Sätze gibt, die eben nicht in der Teilmenge enthalten sind, lernt, dass der zunächst angenommene Wert falsch ist.

Die Annahme eines Default-Wertes in Übereinstimmung mit dem „subset"-Prinzip macht nun aber falsche empirische Vorhersagen für den Spracherwerb. So konnte gezeigt werden, dass die frühe Kindersprache durch das häufige Fehlen von Subjekten charakterisiert ist, unabhängig davon, ob die zu erwerbende Sprache eine Null-Subjekt-Sprache ist (vgl. Bloom 1990). Wir hatten aber gerade dafür argumentiert, dass „-"der unmarkierte Wert des Null-Subjekt-Parameters ist. Wir erwarten in den Spracherwerbsdaten also das Gegenteil, nämlich dass Kinder das Subjekt erst einmal immer realisieren. Möchte man in einem Rahmen argumentieren, in dem die kindliche Grammatik „sufficient to the explanatory task, with the minimum of extra machinery to handle the empirical evidence" ist (De Villiers 1992:441), so muss man annehmen, dass der anfängliche Wert „+" ist. Hierbei hätten wir dem „subset"-Prinzip zufolge das Problem zu erklären, wie das Kind von der größeren Sprache (in der beides, Null-Subjekte und realisierte Subjekte grammatisch sind) hin zur kleineren Sprache (in der allein realisierte Subjekte grammatisch sind) fortschreiten kann. Das Auftreten von realisierten Subjekten kann es für den Erwerb nicht nutzen, da diese gerade unter beiden Parameterwerten grammatisch sind.

Unabhängig von einer Erklärung, aufgrund welcher Spracheigenschaften der Parameter auf seinen endgültigen Wert festgelegt wird, ergibt sich das Problem der Parameterumsetzung (vgl. Müller 1994). Valian (1990a,b) hat in zahlreichen Arbeiten auf dieses Problem aufmerksam gemacht. Am Beispiel von Null-Subjekt-Phänomenen demonstriert sie das so genannte Pendelphänomen. Der Input, den das Kind erhält, ist widersprüchlich: Selbst in Nicht-Null-Subjekt-Sprachen wie dem Deutschen wird das Kind Sätze hören, in denen das Subjekt fehlt.

(10) Du sollst nicht so viele Bücher lesen! − Ø Kann so viele Bücher lesen, wie ich will.

Ein Kind, welches das Deutsche erwirbt, könnte auf der Basis dieses Satzes vermuten, es sei in einer Null-Subjekt-Sprache. Berücksichtigt man nun die Tatsache, dass ein deutsches Kind auch sehr viele Sätze mit einem phonetisch realisierten Subjekt hört, wird das Kind den Parameter bei Bedarf wieder umsetzen auf den Wert „-", usw. Mit anderen Worten würde es immer zwischen zwei Parameterwerten hin- und herpendeln und niemals den korrekten Wert für die jeweilige Sprache auswählen können. Aus diesem Grund ist ein Prinzip − das „parameter setting constraint" − vorgeschlagen worden, das das Umsetzen von Parametern grundsätzlich ausschließt (vgl. u.a. Clahsen 1990, Rizzi 1989, Müller 1993). Wenn das Kind aber, wie das Prinzip besagt, keine Parameter umsetzen darf, muss verhindert werden, dass das Kind einen einzigen Satz als Evidenz für das Setzen eines Parameters auf einen bestimmten Wert ansieht, wie wir es im besprochenen Beispiel einmal angenommen haben. Valian (1990a,b) schlug aus diesem Grund vor, dass das Kind zunächst mit beiden Werten (bei Parametern, für die die Werte „+" oder „-" sind) arbeitet bzw. das Performanzsystem des Kindes zunächst beide Werte des Null-Subjekt-Parameters bereithält. Wie trifft das Kind eine Entscheidung?

Zunächst muss festgehalten werden, dass sich amerikanische und italienische Kinder schon von Beginn der ersten Mehrwortäußerungen an sehr unterscheiden, ein Faktum, auf das wir in 6.2.2 noch genauer eingehen werden: Amerikanische Kinder realisierten die Subjektposition sehr viel häufiger (über 50%) als italienische Kinder. Valian (1990b:115) folgert daraus, dass „American children know, from the beginning of combinatorial speech, that subjects are required in English. Their competence is not deficient, but their performance is." Lässt man beide Parameterwerte zu, so wird die Wahl zwischen den Werten nicht mehr deduktiv erfolgen, sondern im Gegenteil induktiv bzw. vermittelt durch das Hypothesentesten (vgl. 2.4.1). Das Kind muss nach Valian eine Distributionsanalyse durchführen, d.h. es muss bestimmen, an welchen syntaktischen Positionen Null-Subjekte auftreten. Es existiert in der Tat eine Einschränkung für das Auftreten für phonetisch nicht-realisierte Subjekte im Englischen: Sie sind auf die erste Position des (Haupt-) Satzes beschränkt und nicht, wie im Italienischen, in jedem syntaktischen Kontext möglich: *Gianni$_i$ ha detto che pro$_i$ può venire*[12] versus **John said that will come*. Diese Analyse muss das Kind durchführen, um daraufhin den Null-Subjekt-Parameter auf den jeweils zielsprachlichen Wert setzen zu können.

Roeper und Weissenborn (1990) haben eine „deduktive" Lösung für das Problem des Setzens des Null-Subjekt-Parameters vorgeschlagen. Sie vermuten die Gültigkeit eines Prinzips, welches besagt, dass parametrische Entscheidungen in Nebensätzen keine Ausnahmen aufweisen. Das Kind muss nach diesem Prinzip wissen, was ein Nebensatz ist, und kann über das Fehlen von Subjekten im Nebensatz den korrekten Wert des Null-Subjekt-Parameters erschließen. Das Fehlen von Subjekten in Nebensätzen ist nur dann erlaubt, wenn auch Hauptsätze durch diese Eigenschaft charakterisiert sind, wenn wir es also mit einer Null-Subjekt-Sprache zu tun haben.

Zusammenfassend lassen sich zwei große Richtungen mit Hinblick auf das Parametersetzen unterscheiden:

- Der Lerner benutzt zunächst einen Wert des Parameters, welcher der unmarkierte Wert ist. Er setzt den Parameter im Erwerbsverlauf auf den jeweils zielsprachlichen Wert. Eine andere Möglichkeit, die jedoch aus bereits erwähnten theoretischen Gründen nicht weiterverfolgt wird, ist die anfängliche Wahl eines markierten Werts und das Umsetzen des Parameters (nach Bedarf).
- Der Lerner benutzt zunächst beide Werte des Parameters und entscheidet im Erwerbsverlauf, welcher Wert der von der Zielsprache erforderte ist.

Die Argumente für die zweite Lösung basierten auf einer Eigenschaft des Inputs: Er ist vielfach irreführend. Wir hatten z.B. erwähnt, dass in einer Nicht-Null-Subjekt-Sprache auch Sätze vorkommen, in denen das Subjekt ausgelassen wurde. Bei der Satzverarbeitung werden drei Strategien unterschieden, um mit irreführendem bzw. mehrdeutigem Input umzugehen (vgl. Fodor 1998):

- Serielles Verarbeiten. Der Lerner wählt eine Analyse und revidiert diese im Erwerbsverlauf, falls nötig. Ein solcher Lernalgorithmus wird von Gibson und Wexler (1994) vorgestellt.
- Paralleles Verarbeiten. Der Lerner arbeitet mit mehreren Analysen gleichzeitig und benutzt die im Erwerbsverlauf hinzukommende Information, um alle bis auf eine Analyse zu eliminieren. Valians (1990b) Lernalgorithmus funktioniert auf diese Weise.

---

[12] *Gianni* und das phonetisch nicht-realisierte Subjekt *pro* tragen denselben Index i, um anzuzeigen, dass es sich in beiden Fällen um denselben Referenten handelt.

Mehrsprachigkeit: Definitionen

- „wait-and-see". Der Lerner trifft keine Entscheidung, bis genügend Information vorhanden ist. Fodor (1998) argumentiert für diesen Lernalgorithmus.

In diesen Strategien finden sich die bisher diskutierten Ansätze zum Parameterfixieren wieder. Gibson und Wexlers (1994) Lernalgorithmus sieht „Fehler" vor. Mit Hyams (1983) haben wir einen solchen Ansatz kennengelernt. Das Auftreten von „Fehlern" gilt in begrenztem Umfang auch für einen parallel vorgehenden Lernalgorithmus, den wir mit den Arbeiten von Valian vorgestellt haben. Die „wait-and-see" Vorgehensweise ist die sicherste; es kommt zu keinen, für die SpracherwerbsforscherIn sichtbaren „Fehlern" beim Spracherwerb. Wir können auf Fodors Lernalgorithmus, bei dem syntaktische Strukturen eine große Rolle spielen, aus Platzgründen nicht genauer eingehen.

2.4.2.2 Revision des Parameterbegriffs und Konsequenzen für ein Spracherwerbsmodell

Haider (1993) hat wegen der genannten Probleme, die wir am Null-Subjekt-Parameter illustriert haben, die Auffassung von der Universalgrammatik und somit auch des Parameters revidiert. Er versteht die UG nicht als eine Grammatik, sondern als einen kognitiven Koprozessor. Dieser Koprozessor wird immer aktiviert, wenn Daten vorhanden sind, die mit Hilfe dieses Prozessors verarbeitet werden können, also Sprachdaten.

> „The UG-potential is a cognitive co-processor. It is activated whenever there is a data structure that suits the capacity. [...] These data are processed effectively, subconsciously, and fast. Processing in this respect means that data with the given structure are easily recognized, stored, retrieved, modified, etc." (Haider 1993:13)

Die Struktur der Grammatik einer Sprache wird durch die UG bestimmt, „a program for a program of a program". Damit ist auch die UG an sich nicht angeboren (vgl. u.a. auch Koster 1989), sondern die UG selbst wird durch ein Programm gesteuert, welches mögliche mentale Prozesse in Form von neuronalen Aktivitäten bestimmt. Auf dieser letztgenannten Stufe kommen genetische Informationen zum Zuge. Beim Parameterbegriff haben wir gesehen, dass in der Regel davon ausgegangen wird, dass es sich um einen Schalter handelt, der in die eine oder in die andere Richtung gesetzt wird (mit der Konsequenz des unmittelbaren Erwerbs, „instantaneous acquisition"). Haider (1993) definiert den Parameter nun als eine Subroutine. Seiner Meinung nach erklärt dies auch die empirischen Befunde in der Spracherwerbsforschung, nämlich dass der Spracherwerb nicht in großen Schritten, also stufenweise, sondern kontinuierlich voranschreitet und dass Kinder beim Erwerb parametrisierter Sprachphänomene „Fehler" machen, mit anderen Worten einen nicht-zielsprachlichen Wert für einen Parameter auswählen können. Dies macht es notwendig, den Parameterbegriff so zu modifizieren, dass „Fehler" korrigierbar sind, was bei einer Subroutine ja der Fall ist.

Die Vorstellung vom Erstspracherwerb, die wir bisher erarbeitet haben, stellen wir in der Abbildung 8 graphisch dar. Der LAD (Language Acquisition Device, Slobin 1973) ist zwischen den Input und die abgeleiteten Grammatiken geschaltet, um zu garantieren, dass der Input in einer Form „aufbereitet" wird, dass das Kind eine linguistische Analyse durchführen kann. Wir sehen, dass die UG nur als einschränkende Größe wirksam ist, d.h. sie gibt den Raum vor, innerhalb dessen sich die Grammatiken 1, 2, n bewegen dürfen.

Abbildung 8. Spracherwerb im generativen Sprachmodell

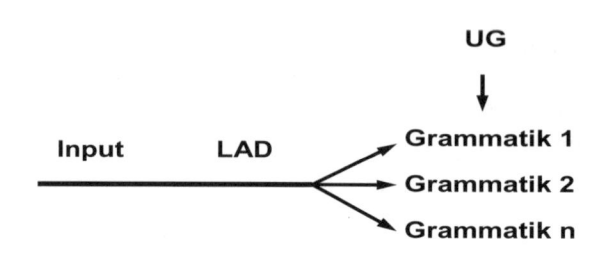

```
                              UG
                              ↓
      Input        LAD      → Grammatik 1
      ─────────────────────→  Grammatik 2
                              ↘ Grammatik n
```

Die Auffassung von Parametern als Subroutinen wurde von Müller (1998c) auf den bilingualen Erstspracherwerb (und den natürlichen Zweitspracherwerb) für den Bereich der deutschen Nebensatzwortstellung übertragen. Im Unterschied zum monolingualen Spracherwerber verfügt der bilinguale (und der Zweitspracherwerber) über zwei Grammatiken, wenn man davon ausgeht, dass von Beginn an zwei separate Kompetenzen aufgebaut werden (vgl. Kapitel 5). Nun ergibt sich für den bilingualen Erstspracherwerber ein Problem: Sobald „verarbeitbare" Daten vorliegen, werden diese analysiert. Es könnte nun Inputdaten geben, die mit Hilfe beider „Sprachprogramme" analysierbar sind. Hierfür werden wir Beispiele in Kapitel 6 anführen. Das Problem der Abgrenzung zweier Sprachsysteme im Individuum erhält demzufolge eine neue Dimension: Es geht nicht darum, OB die beiden Sprachen getrennt werden, sondern WIE der Lerner erfolgreich die einzelnen Subroutinen in der jeweiligen Sprache aktiviert.

Eine andere Frage, die sich unter Zugrundelegung des revidierten Parameterbegriffs aufdrängt, ist, ob zwei unterschiedliche Subroutinen in den jeweiligen Sprachen zum selben Zeitpunkt aufgebaut werden, oder zeitlich verzögert. Vorstellbar wäre, dass einige Subroutinen nicht simultan für beide Sprachen aufgebaut werden, sondern sukzessiv, andere wiederum simultan. Bei den sukzessiv aufzubauenden Routinen stellt sich die Frage, was das Kind in derjenigen Sprache macht, für die die jeweilige Subroutine noch nicht aufgebaut wurde.

Die erarbeitete Sichtweise hat weitreichende Konsequenzen für eine Sprachtheorie und eine Theorie des (bilingualen und monolingualen) Spracherwerbs. Sollten weitere Forschungsarbeiten die Plausibilität des Spracheneinflusses als

Einfluss in einzelnen grammatischen Teilbereichen erhärten (vgl. hierfür ganz besonders das Kapitel 6), so folgt daraus für eine Sprach(erwerbs)theorie, dass eine sprachspezifische Grammatik mit Hilfe eines übergreifenden universalen Filters — der UG (Universalgrammatik) — konstruiert werden muss (vgl. Haider 1993) und die Spracherwerbsaufgabe des Kindes eben nicht — wie oft im generativen Rahmen vermutet — darin besteht, unter den bereits vorgegebenen einzelsprachspezifischen Ausprägungen eines ebenso vorgegebenen Systems (UG) auszuwählen. Nach Haider kann das monolinguale Kind mehr als eine grammatische Repräsentation für einen bestimmten Konstruktionstyp aufbauen. Kürzlich hat Roeper (1999) im Rahmen des Chomskyschen Sprachmodells (vgl. Chomsky 1995) dafür argumentiert, dass (auch) monolinguale Kinder koexistierende, aber voneinander unabhängige Teilsysteme aufbauen, welche jeweils unterschiedlichen Grammatiken in natürlichen Sprachen entsprechen (vgl. auch Fritzenschaft, Gawlitzek-Maiwald, Tracy und Winkler 1990; Tracy 1991, 2000) und auf dieser Basis ein Modell des universalen Bilinguismus entworfen. Das Phänomen ist wohlbekannt: Das „monolinguale" Kind befindet sich bereits auf der Stufe B (z.B. eine Grammatik mit Kongruenz, *ich mache*), benutzt aber weiterhin auch Strukturen einer früheren Stufe A (eine Grammatik ohne Kongruenz, *ich machen*). Das Kind hat also zwei Grammatiken zur Verfügung. Diese Perspektive auf den Erstspracherwerb eröffnet interessante Einsichten in eine parallele Behandlung des „monolingualen" und bilingualen Erstspracherwerbs. Im genannten Sprachmodell stellt man sich den Spracherwerb u.a. als das Fixieren von Parametern vor. Der universale Bilinguismus besagt, dass beide Werte eines (binären) Parameters vom monolingualen Kind gewählt werden können, also eine Situation entsteht, welche für den bilingualen Erstspracherwerb bei parametrisch divergierenden Sprachen charakteristisch ist.[13] Ausgehend vom Postulat, dass eine Grammatik konsistent ist, d.h. es keine sich widersprechenden Regeln gibt (Regeln, die zwei unterschiedliche Parameterwerte notwendig machen), müssen zwei unterschiedliche Grammatiken schon für den Fall angenommen werden, dass zwei Grammatiken sich mit Hinblick auf nur eine einzige Regel unterscheiden. Der Vorteil dieser Sichtweise ist, dass das von vielen Forschern angenommene Konzept der Optionalität einer grammatischen Regel für frühe Spracherwerbsphasen eliminiert werden kann.[14]

Sichtweisen auf den monolingualen Spracherwerb wie die von Haider (1993) und Roeper (1999) führen dazu, die Auffassung vom Parameter als Schalter zu revidieren; also stellt sich der Erwerbsverlauf nicht als unverzüglich („instantaneous") dar, sondern verläuft in kleineren Schritten über einen längeren Zeitraum hinweg. Ziel ist es, die Definition des Parameterbegriffs dahingehend zu ändern, dass die oben genannten Probleme gelöst und Ergebnisse der Spracherwerbsforschung mit einbezogen werden. Der Parameter ist als eine Art Subroutine zu

---

[13] Eine parametrisch divergierende Sprachkombination mit Hinblick auf die Nullsubjekteigenschaft wäre z.B. Deutsch/Italienisch.
[14] So wäre ja auch denkbar, dass für die Phase, während der das Kind in einigen Fällen die Subjekt-Verb-Kongruenz zielsprachlich verwendet und in anderen Fällen Subjekte mit Infinitiven gebraucht, von einer optionalen Kongruenzregel auszugehen ist.

verstehen, welche bei Notwendigkeit erweitert werden kann. Im Sinne von Roepers universalem Bilinguismus und unter der Annahme des revidierten Parameterbegriffs als Subroutine würden sich die zwei genannten Lösungsansätze für das Parametersetzen nicht ausschließen, sondern Optionen darstellen, die vom jeweiligen Entwicklungsstand eines grammatischen Phänomens abhängen. So konnte für das Auslassen von Verbargumenten gezeigt werden, dass Kinder unabhängig von der in der Zielsprache gültigen Parameterbesetzung zunächst davon ausgehen, dass Verbargumente in einer Weise ausgelassen werden können, wie es für das erwachsenensprachliche Chinesisch gültig wäre. Roeper bezeichnet eine solche Grammatik, die von Kindern ohne jegliche Analyse des Inputs angenommen wird, als „Minimal Default Grammar" (MDG). Erst im Laufe ihrer Sprachentwicklung erkennen Kinder den für die jeweilige Sprache gültigen Wert. Sollte dieser von der MDG abweichen, wird die MDG aufgegeben. Es lässt sich jedoch eine Spracherwerbsphase ausmachen, während der die für die jeweilige Zielsprache gültige Parameterbesetzung (z.B. für Eigenschaft X der Wert „-") neben der MDG koexistiert. Ferner zeigt sich, dass — gebunden an einzelne lexikalische Elemente oder Subklassen von Elementen — der jeweils andere Wert des Parameters (z.B. für Eigenschaft X der Wert „+") gültig ist. Hier zeigt sich der zweite Lösungsansatz für das Parametersetzen, nämlich dass Kinder zeitweise mit beiden Werten „arbeiten".

Diese Sichtweise ist bei monolingualen und bilingualen Kindern anzunehmen, bei bilingualen für beide Sprachen. Die Aufgabe des monolingualen / bilingualen Kindes besteht hiernach einerseits in der Ausdifferenzierung eines zunächst gemeinsamen Systems (MDG) in einzelsprachspezifische Teilsysteme und andererseits in der Entscheidung darüber, ob voneinander unabhängige Teilsysteme konvergieren oder divergieren. Übertragen auf den bilingualen Spracherwerb besteht die Erwerbsaufgabe dort „nicht länger [nur, N.M.] in der Ausdifferenzierung eines ursprünglich gemeinsamen Systems, sondern vielmehr darin zu entdecken, welche [...] zunächst voneinander unabhängigen Teilsysteme konvergenzfähig sind und welche nicht." (Tracy und Gawlitzek-Maiwald, 2000:513) Die Entscheidung darüber, ob voneinander unabhängige Teilsysteme konvergieren (s. Tracy und Gawlitzek-Maiwald, 2000 zur Konvergenz) oder divergieren, ist eine Sichtweise, die in der bisherigen Forschungsliteratur weitestgehend vernachlässigt wurde.

In der Diskussion über das bilinguale Individuum wurde insbesondere in den 1960er und 1970er Jahren die Unterscheidung zwischen dem „compound bilingualism" und dem „coordinate bilingualism" in psycholinguistischen Experimenten zur Wortbedeutung überprüft (vgl. den Überblick in Romaine 1995, sowie Kapitel 8). Weinreich (1970) vermutete, dass die beiden genannten Ausprägungen der Zweisprachigkeit dadurch bestimmt sind, wie das bilinguale Individuum mit den beiden Sprachen in Kontakt gekommen ist. Beim „coordinate bilingualism" hat die Person die Sprachen sukzessive in voneinander getrennten Umgebungen erworben, die Wörter der beiden Sprachen sind separat abgelegt und mit jedem Wort wird eine spezifische Bedeutung assoziiert. Im Gegensatz dazu ist der „compound bilingualism" gerade ein Beispiel für den Erwerb zweier Sprachen in derselben Umgebung. Für diese Ausprägung wird angenommen, dass eine gemeinsame Wortbedeutung für zwei Wörter, z.B. für *tavola* und *tisch*, anzunehmen wäre. Es sei an dieser Stelle darauf hingewiesen, dass die psycholinguistische Evidenz für die genannten Ausprägungen widersprüchlich ist und dies in den 1980er Jahren zur Aufgabe der genannten Ausprägungstypen geführt hat. Die unterschiedlichen Ausprägungsmöglichkeiten der Zweisprachigkeit können aber zusammen mit einer Neudefinition des Parameter- und Grammatikbegriffs für die Beschreibung der bilingualen Kompetenz nutzbar gemacht werden und auf syntaktische Bereiche übertragen werden.

Wir wollen auf diese Sichtweise in unserem achten Kapitel genauer eingehen. Mit Hinblick auf das bisher Gesagte muss das bilinguale (wie das monolinguale) Kind einerseits ein zunächst gemeinsames System (MDG) in einzelsprachspezifische Teilsysteme ausdifferenzieren und es muss andererseits prüfen, inwieweit die als solche erkannten (syntaktischen) Teilsysteme konvergieren oder divergieren. Für den Fall, dass sie konvergieren, gibt es prinzipiell zwei Möglichkeiten in Anlehnung an die unterschiedlichen Ausprägungen des Bilinguismus: Konvergierende Teilsysteme werden als ein einziges Teilsystem oder als zwei Teilsysteme abgelegt. Die Möglichkeit der getrennten Ablegung von konvergierenden Teilsystemen hat das monolinguale Kind nicht. Die Ablegung als ein einziges Teilsystem würde für ein spezifisches grammatisches Phänomen besagen, dass EINE Subroutine (ein Parameterwert) für beide Sprachen genutzt wird. Der Fall der getrennten Ablegung würde besagen, dass identische Subroutinen für die jeweilige Sprache genutzt werden. Konvergieren die Systeme nicht, gibt es nur die Möglichkeit der getrennten Ablegung.

2.5 Zusammenfassung

Wir haben in diesem Kapitel grundlegende Begriffe geklärt und den theoretischen Rahmen der universalgrammatisch ausgerichteten Spracherwerbsforschung umrissen, in den sich ein ganzer Forschungszweig über den Verlauf der Mehrsprachigkeit einbetten lässt. Wir werden in den folgenden Kapiteln besonders auf solche Spracherwerbsarbeiten eingehen, die diesem theoretischen Rahmen verpflichtet sind.

2.6 Aufgaben

1. Erläutern Sie die Begriffe „Performanz" und „Kompetenz" anhand von geeigneten Beispielen.
2. Lesen Sie den Artikel von William F. Mackey (1962) *The description of bilingualism*, der im von Wei (2004) herausgegebenen Reader auf den Seiten 26-54 abgedruckt ist. Informieren Sie sich über die Definition von Inferfe-

renz und stellen Sie dar, auf welchen linguistischen Beschreibungsebenen diese auftritt.
3. Suchen Sie bei den Spachpaaren Deutsch / Französisch und Deutsch / Italienisch nach Gemeinsamkeiten und Unterschieden im syntaktischen Bereich dieser Sprachen und machen Sie auf der Basis dieses Vergleichs Vorhersagen für den Erwerb dieser grammatischen Eigenschaften (negativer, positiver Transfer).
4. Diskutieren Sie, welche Konstruktionen in den romanischen Sprachen bzw. im Deutschen für die Annahme problematisch sein könnten, dass das Französische und Italienische VO und das Deutsche OV geordnet sind. Inwieweit könnten sich diese problematischen Konstruktionen auf den Erwerb dieser Eigenschaft auswirken?
5. Prüfen Sie die grammatischen Eigenschaften (a), (b) und (c) von Null-Subjekt-Sprachen an deutschen Sprachbeispielen und überlegen Sie, aufgrund welcher Eigenschaften das deutsche Kind den Null-Subjekt-Parameter auf den Wert „-" setzen kann: (a) das Fehlen von expletiven Subjekten, (b) Extraktionsmöglichkeiten für Subjekte aus *that*-t-Kontexten, (c) postverbale Subjekte in VO-Sprachen.
6. Im Toskanischen (literarischer Stil) findet sich die Form *egli*, die maskuline Form des Personalpronomens *egli / ella*, in den folgenden Konstruktionen:
   a. egli è gran tempo che ciò è accaduto
   b. egli non sono ancora molti anni passati, che in Firenze fu una giovane
   c. non è egli forse vero?
   Diskutieren Sie diese Konstruktionen mit Hinblick auf den Null-Subjekt-Parameter und stellen Sie das Problem dar, welches ItalienerInnen beim Erwerb der Schriftsprache haben könnten.
7. Fertigen Sie eine 10-minütige Sprachaufnahme an, in der eine Person mit der Muttersprache Deutsch, Französisch oder Italienisch nach Möglichkeit frei spricht. Schreiben Sie diejenigen Äußerungen heraus, die nach Ihrer Meinung ungrammatisch sind. Diskutieren Sie diese Äußerungen vor dem Hintergrund, dass auch spracherwerbende Kinder solche Äußerungen in ihrem Input vorfinden.

3 Methoden der Datenerhebung und Formen der simultanen Mehrsprachigkeit

In diesem Kapitel werden wir uns mit den verschiedenen sprachlichen Kontexten beschäftigen, die zur simultanen Mehrsprachigkeit führen. Was unter simultaner Mehrsprachigkeit verstanden wird, haben wir bereits in Kapitel 2 besprochen. Der Fokus in diesem Kapitel liegt zum einen auf den Methoden der Familien, in denen Kinder zwei- oder mehrsprachig aufwachsen, zum anderen auf den Methoden der Datenerhebung. Die Resultate der Mehrsprachigkeit bzw. die Frage, welche individuellen Strategien die Kinder im Laufe ihrer Sprachentwicklung verfolgen, werden wir im achten Kapitel behandeln.

Seit nunmehr fast einem Jahrhundert sind Untersuchungen zum Erwerb zweier Sprachen im Kindesalter dokumentiert. Bei den frühesten Studien haben die Forscher überwiegend die Sprache ihrer eigenen Kinder über mehrere Jahre analysiert. Untersuchungen, welche die Sprachentwicklung von Kindern über einen längeren Zeitraum dokumentieren, nennt man Längsschnittstudien oder Longitudinalstudien. Diese sind Mittelpunkt des dritten Kapitels.

In Longitudinalstudien wird über längere Zeitabschnitte eine vergleichsweise beträchtliche Datenmenge gesammelt, die später hinsichtlich vieler unterschiedlicher Schwerpunkte untersucht werden kann. Die Datensammlung enthält in der Regel spontane Sprachäußerungen, die im Falle von Kinderdaten in Spielsituationen erhoben werden. Die Longitudinalstudie fällt als Verfahren der Datenerhebung unter den Bereich der Beobachtung (vgl. Albert und Koster 2002:17ff.).

Studien, die zu einem ganz bestimmten Entwicklungsmoment eine Gruppe von Kindern mit Hinblick auf eine bestimmte Fragestellung untersuchen, nennt man dagegen Querschnittstudien. Diese können aus Spontandaten, die einen einzigen Zeitpunkt (z.B. bei einer Befragung), mehrere Zeitpunkte zum Vergleich oder eine kurze Zeitspanne umfassen, oder aus einem Elizitationstest bestehen. Der Elizitationstest gehört als Verfahren der Datenerhebung der experimentiellen Forschung an (vgl. Albert und Koster 2002:46ff.). Für den Spracherwerb bedeutet dies, dass (Psycho-)Linguisten zu einer ganz bestimmten Fragestellung (z.B. Erwerb von Objekten) einen Test entwickeln, der mit Kindern durchgeführt wird. Bei jungen Kindern bestehen solche Tests meist aus Bildergeschichten oder vorgespielten (simulierten) Sachverhalten oder Situationen, sodass die Kinder spielerisch die Fragen beantworten. Die Antworten wiederum geben Hinweise auf den Erwerbsstand für dasjenige Alter, welches untersucht wurde. Man unterscheidet Produktions- und Verstehenstests. Produktionstests überprüfen die Sprachproduktion von Kindern; Verstehenstests untersuchen das Sprachverstehen. Viele Elizitationsverfahren bestehen auch aus einer Kombination von Produktions- und Verstehenstests.

Im nächsten Abschnitt werden wir sehen, dass es unterschiedliche Typen von Bilingualität gibt. Diese Typen resultieren daraus, dass die Sprachen eines mehrsprachigen Kindes in unterschiedlicher Weise im Kontext repräsentiert sind. In Abschnitt 3.2 werden wir uns mit einigen Querschnittstudien befassen, während Abschnitt 3.3 einen Überblick der bekanntesten Longitudinalstudien bietet. Bei diesem Überblick über Längsschnitt- und Querschnittstudien wird es um die Strategien gehen, die die Eltern wählen, um ihre Kinder zweisprachig werden zu lassen, und um die Methoden, die Forscher anwenden, um die zweisprachigen Kinder zu untersuchen. Für einen Überblick zu den Untersuchungsthemen von Studien zu bilingualen Kindern verweisen wir auf den Anhang I in Köppe (1997).

Wir werden sehen, dass sich die Methoden zur Erhebung der Daten im Laufe der Zeit stark verändert haben, und dass das Spektrum der betroffenen Sprachen breit ist, obwohl in vielen Studien eine der beiden Sprachen das Englische ist. In Abschnitt 3.4 schließlich werden wir am Beispiel einer aktuellen Studie die Methoden der Datenerhebung bei bilingualen Kindern näher betrachten.

3.1 Typen der Bilingualität

In ihrem Buch „Bilingualism" stellt Romaine sechs Typen der Bilingualität vor, d.h. sechs Arten, wie Kinder bilingual aufwachsen können (1995:181ff.). Wir werden im Folgenden Romaines Begriff des Typs der Bilingualität übernehmen. Man bedenke jedoch, dass es sich um Methoden der bilingualen Spracherziehung handelt. Die Kriterien, die sie für diese Unterteilung benutzt, sind die folgenden: Die Sprachen, die die Eltern sprechen, welche Sprachen sie wählen, um mit dem Kind zu sprechen, und die Sprache, die in der Umgebung gesprochen wird.

Besonders Eltern fragen immer wieder, ob es ein bestimmtes Rezept für die sichere und erfolgreiche simultane Zweisprachigkeit gibt. Ein solches Rezept kann oftmals nicht gegeben werden, da individuelle Faktoren, die die Familie und das darin aufwachsende Kind betreffen, eine wichtige Rolle für den Erfolg spielen (für genauere Hinweise zum Verlauf der bilingualen Erziehung vgl. Kapitel 8).

Romaine bezeichnet als den ersten Typ von Bilingualität die Methode EINE PERSON – EINE SPRACHE. Diese Methode geht auf den französischen Phonetiker Grammont zurück, der Ronjat (1913) diese empfahl. Letzterer hat eine Monographie zu der Sprachentwicklung seines Sohnes Louis verfasst. Nach dem ersten Typ von Bilingualität haben die Eltern zwei verschiedene Muttersprachen und jeder spricht zu Hause mit dem Kind seine eigene Sprache (vgl. auch Kapitel 5). Die Umgebung, in der das Kind aufwächst, ist monolingual und spricht dieselbe Sprache wie ein Elternteil. Die Eltern wählen eine der Sprachen als Familiensprache aus, womit diejenige Sprache gemeint ist, die beide Eltern sprechen, wenn sie gemeinsam mit dem Kind interagieren. Des Weiteren müssen die Eltern auch eine Sprache haben, die sie sprechen, wenn sie allein sind. Zu vermuten ist, dass bei Typ 1 die Umgebungssprache, also die Sprache der Mehrheit, zu Hause gesprochen wird. Einige Eltern gehen auch dazu über, als Familiensprache die Sprache zu wählen, die nicht durch die Sprachgemeinschaft unterstützt wird. Vielfach hängt die Wahl der Familiensprache aber auch von rein affektiven Faktoren und natürlich von der Kompetenz der einzelnen Familienmitglieder in den jeweiligen Sprachen ab.

> „Dans les ‚couples mixtes' bilingues, la relation amoureuse se forge généralement dans une langue (celle de l'un des deux partenaires) qui sera gardée quelles que soient les circonstances. Chrystelle est Française, elle s'est mariée en France avec un Espagnol. Ils se sont connus en français, pourrait-on-dire, car au départ elle ne parlait pas la langue de son mari. Petit à petit de légers clins d'œil en espagnol ont fait leur apparition pour sceller la connivence et l'originalité du couple vis-à-vis du milieu français. Ils utilisent le français en présence de Français et l'espagnol en présence d'Espagnols quand ils sont en Espagne par exemple. Mais lorsqu'ils se retrouvent seuls, ils se parlent de nouveau en français: c'est la langue de l'intimité, revendiquée paradoxalement plus par le mari espagnol comme la langue qu'il parle avec sa femme." (Deprez 1999:174)

Wir wollen diese Situation am Beispiel einer erdachten Familie verdeutlichen: Der Vater spricht Griechisch, die Mutter spricht Spanisch, die Familie lebt in Spanien. Zu Hause spricht jedes Elternteil seine Muttersprache mit dem Kind, die Familiensprache ist Spanisch.

Den Typ 2 könnte man mit NICHT-UMGEBUNGSSPRACHE ZU HAUSE / EINE SPRACHE – EINE UMGEBUNG bezeichnen. Auch in diesem Fall verfügen die Eltern über unterschiedliche Muttersprachen, wobei ein Elternteil die Umgebungssprache spricht. Sie sprechen beide die Nicht-Umgebungssprache in der Familie und mit dem Kind. Das Kind ist der Umgebungssprache nur außerhalb der Familie ausgesetzt. Die Strategie wird gewählt, um die Nicht-Umgebungssprache zu unterstützen, weil das Kind sonst selten mit ihr in Kontakt kommt.

Zur Verdeutlichung: Der Vater ist Muttersprachler des Französischen, die Mutter ist Muttersprachlerin des Polnischen, die Familie lebt in Frankreich. Die Sprache in der Familie und mit dem Kind ist Polnisch, außerhalb der Familie hört und spricht das Kind Französisch. Voraussetzung für diese Methode ist natürlich, dass der Vater das Polnische auch gut beherrscht.

Typ 3 stellt die Situation DIE EINE SPRACHE ZU HAUSE – DIE ANDERE SPRACHE AUS DER UMGEBUNG dar. Die Eltern haben dieselbe Muttersprache, wohnen jedoch in einer monolingualen Umgebung, die eine andere Sprache spricht. Zu Hause wird die Minderheitensprache gesprochen, also die Muttersprache der Eltern, außerhalb (z.B. im Kindergarten, beim Einkaufen, etc.) die Sprache der Umgebung.

Ein Beispiel: Vater und Mutter sprechen Englisch, die Familie lebt in Italien. Zu Hause wird Englisch gesprochen, außerhalb Italienisch. Somit unterstützen die Eltern zu Hause und gegebenenfalls mit Hilfe anderer Familien und Institutionen die Kultur und Sprache, die nicht in dem Land gesprochen wird, in dem sie leben. Dieser Typ von Bilingualität ist besonders unter Migrantenfamilien vorzufinden, d.h. bei Familien, die aus anderen Ländern ausgewandert sind.

Beim 4. Typ von Bilingualität erwirbt das Kind simultan nicht zwei, sondern drei Sprachen. Bei der Variante ZWEI SPRACHEN ZU HAUSE – EINE ANDERE

SPRACHE AUS DER UMGEBUNG haben die Eltern unterschiedliche Muttersprachen und leben in einer Umgebung, in der keine der beiden Sprachen gesprochen wird. Das bedeutet, dass die Kinder zu Hause zwei Sprachen und außerhalb eine dritte erwerben. Es bleibt offen, welche Sprache als Familiensprache verwendet wird. Das wird in der Regel dadurch entschieden, ob ein Elternteil die Sprache des Anderen beherrscht. Sonst muss auch zu Hause die Sprache der Umgebung gesprochen werden. Ein mögliches Szenario wäre das Folgende: Der Vater spricht Italienisch, die Mutter ist Muttersprachlerin des Deutschen, die Familie lebt in den USA. Da die Mutter gut Italienisch spricht, ist die Familiensprache Italienisch. Ansonsten spricht jedes Elternteil seine eigene Muttersprache, wenn es mit dem Kind allein interagiert. Die Umgebung spricht Englisch.

Typ 5 beschreibt eine relativ monolinguale Lebenssituation. Die Umgebung ist monolingual, die Eltern auch, ein Elternteil beschließt jedoch, eine Sprache, die er / sie gut beherrscht, mit dem Kind zu sprechen. Diese Variante nennt Romaine NICHT MUTTERSPRACHLICHE ELTERN.

Ein exemplarischer Fall: Der Vater und die Mutter sind monolinguale Sprecher des Niederländischen und leben in den Niederlanden. Die Mutter hat in der Schule Spanisch gelernt und auch mehrere Jahre in Spanien gelebt. So beschließt sie, mit ihrem Kind Spanisch zu sprechen. Zur Unterstützung fährt die Familie oft nach Spanien und pflegt Kontakte zu spanischen Familien und spanischen Institutionen in den Niederlanden. Der Vater und die Umgebung sprechen Niederländisch.

Der letzte von Romaine erwähnte Typ ist ausgeprägt bilingual und wird GEMISCHTE SPRACHEN genannt. Die Eltern sind bilingual und die Umgebung kann mit derselben Sprachkombination bilingual sein. Beide Elternteile sprechen (Romaine spricht von „mischen") beide Sprachen mit dem Kind.

Ein Musterfall: Im Elsass werden Französisch und Deutsch gesprochen, die Eltern sind dort aufgewachsen und zur Schule gegangen. Demnach sprechen sie sowohl Französisch als auch Deutsch mit ihrem Kind. Die Familiensprachen sind Französisch und Deutsch.

> „Le mélange, terme vague qui sera conservé pour le moment, n'est pas ici la déformation d'une langue mais l'emploi simultané des deux. Lorsque dans une famille tout le monde est bilingue, le mélange peut apparaître comme une pratique courante de communication intra-familiale bien acceptée, ou bien faire l'objet d'une chasse aux sorcières. Pour Juliette (franco-péruvienne) qui se fait ainsi la gardienne du temple, les mélanges sont à bannir: ‚pas de fragnol', mais pas pour Elisabeth (franco-anglais): ‚C'est comme ça c'est dans la famille. Tous, ils comprennent tous les deux langues. Alors ils mélangent tout. Ils s'en fichent: ils savent très bien que tout le monde comprend tout, alors. Alors y'a pas de problème.' L'attitude vis-à-vis des mélanges, tolérés ou réprimés, est bien un des points importants qui distingue les familles entre elles. On retrouve là l'illustration personnelle de la fameuse polémique qui existe pour la langue française entre les ‚puristes' qui font la guerre aux emprunts et les ‚laxistes' qui les admettent comme une évolution et une adaptation naturelles de la langue." (Deprez 1999:58)

Typ 6 kann unterschiedliche Ausprägungen haben. Zum Beispiel könnten die Eltern zwar beide bilingual sein, jedoch mit nur einer gemeinsamen Sprache. Diese wiederum ist auch die Sprache der Umgebung. Wenn zu Hause jeder die jeweilige Nicht-Umgebungssprache spricht, erwirbt das Kind drei Sprachen. Zum Beispiel: Der Vater ist mit Portugiesisch und Deutsch in Deutschland aufgewachsen, die Mutter mit Türkisch und Deutsch. Die Umgebungs- und die Familiensprache ist Deutsch, wodurch diese im Input am häufigsten ist. Der Vater spricht Portugiesisch mit dem Kind, die Mutter Türkisch.

Man könnte sich aber auch vorstellen, dass diese Familie nicht in Deutschland lebt, sondern z.B. in Portugal. Dieser Fall ähnelt Typ 1, wo jedes Elternteil seine eigene Muttersprache mit dem Kind spricht (hier haben sich die Eltern für eine ihrer Muttersprachen entschieden), mit dem Unterschied, dass die Familiensprache hier Deutsch sein könnte, sodass das Kind drei Sprachen erwirbt. Das Portugiesische wäre aber in diesem Falle die Sprache, die häufiger im Input vorhanden ist: Portugiesisch durch den Vater und die Umgebung, Türkisch durch die Mutter und Deutsch als Familiensprache.

Eine weitere Situation ergibt sich, wenn die bilingualen Eltern z.B. nach Großbritannien ziehen würden. Dann könnte das Kind vier Sprachen erwerben: Portugiesisch durch den Vater, Türkisch durch die Mutter, Deutsch als Familiensprache und Englisch als Umgebungssprache.

Wie wir sehen, gibt es viele Varianten, wie Sprachen und Kulturen in Kontakt treten können. Es stellt sich natürlich die Frage, inwieweit das Kind in der Lage ist, drei, vier oder mehr Sprachen simultan zu erwerben. Dabei ist nicht gemeint, dass die menschliche Sprachfähigkeit nicht dafür geeignet sei, mehr als zwei Sprachen zu erwerben. Vielmehr muss man bedenken, dass der Spracherwerb selbstverständlich nicht ohne oder mit nur sehr wenig Input vonstatten geht. Vier Sprachen müssten über den Tag so verteilt werden, dass sie alle gleichberechtigt als Muttersprachen erworben werden.

Man könnte dies noch weiter ausführen, wenn man sich vorstellte, dass die Eltern bilingual mit vier unterschiedlichen Sprachen sind. Dies ist keineswegs unrealistisch, wenn man bedenkt, dass es Gebiete außerhalb Europas gibt, in denen Kinder selbstverständlich mit zwei bis fünf Sprachen aufwachsen, z.B. in den meisten Ländern Afrikas.

Zusammenfassend lässt sich sagen, dass es viele Varianten der simultanen Mehrsprachigkeit gibt, von denen einige (v.a. die von Romaine aufgeführten sechs Typen) vielfach angewandt und manchmal auch untersucht wurden. Es gibt weitere denkbare Möglichkeiten, die jedoch noch zu wenig untersucht wurden.

Ein wichtiger Aspekt bei den Überlegungen der Eltern, wie viele Sprachen das Kind gleichzeitig erwerben soll, ist der Input: Es sollte gewährleistet sein, dass genügend Zeit für das Kind da ist, um in Kontakt mit den Sprachen zu kommen.

Die Frage, ob jedes Elternteil seine eigene Sprache mit dem Kind sprechen sollte (vgl. Typ 1 und 4), erübrigt sich, wenn wir uns die Fülle der Möglichkeiten anschauen, unter denen Kinder mehrsprachig aufwachsen. Sicherlich ist es sehr wichtig, dass das Kind die jeweilige Sprache in Relation zu einer oder mehreren

Personen setzen kann. Doch selbst bei den oben genannten Typen 1 und 4 wird das Kind bemerken, dass beide Elternteile die Sprache des Partners verstehen und sprechen, wenn auch nicht unbedingt mit dem Kind. Es geht also weniger darum, dass Eltern sich als einsprachig präsentieren, um dem Kind die Sprachwahl zu erleichtern, sondern vielmehr darum, dass sie einen eindeutigen Sprachkontext aufbauen, in dem das Kind sich wohl fühlt.

Das Kind muss die Notwendigkeit verspüren, dass es beide Sprachen zur Kommunikation braucht. Wenn es Anhaltspunkte dafür gäbe, dass etwa die im Beispiel zu Typ 1 vom Vater gesprochene Minderheitensprache nicht erforderlich ist, um kommunizieren zu können, könnte dies dazu führen, dass das Kind die Sprache entweder irgendwann ablegt oder gar nicht erst erwirbt. Es ist folglich sehr wichtig, dass Eltern ihrem Kind vermitteln, dass beide Sprachen eine wichtige Rolle spielen, und dass sie die Minderheitensprache / Nicht-Umgebungssprache durch Reisen in das Land und mit Hilfe der (meist monolingualen) Großeltern und anderer Familien fördern.

Die vorgestellten Wege zur Mehrsprachigkeit sind bisher alle als möglich und somit als erfolgreich in ihrem Ergebnis in der Literatur dargestellt worden. Es bedarf jedoch bewertender, d.h. vergleichender empirischer Arbeiten, um sich hier ein abschließendes Urteil zu erlauben. Bisher wissen wir also nicht, ob es einen besonders effizienten Weg gibt, d.h. einen Weg, der sich sowohl quantitativ als auch qualitativ besonders positiv auf den mehrsprachigen Erwerbsverlauf auswirkt.

3.2   Querschnittstudien

Wenden wir uns zunächst einigen Querschnittstudien zu, die durchgeführt wurden, um die sprachliche Entwicklung von zweisprachigen Kindern unter bestimmten Fragestellungen zu analysieren. Aus Platzgründen können wir nur einige Studien nennen. Wir wollen diese Studien chronologisch vorstellen und beginnen mit solchen, die sich mit Kindern beschäftigen, die Englisch und eine andere Sprache simultan erwerben.

Petersen (1988) hat Datenmaterial von einem englisch-dänischen Kind mit dem Tonband (vier Stunden) im Alter von 3;2[15] erhoben. Das Kind wuchs dem Typ 1 gemäß auf, da die Umgebung monolingual Englisch war, und die Eltern die eine Person-eine Sprache-Methode (von nun an 1P-1Sp) verwendet haben. Petersen ging besonders der Frage nach, welche Rolle die stärkere (dominante) Sprache auf die schwächere hat. Dafür hat sie u.a. Sprachmischungen analysiert.

Goodz (1989) hat 13 bilinguale englisch-französische Kinder untersucht. Die Kinder wurden von 1;1 bis 4;0 alle 6 Wochen in der Interaktion mit ihren Eltern aufgenommen. Sie sind bilingual nach der 1P-1Sp-Methode aufgewachsen. Somit entsprechen sie dem Typ 1. Auch bei dieser Untersuchung wurden Sprachmischungen untersucht.

---

[15]   Altersangaben erfolgen in Jahren;Monaten,Tagen.

Arnberg und Arnberg (1992) betrachteten 18 englisch-schwedische Kinder zwischen 1;8 und 4;0. Diese Kinder wuchsen in einer schwedischen Umgebung nach der 1P-1Sp-Methode auf, was Typ 1 entspricht. Die Daten bestanden aus einem 15-minütigen Test und 30 Minuten Spontandaten. Themen der Untersuchung waren Sprachmischungen und bilinguales Bewusstsein.

Genesee, Nicoladis und Paradis (1995) beschäftigten sich mit fünf englisch-französischen Kindern, die in einer bilingualen Umgebung aufgewachsen sind. Drei der Kinder wuchsen der Methode 1P-1Sp gemäß auf (Typ 1), bei zwei Kindern wurden mit den Kindern beide Sprachen gesprochen (Typ 6). Die Daten bestanden aus Video- und Tonbandaufnahmen mit den Eltern. Die Studie umfasste den Zeitraum von 1;10 bis 2;2.

Im Folgenden möchten wir noch einige Querschnittstudien mit Kindern nennen, die Deutsch und eine romanische Sprache (hier: Französisch bzw. Italienisch) erwerben.

Crysmann und Müller (2000) haben einen Test konzipiert, der zwei Phänomenen nachging: Der Frage nach der Stellung des Reflexivpronomens und der Wahl des Auxiliarverbs. Der Test wurde mit 10 französisch-deutsch bilingualen Kindern durchgeführt. Bis auf ein Kind (Typ 3) waren alle Kinder nach dem Typ 1 bilingual. Das Alter der Kinder lag zwischen 3 und 4 Jahren.

Schmitz (2006a) hat in einer Querschnittstudie acht italienisch-deutsche und 14 französisch-deutsche Kinder getestet. Die Kinder sind in einer monolingual deutschen Umgebung aufgewachsen, während zu Hause die 1P-1Sp-Methode verwendet wurde, was der Situation vom Typ 1 entspricht. Schmitz testete mit einer Bildergeschichte den Erwerb von Doppelobjektkonstruktionen im Alter zwischen 3 und 4 Jahren.

In Querschnittstudien wird nicht nur das Sprachproduktionsvermögen, sondern auch das Sprachverstehen von Kindern getestet. Wir wollen zur Veranschaulichung ein Bild einfügen, welches in einem Test mit älteren (über 3 Jahre alten) Kindern zum Verstehen von Futur-, Präsens- und Perfektverbformen benutzt wurde. Das Kind muss das jeweils richtige Bild zeigen, das der Experimentator mit Hilfe der sprachlichen Form auswählt. Der Test ist in Zusammenarbeit mit der Professorin Celia Jakubowicz (Paris) durchgeführt worden.

Abbildung 9. Bild für Elizitationsverfahren

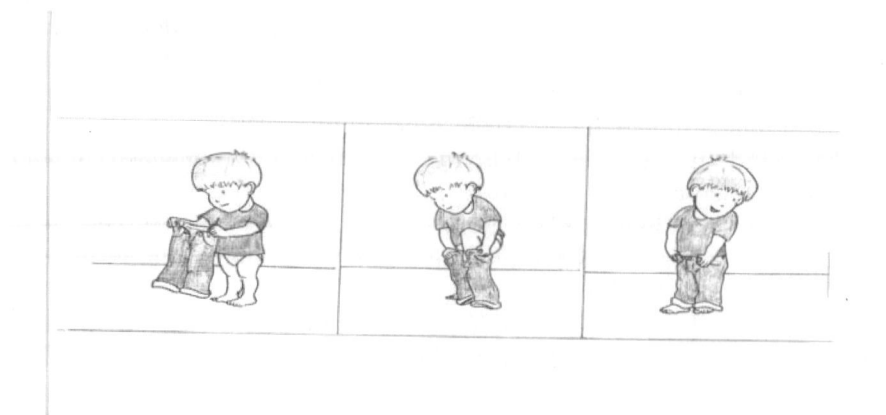

3.3 Longitudinalstudien

Für den kindlichen doppelten Erstspracherwerb gibt es mittlerweile viele Longitudinalstudien. Als Untersuchungsbereiche sind u.a. Sprachentrennung, Sprachmischungen, Entwicklung der Grammatik, Entwicklung des Lexikons sowie Spracheneinfluss zu nennen. Auch hier gehen wir chronologisch vor.

Die erste Studie, die wir hier erwähnen wollen, ist die von Ronjat (1913). Der Autor hat anhand von Notizen den Spracherwerb seines bilingual mit Französisch und Deutsch aufwachsenden Kindes untersucht. Die Eltern haben ihre jeweilige Muttersprache mit dem Kind gesprochen. Die Umgebung, in der das Kind aufgewachsen ist, war monolingual französisch. Damit entspricht diese Methode dem oben beschriebenen Typ 1.

Leopold (1949a,b) hat ebenfalls anhand von Notizen eine sehr ausführliche Studie zum Spracherwerb seiner Tochter geschrieben. Sie wuchs mit Englisch und Deutsch auf, wobei ihre Eltern die 1P-1Sp-Methode verwendet haben, d.h., der Vater sprach Deutsch, die Mutter Englisch. Als Familiensprache, d.h. wenn alle Familienmitglieder zusammen waren, wurde Deutsch gesprochen, die Umgebungssprache war Englisch. Auch hierbei handelt es sich um Typ 1 der Bilingualität.

Im Jahre 1975 haben Padilla und Liebman den Spracherwerb von drei englisch-spanisch bilingualen Kindern dokumentiert. Es wurden Tonbandaufnahmen mit den Eltern angefertigt. Die Umgebung war bilingual, und die Eltern haben beide Sprachen mit den Kindern gesprochen, was Typ 6 entspricht. Lindholm und Padilla erweiterten ihre Datenbasis in einer Studie von 1978, in der sie die Sprachentwicklung von fünf englisch-spanisch bilingualen Kindern beobachteten. Die Studie untersuchte Sprachmischungen und bestand aus Tonbandaufnahmen und Übersetzungssituationen. Die Kinder wurden mit 2;10 das erste Mal und dann ca. einmal pro Jahr bis zum Alter von 6;2 aufgenommen.

Eine sehr bekannte Studie in der Bilinguismusforschung ist die von Volterra und Taeschner (1978) und Taeschner (1983). Mit Hilfe von Notizen und Tonbandaufnahmen, die alle zwei Wochen stattfanden, sind zwei bilingual italienisch-deutsche Mädchen (die Töchter von Taeschner) untersucht worden. Hier handelt es sich um den Typ 1, da die Eltern die 1P-1Sp-Methode angewandt haben, während die Umgebung monolingual Italienisch war (vgl. auch Kapitel 5).

Redlinger und Park (1980) beobachteten die Sprachentwicklung von vier bilingualen Kindern mit Spanisch-Deutsch, Englisch-Deutsch und Französisch-Deutsch. Die Umgebungssprache war für alle Kinder Deutsch, zu Hause wurde bei manchen die 1P-1Sp-Methode verwendet (Typ 1), bei anderen haben die Eltern beide Sprachen mit den Kindern gesprochen (Typ 6). Die Tonbandaufnahmen fanden alle 3 Wochen in der Nicht-Umgebungssprache statt.

Vihman (1985) analysierte ein englisch-estnisches Kind, ihren eigenen Sohn. Mit Hilfe von Notizen sowie monatlichen Tonbandaufnahmen, die überwiegend im estnischen Kontext stattfanden, hat sie seinen Spracherwerb dokumentiert. Die Familie sprach meist Estnisch, die Umgebung Englisch. Somit handelt es sich hier um Typ 2 der Bilingualität.

Kielhöfer und Jonekeit (1985) beschrieben die Sprachentwicklung ihrer beiden Kinder Olivier und Jens. Dabei handelte es sich um Notizen, die die Mutter angefertigt hatte. Der Vater war Deutscher, die Mutter Französin. Beide sprachen ihre jeweilige Muttersprache mit den Kindern. Die Umgebung war Deutsch. Es handelt sich also um Typ 1 der Bilingualität.

Interessant ist auch die Studie von Fantini (1985). Mit Hilfe von Tonbandaufnahmen und eigenen Aufzeichnungen wurde der Spracherwerb von Fantinis Sohn festgehalten. Fantini und seine Frau sind selbst mehrsprachig aufgewachsen: er ist Muttersprachler des Englischen, stammt aus einer italienischsprachigen Familie und lernte u.a. Spanisch; sie ist Muttersprachlerin des Spanischen, wurde in Italien geboren, und lernte später u.a. Englisch. Die Eltern haben ihren Sohn ausschließlich auf Spanisch angesprochen (Typ 2), während sie untereinander auch das Englische und Spanische gemischt haben. Durch die Großeltern kam Fantinis Sohn in Kontakt mit dem Italienischen. Die Umgebung war monolingual Englisch, die Familie wohnte jedoch nach Angaben des Vaters recht isoliert, sodass der Junge erst mit 2;8 systematisch mit dem Englischen konfrontiert wurde. Eine wirkliche Vermehrung des englischsprachigen Inputs erfolgte mit ca. 5 Jahren bei Eintritt in die Vorschule.

Sieben französisch-deutsch bilinguale Kinder sind im DUFDE-Projekt[16] untersucht worden (vgl. u.a. Schlyter 1987, Meisel 1989, 1990b, 1992, 1994a,b,c, Müller 1993, Köppe 1996, 1997). Die Daten wurden durch Videoaufnahmen in vierzehntägigem Abstand gesammelt. Die Aufnahmen waren nach Sprachen getrennt und wurden mit Interaktionspartnern, die die jeweilige Sprache als Muttersprache sprachen), durchgeführt. Die Umgebungssprache der Kinder war Deutsch, zu Hause wurde die 1P-1Sp-Methode verwendet, was Typ 1 entspricht. Das BUSDE-

---

16 DUFDE: Deutsch Und Französisch: Doppelter Erstspracherwerb.

Projekt[17] hat Sprachdaten von zwei baskisch-spanisch aufwachsenden Kindern nach dem DUFDE Vorbild erhoben (Meisel 1994d). Die Umgebungssprache der Kinder war Baskisch, zu Hause kam die 1P-1Sp-Methode zum Tragen (Typ 1).

De Houwer (1990) hat ein englisch-niederländisches Kind analysiert, das, Typ 1 gemäß, in einer niederländischen Umgebung aufgewachsen ist, und zu Hause nach der 1P-1Sp-Methode erzogen wurde. Die Daten bestehen aus wöchentlichen Tonbandaufnahmen, die meistens in beiden Sprachen durchgeführt wurden.

Lanza (1992, 1997) beschäftigte sich intensiv mit dem Sprachverhalten der Eltern bilingualer Kinder (vgl. Kapitel 3.4 und 7). Sie untersuchte die Sprachentwicklung von zwei bilingual englisch-norwegischen Kindern mit Hilfe von monatlichen Tonbandaufnahmen, die die Eltern zusammen mit den Kindern beinhalteten. Die Umgebung war für beide Kinder monolingual Norwegisch. Zu Hause wurden unterschiedliche Strategien angewandt: Ein Kind wuchs mit der 1P-1Sp-Methode auf (Typ 1), das andere hatte zu Hause eine bilinguale Sprechsituation (Typ 6).

Pfaff (1992) analysierte in einer Longitudinalstudie (über 5 Jahre) die Entwicklung des Deutschen bei Kindern einer KITA (Kindertagesstätte) in Berlin. Von den untersuchten Kindern sprachen 90% zu Hause Türkisch, fünf Kinder waren monolingual Deutsch, und vier Kinder entstammten binationalen deutsch-türkischen Ehen. Die Sprachdaten wurden in Anwesenheit einer deutschen und einer türkischen Erzieherin nach der Methode 1P-1Sp erhoben. Diese Situation entsprach jedoch nach Angaben von Pfaff nicht der täglichen Situation in der KITA, da davon auszugehen ist, dass die türkischen Erzieherinnen mit den Kindern überwiegend Deutsch gesprochen haben.

Tracy (1995) hat drei bilingual englisch-deutsche Kinder untersucht, von denen Gawlitzek-Maiwald und Tracy (1996) eines näher betrachteten. Die Aufnahmen wurden vierzehntägig bis monatlich durchgeführt. Zwei der Kinder wuchsen nach der Methode 1P-1Sp (Typ 1) auf, bei dem dritten Kind haben sich die Eltern nach 17 Monaten dazu entschlossen, nach dem Typ 2 vorzugehen. Die Umgebung war monolingual deutsch. Das Alter der Kinder zu Beginn der Studie lag zwischen 2;1 und 3;7, beendet wurde die Untersuchung im Alter zwischen 4;2 und 5;5.

Die Studien von Quay (1995), Deuchar (1999) und Deuchar und Quay (1998, 2000) untersuchten ein bilinguales Kind vom Typ 6. Mit Hilfe von Notizen und wöchentlichen Videoaufnahmen wurde ein englisch-spanisches Kind beobachtet, welches eine monolingual englischsprachige Umgebung hatte. Zu Hause haben die Eltern beide Sprachen untereinander und mit dem Kind gesprochen.

Hulk (1997) und Hulk und van der Linden (1996) erhoben die Sprachdaten eines Kindes, welches bilingual mit Niederländisch und Französisch aufgewachsen ist. Die Daten bestanden aus Tonbandaufnahmen in beiden Sprachen mit den Eltern. Die Umgebungssprache war Niederländisch, die Eltern wandten die 1P-1Sp-Methode an, was Typ 1 entspricht.

---

[17] BUSDE: Baskisch Und Spanisch: Doppelter Erstspracherwerb.

Döpke (1998) erhob Sprachdaten von drei deutsch-englisch bilingual aufwachsenden Kindern in Australien. Die Kinder wurden monatlich mit Tonband und Videokamera aufgezeichnet; die Aufnahmen fanden im Alter zwischen 2 und 5 Jahren statt. Die Mütter der Kinder waren deutschsprachig. Bei der berichteten Mehrsprachigkeit handelt es sich sehr vermutlich um den Typ 1.

Die nun folgenden Longitudinalstudien haben gemeinsam, dass Kinder untersucht wurden, die das Italienische simultan mit einer germanischen Sprache erworben haben.

Serratrice (2000) untersuchte den bilingualen Spracherwerb eines italienisch-englischen Kindes mit Hilfe von Videoaufnahmen, die nach Sprachen getrennt waren. Die Umgebungssprache war monolingual Englisch, zu Hause wurde die Minderheitensprache Italienisch gesprochen, während die Eltern die 1P-1Sp-Methode angewandt haben.

Müller, Cantone, Kupisch und Schmitz (2002) und Cantone, Kupisch, Müller und Schmitz (2006) haben Kinder mit den beiden Kombinationen Italienisch-Deutsch und Französisch-Deutsch analysiert. Die Daten wurden mit Hilfe von 2-wöchigen Videoaufnahmen mit InteraktionspartnerInnen in beiden Sprachen gesammelt. Die Umgebungssprache war Deutsch, die Familien haben alle die 1P-1Sp-Methode angewandt, wobei die meisten Familien zu Hause Italienisch oder Französisch gesprochen haben, und einige Deutsch (vgl. 3.4).

Bernardini (2004) hat zwei Kinder analysiert, die bilingual italienisch-schwedisch aufgewachsen sind. Ein Kind lebte in Schweden, also in einer monolingualen Umgebung, während die Eltern die 1P-1Sp-Methode anwendeten, was nach Romaine Typ 1 entspricht. Die Eltern sprachen zu Hause meistens Italienisch. Das andere Kind lebte in einer monolingualen Umgebung in Italien. Auch hier wandten die Eltern die 1P-1Sp-Methode an (Typ 1). Bei Anwesenheit aller Familienmitglieder wurde Italienisch gesprochen.

Fassen wir die in den Studien zum Tragen kommenden Kriterien zusammen.

Betrachten wir die Studien zunächst nach den Bilinguismustypen, die von Romaine (1995) vorgeschlagen wurden, so stellen wir fest, dass die Konstellationen, in denen die untersuchten Kinder aufwachsen, entweder Typ 1, Typ 2 oder Typ 6 der Bilingualität entsprechen. Demnach wenden sich Eltern, die zwei verschiedene Muttersprachen haben, oft in ihrer jeweiligen Sprache an das Kind, sodass die Methode 1P-1Sp befolgt wird. Manche Eltern entscheiden sich dafür, beide Sprachen mit dem Kind zu verwenden, sodass Typ 6, der Misch-Typ entsteht.

Die meisten Familien haben sich entschlossen, die Sprache der Umgebung, die gleichzeitig die Muttersprache eines Elternteils ist, als Familiensprache zu benutzen. Einige Familien dagegen sprechen zu Hause die Minderheitensprache, also die Muttersprache desjenigen Elternteils, welches nicht die Umgebungssprache als Muttersprache hat, um jene zu fördern.

Wie wir oben bereits erwähnt haben, sind viele Bilinguismusvarianten (Untervarianten der hier vorgestellten Typen) noch nicht dokumentiert worden. Es wäre weiterführend, wenn die Forschung auch zu solchen Typen von Bilingualität Daten sammeln könnte, um dann Voraussagen über deren Erfolg machen zu können. Besonders interessant sind diejenigen Varianten, die durch den gleichzeitigen Erwerb von mehr als zwei Sprachen zu einer Mehrsprachigkeit der Kinder führen (könnten). Durch das vermehrte Reisen in unserer modernen Gesellschaft ist die Wahrscheinlichkeit, dass zwei Menschen, die unterschiedliche Muttersprachen sprechen, heiraten und sich in einem Land niederlassen, welches eine dritte Sprache spricht, ohnehin gewachsen. So sollten auch diese Varianten der Mehrsprachigkeit in Zukunft verstärkt untersucht werden.

Die Sprachkombinationen, die von den Forschern unter die Lupe genommen wurden, haben sich mit den Jahren vervielfältigt: Zu Beginn wurden (unter Berücksichtigung der Querschnittstudien) überwiegend Englisch-Spanisch oder Englisch-Französisch untersucht. Der Erwerb des Englischen wurde außerdem in Verbindung mit Sprachen wie z.B. Deutsch, Dänisch, Schwedisch, Norwegisch, Estnisch, Niederländisch oder Italienisch analysiert. Das Englische war in der Linguistik (auch in monolingualen Erwerbsstudien und anderen sprachwissenschaftlichen Analysen) lange Zeit die am meisten untersuchte Sprache. Dieses Bild hat sich jedoch in den letzten Jahren verändert und andere Sprachen, ganz besonders die romanischen, sind in den Mittelpunkt gerückt.

Obwohl weniger oft als das Englische, steht auch das Deutsche im Zentrum von Untersuchungen zum simultanen Spracherwerb, v.a. in Kombination mit romanischen Sprachen wie z.B. Französisch, Italienisch oder Spanisch. Wünschenswert ist es, möglichst unterschiedliche Sprachkombinationen zu analysieren, um z.B. prüfen zu können, ob der simultane Spracherwerb bei Kombinationen mit typologisch ähnlichen Sprachen (z.B. Spanisch-Italienisch) gleich verläuft im Vergleich zu Kombinationen mit typologisch unterschiedlichen Sprachen (z.B. Baskisch-Spanisch und Türkisch-Deutsch).

Die Methoden der Datenerhebung haben sich mit der Zeit ebenfalls verändert. Die ersten Studien wurden mit Hilfe von Notizen (so genannte Tagebuchstudien) durchgeführt. Ab 1975 benutzte man Tonbandaufnahmen, die überwiegend mit den Eltern stattfanden. Daraus kann man entnehmen, dass die Studien zwar die 1P-1Sp-Methode getestet haben, durch die Anwesenheit unterschiedlicher Sprecher jedoch ein bilingualer Kontext entstanden ist, was vermutlich zu einer höheren Mischrate seitens der Kinder geführt hat. Wenn man des Weiteren davon ausgeht, dass manche Familien mit ihren Kindern beide Sprachen gesprochen haben (Typ 6), ist tatsächlich zu bezweifeln, dass die Aufnahmesituation eine monolinguale Sprachsituation dargestellt hat. Betrachtet man jedoch v.a. die Querschnittstudien, so hatten die meisten (zumindest in den 1970er und 1980er Jahren) gerade die Sprachmischungen als Untersuchungsgegenstand.

Manche Studien haben gezielt in der Nicht-Umgebungssprache aufgenommen. Seit Mitte der 1990er Jahre werden auch Videoaufnahmen gemacht, wodurch sich die nonverbale Interaktion der Kinder viel besser erfassen lässt.

Was die Methoden betrifft, so werden heutzutage die meisten Aufnahmen nach Sprachen getrennt, d.h., es ist weit verbreitet, für die Untersuchung einen monolingualen Sprachkontext herzustellen. Dieses erleichtert die Analyse u.a. von Sprachmischungen um ein Vielfaches.

Die ersten Dokumentationen in der Bilinguismusforschung stammen von Autoren, die ihre eigenen Kinder untersucht haben. Seit den 1970er Jahren hat sich etabliert, dass Forscher Daten sammeln, indem sie bei mehrsprachigen Familien Aufnahmen durchführen. Diese werden heutzutage in der Regel nicht mehr von den Eltern durchgeführt, sondern von InteraktionspartnerInnen, die monolingual sind. Dadurch ist der Kontext nach Sprachen getrennt. Die Sprachwahl wird von den Erwachsenen vorgegeben.

Schauen wir uns zur Verdeutlichung eine Longitudinalstudie und ihre Methoden genauer an.

3.4 „Frühkindliche Zweisprachigkeit: Italienisch-Deutsch und Französisch-Deutsch im Vergleich"

In diesem Abschnitt werden wir exemplarisch eine Datensammlung und die Methoden, die angewendet wurden, ausführlicher betrachten. Der Grund, warum wir gerade diese Longitudinalstudie ausgewählt haben, besteht darin, dass wir die Methoden dieses Projektes am besten kennen, weil wir daran teilgenommen haben. Des Weiteren entstammen die in diesem Buch diskutierten Daten (vgl. Kapitel 4 bis 8) diesem Projekt.

Das Forschungsprojekt „Frühkindliche Zweisprachigkeit: Italienisch-Deutsch und Französisch-Deutsch im Vergleich" arbeitete von 1999 bis 2005 im Rahmen des Sonderforschungsbereiches 538 Mehrsprachigkeit an der Universität Hamburg und wurde aus DFG-Mitteln gefördert. Die erste Forschergruppe etablierte sich im Jahre 1997. Die Leitung oblag Natascha Müller. Das Projekt wird heute an der Universität Wuppertal unter einer anderen Fragestellung weitergeführt und um zwei Sprachkombinationen (Französisch-Italienisch und Spanisch-Deutsch) und die Erhebung bilingualer Daten in den romanischen Ländern Italien und Frankreich erweitert.

Im Schwerpunkt standen mehrere Longitudinalstudien über den Spracherwerb bilingualer Kinder. Zum Vergleich wurden darüber hinaus auch Querschnittstudien mit monolingualen und bilingualen Kindern durchgeführt (für die grundlegenden Arbeiten zu den Daten vgl. Müller 1998b, Müller, Cantone, Kupisch und Schmitz 2002, Schmitz 2006a, Kupisch 2006a, 2007a, Cantone 2007, Cantone, Kupisch, Müller und Schmitz 2006, Müller, Schmitz, Cantone und Kupisch 2006, Pillunat, Schmitz und Müller 2006).

Mit den Longitudinalstudien von insgesamt 15 (mittlerweile 27) Kindern hat die Gruppe seit 1997 Sprachdaten von neun Kindern mit der Sprachkombination Italienisch-Deutsch und sechs mit der Kombination Französisch-Deutsch erhoben. Die Aufnahmen wurden im Alter zwischen 1;4 und 2;2 Jahren (individuelle Unterschiede) begonnen und, bis auf wenige Ausnahmen, mit 5 Jahren abgeschlossen.

Die Daten sind anhand von Videoaufnahmen gesammelt worden. Diese fanden in der Regel alle zwei Wochen statt. Zwei InteraktionspartnerInnen haben die Kinder zu Hause besucht und mit ihnen gespielt. Jeder Aufnahmeteil dauerte zwischen 30 und 45 Minuten und war nach Sprachen getrennt, d.h., während ein/e Interaktionspartner/in gespielt hat, hat der / die Andere aufgenommen und nicht an der Spielsituation teilgenommen. Bei Kindern mit vergleichsweise niedriger Redebereitschaft wurden 45 Minuten pro Sprache aufgenommen.

Die erwachsenen InteraktionspartnerInnen waren jeweils MuttersprachlerInnen des Italienischen, Französischen oder Deutschen. In einigen Fällen handelte es sich um bilingual italienisch-deutsche oder französisch-deutsche SprecherInnen. Sowohl die bilingualen als auch die monolingualen InteraktionspartnerInnen (die über sehr gute Kenntnisse der anderen Sprache verfügten) haben das Kind immer nur in einer Sprache angesprochen.

Damit haben sie wie die Eltern die 1P-1Sp-Methode gewählt (vgl. weiter unten). So wie bei einer binationalen Ehe eine Familiensprache ausgesucht werden muss, welche gesprochen wird, wenn alle Mitglieder, also Vater, Mutter und Kind / Kinder zusammen sind, mussten die InteraktionspartnerInnen sich auch einigen, welche Sprache die übergreifende sein sollte. Diese wurde in der Regel unter Berücksichtigung der Familiensituation, der Einsprachigkeit oder Zweisprachigkeit des / der InteraktionspartnerIn oder zur Unterstützung der Nicht-Umgebungssprache gewählt.

Man kann zusammenfassend sagen, dass die Kinder zwar wussten, dass eine der InteraktionspartnerInnen entweder bilingual oder zumindest der anderen Sprache mächtig war, dass sie aber trotzdem, wie bei ihren Eltern, die Sprachwahl der Erwachsenen respektierten. Bis auf eine Studie sind die Aufnahmen grundsätzlich nicht von den Eltern durchgeführt worden. Das schließt natürlich nicht aus, dass Eltern mitunter an Aufnahmen teilgenommen haben.

Betrachten wir nun die sprachliche Situation der Kinder. Für alle war die Sprache der Umgebung, in der sie aufwuchsen, Deutsch. Alle Kinder entstammten einer mehrsprachigen Familie, d.h. ein Elternteil war deutsch, das andere italienisch oder französisch. In sechs Fällen war die Mutter Italienerin und der Vater Deutscher, in vier die Mutter Französin und der Vater Deutscher. In vier Studien war die Mutter Deutsche und der Vater Italiener (zwei Fälle) oder Franzose (zwei Fälle). In einem Fall war die Mutter bilingual Italienisch-Deutsch und der Vater Deutscher.

Alle Familien sind der 1P-1Sp-Methode gefolgt, wobei fünf Familien Italienisch als Familiensprache gewählt haben und eine Französisch. In fünf Studien wurden zu Hause beide Sprachen gesprochen. Bei den anderen Familien war Deutsch die Familiensprache.

Die erste Aufnahme (manchmal auch die zweite oder die dritte) war eine Probeaufnahme, damit die InteraktionspartnerInnen die Kinder und ihre Familien kennen lernen konnten. Alle Aufnahmen wurden verschriftet, d.h. es wurden Transkripte angefertigt über das, was die Kinder gesagt haben, und das, was die Erwachsenen gesagt haben. Auch der nonverbale Kontext, z.B. Zeigegesten, Bewegungen und Spielsituationen, wurde verschriftet. Die Transkripte wurden von MuttersprachlerInnen angefertigt, in der Regel dieselben, die die Aufnahmen durchgeführt haben, und danach von anderen MuttersprachlerInnen kontrollgehört. Die Analyse der Daten erfolgte somit nicht mehr auf der Grundlage der Aufnahmen, sondern mit Hilfe der vorliegenden Transkripte.

Zur Unterstützung wurde eine Art Tagebuch für jedes Kind angelegt. Nach jeder Aufnahme wurde ein Protokoll erstellt, das besondere Ereignisse im Leben der Kinder festgehalten hat, die Einfluss auf die sprachliche Entwicklung haben könnten. Dazu gehören z.B. Reisen nach Frankreich oder Italien, Besuche der Großeltern, Eintritt in den Kindergarten, Krankheit. Des Weiteren wurden mögliche Wechsel der InteraktionspartnerInnen dokumentiert, weil diese ebenfalls den Sprachgebrauch des Kindes während der Aufnahmen beeinflussen können. Im Allgemeinen waren die mit den Sprachaufnahmen betrauten Erwachsenen jedoch bemüht, keine häufigen Wechsel durchzuführen, um den Kindern Beständigkeit zu bieten.

Gehen wir nun auf das Sprachverhalten der Erwachsenen und der Kinder etwas näher ein.

Die InteraktionspartnerInnen haben grundsätzlich (unabhängig von ihrer Bilingualität oder ihren guten Sprachkenntnissen in der anderen Sprache) nur eine Sprache mit dem Kind gesprochen. Wenn das Kind jedoch z.B. in der deutschen Aufnahme Französisch gesprochen oder sogar gemischt hat, hatte dies unterschiedliche Reaktionen zur Folge (vgl. Lanza 1997 bzw. Kapitel 7): Manche Erwachsene haben vorgegeben, nichts zu verstehen oder um Erklärung gebeten, andere haben die Äußerung in der Zielsprache wiederholt (und damit zugegeben, verstanden zu haben). Niemals hat jedoch eine InteraktionspartnerIn nach dem Mischen eines Kindes ebenfalls begonnen zu mischen oder nach einem Sprachwechsel seitens des Kindes angefangen, auch die andere Sprache zu sprechen.

Auch die Kinder hatten unterschiedliche Strategien, wenn sie in einem Sprachkontext Schwierigkeiten hatten. Neben den seltenen Sprachmischungen (vgl. Kapitel 7) war ein anderes Verhalten häufiger, v.a. bei denjenigen Kindern, die zu bestimmten Phasen ihrer sprachlichen Entwicklung eine Sprache mehr und besser gesprochen haben als die andere (vgl. Kapitel 4). So haben manche Kinder einfach in derjenigen Sprache, die sie besser beherrschten, gesprochen, auch wenn es — gemäß dem Sprachkontext, der von den Erwachsenen vorgegeben war — die „falsche Sprache" war.

Zum Beispiel haben einige Kinder konsequent weiter Deutsch gesprochen, obwohl die Aufnahme auf Italienisch oder Französisch stattfand und der / die Interaktionspartner/in sich auch in diesen Sprachen an das Kind gewandt hat. In einer solchen Phase konnte es auch passieren, dass das Kind weniger in der „schwächeren" Sprache gesprochen hat (vgl. Kapitel 4), oder bemüht war, sich anders verständlich zu machen, z.B. durch Gesten. Andere Kinder wiederum haben im Bedarfsfall den / die Erwachsene/n um Hilfe bzw. Übersetzung gebeten.

Schließlich hat es bei einigen Kindern auch Phasen gegeben, in denen sie vergleichsweise viel gemischt haben (in einem Sprachkontext oder in beiden, vgl. Kapitel 7). Dieses geschah in der Regel mit den Aufnahmeteams, an denen eine bilinguale Person beteiligt war, d.h., das Kind hat keinen Fehler bei der Sprachwahl gemacht, sondern es hat sich nicht an die von den Erwachsenen etablierten Sprachkontexte gehalten („mit mir sprichst du Deutsch und mit ihr Italienisch").

Insgesamt muss man aber festhalten, dass trotz solcher Ausnahmen die Kinder in der Mehrzahl der Aufnahmen die Sprachwahl der Erwachsenen respektiert haben.

Zusammenfassend kann man sagen, dass das Projekt bemüht war, die Aufnahmesituationen so gut wie möglich zu gestalten, damit das Kind sich wohl fühlen konnte und spielerisch mit dem Erwachsenen interagiert hat. Zu keinem Zeitpunkt sollten die Kinder den Eindruck haben, dass sie unter Druck etwas leisten mussten, z.B. viel oder richtig zu sprechen.

Die gesammelten Daten sind hinsichtlich verschiedener Fragen in Magister- und Doktorarbeiten und Forschungsartikeln untersucht worden. Zu den Analysebereichen zählten z.B. die Sprachdominanz (vgl. Kapitel 4), der Spracheneinfluss mit Hinblick auf bestimmte grammatische Phänomene (vgl. Kapitel 6) und Sprachmischungen (vgl. Kapitel 7).

3.5 Aufgaben

1. Diskutieren Sie, welche Vorteile und welche Nachteile die zweisprachige Erziehung haben könnte.
2. Erläutern Sie den Begriff „Bilingualität".
3. Erklären Sie den Unterschied zwischen der simultanen und der sukzessiven Mehrsprachigkeit. Fragen Sie andere Seminarteilnehmer (für die das zutrifft), wie sie mehrsprachig geworden sind, und achten Sie darauf, welche Faktoren bei den Beschreibungen ausschlaggebend sind. Erstellen Sie eine Tabelle mit den Faktoren.
4. Was ist der Unterschied zwischen einer Querschnittstudie und einer Längsschnittstudie?
5. Welche Methoden sind in der Spracherwerbsforschung benutzt worden, um Sprachdaten bei zweisprachigen Kindern zu erheben?
6. Weshalb ist es wichtig, bei Sprachaufnahmen mit bilingualen Kindern darauf zu achten, dass diese so einsprachig wie möglich gestaltet werden?
7. Welche Vorteile könnte die Methode eine Person – eine Sprache (1P-1Sp) haben? Beantworten Sie die Frage, indem Sie mit anderen Bilinguismustypen vergleichen.

4 Der (un)balancierte Mehrsprachige

Der Begriff der Sprachdominanz taucht in zahlreichen Studien in der Bilinguismusforschung auf, und doch ist bis heute keine einheitliche Definition vorgenommen worden. In den meisten Studien wird die dominante Sprache eines bilingualen Kindes als die weiter entwickelte Sprache verstanden, aber nach wie vor ist aus der Literatur nicht ersichtlich, wie viel weiter eine Sprache entwickelt sein muss als die andere Sprache, um als „dominant" zu gelten. In einigen Studien wird der Begriff der Sprachdominanz vermieden, und stattdessen von „schwächerer" und „stärkerer" Sprache gesprochen (u.a. in Bernardini und Schlyter 2004). Während man annimmt, dass sich die stärkere Sprache wie bei monolingualen Kindern entwickelt, entfaltet sich die schwächere Sprache erkennbar langsamer. Aus diesem Grund haben einige Forscher sogar Parallelen zwischen der schwächeren Sprache und dem Zweitspracherwerb gezogen.

Dieses Kapitel gliedert sich in vier Abschnitte. Zunächst wird ein kurzer Überblick über die frühesten Dokumentationen von Sprachdominanz in der Literatur gegeben. Diese machen deutlich, wie es dazu kommen kann, dass ein Kind seine Sprachen ungleichmäßig entwickelt und wie sich bestimmte Kriterien zur Bestimmung der Sprachdominanz und zur Bestimmung der schwächeren Sprache herauskristallisiert haben. Im Anschluss daran betrachten wir neuere Studien, die sich eingehend mit dem Konzept der schwächeren Sprache auseinander gesetzt haben und auf den Vorschlag eingehen, dass die Entwicklung der schwächeren Sprache Ähnlichkeiten mit dem Zweitspracherwerb aufweist.

Die im ersten Abschnitt erwähnten Kriterien zur Bestimmung von Sprachdominanz werden im zweiten Abschnitt des Kapitels im Detail betrachtet. Es wird eine Unterscheidung zwischen Kompetenz-bezogenen und Performanz-bezogenen Kriterien (vgl. Kapitel. 2) vorgenommen.

In gegenwärtigen Studien kommt der Sprachdominanz eine besondere Rolle zu, wenn es darum geht, Spracheneinfluss zu erklären. Dies soll im dritten Abschnitt erläutert und diskutiert werden.

Im vierten Abschnitt soll der Begriff der Sprachdominanz kritisch betrachtet werden. Es schließt sich die Frage an, ob er durch andere Konzepte ersetzt werden kann.

4.1 Sprachdominanz und die schwächere Sprache

4.1.1 Frühe Studien zum Thema Sprachdominanz

Unter den ersten detaillierten Dokumentationen zum bilingualen Spracherwerb, von denen die Thematik der Sprachdominanz angesprochen wurde, sind die Arbeiten von Leopold (1970), Berman (1979) und Burling (1959) zu nennen. Wie bei vielen der ersten Spracherwerbsstudien handelt es sich dabei um Tagebuchstudien.

Leopold (1970) untersuchte den Spracherwerb seiner bilingual deutsch-englisch aufwachsenden Tochter Hildegard (vgl. 3.3). Das Mädchen verbrachte die erste Zeit seiner Kindheit in den USA und bekam entsprechend der Strategie 1P-1Sp von Geburt an Input in beiden Sprachen. Hildegard sprach mit ihrem Vater Deutsch und mit ihrer Mutter Englisch. Nach Leopold war sie ab dem Alter von zweieinhalb Jahren dominant im Englischen. Dies wurde darauf zurückgeführt, dass die Größe ihres Inputs im Englischen bei weitem die im Deutschen überstieg. Das Englische wurde durch die Mutter und die Umgebung, in der sie aufwuchs, repräsentiert; Deutsch hörte sie (fast) nur von ihrem Vater. Als Beleg für Hildegards unausgeglichene linguistische Entwicklung wurde auf die Aussprache Bezug genommen. Während Hildegards Aussprache im Englischen der monolingual englischer Kinder glich, hatte sie im Deutschen Probleme mit bestimmten Konsonanten und mit vorderen gerundeten Vokalen, welche im Lautinventar des Englischen nicht enthalten sind, wie zum Beispiel dem Vokal [y] in *Tür*. Als weiterer Hinweis auf Hildegards Dominanz im Englischen wurde angeführt, dass sie deutsche Nomina mit englischen Pluralendungen kombinierte und dass die Wortstellung im Deutschen häufig den englischen Regularien folgte. Hildegard schien außerdem zu wissen, dass sie gewisse Sachverhalte im Deutschen nicht so gut ausdrücken konnte wie im Englischen, was dazu führte, dass sie oft zögerte, Deutsch zu sprechen. Kurz vor ihrem sechsten Lebensjahr war das Deutsche eindeutig Hildegards schwächere Sprache. Danach fand ein plötzlicher Wandel statt, ausgelöst durch einen halbjährigen Aufenthalt in Deutschland. Bereits nach 4 Wochen in einer völlig deutschsprachigen Umgebung zeigte sie Probleme beim Konstruieren einfacher englischer Äußerungen und hatte einen deutschen Akzent, wenn sie Englisch sprach. Obwohl sich ihr Englisch weiterhin in strukturellen Aspekten sowie in idiomatischen Wendungen bemerkbar machte, zeigte sie rapide Fortschritte im Deutschen. Kurz nach Hildegards Rückkehr in die USA nahm das Englische wieder überhand und nach 4 Wochen deuteten sich wiederholt Probleme mit dem Deutschen an, zum Beispiel im Bereich der Verbstellung und in der Aussprache des uvularen *r* – beides Aspekte des Deutschen, die sie erst kürzlich zuvor gelernt hatte. Nach 6 Monaten, so Leopold, legte sich Hildegards starke Reaktion auf das Englische. Von dem Moment an wurde Hildegard als rein bilingual („truly bilingual") bezeichnet, obwohl das Englische weiterhin ihre dominante Sprache blieb und dessen Einfluss sich im Bereich des Vokabulars, der idiomatischen Wendungen und der Verbstellung bemerkbar machte.

Der Fall von Hildegard kann als beispielhaft für zwei weit verbreitete Meinungen in der Bilinguismusforschung gesehen werden. Erstens, dass die Umgebungssprache einen starken Einfluss darauf hat, welche Sprache vorherrschend ist. Zweitens, dass die stärkere Sprache einen kontinuierlichen Einfluss auf die schwächere Sprache ausübt, auch wenn Kinder ihre Sprachen voneinander trennen. Diese Meinung soll im Verlauf dieses Kapitels relativiert werden.

Der (un)balancierte Mehrsprachige

Eine weitere in diesem Zusammenhang interessante Fallstudie ist die von Berman (1979), in der die Sprachentwicklung des englisch-hebräisch aufwachsenden Kindes Shelly dokumentiert wurde. Shelly verbrachte die ersten zweieinhalb Jahre ihres Lebens in einer englischsprachigen Familie in Israel. In dieser Zeit zeigte sich ein deutlicher Unterschied zwischen den beiden Sprachen im Bereich der Sprachproduktion und des Sprachverständnisses. Während Shelly das Hebräische auf beiden Ebenen beherrschte, beschränkten sich ihre Fertigkeiten des Englischen anscheinend auf das Sprachverständnis. Als Shelly zweieinhalb Jahre alt war, zog die Familie für ein Jahr in die USA, wo das Mädchen einen englischsprachigen Kindergarten besuchte. Mit dem Besuch des Kindergartens begann eine Zeit, in der Shelly das Hebräische zunehmend vernachlässigte, und am Ende sogar verweigerte. Bei Shellys Rückkehr nach Israel schien das Sprachverständnis im Hebräischen zunächst, als Folge des Aufenthaltes in den USA, sehr eingeschränkt zu sein, doch bereits nach vier Monaten kommunizierte sie wieder auf Hebräisch.

Interessant sind Bermans Charakterisierungen für die Sprachzustände Shellys in den jeweiligen Phasen, die zumindest aus heutiger Sicht fragwürdig sind. Während der ersten Phase wurde Shelly als semilingual bezeichnet (vgl. hierzu u.a. Cummins 1979). Dieser Begriff wurde später in der Literatur stark kritisiert, da er impliziert, dass eine Sprache nicht richtig beherrscht wird. Der Ausdruck ist schon allein deshalb nicht angebracht, da die Sprachentwicklung eines Kindes (monolingual oder bilingual) im Alter von zweieinhalb Jahren noch lange nicht als abgeschlossen gelten kann. Den Wandel in der zweiten Phase betrachtete Berman als Wandel zur Monolingualität. Diese Interpretation ist deshalb nicht plausibel, da Shelly beide Sprachen zumindest auf der Verstehensebene beherrschte, auch wenn sie Phasen durchlief, in denen sie eine der beiden Sprachen, zuerst das Englische, später das Hebräische, nicht verwendete. Für Fälle, in denen eine Sprache verstanden, aber nicht aktiv verwendet wird, sind die Bezeichnungen „passiver" oder „rezeptiver" Bilinguismus geläufig.

Erfasste man Bermans Fallstudie unter dem Aspekt der Sprachdominanz, so würde man Shelly zunächst als hebräisch-dominant, und dann als englisch-dominant bezeichnen. Parallel zu der Studie von Leopold ist auch in dieser Studie ein starker Einfluss der Umgebungssprache zu beobachten. Beide Dokumentationen zeigen, dass Sprachdominanz kein absoluter Zustand ist, sondern sich je nach kontextuellen Gegebenheiten verändern kann.

Auch Burlings (1959) Fallstudie seines Sohnes Stephen zeigt den Einfluss der sprachlichen Umgebung auf die Sprachentwicklung. Stephen wuchs zunächst monolingual Englisch auf. Als der Junge 16 Monate alt war und gerade Englisch zu sprechen begann, zog Burling mit seiner Frau und Stephen für zwei Jahre in die Garo-Berge im Nordosten Indiens, wo Garo, eine Sprache, die zur tibetoburmanischen Sprachfamilie gerechnet wird, gesprochen wird. Bereits kurze Zeit nach seiner Ankunft in Indien begann Stephen die ersten Worte auf Garo zu sprechen. Stephen hatte permanenten Kontakt mit anderen Garo-Sprechern, und sogar sein Vater sprach oftmals Garo mit ihm. Seine Mutter blieb die einzige konstante Quelle des Englischen, sodass sich die Entwicklung des Garo bald schneller vollzog als die des Englischen. Dies zeigte sich u.a. an der Produktion von garoischen Phonemen, wenn der Junge Englisch sprach. Neun Monate später siedelte die Familie für zwei Monate in eine andere Gegend Indiens über, wo Stephen wieder mehr Kontakt mit englischsprachigen Personen hatte. Zurück in den Garo-Bergen sprach er beide Sprachen fließend und konnte sogar von einer Sprache in die andere übersetzen, aber Garo blieb zunächst seine dominante Sprache, die er sogar produzierte, wenn er im Schlaf redete.

Zusammenfassend kann für die drei Fallstudien festgehalten werden, dass in allen die dominante Sprache als die besser beherrschte Sprache aufgefasst wurde. Es gab also ein Konzept von Sprachdominanz, aber es wurden weder präzise Definitionen formuliert, noch gab es einen systematischen und einheitlichen Weg, Sprachdominanz zu erfassen. Drei Aspekte lassen sich herausarbeiten, die immer wieder im Zusammenhang mit dem Konzept der Sprachdominanz erwähnt werden: (i) der Einfluss der Inputmenge und insbesondere der Umgebungssprache auf die Entstehung der Sprachdominanz, und als Konsequenz daraus (ii) die Unterschiede zwischen den beiden Sprachen in Sprachkompetenz (Sprachwissen) und insbesondere Performanz (Sprachgebrauch) sowie (iii) die bevorzugte Wahl oder sogar das Verweigern einer der beiden Sprachen.

4.1.2 Die Charakterisierung der schwächeren Sprache

Oft wird anstelle von Sprachdominanz von der schwächeren und der stärkeren Sprache gesprochen. In diesem Abschnitt geht es darum, wie man die schwächere bzw. nicht dominante Sprache in der Literatur beschrieben hat.

Schlyter (1993) definiert die schwächere Sprache als die sich sichtbar langsamer entwickelnde Sprache eines bilingualen Kindes. Neben der geringeren Entwicklungsgeschwindigkeit wird die schwächere Sprache durch die nachfolgenden Eigenschaften charakterisiert.

- Manche grammatischen Phänomene werden gar nicht erworben oder nur sehr wenig verwendet in einem Alter, in dem sie von monolingualen Kindern beherrscht werden.
- Die schwächere Sprache unterscheidet sich in qualitativer Hinsicht von der stärkeren. Zum Beispiel werden syntaktisch obligatorische Funktionswörter nicht nur über einen längeren Zeitraum hinweg und nachhaltiger ausgelassen, sondern sie werden auch abweichend von der Zielsprache verwendet (sichtbar z.B. an Wortstellungsfehlern).
- Gemischtsprachliche Äußerungen (vgl. Kapitel 7) erscheinen ausschließlich oder weitaus häufiger in der schwächeren Sprache als in der stärkeren und Elemente werden unidirektional von der stärkeren in die schwächere Sprache gemischt.
- Transfer, d.h. die Übertragung von Sprachwissen in die jeweils andere Sprache (vgl. Kapitel 2 und 6), erfolgt ebenfalls unidirektional von der stärkeren in die schwächere Sprache.

- Das Lexikon der schwächeren Sprache ist weniger umfangreich als das Lexikon der stärkeren Sprache.
- In der schwächeren Sprache machen Kinder häufiger Gebrauch von Wendungen und Sprachroutinen als in der stärkeren Sprache, d.h. bestimmte Elemente werden nicht produktiv beherrscht.

Einige dieser Eigenschaften, z.B. das Auftreten von Transfer und das langsame Anwachsen des Lexikons, lassen uns im ersten Moment an den Zweitspracherwerb denken. Und tatsächlich wurde in der Literatur vorgeschlagen, dass sich die schwächere Sprache wie eine Zweitsprache entwickelt. Diese Annahme soll im folgenden Abschnitt eingehender betrachtet werden.

4.1.3 Die schwächere Sprache im Vergleich zum sukzessiven Spracherwerb

Einige Sprachwissenschaftler waren der Ansicht, dass der Erwerb der schwächeren Sprache dem Erwerb einer Zweitsprache ähnelt (z.B. Pfaff 1992 und Schlyter 1993). Die Annahme dieser Parallele ist jedoch umstritten (z.B. Meisel 2001, Müller und Kupisch 2003, Müller und Pillunat 2007). Weitaus häufiger wird die Meinung vertreten, dass die Entwicklung der schwächeren Sprache zwar zeitlich verzögert ist, aber ansonsten der Entwicklung einer Erstsprache gleicht. In der Debatte um diese beiden konträren Positionen ist die Abgrenzung von quantitativen und qualitativen Unterschieden von großer Bedeutung. Unter quantitativen Unterschieden versteht man in diesem Zusammenhang das nachhaltigere oder zeitlich gesehen längere Auslassen von Elementen, die in bestimmten Kontexten syntaktisch erforderlich sind, in der Zielsprache aber gewissen Regeln folgend auch auslassbar sind. Unter qualitativen Unterschieden versteht man von der Zielsprache prinzipiell abweichende Wortstellungsmuster, Kongruenzfehler oder eine vom Erstspracherwerb abweichende Erwerbsreihenfolge.

Was Auslassungen angeht, so wird in den meisten Fällen auf Funktionswörter wie z.B. Subjektpronomina, Kopulaverben oder Determinanten Bezug genommen. Aus zwei Gründen spricht man hier von quantitativen Unterschieden. Erstens werden diese „Fehler" auch von monolingualen Kindern gemacht. Zweitens ist die Auslassung dieser Elemente in bestimmten Kontexten sogar erforderlich. Die Erwerbsaufgabe besteht also darin herauszufinden, in welchen Kontexten die Realisierung erforderlich ist.

Zum Beispiel müssen einige abstrakte Nomina im Deutschen undeterminiert bleiben (vgl. 12a vs. 12b), während zählbare Singularnomina stets von einer Determinante begleitet werden (vgl. 11a vs. 11b sowie 6.1.2.1).

(11)   a.   Ich habe ein Glas gesucht
         b.   *Ich habe Glas gesucht

(12)[18] a. *Ich habe den / einen Hunger
b. Ich habe Hunger

Kinder, monolingual oder bilingual, lassen Determinanten zunächst auch in solchen Kontexten aus, in denen sie obligatorisch sind, und in ihrer schwächeren Sprache tun sie das häufiger und über einen längeren Zeitraum hinweg als in der stärkeren Sprache (zu beachten gilt zudem, dass die Auslassungsrate auch mit der Zielsprache variiert, vgl. z.B. 6.1.2.2). Die Existenz solcher quantitativen Unterschiede zwischen der Entwicklung der schwächeren Sprache und der Entwicklung der stärkeren Sprache steht außer Frage.

Laut Clahsen und Muysken (1986) sind die Unterschiede zwischen dem Erstspracherwerb und dem Zweitspracherwerb nicht nur quantitativer, sondern auch qualitativer Natur. Genau dieser Unterschied wurde auch zwischen dem balanciert bilingualen Spracherwerb einerseits und dem unbalanciert bilingualen Erwerb andererseits angenommen. Beispielhaft für diese Annahme sind die Arbeiten von Schlyter (1993, 1994) und Pfaff (1992) zu nennen, die im Folgenden vorgestellt und diskutiert werden.

Schlyter (1993, 1994) führte eine Longitudinalstudie mit sechs bilingual französisch-schwedischen Kindern durch, von denen drei Kinder stärker im Französischen und drei Kinder stärker im Schwedischen waren. Die Entwicklungsgeschwindigkeit wurde dabei auf der Basis der durchschnittlichen Äußerungslänge (MLU) gemessen und anhand des Auftretens grammatischer Morpheme[19] (z.B. Subjekte) sowie der Wortstellung und der Markierung von Finitheit[20].

Betrachten wir nun den Aspekt der Wortstellung etwas genauer. Schlyter beobachtete, dass finite Verben von Kindern, deren schwächere Sprache das Schwedische war, oftmals von der Zielsprache abweichend platziert wurden. Dies wurde auch für Zweitsprachenlerner des Schwedischen dokumentiert. Das Schwedische ist wie das Deutsche eine Verb-Zweit-Sprache. Das heißt, das finite Verb muss immer in der zweiten Position stehen, also nach der ersten Konstituente. Das gilt auch, wenn ein anderes Element als das Subjekt in der ersten Satzposition auftritt, wie in (13). Zur Veranschaulichung ist das finite Verb in den folgenden Besipielen hervorgehoben.

---

[18] Die Erwerbsaufgabe wird zusätzlich durch die Existenz der folgenden Konstruktionen erschwert: a'. Ich habe ja vielleicht einen Hunger!, b'. Ich habe einen Riesenhunger. Für die Beispiele möchten wir Riccarda Fasanella danken.

[19] Ein Morphem ist die kleinste, in ihren verschiedenen Vorkommen als formal einheitlich identifizierbare Folge von Segmenten, der (wenigstens) eine als einheitlich identifizierbare außerphonologische Eigenschaft zugeordnet ist (Wurzel 1984:38). So ist die außerphonologische Eigenschaft von *-en* in *bauen, rasen, gehen* im Deutschen, den Infinitiv zu bilden. Die außerphonologische Eigenschaft von *-ig* in *rostig, affig, kantig* im Deutschen kann mit der Bedeutung „wie ein" umschrieben werden.

[20] Finitheit wird durch finite Verben ausgedrückt. Diese Verben kongruieren in Sprachen wie dem Deutschen mit dem Subjekt hinsichtlich der grammatischen Merkmale Person und Numerus.

(13) Nu **bur** jag i Lund
„Jetzt wohne ich in Lund"

Bei Zweitsprachenlernern sind Verb-Dritt-Stellungen wie z.B. in (14) belegt.

(14) Nu katten **äter** strömming
„Jetzt die Katze isst den Hering"

Die nachfolgenden Beispiele (15) und (16) von Schlyter (1994:53) zeigen, dass auch die unbalancierten bilingualen Kinder in ihrem Korpus Probleme mit der korrekten Platzierung finiter Verben hatten.

(15) Här den **ska** sova
„Hier es soll schlafen"

(16) Sen flickan **gå**
„Dann das Mädchen gehen"

Einerseits legen diese Daten den Schluss auf eine Parallele zwischen Zweitspracherwerb und der schwachen Sprache nahe. Andererseits wurde jedoch gezeigt, dass Verbstellungsfehler dieser Art auch von balancierten bilingualen Kindern gemacht werden, wie in den Beispielen unter (17) aus Müller (1993:149). Das Kind Ivar, das mit Französisch und Deutsch aufwuchs, wurde während des Untersuchungszeitraumes als balanciert eingestuft (vgl. auch Meisel und Müller 1992).

(17) a. Jetz ich brauch das (Ivar 2;7,17)
   b. Da de(r) wohnt   (Ivar 2;8,15)
   c. Messer ich hab   (Ivar 2;10,24)

Deshalb kann dieser quantitative Unterschied nicht als einschlägige Evidenz für eine Parallele zwischen der schwächeren Sprache und dem Zweitspracherwerb im Gegensatz zum balancierten bilingualen Erwerb gewertet werden.

Auch Pfaff (1992) postulierte eine solche Parallele. In ihrer Studie untersuchte sie 22 türkische und fünf deutsche Kinder sowie vier Kinder aus gemischtsprachlichen Ehen, die in Berlin aufwuchsen. Alle Kinder besuchten ab dem Alter zwischen 0;6 und 1;8 eine bilinguale KITA, die von deutsch- und türkischsprachigen Kindergärtnerinnen betreut wurde. Die Kindergärtnerinnen sprachen ihre jeweilige Muttersprache mit den Kindern (vgl. 3.3). Die große Mehrheit der Kinder wurde aufgrund ihrer Sprachwahl und aufgrund der Tatsache, dass sie zu Hause Türkisch sprachen, als türkisch-dominant eingestuft. Pfaff verglich die sprachliche Entwicklung des Deutschen von zwei türkisch-dominanten Kindern mit der eines monolingual deutschen Kindes. Artikelverwendungen und Kongruenzphänomene gehörten zu den grammatischen Phänomenen, aufgrund derer sie eine

Ähnlichkeit zwischen der schwächeren Sprache und dem Zweitspracherwerb annahm.

Was die Artikelverwendungen angeht, so berichtete Pfaff, dass die Menge der Artikelauslassungen der türkisch-dominanten Kinder höher war und die Auslassungen länger andauerten als bei einem monolingual deutschen Kind. Wie zuvor angemerkt, kann diese Beobachtung jedoch nicht als qualitativer Unterschied gewertet werden, da Artikel auch von monolingualen Kindern ausgelassen werden, und das Zielsystem in bestimmten Kontexten sogar Auslassungen verlangt (vgl. 6.1.2.1).

Ebenso problematisch ist es, die Beobachtung zum Erwerb von Kongruenzmorphemen an Kopula- und Auxiliarverben als Parallele zum Zweitspracherwerb zu werten. Diesbezüglich erwähnte Pfaff, dass die Verben *sein* und *haben* fast ausschließlich in der dritten Person und meistens im Singular verwendet wurden. Wie bei der Verbstellung im Falle von Schlyter handelt es sich allerdings um eine Beobachtung, die auch für monolinguale Kinder gemacht wurde. Die nachfolgenden Beispiele des monolingualen Kindes Chantal[21] illustrieren solche Kongruenzfehler: *das is hühner* (2;8), *du hat eine uhr gemacht* (2;10).

Die beiden Beispiele verdeutlichen, dass die postulierte Parallele zwischen der schwächeren Sprache und dem Zweitspracherwerb mit Vorsicht betrachtet werden muss. In Studien, die diese Behauptung gerade untermauern wollten (z.B. die Arbeiten von Schlyter), wurden zwei Aspekte nicht genügend berücksichtigt. Erstens ist nicht jedes Phänomen als qualitativer Unterschied (zur Zielsprache, zum Erstspracherwerb, und zur Entwicklung der stärkeren Sprache) zu werten. Da z.B. undeterminierte Nomina im deutschen Zielsystem vorkommen, handelt es sich bei den (nachhaltigeren) Determinantenauslassungen der türkisch-dominanten Kinder nur um einen quantitativen Unterschied. Zweitens wurden von der Zielsprache qualitativ abweichende Phänomene auch für balanciert bilinguale und monolinguale Erstspracherwerber dokumentiert. Im Übrigen sei erwähnt, dass es auch gute Gründe dafür gibt, die Annahme zu relativieren, dass Erst- und Zweitspracherwerb grundsätzlich verschieden sind. Müller und Kupisch (2005) zeigen, dass bestimmte grammatische Aspekte von Zweitspracherwerbern schnell, und sogar in kürzerer Zeit als von bilingualen Kindern, erworben werden, sofern gewisse Ähnlichkeiten zwischen den Zielsprachen bestehen (vgl. Abschnitt 2.3.2).

4.2 Kriterien zur Bestimmung der Sprachdominanz

Wie in Abschnitt 4.1.1 erwähnt wurde, ist bereits den ersten Tagebuchstudien zum bilingualen Spracherwerb zu entnehmen, dass Sprachdominanz an bestimmten Phänomenen festgemacht wird. Viele Autoren berichten von der Verweigerung einer Sprache, obwohl sie rezeptiv beherrscht wurde. Oft findet sich in der

---

[21] Die Sprachdaten von Chantal entstammen dem Forschungsprojekt „Frühkindliche Zweisprachigkeit: Italienisch-Deutsch und Französisch-Deutsch im Vergleich".

Literatur auch die Behauptung vom einseitigen Mischen von Elementen aus der stärkeren Sprache in die schwächere Sprache; Mischungen von der schwächeren in die stärkere Sprache seien nicht belegt. Diese Beobachtungen tauchen in unterschiedlichen Formen in der Liste der Kriterien wieder auf, die in gegenwärtigen Studien zur Bestimmung von Sprachdominanz angewendet werden. Wir wollen im Folgenden deutlich machen, dass nicht alle dieser Kriterien als gleichwertig angesehen werden können und dass nicht alle in der schwächeren Sprache beobachteten Phänomene zur Messung von Sprachdominanz herangezogen werden sollten.

Dominanzkriterien wurden bereits in den späten 1960er Jahren zur Bestimmung der Sprachdominanz bei Erwachsenen angewendet. Mackey (1962:27) regt an, dass der Grad der Bilingualität „in two sets of related variables, skills and levels" beschrieben werden muss. Mit Hinblick auf die linguistischen Ebenen unterscheidet er zwischen der phonologisch-graphischen, der grammatischen (morpho-syntaktischen), der lexikalischen, der semantischen und der stilistischen Ebene. Zu den Fertigkeiten zählen die Sprachproduktion und das Sprachverstehen, jeweils in Wort und Schrift. Romaine (1995) fügt hinzu, dass auch eine soziolinguistische Ebene berücksichtigt werden sollte. Der Grad der Bilingualität auf diesen Ebenen muss nicht übereinstimmen. Macnamara (1967, 1969) schlug vor, den Grad der Bilingualität mit Hinblick auf mehrere Kriterien zu messen, z.B. Selbsteinschätzungen, Interviews und Tests. Dominanztests können ferner zur Etablierung von Balanciertheitswerten verwendet werden, welche sich aus der Differenz zwischen den in Sprache A und den in Sprache B erlangten Werten ergeben. Personen mit Balanciertheitswerten um „0" wurden als „equilingual" bezeichnet. Wir möchten uns im Folgenden auf die Messung der Sprachdominanz bei bilingualen Kindern konzentrieren.

4.2.1 Transfer und Verzögerungen

Viele Phänomene, die im Zusammenhang mit Sprachdominanz erwähnt wurden, sehen auf den ersten Blick aus wie Transferstrategien und Verzögerungen (vgl. hierzu Kapitel 6). Beides wurde mit dem unbalancierten Erwerb verbunden. Es ist allerdings fraglich, ob dieser Schluss gerechtfertigt ist.

Im Zusammenhang mit der schwächeren Sprache wurden typischerweise Ausspracheprobleme und Aussprachefehler erwähnt. Man vermutete, dass sie auf einen Einfluss der simultan erworbenen (stärkeren) Sprache hindeuten. Allerdings haben auch monolinguale Kinder Probleme mit der Aussprache bestimmter Laute. Zum Beispiel haben monolingual italienische Kinder Probleme, das <r> auszusprechen. Deshalb mögen verstärkte Ausspracheprobleme zwar damit zu tun haben, dass sich eine Sprache langsamer entwickelt, sie sollten jedoch keineswegs ein ausschlaggebendes Kriterium für Sprachdominanz sein.

Auf der morphologischen Ebene beobachteten Bernardini und Schlyter (2004:63) bei einem französisch-schwedischen Kind mit einer Dominanz im Schwedischen, dass es französische Nomen mit einem schwedischen definiten

Artikel kombinierte (vgl. in 18). Der definite schwedische Artikel wird als Suffix am Nomen realisiert (zum Suffixbegriff vgl. Schpak-Dolt 1992, Seewald 1996).

(18) **där** bouch**en**
„there mouth-the"   (Léo 1;10)

Die Existenz gemischtsprachlicher Äußerungen ist nun charakteristisch für den bilingualen Erwerb. Trotzdem ist fraglich, ob die Tatsache, dass Funktionswörter wie der Artikel aus dem Schwedischen entnommen wurden, prinzipiell den Schluss zulässt, dass das Schwedische die stärkere Sprache ist. Genauso gut könnte es sein, dass das Kind in der schwächeren Sprache gerade die Funktionswörter beherrscht, aber sich alle Inhaltswörter (Nomen, Adjektive, Verben) aus der stärkeren Sprache „entleiht", weil es in der schwächeren Sprache ein kleineres Lexikon hat (vgl. 7.3.4).

Leopold (1970) beobachtete, dass deutsche Nomen mit der englischen Pluralendung versehen wurden (vgl. 4.1.1). Solche Pluralbildungen werden auch von dem deutsch-englisch bilingualen Kind Quinlan produziert, das dominant im Englischen ist, z.B. *Mannas* (für „Männer"), *Blumes* (für „Blumen"), *Murmels* (für „Murmeln") (Kupisch 2007c). In beiden Studien wäre die Dominanz des Englischen eine mögliche Erklärung für die Kombination deutscher Nomen mit englischen Pluralmorphemen, aber die Pluralbildung mit -s ist auch eine Regel im Deutschen (z.B. *Puzzles*, *Videos*, *Echos*, *Zebras*, *Taxis*, *Shampoos*). Das heißt, die Kombination deutscher Nomen mit dem Pluralmorphem –s kann auch auf eine Übergeneralisierung der im Deutschen möglichen (aber im Vergleich zum Englischen weniger häufigen) Regel zurückzuführen sein. Mit dem Begriff der Übergeneralisierung wird die Anwendung einer Regel auf alle durch die Regel prinzipiell erfassten Elemente bezeichnet, d.h. auch auf solche, die in der Zielsprache Ausnahmen zur Regel darstellen.

Einige Autoren haben argumentiert, dass syntaktische Kategorien wie DP (Determinantenphrase), IP (Flexionsphrase) und CP (Komplementiererphrase) in der schwächeren Sprache später erworben werden als in der stärkeren Sprache (Bernardini und Schlyter 2004).[22] Sie schlugen deshalb vor, das Auftreten grammatischer Elemente wie Flexionsendungen (in der IP), nebensatzeinleitende Konjunktionen (in der CP) und Artikel (in der DP), welche als Evidenz für den Erwerb dieser Kategorien gelten können, als Kriterium für die Bestimmung von Sprachbalance heranzuziehen. Wie jedoch beispielsweise für den Determinantenerwerb gezeigt wurde (vgl. Chierchia, Guasti und Gualmini 2000, Lleó und Demuth 1999, Kupisch 2006a), variiert das Alter beim ersten Auftreten dieser Elemente von Sprache zu Sprache. Deshalb sollte man davon absehen, Sprachdominanz auf der Basis grammatischer Phänomene zu bestimmten oder zumindest auch einen Ver-

---

[22] Die DP besteht minimal aus der Kategorie D bzw. Det, welche Determinanten beherbergt. Die IP besteht aus dem Subjekt und dem finiten Verb (in INFL), welches mit dem Subjekt hinsichtlich bestimmter grammatischer Merkmal übereinstimmt. Die CP enthält neben nebensatzeinleitenden Elementen, wie z.B. *dass* und *ob* (in COMP), auch z.B. Fragewörter; vgl. Müller und Riemer (1998: Kap. 4).

gleich mit monolingualen Kindern vornehmen (vgl. Cantone, Kupisch, Müller und Schmitz 2006).

Die hier angedeutete Problematik verdeutlicht, dass phonologische, morphologische und syntaktische Kriterien zur Messung des Sprachstands nicht besonders geeignet sind. Die meisten gegenwärtigen Studien berufen sich auf Kriterien, die weitestgehend von der Entwicklung spezifischer grammatischer Phänomene und von der zu erwerbenden Sprache unabhängig sind.

4.2.2 Ein Überblick über Dominanzkriterien

Im Folgenden werden Mittel vorgestellt, mit deren Hilfe die sprachliche Entwicklung der beiden Sprachen eines bilingualen Kindes erfasst werden kann. Verschiedene Autoren haben eine Einteilung dieser Kriterien in quantitative und qualitative Kriterien vorgenommen.

Qualitative Kriterien werden vornehmlich mit der Sprachkompetenz in Verbindung gebracht und quantitative Kriterien mit der Sprachperformanz, d.h. dem Sprachgebrauch. Es besteht jedoch Uneinigkeit darüber, welche Kriterien Sprachqualität widerspiegeln und welche Sprachquantität anzeigen. Hinzu kommt, dass sich die Autoren nicht einig sind, welches der beiden Konzepte mit Sprachdominanz assoziiert werden sollte. Zum Beispiel werten Bernardini und Schlyter (2004) den MLU (vgl. 4.2.2.1) als quantitatives Kriterium, während es von Müller und Kupisch (2003) als qualitatives Kriterium gewertet wird.

Lanza (2000) verbindet den Sprachgebrauch, also die Performanz, mit dem Konzept der Dominanz, während Müller und Kupisch den Sprachgebrauch gerade nicht mit Dominanz, sondern mit dem Terminus der Präferenz (vgl. 4.2.2.3) assoziieren. Die Trennung nach Sprachgebrauch und Kompetenz ist durchaus sinnvoll, nur ist fraglich, welchem der beiden man den Terminus Dominanz zuordnet. In diesem Buch wird der Begriff Dominanz in einer sehr allgemeinen Bedeutung im Sinne von „unbalancierter Sprachentwicklung" verwendet.

Betrachten wir zunächst die Kriterien etwas genauer. Die Tabelle 4 soll eine erste Übersicht geben. Es sei angemerkt, dass einige Kriterien auch zur Sprachstandsmessung bei monolingualen Kindern verwendet werden können, um die individuelle Variation beim Erwerb einer Sprache zu erfassen.

Tabelle 4: Sprachdominanzkriterien bei bilingualen Kindern

Kriterium	Erläuterung	
MLU (in Worten, Morphemen, oder Silben)	durchschnittliche Äußerungslänge	Brown (1973)
Upper Bound (in Worten, Morphemen, oder Silben)	längste Äußerung in einer Aufnahme	Brown (1973)
multimorphemic utterances (MMU)	Anzahl der aus mehr als einem Morphem bestehenden Äußerungen	Genesee et al. (1995)

Standardabweichung des MLUs	Streuung der MLU-Werte	Cantone et al. (2006)
Lexikongröße	Anzahl verschiedener Wörter (=Worttypen)	Genesee et al. (1995)
Lexikonanstieg	Anstieg in der Anzahl verschiedener Wörter	Müller und Kupisch (2003)
absolute Äußerungsanzahl	Anzahl einsprachiger Äußerungen in der Zielsprache	z.B. Loconte (2001)
Anteil gemischtsprachlicher Äußerungen		Petersen (1988) Döpke (1992)
Mischrichtung		z.B. Berman (1979)
präferierte Sprache mit anderen Kindern		z.B. Schlyter (1994)
Erwerb funktionaler Kategorien	Determinantenphrase (DP), Flexionsphrase (IP) und Komplementiererphrase (CP)	Bernardini und Schlyter (2004)
Traumsprache		Burling (1959)
Hesitationen		De Houwer (1990)

In den beiden folgenden Abschnitten betrachten wir die Kriterien im Einzelnen und geben Beispiele für ihre Anwendung auf die Daten eines balancierten bilingualen Kindes im Vergleich zu einem unbalancierten bilingualen Kind.

4.2.2.1 MLU, Upper Bound und Standardabweichung

Der MLU („mean length of utterance"), d.h. die durchschnittliche Äußerungslänge, ist das am weitesten verbreitete Kriterium zur Sprachstandsbestimmung, welches sowohl in monolingualen als auch in bilingualen Studien angewendet wird. Der MLU ist auf der Basis verschiedener sprachlicher Einheiten messbar. Er wird erfasst, indem man die Länge jeder einzelnen Äußerung einer Aufnahme in der entsprechenden Einheit bestimmt und anschließend den Durchschnitt nimmt. Ob man den MLU in Worten oder in Morphemen misst, sollte davon abhängig gemacht werden, wie stark sich die Sprachen typologisch unterscheiden. So würde man bei einem Vergleich des Türkischen und des Deutschen einen morphembasierten MLU vorziehen, da einige Funktionswörter, die im Deutschen freie Morpheme sind, türkischen Affixen, also gebundenen Morphemen, entsprechen.

Der MLU ist nicht nur das am häufigsten verwendete Kriterium, sondern auch das am meisten kritisierte. Die Kritik betrifft vor allem die Vergleichbarkeit des MLUs in verschiedenen Sprachen. Genauer gesagt könnte man argumentieren, dass es leichter ist, in Sprachen mit viel Morphologie, wie dem Italienischen, höhere MLU-Werte zu erlangen als in Sprachen mit wenig Morphologie, wie dem Englischen. Nicht alle Unterschiede lassen sich durch eine morphembasierte Berechnung nivellieren. So gibt es zum Beispiel im Englischen weniger Kontexte, in denen Determinanten obligatorisch sind, als im Italienischen. Die Forschergruppe Müller et al. (vgl. 3.4) hat in ihren Studien versucht, Sprachunterschiede zwischen dem Italienischen und dem Deutschen auszugleichen. So wurde bei deutschen Komposita jede Wortkomponente als einzelnes Wort gezählt. *Schreibmaschine* würde demnach als zwei Wörter gewertet werden, um dem italienischen Äquivalent *macchina da scrivere* annähernd gerecht zu werden. Hingegen wurden flektierte Verben im Italienischen, wie z.B. *ballo* „ich tanze", als zwei Wörter gezählt, auch wenn sie nicht von einem hörbaren Subjekt begleitet wurden, wie in *io ballo* „ich tanze". Da das Italienische eine Sprache ist, in der pronominale Subjekte nur verwendet werden, um einen Kontrast auszudrücken, ist die Realisierung des Subjektes in einigen Kontexten pragmatisch inadäquat (vgl. 2.4.2.1). Im Deutschen ist die Realisierung des Pronomens jedoch erforderlich. Die Bewertung von *ballo* als zwei Wörter soll einen Ausgleich zu der deutschen Entsprechung *ich tanze* schaffen (zur Häufigkeit der Auslassung von Subjekten im Italienischen und deren Realisierung im Deutschen vgl. 6.2.2). Weiterhin ist es sinnvoll, Sprachroutinen wie *guck mal* und extrem häufige Einwortäußerungen wie *ja* und *nein* nur einmal pro Aufnahme zu zählen, da sie die Messung der durchschnittlichen Äußerungsanzahl verzerren könnten.

Für den Upper Bound, d.h. die obere Äußerungsgrenze, treffen die gleichen Kritiken und Verfahrensweisen zu wie für den MLU. Der Upper Bound zeigt, zu wie langen Äußerungen Kinder maximal in der Lage sind. Er ergibt nicht notwendigerweise ein mit dem MLU homogenes Bild, weshalb es sinnvoll ist, beide Kriterien zu verwenden. Beispielsweise kann es Kinder geben, die tendenziell Vier-Wort-Äußerungen benutzen, aber dazu fähig sind, Zwanzig-Wort-Äußerungen zu produzieren, aber auch Kinder, die tendenziell Zwei-Wort-Äußerungen produzieren, weil sie wortkarg sind, aber ebenfalls die Fähigkeit besitzen, Zwanzig-Wort-Äußerungen zu gebrauchen.

In einigen Studien (z.B. Cantone, Kupisch, Müller und Schmitz 2006) wurde zusätzlich die Standardabweichung („standard deviation", SD) des MLUs in Betracht gezogen. Die Standardabweichung ist ein Maß für die Streuung von Werten (z.B. MLU). Eine hohe Standardabweichung wird normalerweise in Erwachsenendaten nachgewiesen, denn bei Erwachsenen variieren die MLU-Werte stark, und es gibt viele Abweichungen in Form von sehr langen und sehr kurzen Äußerungen. Demnach kann man sagen, dass die Sprachentwicklung weiter fortgeschritten ist, wenn ein Kind eine hohe Standardabweichung zeigt.

Abbildung 10. MLU-Entwicklung bei Lukas, aus Loconte (2001)

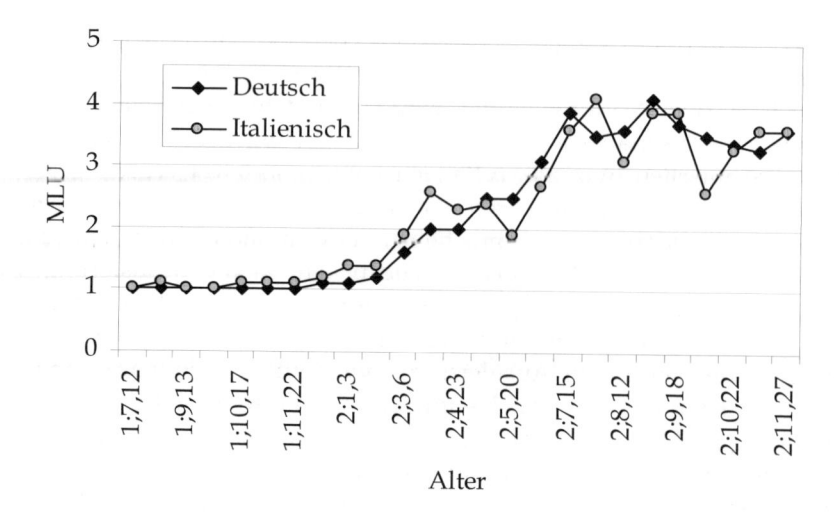

Abbildung 11. MLU-Entwicklung bei Céline, aus Cordes (2001)

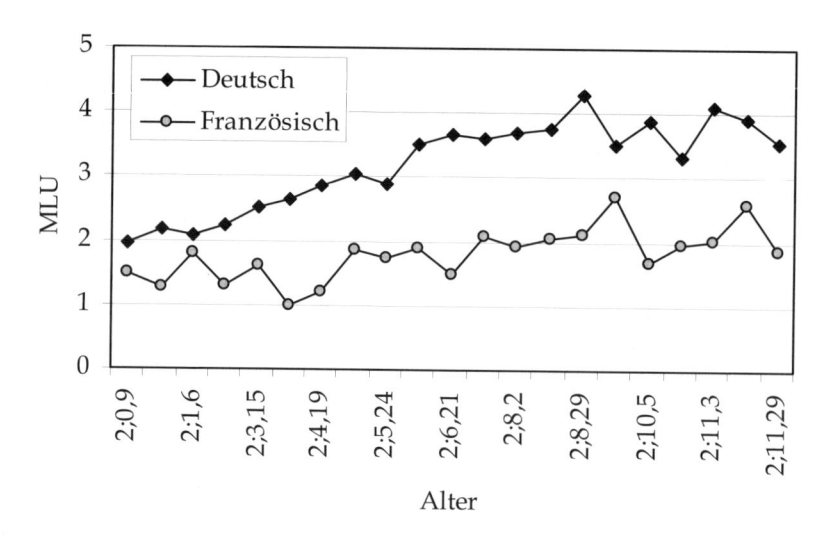

Die Abbildungen 10, 11, 12 und 13 zeigen beispielhaft den Unterschied in den MLU- und Upper Bound-Werten zwischen einem sehr stark balancierten Kind, Lukas, und einem sehr unbalancierten Kind, Céline.

Der (un)balancierte Mehrsprachige

Abbildung 12. Upper Bound-Entwicklung bei Lukas, aus Loconte (2001)

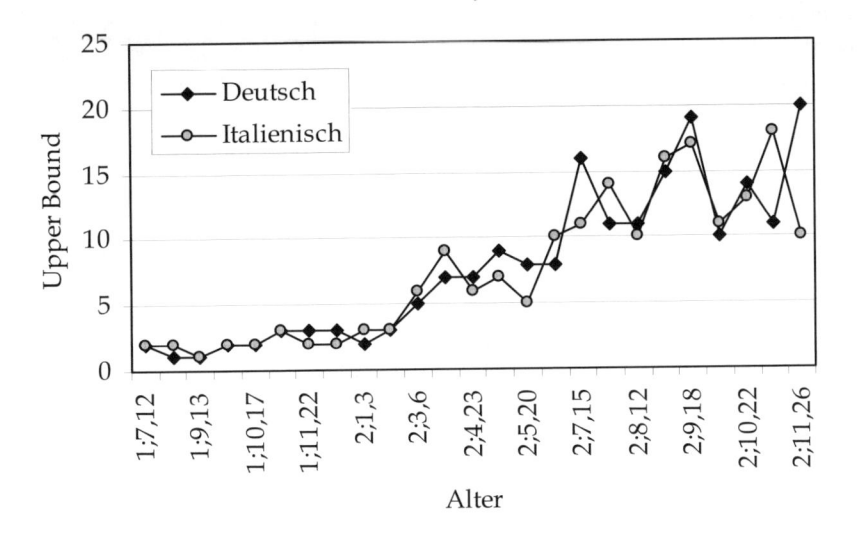

Abbildung 13. Upper Bound-Entwicklung bei Céline

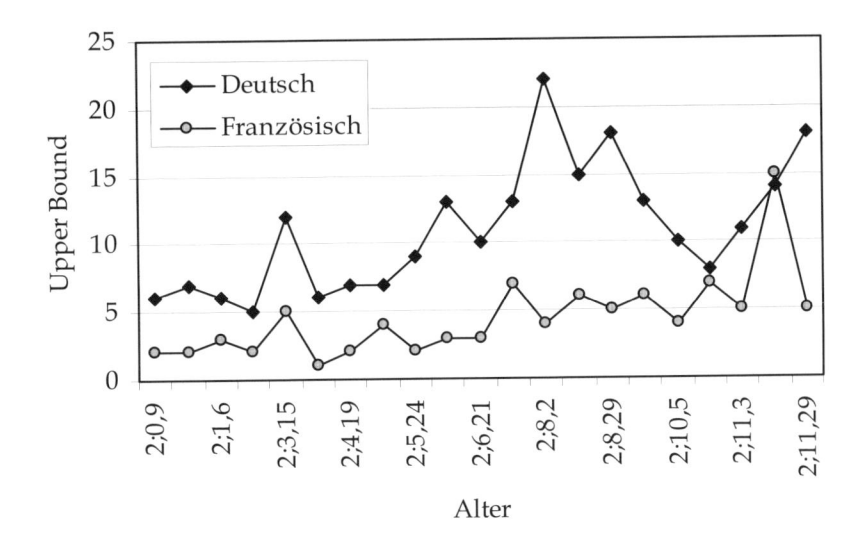

Sowohl in Bezug auf den MLU als auch in Bezug auf den Upper Bound zeigen die Darstellungen im Fall von Lukas, wie ähnlich die Entwicklungsgeschwindigkeit der beiden Sprachen eines bilingualen Individuums sein kann. Im Fall von Céline zeigen sie, wie stark die entsprechenden Werte divergieren können. Es sei angemerkt, dass der Sprachunterschied bei Céline natürlich kein endgültiger ist. Sie wird im Französischen die gleichen Entwicklungsstadien erreichen wie im Deutschen, nur zu einem späteren Zeitpunkt.

4.2.2.2 Lexikongröße und Lexikonanstieg

Viele Autoren sehen den Anwuchs des Lexikons als repräsentativ für die Sprachkompetenz an (z.B. Genesee, Nicoladis und Paradis 1995, Cordes 2001, Loconte 2001, Müller und Kupisch 2003, Cantone, Kupisch, Müller und Schmitz 2006). Es wurden jedoch verschiedene Messverfahren angewendet, was u.a. darauf zurückzuführen ist, dass mit unterschiedlichen Datenmengen gearbeitet wurde. So untersuchten Genesee, Nicoladis und Paradis (1995) nur einen kleinen Ausschnitt (jeweils einen Erwerbsmoment, z.B. 2;1,8 oder 2;2) aus der Sprachentwicklung bilingualer Kinder, aber sie zogen die Größe des gesamten Wortschatzes in Betracht. Cordes (2001) hingegen untersuchte eine Zeitspanne von über einem Jahr, und Loconte (2001) sogar von dreieinhalb Jahren. Beide fokussieren allerdings im Gegensatz zu Genesee et al. die Entwicklung von Verben. Die Auswahl des Verblexikons ist deshalb sinnvoll, weil Verben eine der Wortklassen mit der höchsten Auftretenshäufigkeit darstellen. Beide Autorinnen führten eine Typen-Token Analyse durch. Während die Tokenanalyse – ähnlich der Anzahl der Äußerungen – widerspiegelt, wie viel ein Kind in einer Sprache spricht, kann die Typenanalyse darüber hinaus Aufschluss über die Qualität und den Umfang des Lexikons geben: *laufen, gehen, rennen* sind drei Typen (und 3 Token); *gehe, gehst, geht* sind 3 Token desselben einen Typs *gehen* (hier in der Infinitivform notiert). Ein Kind, welches eine hohe Anzahl von Verben produziert (Token), kennt nicht notwendigerweise auch eine hohe Anzahl verschiedener Verben (Typen). Die Anzahl der Verbtypen ist letztendlich ausschlaggebend für die Sprachstandsmessung. Müller und Kupisch (2003) konzentrieren sich aus diesem Grund auf die Messung von Verbtypen, messen das Auftreten jedoch inkrementell, d.h. sie erfassen, wie viele neue Verben regelmäßig von den Kindern hinzugelernt werden. Cantone, Kupisch, Müller und Schmitz (2006) führen darüber hinaus eine entsprechende Messung mit Nomentypen durch. Der Anwuchs des Verb- und des Nomenlexikons soll in den nachfolgenden Abbildungen 14, 15, 16 und 17 beispielhaft veranschaulicht werden. Wieder wird das stark balancierte Kind Lukas mit dem stark unbalancierten Kind Céline verglichen.

Der (un)balancierte Mehrsprachige

Abbildung 14. Entwicklung des Verblexikons bei Lukas

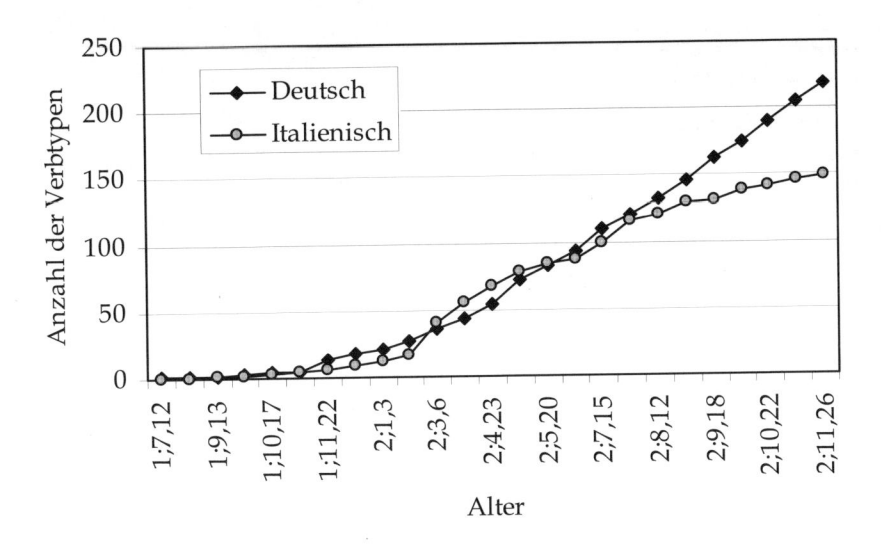

Abbildung 15. Entwicklung des Verblexikons bei Céline, aus Müller und Kupisch (2003)

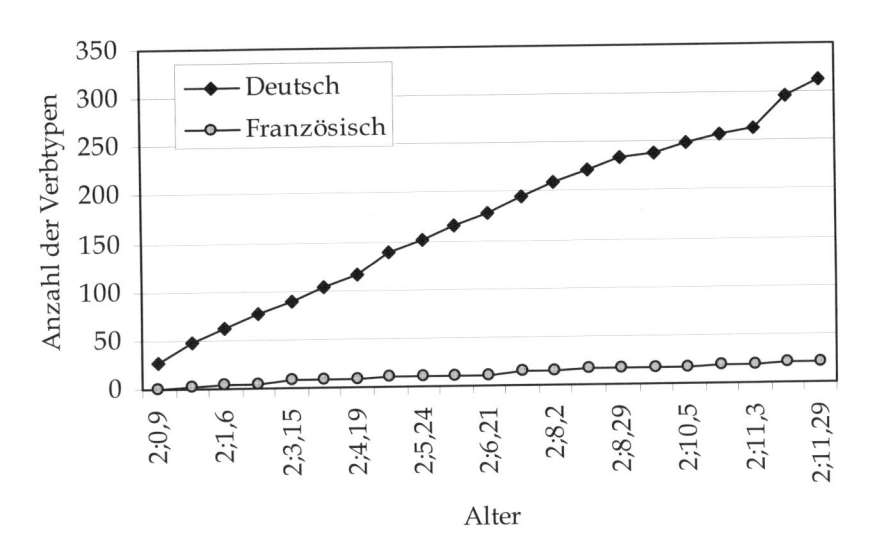

Wie im Falle von MLU und Upper Bound hebt auch diese Messung den Unterschied zwischen den beiden Kindern deutlich hervor. Der Kontrast ist bei Céline besonders auffällig, da sie nicht nur im Französischen sehr wenige Verb- und Nomentypen produziert, sondern auch im Deutschen extrem viele, wie sich bei einem Vergleich zwischen dem Deutschen Célines und Lukas an den auf der y-Achse angegebenen absoluten Zahlenwerten zeigt.

Abbildung 16. Entwicklung des Nomenlexikons bei Lukas

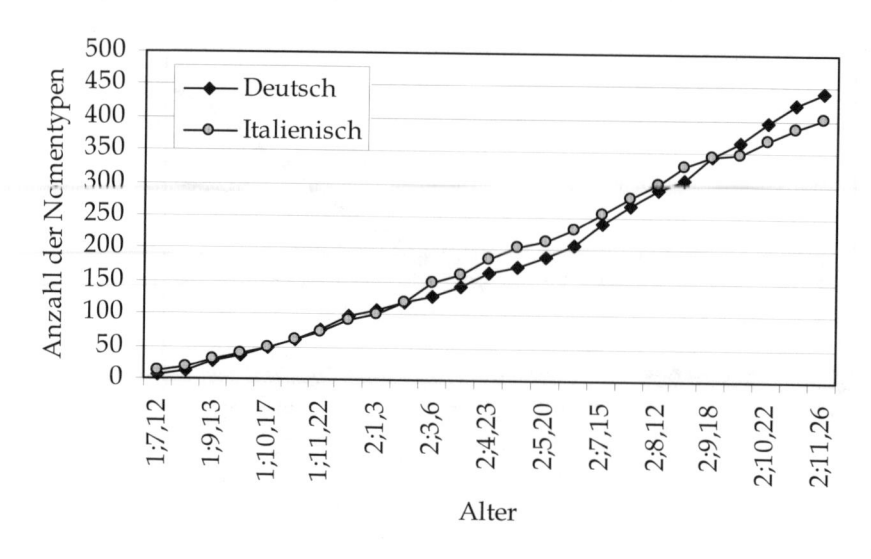

Abbildung 17. Entwicklung des Nomenlexikons bei Céline

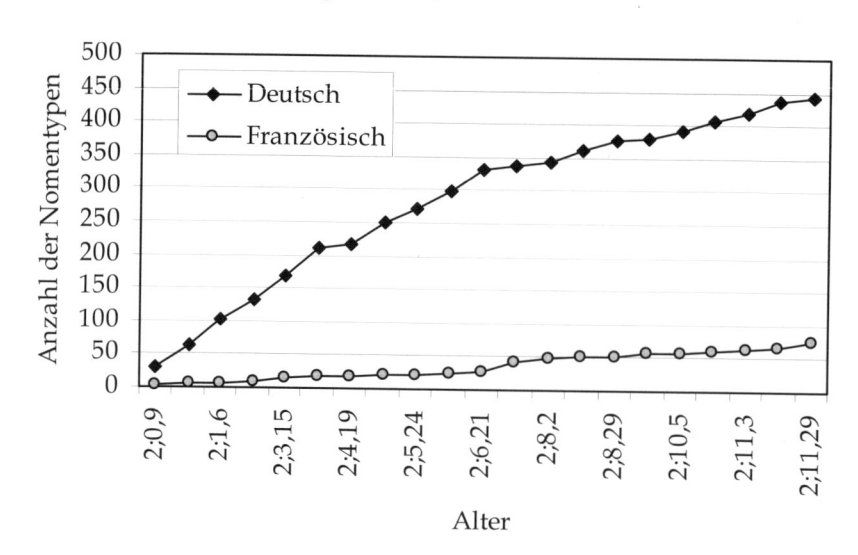

4.2.2.3 Anzahl der Äußerungen pro Aufnahme

Ein weiteres Kriterium, welches dazu dienen kann, Sprachunterschiede hervorzuheben, ist die absolute Anzahl von Äußerungen. Bei diesem Kriterium muss beachtet werden, dass man Aufnahmen von gleicher Länge miteinander vergleicht oder die Äußerungen pro Zeiteinheit angleicht. Wenn beispielsweise die Aufnahmelänge bei Sprache A doppelt so lang ist wie bei Sprache B, kann man die Aufnahmen vergleichbar machen, indem man die Anzahl der Äußerungen in

Sprache B verdoppelt. Dies geschieht natürlich unter der Annahme, dass das Kind doppelt so viele Äußerungen produziert hätte, wenn es doppelt so viel Zeit gehabt hätte. Die Vorgehensweise ist kritikwürdig, scheint aber die beste Lösung zu sein, wenn keine Aufnahmen mit gleicher Länge vorliegen. Zudem sollten ausschließlich einsprachige Äußerungen in der Zielsprache, d.h. der Sprache des Interaktionspartners, in die Zählung eingehen.

Abbildung 18. Anzahl der Äußerungen bei Lukas

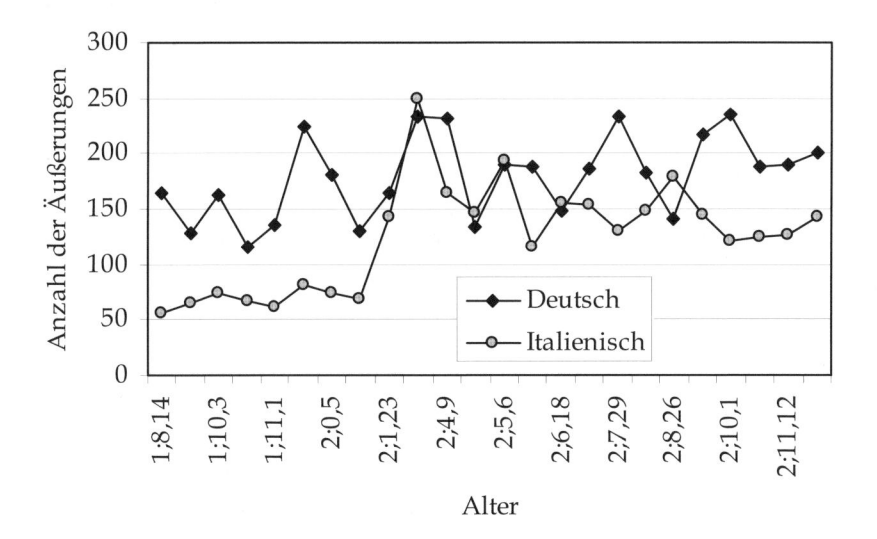

Abbildung 19. Anzahl der Äußerungen bei Céline

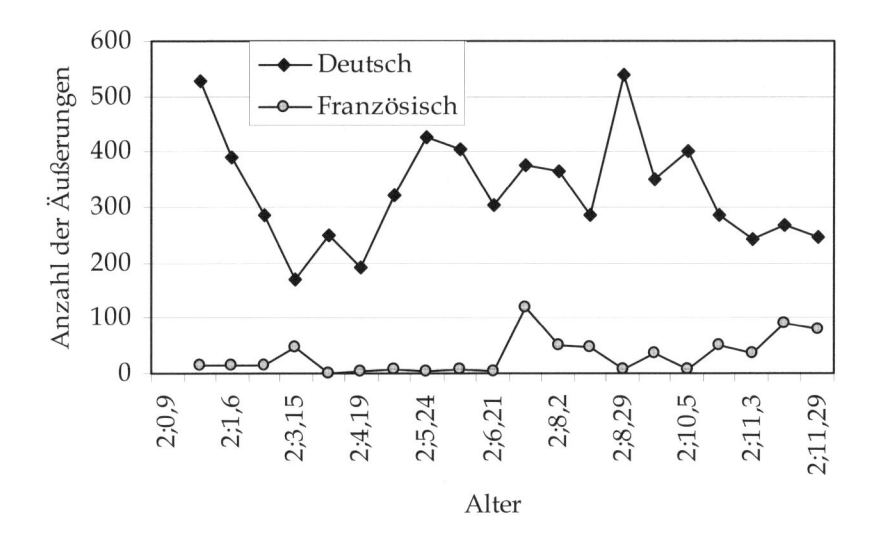

Die Abbildungen 18 und 19 zeigen die Anzahl der Äußerungen bei den Kindern Lukas und Céline im Vergleich. Anders als die bisher angewendeten Kriterien ergibt sich aus der Anzahl der Äußerungen ein weniger eindeutiges Bild. Dies gilt nicht für den Fall von Céline, die, wie erwartet, deutlich mehr Äußerungen im Deutschen produziert als im Französischen. Unerwartet ist vielmehr, dass auch Lukas vor dem Alter von 2;0 sowie nach dem Alter von 2;9 einen Sprachunterschied zeigt. Die Sprechbereitschaft sollte deshalb lediglich als Hinweis auf eine Präferenz gedeutet werden, lässt aber keinen Schluss auf die Sprachkompetenz zu (vgl. 4.4), sofern nicht auch aus anderen Kriterien eindeutige Kontraste hervorgehen.

4.2.2.4 Sprachwahl, Anteil gemischtsprachlicher Äußerungen und Mischrichtung

Das Auftreten gemischtsprachlicher Äußerungen wurde in vielen Studien als Indiz für Sprachdominanz gewertet, insbesondere dann, wenn das Mischen nachweislich unidirektional war (vgl. Berman 1979, Petersen 1988). Inzwischen haben einige Autoren Evidenz dagegen erbracht, dass immer von der stärkeren in die schwächere Sprache gemischt wird. Cantone (2007) erläutert den Fall von Aurelio, einem bilingual deutsch-italienischen Jungen, dessen stärkere Sprache zwar das Italienische ist, der aber in beiden Sprachen Mischungen aufweist. Das Kriterium der Sprachmischungen sollte also relativiert werden: es ist wahrscheinlicher, dass ein Kind, sofern es eine schwächere Sprache hat, in dieser Sprache mehr Mischungen aufweist. Mischungen von der schwächeren in die stärkere Sprache sind jedoch nicht ausgeschlossen. Es erscheint aus diesem Grund sinnvoller, anstelle oder zusätzlich zur Mischrichtung die Mischrate zu untersuchen.

Um ein Beispiel zu geben, sind in den Abbildungen 20 und 21 die Mischraten von Céline in ihren jeweiligen Sprachen dargestellt. Es wird zwischen gemischtsprachlichen und einsprachigen Äußerungen in beiden Sprachen unterschieden. Die einsprachigen Äußerungen werden nach Deutsch und Französisch unterschieden und können in Abhängigkeit von der Sprache des Interaktionspartners als [±] zielsprachlich klassifiziert werden. Wie die Abbildung 20 zeigt, produzierte Céline im deutschen Aufnahmeteil fast ausschließlich einsprachig deutsche Äußerungen. Im französischen Aufnahmeteil hingegen wurden nicht nur wesentlich mehr gemischtsprachliche Äußerungen nachgewiesen, sondern auch einsprachig deutsche Äußerungen. Letztere wurden in der Literatur auch als Diskursmischungen bezeichnet. Das heißt, Céline produzierte ganze Äußerungen in einer Sprache, die nicht der von der Interaktionspartnerin vorgegebenen entsprach. In diesem Fall handelte es sich bei der Interaktionspartnerin um eine Französin, die das Deutsche zwar sehr gut beherrschte, mit dem Kind jedoch konsequent Französisch sprach.

Der (un)balancierte Mehrsprachige

Abbildung 20. Sprachwahl in den deutschsprachigen Aufnahmen mit Céline, aus Cordes (2001)

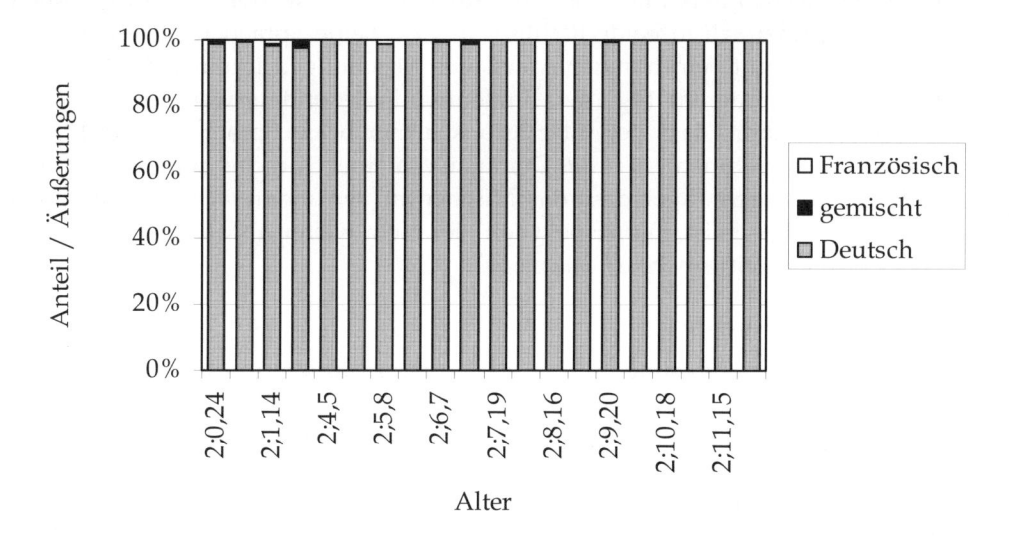

Abbildung 21. Sprachwahl in den französischsprachigen Aufnahmen mit Céline, aus Cordes (2001)

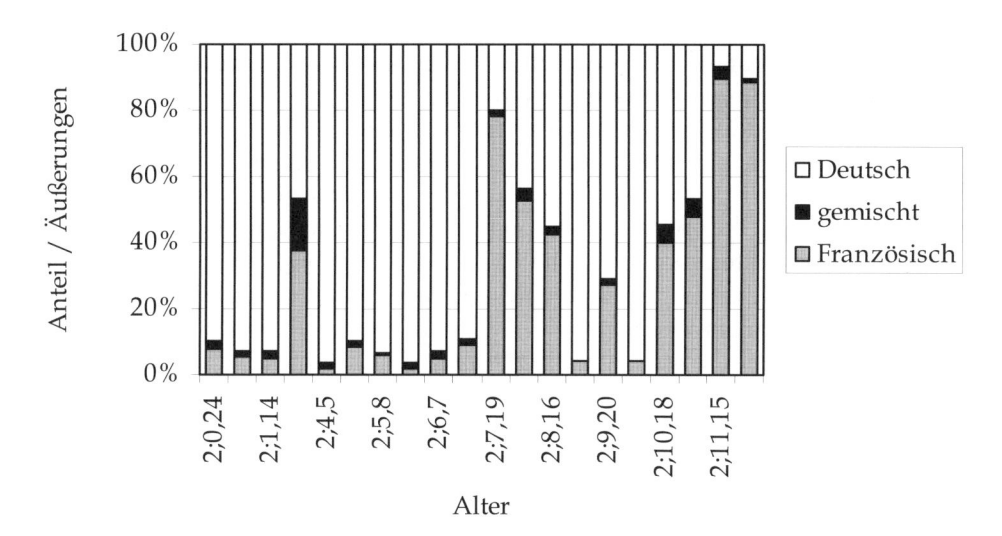

Die Abbildungen 20 und 21 zeigen nicht nur einen höheren Anteil von Sprachmischungen in der schwächeren Sprache, sondern auch unidirektionales Mischen. Die Verwendung dieses Kriteriums als Dominanzkriterium scheint also gerechtfertigt. Céline ist jedoch ein stark unbalanciertes Kind, und es ist fraglich, inwieweit Sprachmischungen Aufschluss über Sprachbalance geben können, wenn Kinder stärker balanciert sind als Céline. Gemischte Äußerungen können auch das Ergebnis von regelbasiertem Code-switching (vgl. Kapitel 7) oder von so genanntem „borrowing" sein (vgl. Meisel 1989 sowie 2.2 und 5.3). In letzterem Fall würde man nicht unbedingt eine Unidirektionalität erwarten, denn die Entlehnung kann prinzipiell in beide Richtungen, also beide Sprachen betreffend, verlaufen. Auch könnte ein höherer Anteil von Mischungen in einer der Sprachen auf eine Sprachpräferenz (vgl. 4.4) hindeuten, insbesondere wenn das Kind davon ausgehen kann, dass der Interaktionspartner beide Sprachen versteht. Wir möchten hier annehmen, dass die Dominanz in einer Sprache mit einer höheren Mischrate einhergeht, aber dass das Mischen in der anderen Sprache trotzdem nicht ausgeschlossen ist. Der Aspekt soll hier nicht weiter diskutiert werden (vgl. Kapitel 7 für eine eingehende Diskussion).

4.2.2.5 Andere Kriterien

Die Tabelle 4 führt neben den bisher erwähnten Kriterien fünf weitere an, die im Folgenden kurz erläutert werden.

Dem Kriterium des Anteils multimorphemischer Äußerungen (MMU) liegt die Annahme zugrunde, dass Kinder in ihrer stärkeren Sprache früher beginnen, Äußerungen zu produzieren, die aus mehr als einem Morphem bestehen, als in ihrer schwächeren Sprache. Die Anwendung dieses Kriteriums ist für die frühe Erwerbsphase, in der Kinder vorwiegend Ein-Wort-Äußerungen produzieren, sinnvoll. Sobald Kinder in die Zwei-Wort-Phase eintreten, bestehen ohnehin die meisten Äußerungen aus mehr als einem Morphem und das Kriterium verliert an Aussagekraft. Dennoch ist das Kriterium, ähnlich wie der MLU und anders als die Anzahl der Äußerungen, zu den Kriterien zu zählen, welche qualitative Aspekte des Spracherwerbs widerspiegeln.

Kriterien wie die Verwendung der präferierten Sprache mit anderen Kindern, die auch zweisprachig sind, sowie die Traumsprache sagen hingegen nicht notwendigerweise etwas darüber aus, wie gut ein Kind eine Sprache beherrscht, sondern spiegeln, in Abwesenheit von Sprachkontrasten im Hinblick auf andere Kriterien, eine Präferenz wider. Die Sprachwahl mit bilingualen Gesprächspartnern ist darüber hinaus auch von dessen Bereitschaft abhängig, die eine oder andere Sprache zu sprechen.

Um den Erwerb funktionaler Kategorien wie Determinantenphrase (DP), Flexionsphrase (IP) und Komplementiererphrase (CP) zur Bestimmung von Sprachdominanz heranzuziehen, würde man in beiden Sprachen die Erwerbsmomente grammatischer Elemente bestimmen, die mit genau diesen Kategorien assoziiert werden (Bernardini und Schlyter 2004). Wie zuvor erwähnt, ist das Kriterium problematisch, weil der Erwerbsmoment in Abhängigkeit von der Zielsprache zu sehen ist. Beispielsweise lässt sich aus der Tatsache, dass ein deutsch-italienisches Kind im Italienischen früher beginnt, finite Verben (Evidenz für IP) oder Determinanten (Evidenz für DP) zu produzieren als im Deutschen, nicht folgern, dass es im Italienischen dominant ist, da sich dieser Kontrast auch beim Vergleich monolingualer Kinder zeigt. Möchte man das Kriterium anwenden, so kann man dies nur durch einen Vergleich mit monolingualen Kindern auf adäquate Weise lösen. Anzumerken ist, dass das Erfassen der Sprachdominanz oft dem Zwecke dient festzustellen, ob ein ggf. konstatierter Spracheneinfluss auf die Dominanz in einer der Sprachen zurückzuführen ist. Wird das im Hinblick auf Spracheneinfluss untersuchte grammatische Phänomen gleichzeitig zum Dominanzkriterium, so ist die Vorgehensweise zirkulär.

Die Einbeziehung von Hesitationen als Dominanzkriterium wurde von de Houwer (1990) vorgeschlagen. Diesem Kriterium liegt die Annahme zugrunde, dass bilinguale Kinder in der Sprache, die sie weniger gut beherrschen, mehr Sprechpausen machen und mehr Füllworte wie *äh, ähm* etc. produzieren. Das Kriterium wurde von Genesee, Nicoladis und Paradis (1995) zu Recht kritisiert, da Hesitationen schwer messbar sind. Für einige Korpora gilt, dass Sprechpausen überhaupt nicht mitkodiert werden. Wenn man sie adäquat kodieren möchte, ist es aus unserer Sicht notwendig, die genaue Länge der Pausen zu messen. Eine einfache Transkription ist nicht ausreichend, da jeder Transkribend eine andere Wahrnehmung der Pausenlänge haben könnte. Die Anzahl der Hesitationen müsste zudem zu der gesamten Äusserungsanzahl in Bezug gesetzt werden.

Zusammenfassend ist zu den letztgenannten Kriterien zu sagen, dass die MMU-Messung nur für frühe Erwerbsdaten sinnvoll erscheint, wohl aber die Sprachkompetenz widerspiegelt. Die Traumsprache und die Interaktionssprache mit anderen bilingualen Kindern können lediglich einen Hinweis auf die präferierte Sprache geben. Die Messung von Hesitationen und das Erscheinen funktionaler Kategorien erachten wir aus den oben genannten Gründen als ungeeignet.

4.2.3 Gruppierung der Kriterien

Wie zuvor erwähnt, plädieren die meisten Autoren dafür, eine Trennung zwischen solchen Kriterien vorzunehmen, die die Sprachperformanz aufzeigen, und solchen Kriterien, die die Sprachkompetenz widerspiegeln. Möchte man bestimmen, ob ein Kind eine Sprache schneller entwickelt als die andere, so scheint es intuitiv plausibel, eine möglichst große Anzahl verschiedener Kriterien zu untersuchen. Wenn alle Kriterien zu dem gleichen Ergebnis führen, was bei einem stark unbalancierten Kind der Fall sein sollte, so ist das Ergebnis unproblematisch. Dies gilt beispielsweise für Céline, bei der die gleichen Ergebnisse im Hinblick auf Kompetenz- und Performanzkriterien erzielt wurden. Jedoch zeigt eine Vielzahl bilingualer Individuen einen Unterschied in der Entwicklung beider Sprachen, ohne dass man sie gleich als unbalancierte Kinder einstufen möchte. Hierzu wurde der Begriff der Sprachpräferenz eingeführt, der besagt, dass ein Kind zwar eine Sprache hat, in der es lieber kommuniziert, aber dass das Kompetenzniveau in beiden Sprachen gleich zu sein scheint. Dies würde so aussehen, dass ein Kind ähnliche MLU- und Upper Bound-Werte in beiden Sprachen aufweist, aber in einer Sprache weniger spricht und häufiger Elemente aus der präferierten Sprache einfließen lässt. Weist das Kind jedoch über diese beiden Kriterien hinaus auch Unterschiede in anderen Kriterien auf, die die Sprachkompetenz betreffen, kann man darauf schließen, dass es sich bei dem Sprachenunterschied um mehr als nur eine Präferenz handelt.

Aufgrund des bisher Gesagten möchten wir annehmen, dass Unterschiede in den nachfolgenden Kriterien unzureichend sind, um auf einen Unterschied in der Sprachkompetenz zu schließen.

- absolute Anzahl der Äußerungen
- Mischrate
- Traumsprache
- präferierte Sprache mit Geschwistern

Erst wenn darüber hinaus auch Differenzen in den nachfolgenden Kriterien auftreten, kann auf einen Unterschied in der Sprachkompetenz geschlossen werden.

- MLU
- Upper Bound
- multimorphemische Äußerungen
- Lexikongröße

Die erstgenannten Kriterien sind vornehmlich quantitativ zu werten und betreffen die Sprachperformanz. Die letztgenannten Kriterien lassen auf einen qualitativen Unterschied schließen. Es ist wahrscheinlich, dass ein unterschiedliches Sprachniveau in der zweiten Gruppe von Kriterien Unterschiede in der ersten Gruppe von Kriterien mit sich bringt, aber nicht umgekehrt.

4.3 Sprachbalance und Spracheneinfluss

Wie in Kapitel 3 bereits angedeutet wurde und in Kapitel 6 noch eingehend diskutiert wird, ist das Auftreten von Spracheneinfluss im bilingualen Spracherwerb ein zentrales Thema in der gegenwärtigen Bilinguismusforschung. Wir werden in Kapitel 5 sehen, dass Studien der 1980er Jahre Evidenz dafür hervorgebracht haben, dass die Hypothese eines gemischtsprachlichen Systems nicht aufrechterhalten werden kann. Kapitel 6 wird zeigen, dass dieser Befund keineswegs das gleichzeitige Auftreten von Spracheneinfluss ausschließt.

Autoren, die die Existenz von gemischtsprachlichen Systemen als Erklärung für Spracheneinfluss ablehnen, vermuteten, dass Spracheneinfluss gerade dann — oder nur dann — auftritt, wenn keine Idealbedingungen für die bilinguale Entwicklung gegeben sind (vgl. Kapitel 5). In diesem Sinne wurde vermutet, dass der verstärkte Input in einer der Sprachen die Sprachdominanz zur Folge haben kann, welche wiederum den Spracheneinfluss verursacht. Somit wäre also ein Zusammenhang zwischen Spracheneinfluss und Sprachdominanz hergestellt. Mit anderen Worten wäre Spracheneinfluss als ein Effekt von Unbalanciertheit zu sehen.

Andere Autoren sahen in der zeitweiligen Sprachdominanz die Ursache dafür, dass Kinder ihre Sprachen nicht trennen. Laut Grosjean (1982:190) ist der Effekt der Sprachdominanz nicht nur die weiter fortgeschrittene Entwicklung einer

Sprache, sondern auch der Einfluss der stärkeren auf die schwächere Sprache. Das heißt, wenn unbalanciert bilinguale Kinder ihre schwächere Sprache sprechen, lassen sie Strukturen aus der stärkeren Sprache einfließen, um einen Kommunikationsabbruch zu vermeiden. Statt die relevanten Strukturen in der Zielsprache zu lernen (wie es monolinguale Kinder tun), greifen sie auf die Ressourcen aus der stärkeren Sprache zurück. Grosjean vermutet, dass dies den Prozess der Sprachentrennung verzögern könnte. Grosjeans Ausführungen zum Prozess der Sprachentrennung basieren auf einer psycholinguistisch fundierten Hypothese, nämlich dass bilinguale Personen in monolingualen Interaktionssituationen die jeweils nicht-geforderte Sprache niemals vollständig deaktivieren. Zu den Erwerbsaufgaben des Kindes zählt demnach auch die Deaktivierung der jeweils nicht-gewünschten Sprache bei der monolingualen Interaktion. Grosjean hat für die beiden Zustände der beiden Sprachen eigene Termini geprägt. Mit dem sogenannten bilingualen Modus bezeichnet er die Aktivierung beider Sprachen in bilingualen Gesprächssituationen. Mit dem Begriff des monolingualen Modus bezeichnet er die Deaktivierung der jeweils nicht-geforderten Sprache in monolingualen Gesprächssituationen.

Die meisten Forscher sehen also in der Sprachdominanz entweder die Ursache für Spracheneinfluss, oder interpretieren die verzögerte Sprachentrennung als Effekt von Sprachdominanz. In jedem Fall wird ein kausaler Zusammenhang postuliert. Diese Sichtweise hat dazu geführt, dass in vielen Studien zum bilingualen Erwerb eine Bestimmung der Sprachdominanz als notwendig erachtet wird. Den Gegenpol zu dieser Meinung stellen die Arbeiten von Müller und Hulk (2001) und Cantone (2007) dar, welche zeigen, dass Spracheneinfluss unabhängig von der zeitweiligen oder permanenten Dominanz in einer der beiden Sprachen ist. Im Folgenden sollen die beiden konträren Positionen näher erläutert werden.

4.3.1 Sprachbalance und Spracheneinfluss sind abhängig

In einem Überblick über Studien zum bilingualen Spracherwerb kam Grosjean (1982:190) zu dem zuvor erwähnten Schluss, dass Sprachdominanz dazu führt, dass die stärkere Sprache die schwächere beeinflusst:

> „The main effect of dominance is not only that the stronger language is more developed than the weaker one (more sounds are isolated, more words are learned, more grammatical rules are inferred), but also that the stronger language interferes with or influences the weaker language. In this sense, dominance retards differentiation by imposing aspects of the dominant language on the weaker one."

Mit anderen Worten ist Grosjean der Meinung, dass syntaktische, morphologische, semantische und phonologische Aspekte der stärkeren Sprache in die schwächere Sprache einfließen und somit den Prozess der Sprachentrennung verzögern können. Als Beispiel für seine Position erwähnt er die Studien von Burling (1959), Fantini (1978), Oksaar (1977), Kinzel (1964) und Swain (1972).

Burlings (1959) und Fantinis (1978) Beobachtungen beziehen sich auf die Phonologie. Wie zuvor erwähnt, beobachtete Burling (1959), dass Stephen das englische Lautsystem später entwickelte als das Garoische, und dass er anfangs Phoneme aus dem Garo verwendete, wenn er Englisch sprach. Fantini (1978) machte eine ähnliche Beobachtung bei den beiden Kindern Mario und Carla, die zunächst in einer spanischsprachigen Umgebung aufwuchsen, und kurz nach ihrem zweiten Lebensjahr begannen, das Englische zusätzlich zu erwerben. Laut Fantini wurde die englische Aussprache der Kinder zunächst durch das Spanische beeinflusst. Es gilt jedoch zu beachten, dass in beiden Studien aus heutiger Sicht keine optimalen Bedingungen für den balancierten Erwerb beider Sprachen gegeben waren: In Stephens Fall wurde die 1P-1Sp-Strategie (vgl. Kapitel 3) nicht strikt eingehalten, denn der Vater sprach nicht nur Englisch, sondern auch Garo mit seinem Sohn. Bei Mario und Carla wurde sie zunächst gar nicht angewendet: beide Eltern sprachen zunächst Spanisch und die Kinder hatten kaum Kontakt mit der Umgebungssprache (vgl. 3.3).

Auch morphologische Mischungen wurden in der Literatur dokumentiert. So berichtete Oksaar (1977) von einem dreijährigen schwedisch-estnischen Kind, welches estnische Verbalaffixe mit schwedischen Verbformen kombinierte. Fantinis (1978) Kinder, die zunächst dominant im Spanischen waren, mischten spanische Morphemen ins Englische (vgl. 19). In den folgenden Beispielen sind die aus der stärkeren Sprache entnommenen Morpheme hervorgehoben.

(19)   Can you   **desen**tie this?
       „Kannst du entknoten das?"

Bernardini und Schlyter (2004) berichten von morphologischen Mischungen bei unbalancierten schwedisch-französisch und schwedisch-italienisch bilingualen Kindern (vgl. 20-21). Die schwedischen Morpheme sind in (20) und (21) durch Fettdruck hervorgehoben.

(20)   **Där**   bouch**en**   (Léo 1;10)
       „Da   Mund-der"
(21)   **Nu**   accend**er** io   il motore   (Lukas 2;7,0)
       „Jetzt   lasse   ich den Motor an"

Syntaktische Mischungen werden beispielsweise bei Kinzel (1964) erwähnt. Die Strukturen in (22-24) wurden von dem englisch-französisch bilingualen Kind Anne produziert. Annes dominante Sprache war das Englische. Unter (a) werden die von Anne produzierten Strukturen im Französischen gezeigt. (b) illustriert die entsprechenden englischen Strukturen und (c) die korrekten Strukturen im Französischen. Ein Vergleich von (a) und (b) legt nahe, dass das Kind die englischen Strukturen benutzt, wenn es Französisch spricht.

(22)   a.   Je cherche   pour le livre
       b.   I am looking   for   the book
            „Ich suche   für   das Buch"
       c.   Je cherche le livre
            „Ich suche das Buch"

(23) a. Tu   fais   ce pistolet marcher
     b. You make   this gun work
         „Du   machst diese Pistole funktionieren"
     c. Tu fais marcher ce pistolet
         „Du bringst diese Pistole zum Funktionieren"

(24) a. J'aime   ça mieux.
     b. I like   that better.
         „Ich mag das lieber"
     c. J'aime mieux ça.
         „Ich mag lieber das"

Swain (1972) machte ähnliche Beobachtungen bei dem bilingual englischfranzösischen Kind Michael, dessen stärkere Sprache das Französische war. In diesem Fall wurden französische Strukturen ins Englische übertragen. Die Beispiele unter (25-26) zeigen in (a) die produzierte Struktur im Englischen, in (b) die entsprechende französische Struktur und in (c) die korrekte Struktur im Englischen.

(25) a. It's   what?
     b. C'est   quoi?
         „Das ist was? "
     c. What is it?
         „Was ist das?"

(26) a. That's   to me?
     b. C'est   à moi?
         „Das ist an mich? "
     c. Is it mine?
         „Ist das meins?"

Dass diese Vorkommen auf den Einfluss der zweiten, simultan erworbenen Sprache zurückzuführen sind, steht außer Frage. Nur ist fraglich, ob sie auch notwendigerweise darauf zurückzuführen sind, dass diese zweite Sprache dominant war.

Grosjean sah diese Beispiele als Manifestationen der Übertragung des Sprachwissens aus der Sprache A in die Sprache B. Dies wird als eine Strategie gedeutet, die dazu dient, die Kommunikation in der schwächeren Sprache aufrecht zu erhalten. Er vermutet, dass Feedback und Missverständnisse in der Kommunikation nach und nach dazu führen würden, dass das Kind seine Sprachen weiter trennt, und er schloss sich McLaughlins (1978) Meinung an, dass solche Übertragungen von sprachlichem Wissen minimal sind, wenn die beiden Sprachen in einer Balance gehalten werden und ihre Verwendungskontexte klar definiert sind. Zu klären bleibt jedoch, ob solche Strukturen bei Kindern, die ihre Sprachen gleich schnell entwickeln, völlig abwesend sind.

Die Strategie, dass bilinguale Kinder auf die Ressourcen der zweiten (Erst-)Sprache zurückgreifen, wurde auch von anderen Autoren hervorgehoben. Unserer Meinung nach muss nicht notwendigerweise auch ein kausaler Zusammenhang zur Sprachdominanz bestehen. Diese Sichtweise werden wir in Kapitel 6 eingehender vorstellen. Dort wird gezeigt, dass auch bei einer balancierten Entwicklung der Spracheneinfluss nicht ausgeschlossen ist.

4.3.2 Sprachbalance und Spracheneinfluss sind unabhängig

Das Argument, dass die stärkere Sprache die schwächere Sprache beeinflusst, ist aufgrund der zuvor erwähnten Studien nicht leicht von der Hand zu weisen. Es muss jedoch hinterfragt werden, ob die stärkere die schwächere Sprache systematisch beeinflusst. Zu klären bleibt weiterhin, ob Spracheneinfluss auch bei Kindern auftritt, die balanciert sind. Ist Letzteres der Fall, so muss es für den auftretenden Spracheneinfluss andere Gründe geben als Sprachdominanz.

Bisher haben nur wenige Autoren argumentiert, dass Spracheneinfluss unabhängig von Sprachdominanz ist (z.B. Müller und Hulk 2001). Im vorangehenden Abschnitt wurde die Darstellung Grosjeans präsentiert, die das Gegenteil suggeriert. Im Folgenden werden mittels dreier Studien Argumente angeführt, die zeigen, dass Spracheneinfluss zumindest nicht primär durch Sprachdominanz zu erklären ist.

4.3.2.1 Spracheneinfluss in Abhängigkeit vom grammatischen Phänomen

Müller und Hulk (2001) befassen sich mit Objektauslassungen bei den Kindern Anouk, Ivar und Carlotta, die eine romanische Sprache (Französisch oder Italienisch) gleichzeitig mit einer germanischen Sprache (Holländisch oder Deutsch) erwerben. Die Autorinnen weisen bei allen Kindern einen Spracheneinfluss im Bereich der Objektauslassungen nach, der sich in der Weise manifestiert, dass Objektpronomina von bilingualen Kindern in ihrer romanischen Sprache genauso häufig wie bei monolingual deutschen Kindern ausgelassen wurden (vgl. 6.2.1). Müller und Hulks (2001) Argumente gegen die Rolle von Sprachdominanz können zu den folgenden drei Punkten zusammengefasst werden.

Erstens vollzieht sich der Einfluss bei allen drei Kindern in die gleiche Richtung, d.h. es ist immer die germanische Sprache, welche die romanische beeinflusst. Zweitens würden die Dominanzverhältnisse, sofern sie überhaupt die Vorhersage von Spracheneinfluss zulassen, einen Einfluss genau in die entgegengesetzte Richtung vorhersagen. Bei Anouk ist es schwer zu entscheiden, welche die dominante Sprache ist. Ihr MLU im Französischen ist etwas höher. Carlotta zeigt ebenfalls nur geringe Unterschiede in ihren MLU-Werten, aber sie sind etwas höher im Italienischen. Bei Ivar ist die dominante Sprache in der relevanten Erwerbsphase das Französische. Wenn man also Sprachdominanz anhand von MLU-Werten misst, wie es von vielen Autoren getan wird, dann wäre bei Anouk und Carlotta kein Einfluss zu erwarten, weil der Sprachunterschied nur minimal

Der (un)balancierte Mehrsprachige

ist. Bei Ivar würde man einen Einfluss in die entgegengesetzte Richtung vorhersagen. Drittens zeigen sowohl Ivar als auch Carlotta im Hinblick auf ein anderes grammatisches Phänomen, nämlich der Verbstellung in Nebensätzen, einen Einfluss von der romanischen Sprache auf die germanische. Mit anderen Worten vollzieht sich der Spracheneinfluss bei ein und demselben Individuum in unterschiedliche Richtungen. Alle drei Punkte sprechen gegen die Annahme, dass Spracheneinfluss durch eine permanente oder vorübergehende Sprachdominanz in einer der Sprachen zu erklären ist. Sie legen vielmehr nahe, dass die Erklärung für Spracheneinfluss in der Beschaffenheit des grammatischen Bereichs liegt.

4.3.2.2 Spracheneinfluss und gemischtsprachliche Äußerungen

Als Nachweis für den Spracheneinfluss wird von vielen Autoren auf das Vorkommen gemischtsprachlicher Äußerungen verwiesen (vgl. Kapitel 7). In Abschnitt 4.2.2.4 haben wir das Auftreten gemischtsprachlicher Äußerungen bei dem Kind Céline untersucht. Wie erwartet, ließen sich sichtbar mehr gemischtsprachliche Äußerungen im Französischen, ihrer schwächeren Sprache, als im Deutschen, ihrer stärkeren Sprache, nachweisen. In Kapitel 7 werden wir jedoch zeigen, dass gemischtsprachliche Äußerungen ebenfalls bei balanciert bilingualen Kindern auftreten, wenn auch in geringerem Ausmaß. Darüber hinaus konnte sogar gezeigt werden, dass von der schwächeren in die stärkere Sprache gemischt wird (vgl. Cantone 2007). Dieser Befund macht die Relativierung der o.g. Sichtweise notwendig: Das Auftreten gemischtsprachlicher Äußerungen in einer Sprache lässt nicht darauf schließen, dass es sich bei dieser um die schwächere Sprache handelt. Es kommt auch vor, dass Elemente der schwächeren Sprache in die stärkere gemischt werden. Spracheneinfluss ist somit keineswegs unidirektional.

4.3.2.3 Spracheneinfluss und Balanciertheitsgrad

Wir haben bereits darauf verwiesen, dass der Spracheneinfluss bei balancierten Kindern unerwartet ist, sofern Sprachdominanz als die einzige und entscheidende Ursache für den Einfluss erachtet wird. Ein Problem dabei stellt die Vergleichbarkeit der Studien dar. Mit anderen Worten wurde bisher keine einheitliche Form festgelegt, nach der Sprachdominanz bestimmt werden sollte. Es ist wichtig, eine möglichst große Anzahl von Kindern miteinander zu vergleichen, bei denen erstens die gleichen Kriterien zur Bestimmung von Sprachdominanz angewendet wurden, und die zweitens im Hinblick auf das gleiche grammatische Phänomen untersucht wurden.

Eine solche Zielsetzung wurde von Kupisch (2006a) angestrebt (vgl. auch 6.1.2). Die Studie zeigte, dass der simultane Erwerb der romanischen Sprache einen positiven (beschleunigenden) Effekt auf das Deutsche im Bereich des Determinantenerwerbs hat. Dieser war jedoch nicht bei allen Kindern gleich stark ausgeprägt und trat auch nicht immer bei allen Kindern auf. Kupisch (2006a) setzt das Auftreten und die Ausprägung des Spracheneinflusses mit dem Balanciertheitsgrad ins Verhältnis und zeigt, dass es keinen systematischen Zusammenhang gibt. So wurde Spracheneinfluss eindeutig bei den Kindern Carlotta, Amélie, Alexander, Marta und Céline sichtbar, jedoch ist Carlotta ein stark balanciertes Kind, Céline ein stark unbalanciertes Kind, während die anderen Kinder mit einer leichten Dominanz in der romanischen Sprache dazwischen liegen. Hieraus zog die Autorin mehrere Schlüsse. Erstens tritt der Spracheneinfluss nicht nur bei unbalancierten Kindern auf (die Ausnahme in der Studie war Carlotta). Zweitens gibt der Balanciertheitsgrad keinen Aufschluss über das Vorkommen von Spracheneinfluss, denn es gibt balancierte und unbalancierte Kinder, bei denen sich Einfluss manifestiert, sowie balancierte und unbalancierte Kinder, bei denen kein Einfluss nachgewiesen wurde. Drittens war Célines dominante Sprache das Deutsche, aber es war das Französische, welches im Hinblick auf den Determinantenerwerb das Deutsche beeinflusste. Die Studie zeigte also, dass Sprachbalance und Spracheneinfluss unabhängig voneinander sind.

4.3.3 Fazit

Zusammenfassend deuten alle in 4.3.2 genannten Studien darauf hin, dass Sprachbalance, wenn überhaupt, nicht der einzige ausschlaggebende Faktor für das Auftreten von Spracheneinfluss ist. Die Studie von Müller und Hulk (2001) zeigte, dass Spracheneinfluss von den Eigenschaften des grammatischen Bereichs im Zielsystem abhängig ist. Die Studie von Cantone (2007) belegte, dass Sprachmischungen auch in der stärkeren Sprache vorkommen, d.h. dass Mischungen nicht unidirektional sind. Die Studie von Kupisch (2006a) machte deutlich, dass Sprachdominanz und Spracheneinfluss nicht systematisch zusammenhängen.

4.4 Kritische Anmerkungen zum Begriff der Sprachdominanz

Der Begriff der Sprachdominanz ist der am meisten verwendete Begriff, wenn ausgedrückt werden soll, dass sich die beiden Sprachen eines bilingualen Kindes nicht gleich schnell entwickeln. Dennoch gibt es bisher weder eine einheitliche Definition des Begriffs, noch hat man festgelegt, ab wann eine Sprache als dominant gilt. Mit anderen Worten gibt es keinen Hinweis darauf, wie groß der Kontrast zwischen den beiden Sprachen sein muss, damit man sagen kann, dass ein Kind in einer Sprache „dominant" oder „unbalanciert" ist. Loconte (2001) wies darauf hin, dass bilinguale Kinder eine Sprache haben können, in der sie mehr sprechen, und dass es oft auch diese Sprache ist, von der in die andere Sprache gemischt wird. Sie ist jedoch der Meinung, dass der Begriff der Sprachdominanz ein zu gehaltvoller Terminus ist, um diesen Sachverhalt auszudrücken und verwendet deshalb den Begriff der Sprachpräferenz.

Nach Cantone, Kupisch, Müller und Schmitz (2006) impliziert der Begriff „dominieren", dass ein Einfluss der dominierenden Größe auf die dominierte Größe ausgeübt wird. Wir haben im vorangehenden Kapitel jedoch erwähnt, dass die stärkere Sprache nicht systematisch einen Einfluss auf die schwächere Sprache ausübt, z.B. im Falle des Determinantenerwerbs bei dem Kind Céline.

Wir möchten diesen Abschnitt mit der Beobachtung schließen, dass es durchaus natürlich ist, dass bilinguale Kinder ihre Sprachen nicht gleich schnell entwickeln. Ganz im Gegenteil sind es stark balancierte Kinder, die Ausnahmen darstellen (vgl. Romaine 1995:19 „The search for the true balanced bilingual depicted in some of the literature on bilingualism is elusive"). Ob man jedoch automatisch von Sprachdominanz sprechen muss, sobald sich ein Sprachunterschied bemerkbar macht, ist fraglich. Dieses Kapitel hat verdeutlicht, dass der Begriff der Sprachdominanz klärungsbedürftig ist und in zukünftigen Studien zumindest revidiert und klarer definiert werden muss.

4.5 Aufgaben

1. Berechnen Sie anhand der beiden Transkripte im Anhang den wortbasierten MLU der Kinder Carlotta und Amélie. Welches der beiden Kinder sollte aufgrund dieses Kriteriums als weiter entwickelt gelten?
2. Als Antwort auf die Frage 1. sind Sie zu einem Ergebnis gekommen. Diskutieren Sie, warum dieser Befund problematisch sein könnte.
3. Welche Kriterien könnte man über den MLU hinaus verwenden, um den Sprachstand der beiden Kinder zu messen? Wenden Sie diese Kriterien empirisch an und vergleichen Sie den Sprachstand erneut.
4. Welche der Kriterien, die in Kapitel 4.2 angeführt wurden, sind Ihrer Meinung nach unzulänglich, um eine Aussage darüber zu machen, ob ein Kind in einer Sprache dominant ist?
5. Worin unterscheidet sich die Sprachpräferenz von der Sprachdominanz? Weshalb ist eine solche Unterscheidung sinnvoll?
6. Diskutieren Sie, inwieweit die Termini „balanciert bilingual" und „semilingual" sinnvoll sind. Welche Probleme ergeben sich, wenn man diese Attribute Personen zuweisen möchte, die mehr als eine Sprache kennen?

5 Sprachentrennung und Spracheneinfluss: Ein Überblick

Im Jahre 1978 veröffentlichten die beiden Autorinnen Virginia Volterra und Traute Taeschner eine Arbeit zum Spracherwerb bei bilingualen Kindern, die in der Fachwelt eine lang andauernde Diskussion ausgelöst hat. Die Auseinandersetzung mit der Arbeit hat sowohl national als auch international dazu geführt, dass das Thema der Sprachentrennung und nicht das des Spracheneinflusses im bilingualen Individuum vordergründig betrachtet wurde. Im Folgenden soll die Position von Taeschner und Volterra (1978) vorgestellt und die Reaktionen auf die Forschungsarbeit zusammengefasst werden.

5.1 Das fusionierte System: Lexikon und Syntax

Die Position von Volterra und Taeschner (1978) ging in die Literatur als das „Drei-Phasen-Modell" ein. Demnach verläuft der bilinguale Erstspracherwerb in drei Phasen. Die erste Phase ist durch die Existenz eines Lexikons charakterisiert, welches Wörter aus beiden Sprachen enthält. Während der zweiten Phase bildet das bilinguale Kind zwei Lexika heraus, das syntaktische Regelwerk ist jedoch noch nicht sprachspezifisch, d.h. es existiert ein einziges syntaktisches System. Der Beginn der dritten Phase ist dadurch charakterisiert, dass das Kind nun über zwei Sprachsysteme verfügt, welche sowohl im lexikalischen als auch im syntaktischen Bereich als differenziert gelten dürfen. Jede Sprache wird aber noch ausschließlich mit einer Person (die diese Sprache benutzt) assoziiert. Die Annahme, dass das Kind die beiden Sprachen mit derjenigen Person in der Umgebung assoziiert, welche die jeweilige Sprache mit dem Kind spricht, ist laut den Autorinnen noch kein Beleg für die vollständige Bilingualität, denn „only at the end of this stage, when the tendency to categorize people in terms of their languages decreases, can one say that a child is truly bilingual." (Volterra und Taeschner 1978:311) Das Kriterium für „wirkliche Bilingualität" ist somit die Loslösung von der personenbezogenen Sprachverwendung.

Die Studie von Volterra und Taeschner ist eine Längsschnittuntersuchung (vgl. Kapitel 3), bei der pro Monat eine 30-minütige Audioaufzeichnung angefertigt wurde. Zusätzlich wurden Tagebuchaufzeichnungen ausgewertet. Die untersuchten Kinder, Lisa und Giulia, wuchsen in Rom mit einem italienischsprachigen Vater und einer deutschsprachigen Mutter auf. Die Eltern wählten in der Interaktion mit den Kindern jeweils ihre Muttersprache (Bilingualitätstyp 1, vgl. Kapitel 3).

5.1.1 Die erste Entwicklungsphase

Die erste Phase ist bei Lisa durch die Sprachaufnahme mit 1;11, bei Giulia mit 1;6,15 charakterisiert. Diese Aufnahmen wurden mit dem Spracherwerb von Leopolds Tochter Hildegard verglichen, die englisch-deutsch bilingual aufwuchs. Bei ihr repräsentiert die erste Phase eine Aufnahme im Alter von 1;6. Man muss hier einwenden, dass auf der Basis von nur einer Sprachaufnahme kaum von einer Spracherwerbsphase auszugehen ist. Tabelle 5 aus Volterra und Taeschner (1978:313) zeigt die Anzahl der Wörter im Deutschen, Italienischen und Englischen (bei Hildegard), wobei Wörter, die sowohl formal als auch mit Hinblick auf ihre Bedeutung in beiden Sprachen eng verwandt sind, extra gezählt wurden (DI für die deutsch-italienischen Wörter und DE für die deutsch-englischen Wörter). Ein Beispiel für eng verwandte Wörter im deutsch-italienischen Lexikon der Kinder ist *Kaka / caca*, im deutsch-englischen Lexikon *Schuh / shoe*.

Tabelle 5. Anzahl der Wörter pro Sprache bei den deutsch-italienischen Kindern Lisa und Giulia und dem deutsch-englischen Kind Hildegard

Kind	Dt.	Ital./Engl.	DI/DE
Lisa	25	38 (44%)	24
Giulia	33	27 (33%)	22
Hildegard	24	36 (41%)	29

Welche Evidenz führen Volterra und Taeschner nun für die Annahme eines fusionierten Lexikons an? Zunächst machen sie die Beobachtung, dass die Kinder keine oder nur sehr wenige Äquivalente haben. Als Äquivalente werden solche Wörter bezeichnet, die eine identische Bedeutung haben: Bsp. dt. *Zug* – ital. *treno*. Die Beobachtung über den Mangel an Äquivalenten vergleichen die Autorinnen mit dem Mangel an Synonymen im Lexikon von monolingualen Kindern; ein Mangel, der in der Literatur oftmals auf Clarks (1987) „principle of contrast" zurückgeführt wird, wonach Kinder während früher Entwicklungsphasen die Tendenz haben, formal unterschiedlichen Sprachelementen eine unterschiedliche Bedeutung zuzuweisen, also Synonyme vermeiden. Ferner werden erwachsenensprachliche Äquivalente von den Kindern oft nicht als solche angesehen: Als Beispiel wird die kindliche Verwendung von *là* besprochen, welches für nichtsichtbare Objekte zum Sprechzeitpunkt gebraucht wird, während *da* für sichtbare Objekte eingesetzt wird. Auch gilt umgekehrt, dass erwachsenensprachliche Nicht-Äquivalente von den Kindern als äquivalent angesehen werden. So stehen *da* (von ital. *dare* – „the word *da* is the third person singular of the Italian verb *dare* ‚to give'" (S. 316)) und *daki* (von dt. *danke*) in einer Teilmengen-Relation zueinander: die Bedeutung von *da* ist in der von *daki* enthalten. Lisa benutzt das Wort *daki*, wenn sie sich bedanken, etwas von einer anderen Person haben oder jemandem etwas geben möchte; *da* wird von Lisa nur mit letzterer Funktion gebraucht. Eine derartige Relation wollen die Autorinnen auch bei der Sprachverwendung eines monolingual italienischen Kindes, Claudia, nachweisen: Claudia verwendet *tazie* (von ital. *grazie*) und *da* wie Lisa die Wörter *daki* und *da*. Das Problem bei dieser Analyse besteht in der Kategorisierung von *da*. Selbst monolingual französische Kinder gebrauchen diese Form,[23] obwohl sie im Erwachsenensystem nicht existiert, weshalb es unwahrscheinlich ist, dass *da* vom italienischen Verb *dare* abgeleitet ist. Im Text wird auch eine funktional weitere Verwendung von *da* angegeben, als bei der Analyse zugegeben wird: *mamma da* (Claudia gibt ihrer Mutter etwas) / *dai a mamma* (möchte etwas von ihrer Mutter bekommen). Analysiert man *da* und *dai* als Formen vom Verb *dare*, so muss man wohl auf der Basis der Sprachbeispiele davon ausgehen, dass auch die Funktion des Haben-Wollens von *dare* abgedeckt wird. Genesee (1989:172) folgend ist jedoch noch eine weitere Interpretation möglich:

> „Volterra & Taeschner (1978) (see Appendix) report a conversation between a German-Italian bilingual girl, Lisa, and her German-speaking mother, along with three isolated utterances by Lisa to her mother. Lisa was 1;10 at the time of the recordings. With the exception of Lisa's use of *là* (Italian for „there"), all items used by Lisa could be German. The authors interpret Lisa's use of *da* in the last utterance as mixing from Italian *dare* („to give"); an alternative interpretation is that it is the German *da* („there"), which Lisa had used previously."

In diesem Zitat wird eine weitere, sehr plausible Interpretationsmöglichkeit für die Bedeutung bzw. Funktion von *da* aufgezeigt, nämlich dass es sich dabei um das deutsche deiktische (zeigende) Adverb handelt und eben nicht um eine italienischsprachige Form.

Eine weitere Beobachtung, die Volterra und Taeschner als Evidenz für ein fusioniertes Lexikon werten, ist die unterschiedliche Häufigkeit von Äquivalenten in den beiden Sprachen. So ist das dt. *ja* sehr viel frequenter als das ital. *sì*. Jedoch muss auch diese Art der Evidenz hinterfragt werden, da die Kinder oftmals während früher Erwerbsphasen eine dominante Sprache haben (oft die Sprache der Mutter, auch wenn diese aus beruflichen Gründen nicht den ganzen Tag mit dem Kind verbringt, oder auch die Umgebungssprache, vgl. Kapitel 4). Das Äußern von dt. *ja* im italienischen Kontext könnte als eine Sprachmischung angesehen werden, und laut Genesee (1989:163f.) ist es der Fall, dass Sprachmischungen besonders häufig während früher Entwicklungsstadien auftreten: „rates of mixing vary considerably from study to study and from case to case. Mixed utterances are reportedly more frequent in early stages of bilingual development and diminish with age [...]."[24]

---

[23] Da wir die Sprachform in französischen Daten nicht analysiert haben, können wir über ihre Funktion nur spekulieren. *Da* tritt in französischen Kinderdaten an syntaktischen Positionen auf, an denen deiktische Formen oder Artikel stehen (vgl. Williams 1992).

[24] Auch französisch-italienisch bilinguale Kinder (im Beispiel Juliette, die in Paris aufwächst und nie einen deutschen Input hatte) benutzen *ja*, obwohl diese Sprachform nicht in den Erwachsenensprachen existiert. Es könnte sich also bei der Verwendung von *ja* im falschen Sprachkontext bei den italienisch-deutschen Kindern um einen ähnlichen Fall wie bei *da* handeln, welches auch von Kindern in Sprachen benutzt wird, die keine Evidenz für die Sprachform im Input liefern. Wir danken Riccarda Fasanella für diese Beobachtung: Vater: *dai un po' da bere al bebè?* / *col bicchiere o colla tazza ?* / Juliette: *ja ja* / Vater: *sì ?* /

Auch Volterra und Taeschner belegen solche gemischtsprachlichen Äußerungen, z.B. Zwei-Wort-Äußerungen vom Typ *treno kaputt – zug rotto*. Sie interpretieren diese aber als Evidenz für ein fusioniertes Lexikon:

> „Therefore the use of one language or the other depends upon what the child wants to say and not so much on the language spoken to him. In this phase the few two- to three-word constructions appear as a mixture of words taken from both languages, and it is difficult to make any assessment concerning syntax. In practice, the bilingual child speaks only one language which is a language system of his own." (S. 317)

Die Annahme eines fusionierten Lexikons resultiert sehr wahrscheinlich aus einem methodologischen Problem, welches der Abgrenzung der ersten Phase bei Volterra und Taeschner zugrunde liegt. Die erste Entwicklungsphase basiert auf nur einer Sprachaufnahme und die Wahrscheinlichkeit, dass in einer Sprachaufnahme wenige Äquivalente auftreten, steigt natürlich, wenn sich das Kind mit dem deutschen bzw. italienischen Interaktionspartner in unterschiedlichen Spielsituationen befunden hat. Dies kann dadurch ausgeräumt werden, dass mehrere Sprachaufnahmen nach bestimmten Kriterien (eines könnte der MLU sein, vgl. Kapitel 4) zu einer Entwicklungsphase zusammengefasst werden. Ein solches Vorgehen versucht Cantone (2007). Sie kommt zu dem Ergebnis, dass die bilingual deutsch-italienischen Kinder durchaus eine Reihe von Äquivalenten aufweisen, also im Italienischen das Wort *treno* und im Deutschen *Zug* kennen. Die Kinder kennen selbst zu denjenigen Wörtern das Wort in der jeweiligen anderen Sprache, welche im „falschen" Sprachkontext gebraucht werden, also die vom Kind gemischt wurden. Das heißt, wenn das Kind im Deutschen das Wort *treno* benutzt hat, kann dies nicht auf das Nicht-Kennen des Wortes *Zug* zurückgeführt werden. Carlotta (1;8,28-2;3,17) und Lukas (1;7,12-2;1,23) weisen während der ersten Entwicklungsphase einen MLU von ≤ 2 auf. Als gemischte Äußerungen wurden z.B. *meine libi* (=libri) „meine Bücher" und *das is letto piccolo* „das ist Bett klein" gezählt. Wir werden auf die gemischtsprachlichen Äußerungen von bilingualen Kindern in Kapitel 7 noch genauer eingehen.

Die Tabelle 6 zeigt zunächst einmal, dass beide Kinder in der Mehrzahl der Fälle die jeweils geforderte Sprache sprechen. Es deutet sich also schon hier an, dass die Annahme falsch ist, dass bilinguale Kinder zunächst, wie im obigen Zitat formuliert, nur eine einzige Sprache sprechen. Wir können der Tabelle 6 entnehmen, dass z.B. Carlotta in den italienischen Aufnahmen zu 93% Italienisch, zu 1% Deutsch gesprochen und nur 6% gemischtsprachliche Äußerungen benutzt hat.

Sprachentrennung und Spracheneinfluss: Ein Überblick

Tabelle 6. Einsprachige und gemischtsprachliche Äußerungen bei deutsch-italienisch bilingualen Kindern, aus Cantone (2007)

Kind	Deutsche Aufnahme	Italienische Aufnahme
Carlotta	81% dt / 4% it / 15% mix	93% it / 1% dt / 6% mix
Lukas	95% dt / 0% it / 5% mix	63% it / 2% dt / 35% mix

Betrachten wir nur die Sprachmischungen bei den Kindern, so lässt sich Folgendes feststellen: Berücksichtigt man den Zeitpunkt, zu dem das jeweilige Äquivalent zu einem deutschen Wort im italienischen Kontext (also ein gemischtes Wort) auftritt, wie in Tabelle 7 abgebildet, bzw. umgekehrt das jeweilige Äquivalent zu einem italienischen Wort im deutschen Kontext, wie in Tabelle 8 gezeigt, ist die Annahme, dass bilinguale Kinder nur eine einzige Sprache sprechen, schlichtweg falsch. Wir sehen, dass beide Kinder das jeweilige Äquivalent zu ihren gemischten Wörtern kennen, sie benutzen es also einfach nicht. Die Gründe hierfür werden wir in Kapitel 7 besprechen.

Tabelle 7. Italienische Äquivalente zu deutschen (=gemischten) Wörtern im italienischen Kontext, aus Cantone (2007)

Kind	It. Wörter erscheinen	Kein Äquivalent
Carlotta (30)	gleichzeitig 17% – vorher 50% – nachher 7%	20%
Lukas (71)	gleichzeitig 13% – vorher 8% – nachher 20%	59%

Tabelle 8. Deutsche Äquivalente zu italienischen (=gemischten) Wörtern im deutschen Kontext, aus Cantone (2007)

Kind	Dt. Wörter erscheinen	Kein Äquivalent
Carlotta (88)	gleichzeitig 8% – vorher 18% – nachher 13%	62%
Lukas (36)	gleichzeitig 8% – vorher 28% – nachher 3%	61%

Die Tabellen sind wie folgt zu lesen: Carlotta hat während des Untersuchungszeitraums 30 deutsche Wörter im italienischen Kontext gebraucht. Für diese Sprachmischungen ließ sich nachweisen, dass sie in 17% der Fälle das entsprechende italienische Wort in derselben Aufnahme, in der das gemischte deutsche Wort auftrat, verwendet hat. In 50% der Fälle erschien das italienische Wort sogar vor dem gemischten deutschen Wort und in 7% der Fälle in einer folgenden Sprachaufnahme. In 20% der Fälle war das Äquivalent sowohl in der Sprachaufnahme, die das gemischte Wort enthielt, als auch in vorangehenden und nachfolgenden Sprachaufnahmen nicht vorhanden. Diese letzte Spalte müsste den Wert 100% beinhalten, wenn Volterra und Taeschner recht hätten mit ihrer Annahme, dass das Kind nur eine Sprache spricht bzw. über keine Äquivalente verfügt. Wir müssen an dieser Stelle zudem einwenden, dass die Beobachtung, dass das jeweilige Äquivalent in den Sprachaufnahmen nicht nachgewiesen werden konnte, noch lange nicht bedeutet, dass das Kind es nicht kennt. Bei Longitudinalstudien darf die Abwesenheit einer Sprachform nicht als Beleg dafür gewertet werden, dass das Kind über die Sprachform nicht verfügt. Es könnte sie auch aufgrund der Abwesenheit entsprechender Referenzobjekte und Situationen nicht benutzt haben.

5.1.2   Die zweite Entwicklungsphase

Die zweite Entwicklungsphase ist laut Volterra und Taeschner (1978:317) durch die Existenz von zwei lexikalischen Systemen charakterisiert, was an der Beobachtung festgemacht wird, dass in den Sprachdaten der Kinder nun Äquivalente auftreten: „the same object or event is indicated with two different words pertaining to the two languages." Ferner lassen sich so genannte Übersetzungsäquivalente nachweisen, d.h. Wörter in beiden Sprachen, die dieselbe Bedeutung haben (vgl. Kapitel 7.3.2), wie das nachfolgende Beispiel (27) aus Volterra und Taeschner (1978:318) zeigt:

(27)   Italienischer Vater: Questa è una molletta
       „Das ist eine Klammer"
       Giulia: No, non è molletta, è eine Klammer.

Die Trennung der lexikalischen Systeme führt nicht automatisch zur Trennung der syntaktischen Systeme, wie die Abbildung 22 zeigt. Die Autorinnen argumentieren, dass die Kinder während der zweiten Entwicklungsphase noch über ein einziges syntaktisches System verfügen, welches sie auf beide Sprachen anwenden: „[...] the child may still apply the same syntactic rules to the two languages." (S. 320)

Sprachentrennung und Spracheneinfluss: Ein Überblick

Abbildung 22. Das Drei-Phasen-Modell von Volterra und Taeschner

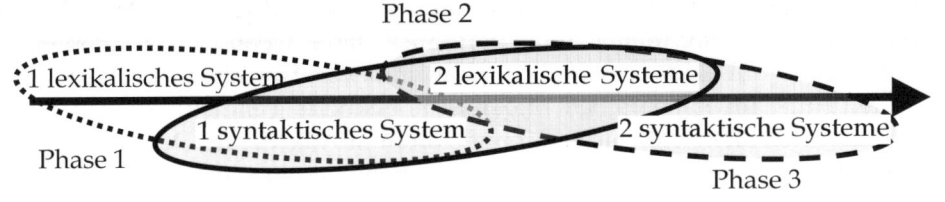

```
                          Phase 2
   ┌┄┄┄┄┄┄┄┄┄┄┄┄┄┄┄┄┄──────────────────┐
   ┆ 1 lexikalisches System  ╲ 2 lexikalische Systeme ┆─ ─ ─ ─────────▶
   ┆                      ·╲····                     ┆
   ┆    ·····  1 syntaktisches System ┆─ ─ 2 syntaktische Systeme
   └┄┄┄┄┄┄┄┄┄┄┄┄┄┄┄┄┄┄┄┄┄┄┄┄┄┄┄┄┄┄┄┄┄┄┘
   Phase 1                                    Phase 3
```

Die Existenz von nur einem syntaktischen System wird an solchen Konstruktionen diskutiert, die sich im Deutschen und Italienischen unterscheiden: Possessivkonstruktionen, die Stellung des attributiven Adjektivs und die Positionierung der Markierung für Negation. Im Folgenden sollen die einzelnen Bereiche vorgestellt werden. Dabei wird besonders auf den von den Autorinnen postulierten Unterschied zwischen den beiden Erwachsenensystemen geachtet.

Possessivkonstruktionen werden im Deutschen in der Regel mit einem im Genitiv stehenden Possessor (Besitzer) und dem Possessum (Besitz) am rechten Rand des nominalen Syntagmas (Nominalphrase, NP) gebildet: *Marias Haare*. Im Italienischen existiert die Möglichkeit der Stellung der Possessor-NP links vom Possessum nicht. Hier bleibt allein der Ausdruck des Possessors mit Hilfe einer durch die Präposition *di* eingeleiteten Präpositionalphrase (PP): *i capelli di Maria*. Nun muss aber an dieser Stelle eingeräumt werden, dass insbesondere in der deutschen Umgangssprache auch der italienische Konstruktionstyp zu hören ist: *die Haare von Maria*. Der Ausdruck von Possessivität ist in den Sprachdaten von Lisa und Giulia nun mit Hilfe einer einzigen syntaktischen Konstruktion in beiden Sprachen gleich geregelt, nämlich Possessor + Possessum, *Lisa hose, Lisa bicicletta*. Beide Kinder gebrauchen auch die Präposition *von* bzw. *di* zum Ausdruck des Possessors. Wichtig für die Argumentation ist das Ergebnis, dass es noch keine sprachspezifische Strategie gibt. Nun ist aus der Spracherwerbsforschung bekannt, dass Kinder in frühen Erwerbsphasen die Auxiliarverben (Hilfsverben) und die Kopula (das Bindeglied) *sein* auslassen. Somit ist für eine Äußerung wie *Lisa gomma* schwer zu entscheiden, ob das Kind nicht *Lisa ha una / la gomma* „Lisa hat ein / das Radiergummi" hat sagen wollen. Dies gilt genauso für die deutschen Konstruktionen *Giulia buch*, die erwachsenensprachlich als Possessiv-NP *Giulias Buch* oder auch als satzhafte Possessivkonstruktion *Giulia hat ein / das Buch* wiedergegeben werden können. Der Bereich der Possessivkonstruktionen bietet sich demnach nicht für eine Diskussion über ein fusioniertes syntaktisches System an, da sich die Sprachen Deutsch und Italienisch in ihren Ausdrucksmöglichkeiten ähneln.

Ein anderer Bereich ist die Adjektivstellung. Hier ist das Deutsche die restriktivere Sprache, da im Deutschen attributive Adjektive ausnahmslos pränominal stehen, *das enge Kleid*, im Italienischen jedoch, je nach Typ und Semantik des Adjektivs, neben der pränominalen vor allem die postnominale Stellung auftritt: *il vestito stretto* „das Kleid enge" — *un bel disegno* „ein schönes Bild". Im Deutschen ist die pränominale Position des Adjektivs auch in der Mehrzahl der Fälle in den Kinderdaten anzutreffen, im Italienischen kommen – wie erwartet – auch beide

Stellungen vor. Interessant sind nun die wenigen nicht-zielsprachlichen Platzierungen des deutschen Adjektivs, *schuhe dunkelbraun* und *reis gut*. Dabei ist das postnominale Adjektiv immer unflektiert, auch dann, wenn es in pränominaler Stellung schon mit einer (wenn auch nicht immer zielsprachlichen) Flexionsendung auftritt.[25] Im Italienischen finden sich flektierte Pendants zu den nicht-zielsprachlichen Stellungsfehlern mit unflektiertem Adjektiv im Deutschen, z.B. *il riso buono*. Die Überprüfung der These eines fusionierten syntaktischen Systems ist am Beispiel der Adjektivstellung möglich, jedoch müssen die Sprachdaten der Kinder nicht notwendigerweise als Evidenz für ein einziges syntaktisches System interpretiert werden. Obwohl beide Adjektivstellungen auch in den deutschen Sprachdaten der Kinder auftreten, zeigt sich doch, dass das Adjektiv im Deutschen immer unflektiert ist, wenn es postnominal steht. Dies ist im Italienischen nicht der Fall, woraus abgeleitet werden könnte, dass die Kinder einen Unterschied zwischen den beiden grammatischen Systemen im Bereich der Adjektivstellung vornehmen.

Die Position der Negation *nicht* bzw. *non* ist der dritte Phänomenbereich, den Volterra und Taeschner als Evidenz für ein einziges Regelsystem anführen. Die Position der Negation ist in beiden Zielsprachen unterschiedlich: Während das Italienische *non* vor das finite (für Person und Numerus flektierte) oder infinite Verb stellt — *Carlo non beve* „Carlo nicht trinkt" – *non aprire!* „nicht öffnen!" — befindet sich das deutsche *nicht* vor und hinter dem finiten Verb, je nachdem, ob ein Haupt- oder ein Nebensatz vorliegt: *Karl trinkt nicht* – *dass Karl nicht trinkt ...* – *nicht die Wiese betreten!*. Die bilingualen Kinder Giulia und Lisa benutzen im Deutschen Konstruktionen wie *nein ich nicht will*, die oberflächlich betrachtet darauf hindeuten könnten, dass *nicht* die Position von *non* einnimmt. Jedoch verwenden die Kinder auch Konstruktionen wie *fa rompe no* „macht kaputtmacht nein", die im Italienischen nicht zielsprachlich sind. Der Vergleich mit dem Deutschen der Kinder lässt wieder Zweifel an der These aufkommen, dass ein einziges Regelsystem auf beide Sprachen angewandt wird. Es zeigt sich auch für den Bereich der Negation deutlich, dass hier evtl. Spracheneinfluss im Spiel ist, dass man jedoch keineswegs behaupten kann, dass die Kinder nur ein einziges Regelwerk anwenden.

Zusammenfassend haben die beiden bilingualen Kinder beim Erwerb aller drei hier vorgestellten grammatischen Bereiche Schwierigkeiten. Selbstverständlich müsste geprüft werden, ob sie einen typisch bilingualen Weg beschritten haben oder ob sich ähnliche Probleme bei monolingualen Kindern finden. Doch selbst wenn man zu dem Ergebnis käme, dass wir es hier mit einem bilingualen Weg zu tun haben, wäre Folgendes anzumerken: Es handelt sich ganz offensichtlich um grammatische Phänomene, welche sich in Teilbereichen überlappen. Solche Überlappungen könnten beim bilingualen Kind zu der Hypothese führen, dass zumindest für derartige Bereiche eine einzige syntaktische Analyse anzu-

---

[25] Das unflektierte Adjektiv kann in den deutschen Kinderdaten auch pränominal stehen: *ein schön blume*. Die Generalisierung ist, dass es unflektiert erscheinen muss, sobald es postnominal auftritt.

Sprachentrennung und Spracheneinfluss: Ein Überblick

wenden ist. Hier wird das Kind die weniger komplexe der beiden Sprachen bevorzugen. Dies kann jedoch dazu führen, dass falsche Konsequenzen für den verwandten grammatischen Bereich in der jeweils anderen Sprache gezogen werden. Wir wollen diese Idee in Kapitel 6 weiterverfolgen.

Wenden wir diese Argumentation auf die Stellung des attributiven Adjektivs an. Wir haben gezeigt, dass im Italienischen beide Abfolgen — N ADJ und ADJ N — erlaubt sind, die häufigere Position des Adjektivs ist im Italienischen die postnominale. Im Deutschen stehen Adjektive ausnahmslos pränominal, eine Eigenschaft, die das Kind wegen der Ausnahmslosigkeit im Grunde zügig und weitestgehend fehlerfrei erwerben sollte. Syntaktisch wird die Stellung des attributiven Adjektivs oft so analysiert, dass alle Adjektive links vom Nomen stehen und sich das Nomen, sollte dies notwendig sein, anschließend in eine höhere Position (also nach links) verschiebt, so dass sich die postnominale Stellung bestimmter Adjektive ergibt (vgl. in (28)).

(28)   un bon chef   --->   un chef$_i$ bon ~~chef~~$_i$

Die durchgestrichene Kopie bezeichnet die Position(en), an der / an denen sich Elemente einmal befunden haben, im Beispiel (28) markiert die Kopie die Position, die das verschobene Nomen hinterlässt.

Für den kindlichen nominalen Ausdruck *eine blume schön* hätten wir dann also die folgende Regel: Die pränominale Stellung des Adjektivs ist die zugrunde liegende Abfolge und wird durch Verschiebung des Nomens nach links in eine Konstruktion umgewandelt, in der das Adjektiv postnominal steht (vgl. in (29)).

(29)   eine schön blume   --->   eine blume$_i$ schön ~~blume~~$_i$

Nun wäre auch eine Analyse denkbar, in der das Adjektiv verschoben wird, um die beiden möglichen Adjektivabfolgen zu erhalten, einmal mit zugrunde liegender postnominaler Position wie in (30) und einmal mit zugrunde liegender pränominaler Stellung wie in (31).

(30)   eine blume schön   --->   eine schön$_i$ blume ~~schön~~$_i$

(31)   eine schön blume   --->   eine ~~schön~~$_i$ blume schön$_i$

Es gibt jedoch ein syntaktisches Prinzip, welches Verschiebungen von links nach rechts ausschließt (vgl. Müller und Riemer 1998). Wir würden also für den Fall, dass das Adjektiv verschoben wird, (31) als Möglichkeit ausschließen können. Legen wir (30) zugrunde, ließen sich die Spracherwerbsdaten wie folgt darstellen: Im Italienischen, einer Sprache mit prä- und postnominalen Adjektiven, ist die Adjektivverschiebung vom jeweiligen Adjektiv abhängig. Im Deutschen dagegen, einer Sprache mit ausschließlich pränominalen Adjektiven, ist die Adjektivverschiebung mit allen Adjektiven obligatorisch, d.h. die Verschiebung bezieht alle Vertreter der Kategorie ADJ ein. Man könnte nun weiter vermuten, dass Konstruktionen ohne eine Verschiebung sparsamer oder einfacher sind als solche mit Verschiebungen. Dies würde für ein bilingual deutsch-italienisches Kind vorhersagen, dass es zunächst mit dem ökonomischen Weg beginnt, nämlich den postnominalen Adjektiven. Das Kind lernt ja mit dem Italienischen eine zweite Sprache, die diesen Weg auch ausschöpft. Im Laufe der Entwicklung wird diese ökonomische Verfahrensweise revidiert. Dieses Gedankenspiel zeigt, dass es keineswegs der Fall sein muss, dass die bilingualen Kinder Giulia und Lisa über nur ein syntaktisches System verfügen, und sich die nicht-zielsprachlichen Adjektivabfolgen auf eine einzige zugrunde liegende Grammatik zurückführen lassen, sondern sich im Spracherwerb Ökonomieerwägungen widerspiegeln, die bei bilingualen Kindern ganz besonders zum Tragen kommen, da sie in manchen Fällen zwei unterschiedlich ökonomische grammatische Systeme erwerben müssen. Die Kinder werden in einigen Fällen in einer Sprache mit einem hochgradig ökonomischen Weg konfrontiert, den sie für die zweite Sprache ebenso gebrauchen.

5.1.3 Die dritte Entwicklungsphase

Die dritte Entwicklungsphase ist laut Volterra und Taeschner (1978) durch die Existenz von zwei syntaktischen Systemen charakterisiert. Diese wird an den zuvor genannten grammatischen Phänomenbereichen verdeutlicht. Im Bereich der Possessivkonstruktion verwenden die Kinder nun laut der Autorinnen sprachspezifische Konstruktionen, *giulia buch* im Deutschen und *i capelli di Lisa* im Italienischen. Auch bei der Adjektivstellung kann beobachtet werden, dass sich die sprachspezifischen Konstruktionen einstellen, *ein kleines haus* im Deutschen und *un sole rosso* „eine Sonne rot" im Italienischen. Für die Negation finden sich Kontrastpaare *ist nicht da die sirene* und *questa non è la bottiglia no* „dies nicht ist die Flasche nein".

Jedoch sprechen die Autorinnen auch von so genannten Interferenzen im selben Zeitraum, aus dem die Belege für die sprachspezifischen Konstruktionen kommen: „[...] there still are, in the same period, many examples of interferences, and these continue for quite some time." (S. 325) Diese betreffen auch die bisher betrachteten grammatischen Bereiche (vgl. 32):

(32) a. Quetto è di Giulia libro „Dies ist von Giulia Buch" (Possessiva)
b. Lisa will nur schuhe dunkelbraun (Adjektivstellung)
c. Quel bianco pecora „dieses weiße Schaf" (Adjektivstellung)
d. Ich nicht bin müde (Position der Negation)

Diese Beispiele für Interferenzen werden dann wie folgt erklärt:

„This interference is particularly observed when the child is put into a situation of conflict. She may have to switch rapidly from one language into another because she interacts simultaneously with persons speaking different languages, or she has to express in one language something that she is accustomed to express in the

Sprachentrennung und Spracheneinfluss: Ein Überblick

other language (for example when she has to tell a story in Italian from a German book)." (S. 325)

Zusammenfassend sollen in der dritten Phase dieselben Beispiele, die wir schon in der zweiten Phase beobachten konnten, nicht mehr als Beleg für ein einziges syntaktisches System, sondern für separate syntaktische Systeme, die sich gegenseitig beeinflussen, angesehen werden. Auch wenn es aus erwachsenensprachlicher und nicht-bilingualer Perspektive intuitiv plausibel ist, dass bilinguale Kinder mit mehrsprachigen Situationen Schwierigkeiten haben, haben eine Reihe von Forschungsarbeiten das Gegenteil gezeigt, nämlich dass bilinguale Kinder sehr gute „Sprachwechsler" sind (vgl. Kapitel 7).

Um mit der schwierigen bilingualen Situation fertig zu werden, d.h. um zu vermeiden, dass es zu Interferenzen kommt, vermuten Volterra und Taeschner, dass die bilingualen Kinder die beiden Sprachsysteme auf folgende Art und Weise zu trennen versuchen: Die beiden Sprachen werden jeweils mit unterschiedlichen Personen assoziiert, so dass die bilingualen Kinder möglichst selten in die Lage geraten, zwischen den Sprachen zu wechseln.

„In the same period Lisa has to learn a series of very complex rules which are differentiated for both languages. To minimize the risk of interferences she must try to keep the two languages separate as far as possible. It is at this stage that she more rigidly associates the languages with different persons („une personne – une langue"). The act of labelling a person with one of the two languages makes the choice of the words and rules a kind of automatic process, thus reducing the effort she has to make [...]." (S. 325)

Selbstverständlich muss diese Annahme als sehr spekulativ angesehen werden, denn die beiden Autorinnen belegen nicht, dass Lisa und Giulia tatsächlich während der dritten Entwicklungsphase weniger mischen als zuvor.

„As the syntactic differences become more and more apparent to the child, the tendency to label people with definite languages decreases. She accepts the possibility of speaking either of the two languages with the same person [...]. At the end of this stage, the child is able to speak both languages fluently, i.e. with the same linguistic competence as a monolingual child, with any person. It is only at this point that one can say a child is truly bilingual." (S. 326)

Als wirklich bilingual werden somit Kinder bezeichnet, die beide Sprachen auch mit einer einzigen Person verwenden können.

Wir würden gern an dieser Stelle auf eine Unterscheidung aufmerksam machen, die ganz offensichtlich auch bei Volterra und Taeschner nicht klar wird, nämlich zwischen Kompetenz und Performanz. Wir haben diese beiden Begriffe bereits im zweiten Kapitel eingeführt. Kommen wir nun noch einmal auf die von Volterra und Taeschner beschriebene Entwicklungsphase zurück, während der die bilingualen Kinder über das strikte Verwenden nur jeweils einer der beiden Sprachen mit einer Person das Risiko der Interferenz zu mindern versuchen. Für die Abgrenzung dieser dritten (von der zweiten) Entwicklungsphase bei Volterra und Taeschner hätten unbedingt Kriterien formuliert werden müssen, auf deren Basis bestimmte sprachliche Erscheinungen der bilingualen Kinder als Performanz- (Interferenz) oder Kompetenzerscheinungen (Transfer oder gar Fusion zweier Systeme) interpretiert werden. So kann kaum nachvollzogen werden, weshalb während der zweiten Entwicklungsphase nur eine Grammatik zugrunde liegen soll und dann während der dritten Entwicklungsphase zwei Grammatiken angenommen werden können, die sich aber in ihrer Anwendung ab und zu beeinflussen, und es somit zu Interferenzen kommt; beide Argumentationen erfolgen auf Basis der gleichen Sprachdaten.

Volterra und Taeschner nennen als Strategie zur Vermeidung von Interferenzen während der dritten Entwicklungsphase die strikte Einhaltung des Prinzips „eine Person – eine Sprache". In der Literatur sind aber auch andere Wege zur Mehrsprachigkeit belegt (vgl. Romaine 1995:183ff. und Kapitel 3), wobei bis heute unklar ist, weil nicht systematisch untersucht, ob es erfolgreiche und weniger erfolgreiche Wege gibt. Der von Volterra und Taeschner beschriebene Weg „eine Person – eine Sprache" beinhaltet, dass die Eltern des Kindes unterschiedliche Muttersprachen beherrschen. Eine der beiden Muttersprachen ist die dominante Sprache, die gleichzeitig die die Familie umgebende Gemeinschaftssprache darstellt. Als Strategie verwendet jedes Elternteil von Geburt des Kindes an seine Muttersprache mit dem Kind.

Kinder, die unter solchen Bedingungen mehrsprachig aufwachsen, könnten in der Tat die von Volterra und Taeschner genannte Strategie zur Minderung von Interferenzen verfolgen. Was tun jedoch Kinder, die einen anderen Weg hin zur Mehrsprachigkeit beschreiten müssen? Die in Kapitel 3 vorgestellten Wege zur Mehrsprachigkeit sind bisher alle als möglich, und somit erfolgreich in der Literatur dargestellt worden. Es bedarf jedoch bewertender, d.h. vergleichender empirischer Arbeiten, um sich hier ein abschließendes Urteil zu erlauben. In jedem Fall wird deutlich, dass die von Volterra und Taeschner genannte Strategie zur Interferenzminderung keinesfalls auf jede der beschriebenen Situationen anwendbar ist. Für den Fall „Nicht-Umgebungssprache zu Hause / eine Sprache – eine Umgebung" hätte eine solche Strategie die Konsequenz, dass das bilinguale Kind entweder nicht mehr mit den Familienmitgliedern oder aber nicht mehr mit den Personen der Umgebung kommunizieren würde, eine Situation, die kaum vorstellbar ist, zumindest für den „normalen", d.h. nicht auffälligen Spracherwerb.

5.2   Sprachentrennung ohne Spracheneinfluss

Mit der Position von Volterra und Taeschner haben wir einen Ansatz kennen gelernt, der davon ausgeht, dass sich Sprachentrennung und Spracheneinfluss gegenseitig ausschließen. Wir haben gesehen, dass die Autorinnen erst dann von der „wirklichen" Bilingualität sprechen, wenn keine Interferenzen mehr auftreten und das bilinguale Kind von der Strategie zur Interferenzminderung – die Verwendung einer Sprache pro Person – absehen kann.

Der Zusammenhang zwischen Sprachentrennung und Spracheneinfluss wird auch in den folgenden Arbeiten hergestellt, nur umgekehrt. Die beiden Arbeiten von Genesee und Meisel sind im Jahre 1989 erschienen und waren als Reaktion auf das Drei-Phasen-Modell von Volterra und Taeschner gemeint. Beide Autoren zeigen am Beispiel unterschiedlicher Sprachphänomene (Genesee am Beispiel von gemischten Äußerungen, Meisel am Beispiel von einsprachigen Äußerungen), dass bilingual aufwachsende Kinder sehr wohl in der Lage sind, von Beginn an beide Sprachen bzw. Sprachsysteme voneinander zu trennen. Beide Arbeiten kommen zu dem Ergebnis, dass Trennung gerade deshalb anzunehmen ist, weil kein oder wenig Einfluss konstatiert wird. Ein Zusammenhang zwischen Trennung und Einfluss, nämlich den des gegenseitigen Ausschlusses, wird auch in diesen Arbeiten vermutet. Wir wollen im Folgenden auf diese Arbeiten besonders eingehen, da sie die Bilinguismusforschung der 1990er Jahre geprägt haben.

5.2.1 Evidenz für getrennte Systeme: Gemischte Äußerungen

Genesee (1989) untersucht die Möglichkeit der Existenz eines fusionierten lexikalischen bzw. syntaktischen Systems an gemischtsprachlichen Äußerungen. Dies sind Äußerungen, die sich aus Sprachelementen beider Sprachen zusammensetzen, oft auch als „code-mixing" bezeichnet (vgl. Kapitel 7). Genesee (1989) weitet die Definition von Sprachmischungen auch auf Ein-Wort-Äußerungen der Kinder aus, wenn z.B. die deutsche Interviewpartnerin das Kind etwas auf Deutsch fragt und das Kind mit einer Ein-Wort-Äußerung auf Italienisch antwortet. In (33-34) finden sich zwei Beispiele für dieses so genannte inter-sententiale Mischen. (35) zeigt einige Beispiele für das intra-sententiale Mischen, d.h. Äußerungen mit Elementen aus zwei Sprachen (im Folgenden als „A" und „B" bezeichnet). Die Beispiele sind Cantone und Müller (2005:209) entnommen.

(33) a. Lu: Gial- tutte gialle (referiert auf Stifte)
„Gel- alle gelb"
Erw: Tutte gialle / tutte le matite gialle hai consumato
„Alle gelb / alle die stifte gelb hast benutzt"
Lu: Was is das denn? / quetto qua! (nimmt Stift)
„dieser da!" (Lukas 2;5,6)

(34) b. Au: Ieio battone (Aurelio 2;5,21) Deutscher Kontext
„Aurelio knopf"
Erw: Was möchtest du habn?

Au: Battone ieio (o) voio
„Knopf aurelio (?) möchte"
Erw: Was möchtest du?

Au: Il battone (=bottone)
„Den knopf"

(35) a. Apfel no (Carlotta 1;11,12) Deutscher Kontext
„Apfel nein"

b.   Meine libi   (Lukas 2;1,23) Italienischer Kontext
„Meine bücher"

c.   Mh il fernsehn   (Jan 2;4,15)   Italienischer Kontext
„Mh der fernseher"

Sprachmischungen treten auf unterschiedlichen linguistischen Beschreibungsebenen auf (vgl. Kapitel 4). Die in den Beispielen genannten Mischungen sind lexikalischer Natur, da jeweils ganze (vollständig flektierte) Wörter aus beiden Sprachen benutzt werden. Sprachmischungen können auch die phonologische Beschreibungsebene betreffen. So findet sich bei einem bilingual deutsch-italienischen Kind — Jan — das Nomen *pall*, für das zutreffen könnte, dass es sich aus dem deutschen Nomen *ball* und dem italienischen Nomen *palla* „Ball" zusammensetzt. Sprachmischungen können auch die Morphologie betreffen, d.h. grammatische Morpheme können gemischt werden. So gebraucht ein deutsch-französisch aufwachsendes Kind — Alexander — die Äußerung: *für grattieren* (frz. *gratter*, dt. *kratzen*). Dieses neu gebildete Verb setzt sich aus einem französischen lexikalischen Morphem — *gratt*- „kratz-" — und einem deutschen grammatischen Morphem — *-ieren* — zusammen. Viele Autoren unterscheiden die in (33-34) und (35) gezeigten Beispiele vom so genannten Mischen auf der Satzebene, wie an dem Titel eines berühmten Artikels von Poplack (1980) *Sometimes I'll start a sentence in Spanish y termino en español* zu sehen ist. Als syntaktische Mischungen werden auch solche Äußerungen bezeichnet, die Sprachelemente aus Sprache A (z.B. Französisch) enthalten, aber ganz offensichtlich der Wortstellung in Sprache B (z.B. Deutsch) folgen, wie bei einem deutsch-französisch aufwachsenden Kind – Céline: *et mami avait la jeté dans le jardin* „und Mami hatte es geworfen in den Garten". Mischungen können auch auf der semantischen Beschreibungsebene sichtbar werden, wie z.B. bei dem deutsch-französischen Kind Céline: *je va te montrer comment bien il a* „ich werde dir zeigen wie gut er hat". Hier hat das Kind die deutsche Konstruktion *er hat es gut* in das Französische übernommen, wo es eigentlich *il va bien* heißt. Für pragmatisch motivierte Sprachmischungen möchten wir das Beispiel aus Genesee (1989:163) übernehmen. Goodz (1989) berichtet in einer Arbeit über Sprachmischungen in bilingualen Familien, wie Nellie, englisch-französisch bilingual, besorgt darüber war, dass ihr französischsprachiger Vater ihre Haarspangen weglegen könnte. Zunächst sprach sie ihn auf Französisch an: *Laisse les barettes, touche pas les barrettes, Papa!* „Lass die Spangen, fass die Spangen nicht an, Papa". Dann wechselt sie verzweifelt in das Englische: *Me's gonna put it back in the bag so no one's gonna took it* „Ich werde sie in die Tasche zurückpacken, damit niemand sie nehmen kann".

Sprachmischungen, die von Volterra und Taeschner als Belege für ein fusioniertes lexikalisches / syntaktisches System im bilingualen Erstspracherwerb angesehen wurden, können also, wie das letzte Beispiel sehr deutlich zeigt, Ausdruck der pragmatischen Kompetenz (Köppe 1997) sein. Aus diesem Grund werden solche Sprachmischungen von Meisel (1994b) auch als Code-switching bezeichnet, ein Begriff, der in mehrsprachigen Gemeinschaften für den systematischen Sprachwechsel steht (vgl. Kapitel. 7). Genesee (1989) betont, dass die kindlichen Sprachmischungen individuellen Unterschieden unterliegen und auch erwerbsphasenabhängig sind, in dem Sinne, dass während früher Erwerbsphasen mehr gemischt wird als später. Die Sprachmischungen der Kinder sind auch abhängig vom erwachsenen Vorbild, d.h. ob die Eltern mischen und wie häufig sie dies tun. Auch wird vermutet, dass eine Rolle spielt, ob das Kind (zumindest zeitweise) eine dominante bzw. schwache Sprache hat (vgl. Kapitel 4). Oft wird angenommen, dass Kinder von der dominanten Sprache in die schwächere mischen, aber nicht umgekehrt. Wir können also mit Genesee (1989:165) schlussfolgern, dass „[...] the fact that mixing of two languages occurs during bilingual development has been reported and is accepted by all investigators. More questionable are the explanations of it." Die Sichtung der Literatur, wie von Genesee unternommen, führt zu dem Ergebnis, dass eine Kontextanalyse für die Einschätzung der Sprachmischung unabdingbar ist, d.h. für die Bewertung der Mischung als Beleg für ein fusioniertes Sprachsystem oder für den systematischen Sprachwechsel. Hierfür ist es notwendig zu wissen, ob der Interviewer beide Sprachen des Kindes spricht oder nur eine (Grosjean 1998). Eine weitere Frage ist, wie die beiden Sprachen im Input verwendet werden. Wird das Kind eventuell durch seinen Input dazu angehalten zu mischen? Möglich ist also, dass den Sprachmischungen unterschiedliche einflussnehmende Faktoren zugrunde liegen:

> „In one case, mixing might occur because the language system in use at the moment is incomplete and does not include the grammatical device needed to express certain meanings. If a device from the other language system that serves the same purposes were available, it might be used at that moment. In the other case, the grammatical device required to express the intended meaning is available in the language currently in use, but it is more complex than the corresponding device in the other language system and its use strains the child's current ability. Therefore, the simpler device from the other system might be used at that moment. In both cases, developing bilingual children can be seen to be using whatever grammatical devices they have in their repertoire or whatever devices they are able to use given their current language ability. In neither of these cases is it necessary to assume that the languages are represented in a unified system." (Genesee 1989:168f.)

Sprachmischungen können also als Behelfsstrategien angesehen werden (vgl. Gawlitzek-Maiwald und Tracy 1996), die sich darauf beziehen, Lücken in der Kompetenz der Sprache A durch Elemente der Sprache B aufzufüllen — z.B. im Falle der lexikalischen Entlehnung, bei der ein Sprachelement der anderen Sprache eine lexikalische Lücke füllen kann. Im monolingualen Erstspracherwerb sind die lexikalische Entlehnung und deren Gründe vergleichbar mit der intralingualen Übergeneralisierung. Hier könnte man das bekannte Phänomen nennen, dass Kinder alle Lebewesen mit Fell und vier Beinen als Hund bezeichnen. Was sollen sie auch tun, wenn ihr Wortschatz nur einen begrenzten Umfang hat. Genauso ist vorstellbar, dass es zur Entlehnung syntaktischer Konstruktionen kommt (vgl. Gawlitzek-Maiwald und Tracy 1996) und dies wieder aus dem

Grund, dass das eine Sprachsystem noch nicht weit genug entwickelt ist. Die lexikalischen und die syntaktischen Entlehnungen können auch den Grund haben, dass die Sprachform / Sprachkonstruktion A weniger komplex ist als die Sprachform / Sprachkonstruktion B und das bilinguale Kind als temporäre Hilfsstrategie die weniger komplexe Ausdrucksmöglichkeit auf beide Sprachen anwendet (vgl. z.B. Vihman 1985). Andere Erklärungen für Mischungen sind, dass eine der beiden Wortformen das erste oder aber das häufigste Wort darstellt, das dem Kind zugänglich ist. Dieses Wort wird dann anstelle des Äquivalents in der anderen Sprache mitbenutzt. Dies ist vergleichbar mit der intra-lingualen Unterextension bei monolingualen Kindern. Im Gegensatz zur Überextension, bei der Kinder Wörter „zu weit" benutzen, d.h. auch für Referenten, die in der Erwachsenensprache anders bezeichnet werden, gebrauchen Kinder bei der Unterextension Wörter „zu eng", d.h. nicht alle möglichen Referenten werden mit Hilfe des Wortes benannt: z.B. den Ausdruck „Vogel" nur für Schwimmvögel, d.h. für Enten und Schwäne. Die unterschiedliche Salienz (Wahrnehmbarkeit) einer Sprachform in Sprache A und in Sprache B kann auch eine wichtige Rolle bei den Sprachmischungen spielen (Vihman 1985). Mit Salienz wird die Auffälligkeit einer Sprachform bezeichnet, die dann wiederum auf der Basis von bestimmten Faktoren festgelegt wird. Hochgradig salient sind nach Slobin (1973) z.B. solche Markierungen, die am Ende eines Wortes auftreten. Ein bilinguales Kind könnte sich dementsprechend für das hochgradig saliente Ausdrucksmittel der Sprache A bei der Verwendung der Sprache A und der Sprache B entscheiden. Abschließend darf man schlussfolgern, dass es viele andere Gründe als den eines fusionierten Sprachsystems für die beobachteten Sprachmischungen gibt.

5.2.2   Evidenz für getrennte Systeme: Monolinguale Äußerungen

Meisel (1989) untersucht im Gegensatz zu Genesee Äußerungen von bilingualen Kindern mit Elementen aus einer Sprache, A oder B, und stellt die Frage nach der Plausibilität eines fusionierten syntaktischen Systems.

> „[...] the theoretically more interesting question is whether the human „language making capacity" (Slobin 1986) could allow the bilingual individual, in principle, to separate the two simultaneously acquired grammatical systems from early on, without even going through a phase of confusion." (Meisel 1989:15)

In methodischer Hinsicht vergleicht er einerseits die beiden Sprachen im bilingualen Kind und andererseits die beiden Sprachen des bilingualen Kindes mit denen von monolingualen Kindern. Die Analyse umfasst die Sprachdaten von zwei bilingual deutsch-französisch aufwachsenden Kindern im Alter von 2;1-3;11. Die untersuchten grammatischen Phänomene (die Wortstellung und die Subjekt-Verb-Kongruenz) wurden danach ausgewählt, dass sie in beiden Zielsprachen unterschiedlich realisiert sind. Die Wortstellungsanalyse führte zu dem generellen Ergebnis, dass die bilingualen Kinder weniger Variabilität in der Wortstellung zeigen als die monolingualen Kinder. Außerdem belegt Meisel einen quantitativen Unterschied zwischen dem Französischen und dem Deutschen bei der Ver-

Sprachentrennung und Spracheneinfluss: Ein Überblick

wendung von SV(O) Abfolgen. Im Französischen der Kinder ist erwartungsgemäß die Abfolge SV(O) frequenter als im Deutschen. Den überzeugenden Beweis für die frühe Sprachentrennung zeigt die von Beginn an sprachspezifische Verwendung von grammatischen Regularitäten: „[...] more convincing evidence [...] consists in the application of grammatical devices specific for French and German." (S. 27) Im Deutschen findet sich das Finitum in der Position nach der ersten Konstituente, d.h. man beobachtet die zielsprachliche Verb-Zweit-Stellung des Finitums. Ferner sind das Objekt und das nicht-finite Verb in der Abfolge OV zueinander geordnet — *den kuchen gegessen* und *den kuchen essen* —, was ebenfalls der Zielsprache entspricht. Im Französischen der Kinder findet sich die ebenfalls zielsprachliche Abfolge VO. Auch die Subjekt-Verb-Kongruenz bietet Hinweise darauf, dass die Kinder die Sprachen früh trennen und dass die bilingualen Kinder diesen Bereich wie monolinguale Kinder erwerben. So beobachtet Meisel für das Deutsche, dass *-t* vor anderen Kongruenzaffixen erworben wird und dass die Verwendung der unterschiedlichen Affixe fehlerfrei erfolgt. Im Französischen ist die Kongruenz am Verb nicht hörbar. Dies zeigt das folgende Paradigma des Verbs *parler* „sprechen", das hier für den ersten Konjugationstyp steht, im Kontrast zum regelmäßig flektierenden deutschen Verb *gehen*.

Berücksichtigt man die Tatsache, dass das gesprochene Französisch anstelle der ersten Person Plural *nous parlons* auch *on parle* erlaubt, so bleiben insgesamt 2 verschiedene Verbformen. Im Deutschen konstatieren wir 4 unterschiedliche Formen. Wegen der Beobachtung, dass im Französischen die Subjekt-Verb-Kongruenz nicht am Verb selbst hörbar ist, hat man in einigen Ansätzen das schwache Pronomen — das Klitikon — als Träger der Subjekt-Verb-Kongruenz angesehen: Im Beispiel sind dies die Formen *je, tu, il(s), elle(s), nous, vous*. Diese werden von den Kindern kaum ausgelassen und sind in ihrer Verwendung auch zielsprachlich.

(36) je parle   [parl]   ich gehe
      tu parles   [parl]   du gehst
      il / elle parle   [parl]   er / sie / es geht
      nous parlons / on parle   [parl]   wir gehen
      vous parlez   [parle]   ihr geht
      ils / elles parlent   [parl]   sie gehen

Noch wichtiger ist, dass die Funktion des Anzeigens von Subjekt-Verb-Kongruenz in der kindlichen Grammatik des Französischen durch schwache Pronomina und in der des Deutschen durch die Verbalflexion übernommen wird.

Erwähnenswert ist auch die Beobachtung, dass SOV-Abfolgen, welche bei monolingual deutschen Kindern die bevorzugte Stellung des Verbs sind, von den untersuchten bilingualen Kindern nicht benutzt werden. Eine Ausnahme hierzu bilden infinite Verben, wie Infinitive, die aber auch im Erwachsenensystem dem Objekt nachgeordnet sind. Wir werden in Abschnitt 6.1.1 auf diesen Unterschied zwischen bilingualen und monolingualen Kindern im Deutschen nochmals eingehen. Hier zeichnet sich ein interessanter Unterschied ab, der auf den Spracheneinfluss hindeuten könnte. Wenn monolingual deutsche Kinder während früher Erwerbsphasen die Endstellung des Finitums sogar bevorzugen — *ich den kuchen esse* und *ich den kuchen essen will* —, bilinguale Kinder aber eine solche Phase nicht durchlaufen, könnte dies mit der zweiten Muttersprache zusammenhängen, die im Falle von Französisch weder die Endstellung des Finitums noch die infiniter Verben erlaubt: **je le gâteau mange - *je veux le gâteau manger*.

Zusammenfassend möchten wir festhalten, dass die Arbeiten von Genesee (1989) und Meisel (1989) bahnbrechend für die Forschung waren, da sie zeigen konnten, dass die Sprachentrennung sehr früh möglich ist und dass für die in Volterra und Taeschner (1978) genannten Erklärungen im Rahmen eines fusionierten Sprachsystems auch andere Erklärungsmöglichkeiten wahrscheinlich sind, die auf eine frühe Sprachentrennung hindeuten. Insbesondere der Arbeit von Meisel unterliegt eine genaue quantitative Belegung der im Artikel gemachten Annahmen. Diese vorbildliche Arbeitsweise wollen wir im weiteren Verlauf am Beispiel anderer Forschungsarbeiten weiterverfolgen. Beide Arbeiten sind zu einer Zeit verfasst, zu der es notwendig war, auf die frühe Sprachentrennung hinzuweisen. Wie bereits erwähnt, liegt beiden Arbeiten zugrunde, dass eine Trennung ohne Einfluss anzunehmen ist.

5.2.3 Die Rolle der Sprachdominanz

Welche Rolle kommt der Sprachdominanz bzw. -präferenz bei der Debatte um ein fusioniertes lexikalisches / syntaktisches System zu? Nach Genesee (1989) und Meisel (1989) ist dies ein wichtiger Faktor, der erklärendes Potential hat. In einer Forschungsarbeit von 1995 untersuchen Genesee, Nicoladis und Paradis die Sprachdominanz als Einflussfaktor für die Sprachmischungen. Zu diesem Zweck betrachten sie die Daten fünf englisch-französisch bilingual aufwachsender Kinder im Alter zwischen 1;10 und 2;2. Die Forschungsfrage dabei war, ob die Sprachmischungen bei den bilingualen Kindern von der Mischrate der Eltern oder von der Sprachdominanz der Kinder abhängig ist. Die erste Möglichkeit schließen die Autoren aus: „We could find no evidence that their mixing was due to parental input, but there was some evidence that language dominance played a role." (S. 611) Im Gegensatz dazu ist die Sprachdominanz ein entscheidender Faktor für die Sprachmischungen.

> „[...] there is a general tendency for bilingual children to mix elements from their dominant language when using their non-dominant language, rather than vice versa [...]. This version of the argument predicts that mixing will be largely unidirectional – from the dominant into the non-dominant language." (Genesee, Nicoladis und Paradis 1995:614f.)

Weil Sprachdominanz als ein so entscheidender Faktor angesehen wird, haben wir ihr in unserer Einführung ein eigenes Kapitel gewidmet (Kapitel 4). Wir haben dort gezeigt, dass die Sprachdominanz keine Rückschlüsse auf die Richtung des Spracheneinflusses zulässt und somit als eigene, aber eben nicht den Spracheneinfluss erklärende Größe in der Bilinguismusforschung zu untersuchen ist.

5.3 Sprachentrennung mit Spracheneinfluss

Die Sprachdominanz leitet über zu dem dritten Ansatz, welcher neben den beiden vorgestellten Ansätzen – Spracheneinfluss weil keine Trennung und Sprachentrennung weil kein Einfluss – existiert. In diesem Ansatz, den wir mit Sprachentrennung mit Spracheneinfluss umschrieben haben, schließen sich beides, die Trennung und der Einfluss, nicht gegenseitig aus. Da wir in Kapitel 6 eine Reihe von grammatischen Phänomenen vorstellen möchten, die für diesen dritten Ansatz sprechen, sollen an dieser Stelle nur einige Forschungsarbeiten zusammengefasst werden. Vorstellbar ist das zeitgleiche Auftreten von Sprachentrennung und -einfluss nur unter der Annahme, dass hiervon nicht gesamte Sprachsysteme betroffen sind, sondern nur ganz bestimmte grammatische Phänomene. Es ist nach diesem Ansatz also so, dass bestimmte grammatische Phänomene einflussanfällig sind. Nur unter welchen Bedingungen sie dies sind, wird kontrovers diskutiert. Wir wollen in Kapitel 6 ein Konzept genauer vorstellen, nämlich dass nicht die zeitweise auftretende Sprachdominanz den Spracheneinfluss lenkt, sondern Eigenschaften des grammatischen Phänomens. Wir wollen aus diesem Grund in diesem Kapitel besonders auf den Ansatz eingehen, der vermutet, dass der nicht zeitgleich erfolgte Erwerb eines grammatischen Phänomens in beiden Sprachen der Grund für den Einfluss ist.

Fassen wir noch einmal zusammen: Obwohl also als gesichert angesehen werden kann, dass der bilinguale Spracherwerbsprozess von Beginn an sprachendifferenzierend verläuft, liegt eine Situation des Sprachkontakts vor. Man könnte vermuten, dass sich die beiden Sprachen gegenseitig beeinflussen. Ein solcher Einfluss wird von einigen Forschern, die eine frühe Sprachentrennung im bilingualen Individuum beobachten, auch eingeräumt. In der Mehrzahl der Forschungsarbeiten wird aber die zeitweise auftretende Sprachdominanz als bestimmende Größe für die Richtung des Einflusses sowie für das Auftreten an sich angeführt: Die stärkere / dominante Sprache beeinflusst die schwächere und nicht umgekehrt.

Bahnbrechend war die Arbeit von Gawlitzek-Maiwald und Tracy im Jahre 1996. In dieser Studie wurden die Sprachdaten eines bilingual deutsch-englisch aufwachsenden Kindes analysiert. Die Autorinnen führen den Begriff des „bilingual bootstrapping" ein und definieren ihn wie folgt: „Something that has been acquired in language A fulfills a booster function for language B." (S. 903)

Die Situation des Sprachkontakts kann sich das bilinguale Kind also zunutze machen. Bereits Genesee (1989) und Meisel (1989) haben vermutet, dass das bilinguale Kind als so genannte Hilfsstrategie die lexikalische Entlehnung anwendet und ein lexikalisches Element der einen Sprache in der anderen Sprache benutzt, wenn es dieses in nur einer Sprache kennt (vgl. 5.2.1). Es entsteht eine gemischte Äußerung, die Sprachelemente der Sprache A und der Sprache B enthält. Gawlitzek-Maiwald und Tracy (1996) weisen nun auf der Basis von gemischten Äußerungen syntaktisches „borrowing" – syntaktische Entlehnung – nach. Dieses wird vom bilingualen Kind als temporäre Hilfsstrategie eingesetzt. Es nutzt dieses, um das System in der anderen Sprache zu „booten", eine Metapher aus der

Computerwissenschaft, die für den Start eines Computers benutzt wird. Die Autorinnen analysieren ein bilingual deutsch-englisches Kind, welches bestimmte Konstruktionen in unterschiedlicher Geschwindigkeit in beiden Sprachen erwirbt. Diejenige Sprache, welche sich mit Hinblick auf bestimmte Konstruktionen langsamer entwickelt, kann von der anderen, weiterentwickelten Sprache profitieren. So konstruiert das untersuchte Kind gemischte Äußerungen mit einer linken Satzklammer (CP und IP), welche aus dem Deutschen entlehnt wurde, und einer englischen VP (Verbalphrase) vom Typ: *Kannst du move a bit*. Das Deutsche ist mit Hinblick auf Modal- und tempusbildende Hilfsverben dem Englischen weit voraus. Aus welchem Grund das Deutsche in dieser Hinsicht entwickelter ist als das Englische, bleibt jedoch offen. Gawlitzek-Maiwald und Tracy (1996) deuten an, dass Komplexität einer bestimmten Konstruktion, aber auch fehlende perzeptuelle Salienz die Ursache für einen verzögerten Erwerb sind. Besonders erwähnenswert ist aber das Ergebnis, dass das bilinguale Kind beide Sprachen nutzt bzw. aus beiden Sprachen entlehnt. Für Infinitivkonstruktionen weisen die Autorinnen eine langsamere Entwicklung im Deutschen nach und zeigen, dass sich das Kind auf die englische Konstruktion stützt. Interessant ist hier die Beobachtung, dass das Kind während der Phase des Infinitivsatzerwerbs, also zwischen 2;8 und 3;0, auch viel mehr Englisch spricht. Vorher war das Deutsche diejenige Sprache, die Hannah häufiger benutzt hat. Die der Arbeit von Gawlitzek-Maiwald und Tracy (1996) zugrunde liegende Annahme der syntaktischen Entlehnung stimmt wie schon die Arbeiten von Genesee (1989) und Meisel (1989) überein mit der Vermutung, dass (hier) aus derjenigen Sprache entlehnt wird, die das Kind öfter gebraucht. Dem „syntactic bootstrapping" ist implizit, dass das Kind den Problembereich kennt, d.h. diejenigen Teile der Äußerung, die in der jeweiligen Sprache nicht produziert werden, fehlen deshalb, weil sie vermieden werden, und nicht etwa, weil das Kind sie noch nicht erworben hat. Diese Perspektive eröffnet neue Interpretationsmöglichkeiten in der Bilinguismusforschung und knüpft an Spracherwerbsanalysen bei monolingualen Kindern an, in denen gezeigt wurde, dass bestimmte Sprachelemente vom Kind nicht produziert werden, da beispielsweise noch nicht die wichtigsten syntaktischen, morphologischen und lexikalischen Informationen über die Sprachelemente bekannt sind (vgl. u.a. Bottari, Cipriani und Chilosi 1993/94 für den Erwerb von Determinanten und Müller und Penner 1996 für den Nebensatzerwerb).

Hulk (1997) sowie Hulk und van der Linden (1996) konnten bei einem bilingual holländisch-französischen Kind ebenfalls Einflüsse der beiden Sprachen aufeinander nachweisen. Diese Arbeiten fokussieren kindliche Äußerungen, die ausschließlich Elemente aus einer Sprache enthalten. So weisen sie nach, dass das Kind eine Konstruktion, die im Französischen monolingualer Kinder sehr selten belegt ist, mit einer hohen Frequenz gebraucht. Es handelt sich um Sequenzen, in denen das direkte Objekt einem (finiten oder nicht-finiten (Infinitiv, Partizip)) Verb vorangeht: *petit nounours cherche* „kleinen Teddy suche" – *live lire* (=livre) „Buch lesen". Hulk und van der Linden (1996) vermuten, dass OV-Sequenzen das Resultat einer Fokus-Bewegung sind, bei der eine hervorgehobene Satzkonstituente (welche eine neue Information darstellt) an den Satzanfang verschoben wird.

Sprachentrennung und Spracheneinfluss: Ein Überblick

Das Holländische ist — im Gegensatz zum Französischen — eine OV- und Verb-Zweit-Sprache, OV-Sequenzen sind somit im holländischen Input des Kindes sehr häufig. In Verb-Zweit-Sprachen wie dem Holländischen und dem Deutschen steht das finite Verb nach der ersten Konstituente, unabhängig von ihrer grammatischen Funktion (vgl. Kapitel 2.3.1 und 4.1.3).

> „This constitutes the basis of our argument that the presence of OV patterns in the Dutch input of this bilingual child may very well be the factor that ‚pushes up' the production of [XP V] patterns in the child's French. In other words, there is a form of interaction between the two languages: it is not mixing of the structure of one language into the other however, but rather ‚activation' of a possible, but rare pattern in one language by the input of a superficially similar, frequent pattern in the other." (Hulk und van der Linden 1996:100)

In ähnlicher Weise werden auch Stellungsfehler mit Objektpronomina im Französischen des Kindes erklärt: je prends la „ich nehme es". Hulk (1997) schlägt vor, dass das Kind eine mögliche, aber sehr eingeschränkte Option des Französischen aktiviert: In Konstruktionen mit einem Modalverb steht das Objektklitikon — das schwache Objektpronomen — nach dem finiten Verb: *je veux la prendre* „ich will sie nehmen". Ferner steht das Objektpronomen *ça* immer nach dem finiten Verb: *je prends ça* „ich nehme das". Die mögliche Ordnung OV im Französischen wird nun durch das Holländische verstärkt, da die Objektpronomina im Holländischen dieselbe Distribution haben wie in den fehlerhaften Äußerungen des Kindes. Die Autorinnen Hulk und van der Linden messen der Sprachdominanz eine wichtige Rolle bei. So wird gezeigt, dass während der untersuchten Spracherwerbsphase das Holländische weiter entwickelt ist als das Französische.

Die bisher genannten Studien führen die syntaktische Entlehnung darauf zurück, dass eine der beiden Sprachen weiter entwickelt ist als die andere, welcher Umstand auch mit dem Begriff der Sprachdominanz umschrieben werden könnte. Dass der Sprachdominanz diese entscheidende Rolle nicht zukommt, wohl aber Eigenschaften der zu erwerbenden grammatischen Phänomene, wollen wir im sechsten Kapitel anhand ausgewählter grammatischer Bereiche zeigen.

5.4   Zusammenfassung und Ausblick

Neben der Vorstellung der drei Positionen in der Bilinguismusforschung, (a) Spracheneinfluss bzw. ein einziges System weil keine Sprachentrennung, (b) Sprachentrennung weil kein Spracheneinfluss, (c) Sprachentrennung mit Spracheneinfluss hat dieses Kapitel zu einer Sichtweise des Erstspracherwerbs geführt, welche nicht das monolinguale, sondern das bilinguale Individuum in den Vordergrund stellt. Wir haben versucht, uns von der sich gegenseitig ausschließenden Relation von Sprachentrennung und Spracheneinfluss zu trennen und für eine Sichtweise Platz zu schaffen, die nicht die Sprache als Ganze in den Vordergrund stellt, sondern einzelne grammatische Phänomene. Im folgenden Kapitel werden wir zeigen, dass diese Sichtweise fruchtbar gemacht werden kann für die Entscheidung darüber, wie bilinguale Individuen ihre Sprachen erwerben und wie sie die Systeme voraussichtlich „ablegen", ein Aspekt, der dann Gegenstand des achten Kapitels sein wird.

5.5 Aufgaben

1. Lesen Sie den Artikel von Fred Genesee (1989) *Early bilingual language development: one language or two?*, der im von Wei (2004) herausgegebenen Reader auf den Seiten 327-343 abgedruckt ist. Fassen Sie die Kritik Genesees an dem Drei-Phasen-Modell zusammen.
2. Lesen Sie den Artikel von Jürgen M. Meisel (1989) *Early differentiation of languages in bilingual children*, der im von Wei (2004) herausgegebenen Reader auf den Seiten 344-369 abgedruckt ist. Welches sind die wichtigen Erwerbsphasen bei den untersuchten bilingualen Kindern?
3. Ein zweisprachig aufwachsendes Kind (Deutsch-Französisch) benutzt den Begriff *Teichschwän*, um einen Teich zu bezeichnen, auf dem Schwäne sind. a) Welchen Fehler hat das Kind gemacht und b) wie könnte man diesen Fehler erklären? (Bitte ignorieren Sie die Tatsache, daß bei *Schwän* die Pluralendung [ə] ausgelassen wurde).
4. Ein bilingual deutsch-italienisch aufwachsendes Kind platziert die Negationspartikel *non* immer vor dem finiten Verb, wie die Zielsprache dies auch verlangt. Im Deutschen finden sich die folgenden Äußerungen:
    a. Mama nicht mitkommt
    b. Ich will nicht mitkommen
    c. Teddy nicht spielt
    d. Papa nicht rausgehen

    Diskutieren Sie die Äußerungen mit Hinblick auf den Spracheneinfluss.
5. Französisch-deutsch zweisprachig aufwachsende Kinder gebrauchen die folgenden Konstruktionen im Französischen. Beschreiben Sie, welche Eigenschaft die kindlichen Äußerungen von der Erwachsenensprache unterscheidet und wo die Schwierigkeit für das zweisprachige Kind liegt.
    a. Je veux ça prendre „Ich will das nehmen"
    b. On va prendre le train „Man wird nehmen den Zug"
    c. Je veux chercher une autre baguette „Ich will suchen einen anderen Stock"
    d. Elle veut ça manger „Sie will das essen"

6. Analysieren Sie die nachfolgenden Äußerungen eines französisch-deutsch aufwachsenden Jungen vor dem Hintergrund des Spracheneinflusses. Trennt das Kind die beiden Sprachen? Gehen Sie davon aus, dass die Position von *sich* im Deutschen des Kindes immer zielsprachlich ist.
   a. Il l' a coupé „Er es hat geschnitten"
   b. Il l' a mis sur son pull là
      „Er es hat gelegt auf seinen Pullover da"
   c. Il a se peigné „Er hat sich gekämmt"
   d. Il a se coupé „Er hat sich geschnitten"
   e. Il se réveillait „Er sich aufwachte"
   f. Et là il se lave „Und da er sich wäscht" (Pierre 3;8,12)

6 Spracheneinfluss

Im vorangegangenen Kapitel wurden die grundlegenden Begriffe zum Spracheneinfluss vorgestellt, wobei sich zwei führende Positionen in der Forschung ergeben haben: 1) Entweder findet eine frühe Sprachentrennung statt, die jegliche gegenseitige Beeinflussung ausschließt oder aber 2) es gibt Belege für eine gegenseitige Beeinflussung, aus der geschlossen werden muss, dass die Systeme im Spracherwerb zunächst nicht getrennt sind. Es stellt sich jedoch die Frage, ob es zwischen diesen beiden Positionen einen „Mittelweg" gibt, d.h. ob es nicht doch möglich ist, dass die bilingual aufwachsenden Kinder früh die beiden Sprachsysteme trennen und gleichzeitig (zeitweise) Spracheneinfluss auftreten kann. Für eine solche dritte Position argumentieren die Forscherinnen Hulk und Müller in einer Reihe von Arbeiten (Müller 1998b, Hulk und Müller 2000, Müller und Hulk 2000, 2001). Im Folgenden wollen wir diese neue Analyse des Spracheneinflusses vorstellen, indem wir zunächst wichtige Definitionen und Vorüberlegungen erörtern, bevor wir ihre Anwendung auf verschiedene Grammatikbereiche in den einzelnen Unterkapiteln zeigen.

Zuerst müssen wir fragen, was überhaupt unter dem Begriff Spracheneinfluss zu verstehen ist. Wir wollen den Begriff so auffassen, wie ihn die Forscher Paradis und Genesee (1996:3) definiert haben: Spracheneinfluss ist eine systematische Beeinflussung der Grammatik der einen Sprache durch die Grammatik der anderen Sprache, die zu unterschiedlich schnellen und anderen Verläufen bei bilingualen Kindern im Vergleich zu monolingualen Kindern führt. Dies bringt uns gleich zur zweiten Frage, die dem Nachweis des Spracheneinflusses gilt. Prinzipiell gibt es zwei Möglichkeiten: Zum einen können wir die beiden Sprachsysteme bei einem bilingualen Kind zu einem gegebenen Erwerbszeitpunkt vergleichen, zum anderen können wir die Entwicklungsabläufe von bilingualen Kindern mit denen monolingualer Kinder vergleichen. Diese zweite Option haben Paradis und Genesee (1996) in ihrer Definition in den Mittelpunkt gerückt. Sie wird in der Darstellung des Einflusses in den verschiedenen Grammatikbereichen ebenfalls die zentrale Rolle spielen. Wir wollen jedoch auch die erste Option berücksichtigen.

Wie äußert sich nun der so definierte Spracheneinfluss? In der Literatur (Paradis und Genesee 1996:3f.) geht man davon aus, dass Spracheneinfluss drei verschiedene Formen haben kann, wobei sich die folgenden Definitionen auf den Vergleich mit Erwerbsverläufen monolingualer Kinder stützen:

Manifestationen des Spracheneinflusses

- Transfer („transfer"): Transfer besteht aus der Eingliederung einer grammatischen Eigenschaft aus der einen Sprache in die andere Sprache,

mit anderen Worten geht es hier um eine Übertragung von Eigenschaften.
- Beschleunigung („acceleration"): Beschleunigung bedeutet, dass eine Eigenschaft in der Grammatik der betreffenden Sprache früher auftritt, als dies im monolingualen Erwerb die Norm ist.
- Verlangsamung („delay"): Die Verlangsamung führt zum späteren Auftreten einer Eigenschaft in der Grammatik, als dies im monolingualen Erwerb die Norm ist.

Diese drei unterschiedlichen Möglichkeiten zeigen, dass Spracheneinfluss – jeweils gemessen an der Zielsprache — sowohl positive als auch negative Folgen haben kann. Leider wurden die negativen Auswirkungen in der Literatur besonders hervorgehoben, indem überwiegend Einflüsse nachgewiesen wurden, die zu einem verzögerten Erwerb (im Vergleich zu monolingualen Kindern) führten.

Jedoch gibt es auch einige Forschungsarbeiten, die Spracheneinfluss als positiv, d.h. als Hilfsstrategie, betrachten und nachweisen, wobei der Nachweis sowohl anhand einsprachiger als auch gemischtsprachiger Äußerungen erfolgt. Wir haben diese Arbeiten (Genesee 1989, Meisel 1989, Gawlitzek-Maiwald und Tracy 1996, Hulk und van der Linden 1996, Hulk 1997) in Kapitel 5 vorgestellt. Sie haben gemeinsam, dass die Hilfsstrategie der lexikalischen und syntaktischen Entlehnung unterschiedlich schnelle syntaktische Entwicklungen in den beiden Sprachen der untersuchten bilingualen Kinder kompensieren soll.

Es stellt sich nun folgende Frage: Wie kann man noch genauer erklären, dass es zu Spracheneinfluss kommt? In der Literatur wurde lange angenommen, dass die bei bilingualen Kindern zeitweise auftretende Sprachdominanz (vgl. auch Kapitel 4), also eine außergrammatische Eigenschaft, die Ursache sei: Die stärkere Sprache beeinflusst die schwächere im Individuum (vgl. z.B. Romaine 1995). Auf diese Möglichkeit hat bereits Grosjean (1982:187f.) aufmerksam gemacht, der zwei Ursachen für die Entstehung von Sprachdominanz nennt: vorrangig ein größerer Input in der dominanten Sprache, daneben aber auch die Tatsache, dass einige sprachliche Strukturen in der einen Sprache schwerer zu erfassen und zu produzieren sind als in der anderen Sprache. Damit stellt er einen, wenn auch als geringfügig bezeichneten Zusammenhang zwischen grammatischer Entwicklung und Sprachdominanz her:

> „There are two reasons for a bilingual child to show dominance in one of the languages. The first, and a relatively minor one, is that certain linguistic structures are harder to internalize and produce in one of the languages. The second is that the child may be exposed to and may need one language more than the other."

Problematisch hieran sind jedoch mehrere Aspekte: Erstens haben Müller, Cantone, Kupisch und Schmitz (2002) gezeigt, dass sich Spracheneinfluss auch bei solchen Kindern zeigt, die keine Dominanz in einer der beiden Sprachen aufweisen. Zweitens konnten sie zeigen, dass die schwächere die stärkere Sprache ebenfalls beeinflussen kann (vgl. hierzu auch Kupisch 2006a). Hinzu kommt, dass Sprachdominanz über lange Zeit in der Literatur nicht klar definiert wurde.

Die Forscherinnen Müller und Hulk (2000) haben nun vorgeschlagen, den Grund für das Auftreten von Spracheneinfluss nicht mehr in der Sprache als Gesamtheit, sondern gezielt nach sprachinternen Ursachen in den einzelnen grammatischen Bereichen zu suchen. Dieser Perspektive liegt die Annahme zugrunde, dass Spracheneinfluss kein durch externe Faktoren bedingtes Performanzphänomen ist, sondern die sprachliche Kompetenz der bilingualen Kinder in den jeweils betroffenen Bereichen widerspiegelt. Darüber hinaus haben die Forscherinnen gezeigt, dass der Einfluss auch von der Kombination der zu erwerbenden Sprachen abhängt.

Das weitere Vorgehen erfolgt in mehreren Schritten: Zunächst müssen die einer möglichen Beeinflussung unterliegenden grammatischen Phänomene genau definiert werden. Auf der Basis der Zielsprachen und dieser Definition der Phänomene können in einem weiteren Schritt Vorhersagen für die Beeinflussung bei bestimmten Sprachkombinationen getroffen werden. Müller und Hulk (2000:228f.) kommen zu den folgenden beiden zentralen Grundannahmen, die sie als Kriterien für die Wahrscheinlichkeit des Auftretens von Spracheneinfluss formulieren:

Kriterien für das Auftreten von Spracheneinfluss

I. Sprache A weist Konstruktionen auf, die so beschaffen sind, dass sie (aus der Perspektive des Kindes) mehr als eine einzige grammatische Analyse erlauben, und Sprache B enthält Evidenz für eine dieser möglichen Analysen; mit anderen Worten überschneiden sich die beiden Sprachen im jeweils ausgesuchten Phänomenenbereich.
II. Das ausgesuchte grammatische Phänomen liegt an der Schnittstelle zwischen grammatischen Modulen, zum Beispiel Morphologie und Syntax oder Syntax und Pragmatik.

Sofern eines oder beide der Kriterien erfüllt sind, lässt sich ein wahrscheinliches Auftreten von Spracheneinfluss vorhersagen.

Damit wissen wir jedoch noch nicht, welche der beiden Sprachen die beeinflusste sein wird. Um auch hierfür eine Vorhersage machen zu können, haben Müller, Cantone, Kupisch und Schmitz (2002) erstmals ein Komplexitätskriterium herangezogen, nämlich die – weiter unten definierte – Berechnungskomplexität einer syntaktischen Analyse („computational complexity"). Hintergrund dieser Annahme ist, dass Kinder (bilinguale wie monolinguale) beim Spracherwerb einem Ökonomieprinzip folgen: „Wähle zunächst die weniger komplexe Analyse". Das bilinguale Kind kann nun die weniger komplexe Analyse übergeneralisieren, d.h. auf beide Sprachen anwenden, was sowohl positive als auch negative Folgen haben kann. Eine Übergeneralisierung der komplexeren Analyse ist hingegen als wenig plausibel zu betrachten und aus Gründen der Ökonomie auszuschließen. Was ist nun unter Komplexität zu verstehen? Einen Vorschlag macht die Forscherin Jakubowicz (2002) mit den folgenden zwei Kriterien, hier in der deutschen Version:

Komplexitätskriterien

1) Eine syntaktische Analyse ist weniger komplex, wenn eine funktionale Kategorie in allen Sätzen vorhanden ist. Ist eine funktionale Kategorie nur in einigen Sätzen vorhanden, erhöht dies den Grad der Komplexität der syntaktischen Analyse.
2) Eine syntaktische Analyse ist weniger komplex, wenn ein Argument kanonisch (vgl. 6.2.1.1) mit seinem Prädikat verbunden werden kann, d.h. in der lexikalischen Domäne. Wird ein Argument in der funktionalen Domäne mit dem Prädikat verbunden, erhöht dies die Komplexität der syntaktischen Analyse.

Beide Kriterien sind vor einem Hintergrund zu verstehen, der erstens syntaktische Kategorien in lexikalische (Nomina, Verben, Adjektive, Präpositionen) und funktionale (u.a. Determinanten, Fragewörter, Nebensatzeinleiter) unterteilt und zweitens auch für die Grundstruktur des Satzes einen lexikalischen (den Bereich des Prädikats, also die Verbalphrase mit den Objekt-Argumenten) und einen funktionalen Bereich (Kodierung wichtiger Informationen wie z.B. Tempus und Satztyp) vorsieht (vgl. Müller und Riemer 1998, Kap. 2 und 3). Das erste Kriterium hält weiter fest, dass funktionale Kategorien aufgeteilt werden in solche, die syntaktisch erforderlich sind (z.B. Subjektklitika im Französischen und Subjektpronomina im Deutschen, vgl. auch Abschnitt 6.2.2.), und solche, deren Existenz auch semantisch motiviert ist (z.B. Objektklitika in den romanischen Sprachen). Kriterium (1) besagt auf dieser Basis mit anderen Worten, dass die Berechnung funktionaler Kategorien, deren Existenz allein syntaktisch motiviert ist, einfacher (weniger komplex) ist als diejenige funktionaler Kategorien, welche nicht syntaktisch (sondern z.B. semantisch) motiviert sind. Kriterium (2) macht hingegen Aussagen zum Verhältnis zwischen dem lexikalischen und dem funktionalen Bereich der Syntax: Hier ergibt sich der erhöhte Komplexitätsgrad daraus, dass die funktionale Domäne nach der lexikalischen berechnet wird.

Beide Kriterien hat Jakubowicz (2002) für die Analyse von Daten monolingual französischer Kinder entwickelt, die unter sprachspezifischen Entwicklungsstörungen (SSES; im englischen Sprachraum „Specific Language Impairment", SLI) litten.[26] Hier untersuchte sie insbesondere die grammatischen Bereiche der Objektauslassungen (vgl. auch Abschnitt 6.2.1.1.) und Bildung von Vergangenheitsformen – beide Bereiche sind im Sinne der obigen Kriterien im Französischen komplexer als ihre Pendants, die Subjektauslassungen und Bildung von Präsensformen. Die jeweilige Anwendung bzw. Interpretation für die grammatischen

---

[26] „Eine spezifische Sprachentwicklungsstörung liegt vor, wenn der Spracherwerb abweichend und nicht altersgerecht erfolgt, ohne daß kognitive Beeinträchtigungen, diagnostizierbare neuro-physiologische Ursachen, eine Hörschädigung oder Verhaltensstörung in einem Umfang vorliegen, der die Sprachentwicklungsstörung hinreichend begründen könnte." (Rothweiler 2001:16)

Bereiche, die wir in diesem Kapitel vorstellen wollen, werden in den entsprechenden Unterkapiteln detaillierter erörtert.

Mit Hilfe dieser beiden Kriterien lässt sich auf der Grundlage des gewählten und genau definierten grammatischen Phänomens nicht nur die Wahrscheinlichkeit, sondern auch die Richtung des Einflusses vorhersagen. Die syntaktische Berechnungskomplexität kann außerdem dazu verwendet werden zu begründen, warum in bestimmten grammatischen Bereichen kein Spracheneinfluss auftritt: Wenn ein grammatischer Bereich in beiden Zielsprachen verschieden aufgebaut und unterschiedlich komplex ist (es demzufolge auch keine Überlappungen gibt), führt dies dazu, dass er zu unterschiedlichen Zeitpunkten erworben wird. Cantone (1999) vergleicht die Genussysteme im Deutschen und Italienischen der bilingualen Kinder miteinander und kann auf Basis ihrer unterschiedlichen Komplexität deren Erwerb zu unterschiedlichen Zeitpunkten erklären.

In den folgenden Unterkapiteln wollen wir nun anhand konkreter grammatischer Phänomene zeigen, wie das bislang nur theoretisch dargestellte Vorgehen empirisch anwendbar ist. Wir werden einige Phänomenbereiche jeweils genau vorstellen, dann die Vorhersagen erarbeiten, Ergebnisse aus Studien mit monolingualen Kindern betrachten und unsere Ergebnisse aus unterschiedlichen Studien mit den bilingualen Kindern vorstellen. Wir konnten für alle drei möglichen Formen des Spracheneinflusses Belege finden, so dass die nachfolgenden Abschnitte jeweils einer Form gewidmet sind. Es wird jedoch auch deutlich werden, dass nicht immer alle Kinder einen vorhergesagten Spracheneinfluss aufweisen, so dass individuelle Aspekte ebenfalls eine Rolle spielen müssen (vgl. Kapitel 8). So konnten zum Beispiel Paradis und Genesee (1996) in ihrer Untersuchung von Sprachdaten bilingual englisch-französischer Kinder keinen Spracheneinfluss nachweisen. Auch Meisel (1985, 1986, 1990a, 1994c, 1997) kommt zu dem Ergebnis, dass die einsprachigen Äußerungen der von ihm untersuchten bilingual deutsch-französischen Kinder in den untersuchten Sprachphänomenen keinen Spracheneinfluss aufweisen. Schließlich werden wir zeigen, dass tatsächlich sprachinterne Gründe zum Einfluss geführt haben, während Sprachdominanz keine ausschlaggebende Rolle spielt.

6.1 Beschleunigung

Dieser Abschnitt stellt zwei grammatische Bereiche vor, in denen die Entwicklung bei den bilingualen Kindern schneller ablief als bei den monolingualen Kindern im gleichen Entwicklungszeitraum. In beiden Bereichen beeinflussen die romanischen Sprachen das Deutsche.

6.1.1 Verbstellung im deutschen Hauptsatz

In diesem Abschnitt wollen wir die Verbstellung im Hauptsatz des Deutschen vorstellen, für die sich ein positiver, d.h. beschleunigender Einfluss des Italienischen feststellen lässt.

6.1.1.1 Beschreibung der Verbstellung in den Zielsprachen

Betrachten wir zunächst die Verbstellung im Hauptsatz in den beiden Sprachen: Im deutschen Hauptsatz steht das finite Verb (dasjenige Verb, welches für Person, Numerus und Tempus markiert ist) an zweiter Position, unabhängig davon, ob die satzinitiale Position durch das Subjekt oder durch ein anderes, topikalisiertes Element besetzt ist. Dies zeigt, dass das Deutsche eine Verb-Zweit-Sprache ist (vgl. hierzu auch Müller und Riemer 1998, Kap. 2, sowie Kapitel 2 der vorliegenden Einführung). Die Sätze in (37) verdeutlichen diese Eigenschaft:

(37) a. Martina sieht heute einen Film
 b. Heute sieht Martina einen Film
 c. Einen Film sieht Martina heute

Im deutschen Nebensatz steht das finite Verb dagegen satzfinal: *Ich glaube, dass Martina heute einen Film sieht* (vgl. hierzu auch Abschnitt 6.3.).

Im italienischen Hauptsatz steht das finite Verb direkt nach dem Subjekt (sofern es hörbar realisiert wird, vgl. hierzu genauer Abschnitt 6.2.2.). Dies gilt auch dann, wenn dieses nicht die satzinitiale Position einnimmt:

(38) a. Martina vede un film oggi
 „Martina sieht einen Film heute"
 b. Oggi Martina vede un film
 „Heute Martina sieht einen Film"

Klitische (d.h. schwache, unbetonte) Objektpronomina, im folgenden Beispiel *lo*, stehen vor dem finiten Verb: *Martina lo vede*. Infinite Verbelemente, im Beispiel das Verb *vedere*, befinden sich vor dem Objekt: *Martina vuole vedere un film oggi*. Die Stellung des finiten Verbs ist im italienischen Haupt- und Nebensatz identisch.

Fassen wir an dieser Stelle die Unterschiede und Gemeinsamkeiten der beiden Systeme zusammen, um eine Vorhersage für diesen Bereich zu treffen: Die Stellung des finiten Verbs ist ein Bereich, in dem eine teilweise Überlappung der beiden Sprachsysteme vorliegt, wobei der Sequenz $SV_{fin}O$ in einer Verb-Zweit-Sprache wie dem Deutschen eine andere syntaktische Analyse zugrunde liegt als den $SV_{fin}O$-Abfolgen im Italienischen: Für das Deutsche wird angenommen, dass die $SV_{fin}O$-Stellung eine Verschmelzung der beiden funktionalen Kategorien INFL und COMP ist. INFL ist der Kopf der für die Verbflexion zuständigen Kategorie IP, wo die Angaben für Tempus, Person und Numerus der einzelnen in die Syntax eingesetzten Verbformen überprüft werden. COMP ist der Kopf der CP, welche u.a. den Satztyp, die nebensatzeinleitenden Elemente und Fragewörter beinhaltet (vgl. Müller und Riemer 1998, Kap. 4). Dies wird in der Struktur in Abbildung 23 deutlich. Anders als die IP ist die CP keine rein syntaktische funktionale Kategorie, da sie auch der Satzinterpretation dient. Im deutschen Hauptsatz wird das finite Verb an diejenige Position verschoben, in der sich im Neben-

Spracheneinfluss

satz der Komplementierer befindet (vgl. Abbildung 25 für den deutschen Nebensatz). Hingegen kommt die Struktur eines italienischen Hauptsatzes mit SVO-Stellung mit der Kategorie IP aus (vgl. Abbildung 24). Dies wollen wir kurz anhand von Strukturbäumen erläutern.

Abbildung 23. Deutsche SV$_{fin}$O-Sequenzen

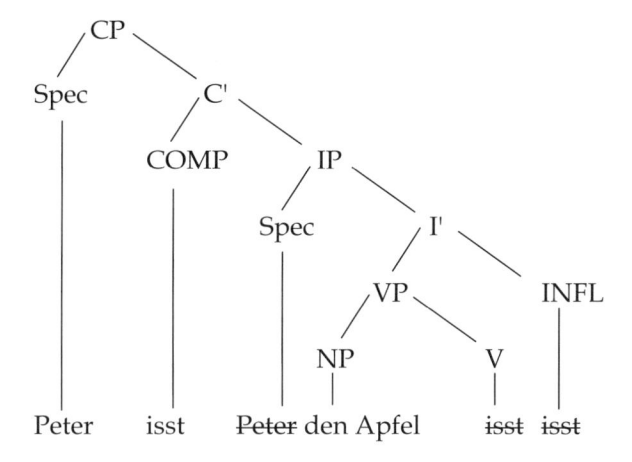

```
              CP
           /      \
        Spec       C'
                 /    \
              COMP     IP
                     /    \
                  Spec     I'
                         /    \
                       VP      INFL
                      /  \
                    NP    V
                    |     |
        Peter  isst  Peter den Apfel  isst  isst
```

Abbildung 24. Italienische SV$_{fin}$O-Sequenzen

```
              CP
           /      \
        Spec       C'
                 /    \
              COMP     IP
                     /    \
                  Spec     I'
                         /    \
                       INFL    VP
                        |     /  \
                        V    NP
                        |     |
          Piero      mangia  mangia  la mela
```

Insgesamt gilt also, dass Sprache A (Deutsch) Konstruktionen aufweist, nämlich SV$_{fin}$O, die so beschaffen sind, dass sie (aus der Perspektive des Kindes) mehr als eine einzige grammatische Analyse zulassen, und Sprache B (Italienisch) enthält Evidenz für eine dieser möglichen Analysen. Damit ist das Kriterium (I) erfüllt. Dass deutsche SV$_{fin}$O-Sequenzen mit einer deutschen und mit einer italienischen syntaktischen Struktur ableitbar sind, zeigen die Abbildungen 26 und 27.

Abbildung 25. Der deutsche Nebensatz mit Endstellung des Finitums

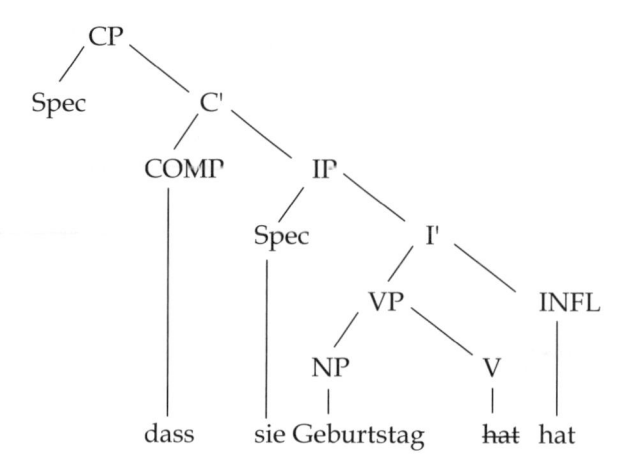

```
            CP
          /    \
        Spec    C'
              /    \
           COMP     IP
            |     /    \
            |   Spec    I'
            |    |    /    \
            |    |   VP    INFL
            |    |  /  \     |
            |    | NP   V    |
            |    |  |   |    |
           dass sie Geburtstag hat̶ hat
```

Abbildung 26. Deutsche SV$_{fin}$O-Sequenzen, analysiert nach der syntaktischen Ableitung für eine Verb-Zweit-Sprache

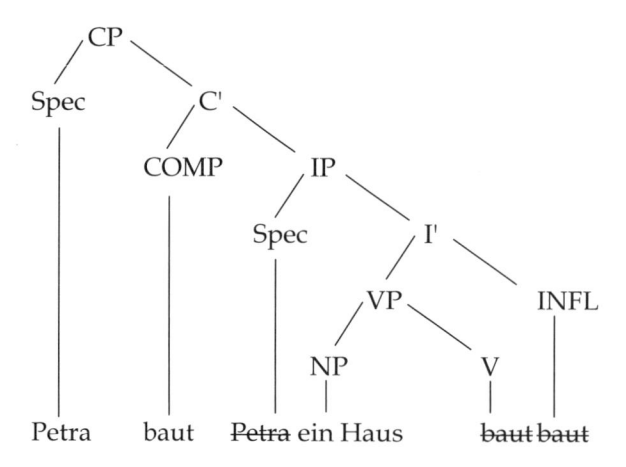

```
            CP
          /    \
        Spec    C'
         |    /    \
         |  COMP    IP
         |   |    /    \
         |   |  Spec    I'
         |   |   |    /    \
         |   |   |   VP    INFL
         |   |   |  /  \     |
         |   |   | NP   V    |
         |   |   |  |   |    |
        Petra baut P̶e̶t̶r̶a̶ ein Haus  b̶a̶u̶t̶ baut
```

Im Hinblick auf das Schnittstellenkriterium (II) ist jedoch anzumerken, dass die Verbstellung im deutschen Haupt- und Nebensatz (vgl. hierzu auch Abschnitt 6.3.1) als eine rein syntaktische Eigenschaft des Deutschen gilt. Insofern ist dieses Kriterium nicht erfüllt. Wir wollen jetzt einmal annehmen, dass die Erfüllung von Kriterium (I) ausreicht, um das Auftreten von Spracheneinfluss in diesem Bereich vorhersagen zu können. [27]

---

[27] Es würde in dieser Einführung zu weit führen, wenn wir dafür argumentierten, dass die deutsche Verbstellung gerade nicht rein syntaktisch motiviert ist. Könnte man dies zeigen, wäre auch das Schnittstellenkriterium (II) erfüllt.

Spracheneinfluss

Schließlich ist die Richtung des Einflusses zu bestimmen. Die obigen Ausführungen zum Bereich der Verbstellung haben bereits gezeigt, dass wir es hier mit unterschiedlichen funktionalen Kategorien zu tun haben. Das Italienische benötigt für die Verbstellung nur die rein syntaktisch motivierte funktionale Kategorie IP, während das Deutsche für den Hauptsatz eine Verschmelzung von IP mit der nicht rein syntaktisch motivierten Kategorie CP vornimmt. Insofern ist das Deutsche im Sinne des ersten Kriteriums von Jakubowicz (2002) komplexer als das Italienische, so dass wir vorhersagen können, dass das Italienische das Deutsche in diesem Bereich beeinflusst. Welche Folgen dieser Unterschied auch für die Verbstellung im deutschen Nebensatz hat, werden wir in Abschnitt 6.3 zeigen.

Abbildung 27. Deutsche SV$_{fin}$O-Sequenzen, analysiert nach der italienischen syntaktischen Ableitung (auch für die VP)

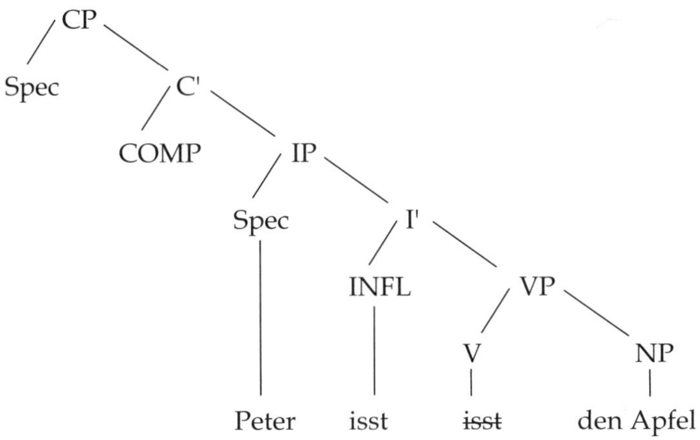

```
           CP
          /  \
       Spec   C'
             /  \
          COMP   IP
                /  \
             Spec   I'
              |    /  \
              |  INFL  VP
              |   |   /  \
              |   |  V    NP
              |   |  |    |
            Peter isst isst den Apfel
```

6.1.1.2 Ergebnisse aus Studien mit monolingualen Kindern

Im nächsten Schritt wollen wir Erwerbsstudien zu monolingualen Kindern hinzuziehen. Clahsen (1982) ist bei seiner Untersuchung des Wortstellungserwerbs durch monolingual deutsche Kinder zu dem Ergebnis gekommen, dass die Zweitstellung des finiten Verbs den Kindern zunächst Schwierigkeiten bereitet. Finite Verben, in den Beispielen *sieht*, stehen in kindlichen Hauptsätzen auch in dritter (*heute Martina sieht einen Film*) und (sogar vorwiegend) in satzfinaler Position (*Martina heute einen Film sieht*). Dieses Ergebnis ist besonders interessant, da die Endstellung des infiniten Verbs (*ich will biene maja sehen*) offenbar kein Erwerbsproblem darstellt: Clahsen, Eisenbeiß und Penke (1996) haben gezeigt, dass bei dem deutschen Kind Simone die Endstellung des Finitums über einen Zeitraum von 1;10 bis 2;7 20% ausmacht. Allerdings kann man vermuten, dass die Anzahl finiter Verben in Endposition in frühen Erwerbsphasen viel höher ist, da die Prozentzahl in dieser Studie über die gesamten zur Verfügung stehenden Aufnahmen errechnet wurde und nicht für einzelne Erwerbsmomente. Im Folgenden soll daher veranschaulicht werden, wie dies in dem monolingual deutschen Kind Chantal aussieht, das ebenfalls eine langsame Entwicklung der richtigen Verbstellung aufweist (vgl. Abbildung 28). Schmitz (2002) unterscheidet die möglichen Stellungen des finiten Verbs nach V1 (verbinitiale Positionen in ja-nein-Fragen), Vend (Endstellung des finiten Verbs) sowie nach den beiden Positionen Subjekt-Verb (SV, vgl. Beispielsatz 37a) und Verb-Subjekt (VS, vgl. Beispielsätze 37b, c).

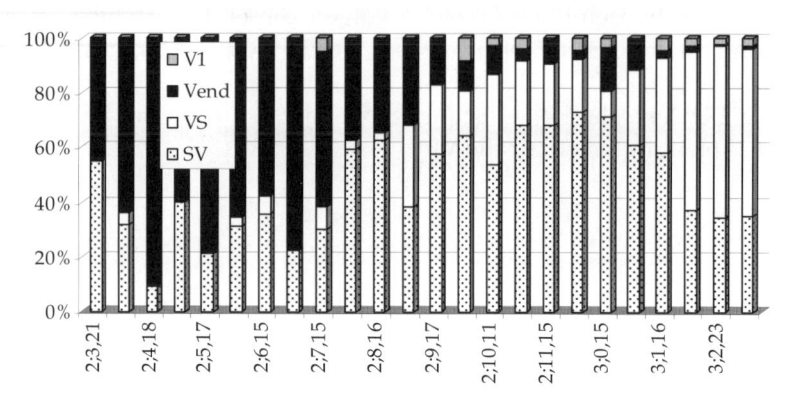

Abbildung 28. Verbpositionen bei Chantal, aus Schmitz (2002)

Abbildung 28 zeigt, dass die nicht-zielsprachlichen Verb-End-Stellungen bis zum Alter von 2;7,15 deutlich dominieren und dann langsam weniger werden, bis sie im Alter von über 3 Jahren fast ganz verschwinden, während die VS-Muster in gleicher Weise zunehmen. Das bedeutet, dass Chantal langsam erkennt, dass im Deutschen das Subjekt auch nach dem finiten Verb stehen kann.

Für das Italienische ist die nicht-zielsprachliche Endstellung des finiten Verbs nicht belegt. Monolingual italienische Kinder platzieren das finite Verb von Beginn an in der zielsprachlichen Position nach dem Subjekt,[28] obwohl sie durch die Stellung des klitischen Objektpronomens (*Martina lo vede*) auf diesen falschen Weg geführt werden könnten. Auch bei der Stellung des infiniten Verbs sind keine Schwierigkeiten festgestellt worden, wie die Studien von Clark (1986) und Guasti (1993/94) zeigen.

6.1.1.3 Ergebnisse aus Studien mit bilingualen Kindern

Meisel (1986, 1989) macht in seinen Untersuchungen des Wortstellungserwerbs durch bilingual deutsch-französische Kinder die Beobachtung, dass SOV, das von monolingual deutschen Kindern während früher Entwicklungsabschnitte sogar bevorzugte Wortstellungsmuster, von den untersuchten Kindern im Deutschen nur mit infiniten Verben benutzt wird, was der Zielsprache entspricht.

Dieses Ergebnis haben Müller, Cantone, Kupisch und Schmitz (2002) auch für das bilingual deutsch-italienische Mädchen Carlotta erarbeitet: Während der ersten Erwerbsphase (1;8,28-2;6,23, 10 Monate) hat sie die Endstellung des finiten

---

[28] Die zielsprachliche Wortstellung zeigt sich bei den Kindern schon in der Zwei-Wort-Phase, d.h. bei einem MLU von 2.

Spracheneinfluss

Verbs mit einer Häufigkeit von 3,2% verwendet, in der zweiten Erwerbsphase (2;7,13-3;1,16, 6 Monate) nur noch mit einer Häufigkeit von 0,3%. Im gesamten Untersuchungszeitraum macht die Endstellung des Finitums nur 0,9% aus, so dass hier nicht von einem bevorzugten Wortstellungsmuster gesprochen werden kann. Müller, Cantone, Kupisch und Schmitz (2002:188) haben ferner gezeigt, dass Carlotta von Anfang an erkennt, dass das Subjekt auch nach dem finiten Verb stehen kann, und sie weist keine Dominanz der SV-Abfolge in beiden Phasen auf; vgl. Abbildung 29. Interessant ist ferner, dass das im Deutschen nichtzielsprachliche, aber im Italienischen zielsprachliche Stellungsmuster XSV(Y) in Carlottas deutschen Sprachdaten in der ersten Phase nur mit einer Häufigkeit von 5,1%, in der zweiten Phase sogar nur mit 1,1% belegt ist. Insgesamt lässt sich also annehmen, dass das Kind im Untersuchungszeitraum die für das Deutsche charakteristischen Verbstellungen erkannt hat. In der Tabelle 9 stehen X und Y für beliebige Elemente, während S das Subjekt repräsentiert.

Tabelle 9. Stellung des finiten Verbs im deutschen Hauptsatz, Carlotta (absolute Zahlen), aus Müller, Cantone, Kupisch und Schmitz (2002)

Altersspanne	SVX	XSV(Y)	XVS, X≠Obj.	XVS, X=Obj.	SXV	VSX
I 1;8,28 – 2;6,23	94	8	28	14	5	7
II 2;7,13 – 3;1,16	372	7	114	69	2	95

Abbildung 29. SV vs. VS bei Carlotta, aus Müller, Cantone, Kupisch und Schmitz (2002)

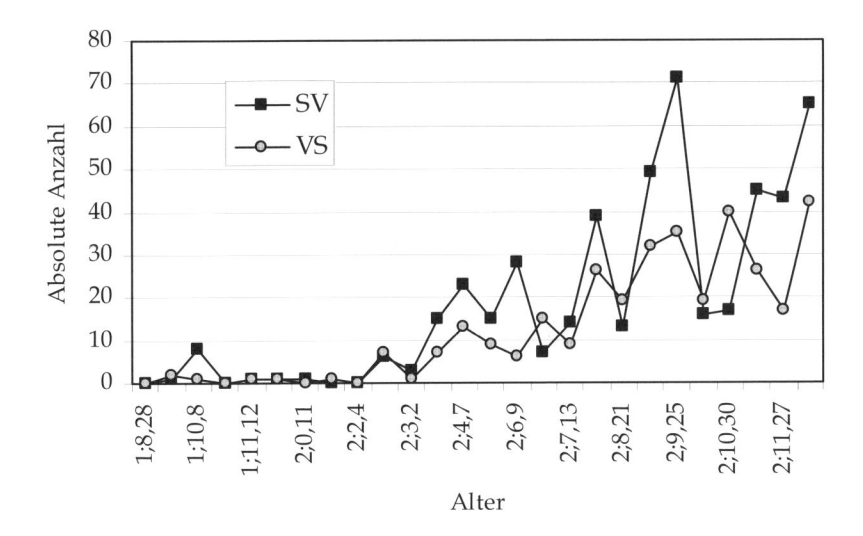

Im Folgenden wollen wir die Verbstellung bei einem weiteren bilingual deutsch-italienischen Kind, Lukas, zeigen. Die Analyse wurde nach den gleichen Kategorien durchgeführt, wie bei dem monolingual deutschen Kind Chantal. Abbildung 30 zeigt deutlich, dass Lukas nur am Anfang des Untersuchungszeitraums die nicht-zielsprachliche Endstellung des finiten Verbs benutzt und auch nur bis zu 20% im Alter von 2;3. Danach tritt dieses Muster nur noch selten auf.

Von Anfang an verwendet Lukas sowohl SV- als auch VS-Muster. Er hat also die zielsprachlichen Verbstellungen des Deutschen wie Carlotta sofort erkannt.

Abbildung 30. Verbpositionen bei Lukas, aus Schmitz (2002)

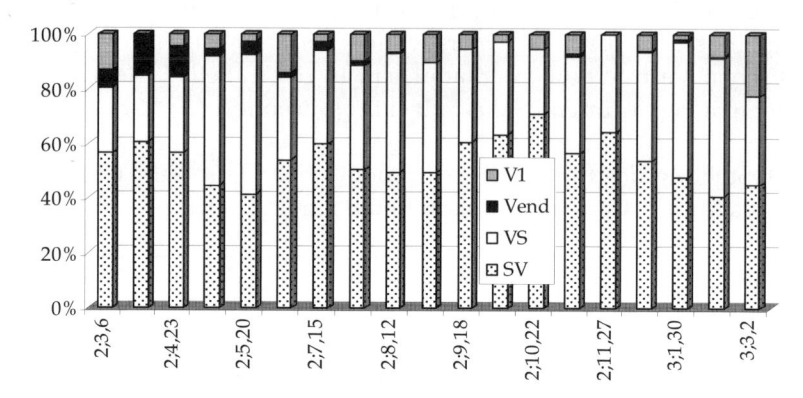

Abbildung 31 vergleicht die beiden bilingual deutsch-italienischen Kinder mit dem monolingual deutschen Kind Chantal im Hinblick auf die verwendeten Verbstellungsmuster, die in absoluten Zahlen gezeigt werden. Die Korpora aller drei Kinder wurden in zwei Phasen eingeteilt: in der ersten Phase (Chantal (CH1), Carlotta (CT1), Lukas (LU1)) zeigen sie noch keine Evidenz für die erforderliche Komplementiererphrase (CP, z.B. Fragesätze mit W-Wörtern, eingeleitete Nebensätze). In den jeweiligen zweiten Phasen (CH2, CT2, LU2) verwenden sie diese Strukturen bereits produktiv. In Abbildung 31 wird deutlich, dass das monolinguale Kind auch in der zweiten Phase noch das nicht-zielsprachliche Verb-End-Muster SXV verwendet, wenn auch deutlich seltener, während die beiden bilingualen Kinder dieses Muster bereits in den jeweiligen ersten Phasen nicht verwenden. X und Y stehen hier für beliebige Elemente, während S das Subjekt und O das Objekt repräsentieren.

Abbildung 31. Stellung des finiten Verbs (absolute Anzahl) bei Chantal, Carlotta und Lukas

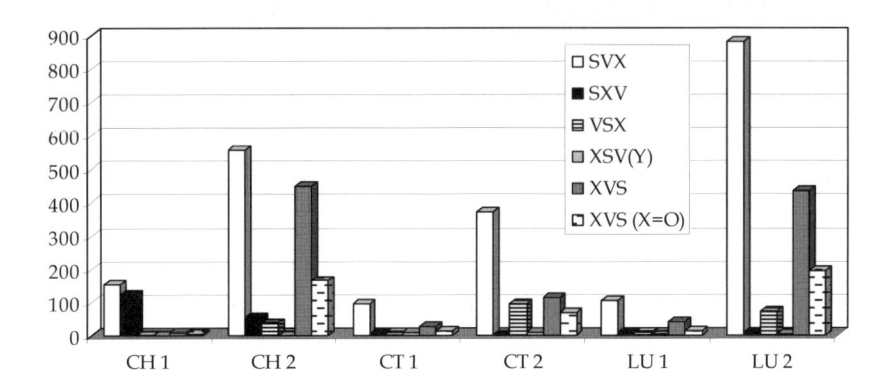

6.1.1.4 Zusammenfassung des Bereichs der Verbstellung im deutschen Hauptsatz

Die in Müller, Cantone, Kupisch und Schmitz (2002) vorgeschlagene Erklärung für das Fehlen der SOV$_{fin}$-Sequenzen in Carlottas Daten, dass ein positiver (beschleunigender) Einfluss des Italienischen auf das Deutsche vorliegt, wird durch die Daten eines zweiten bilingual deutsch-italienischen Kindes noch verstärkt. Die Ergebnisse aus beiden Studien bestätigen die Vorhersage, dass das Deutsche durch die romanische Sprache, hier das Italienische, positiv beeinflusst wurde, indem die für monolingual deutsche Kinder typische schwierige Phase mit Verb-End-Stellung in den Korpora der bilingualen Kinder fast gar nicht auftritt, sondern übersprungen wurde bzw. so kurz war, dass sie zwischen zwei Aufnahmen (Zeitabstand 14 Tage) abgeschlossen und so nicht sichtbar wurde.

Sowohl das angewandte Kriterium von Müller und Hulk (2000) als auch die Interpretation des Komplexitätskriteriums (2) von Jakubowicz (2002) haben die richtigen Vorhersagen gemacht. Jeweils eines der beiden Kriterien für das Auftreten von Spracheneinfluss und für die Ermittlung der Richtung wurde bestätigt. Dies spricht dafür, dass von den jeweiligen Kriterienpaaren nicht beide zusammen gelten müssen.

Wir wollen nun mit dem Determinantenerwerb einen weiteren grammatischen Bereich ansprechen, für den ein beschleunigender Einfluss der romanischen Sprachen auf das Deutsche nachweisbar ist. Es existieren natürlich auch grammatische Bereiche, für die das Deutsche einen positiven Einfluss auf die romanischen Sprachen hat. Aus Platzgründen werden wir den Einfluss des Deutschen auf die romanischen Sprachen in Abschnitt 6.2 zur Verzögerung vorstellen.

6.1.2 Der Bereich der Determinanten

Für den Determinantenerwerb wurde ein beschleunigender Einfluss des Französischen und des Italienischen auf das Deutsche festgestellt. Wir wollen auch hier mit der Vorstellung der Zielsprachen beginnen.

6.1.2.1 Die Determinantenverwendung in den Zielsprachen

Die Sprachen Deutsch, Französisch und Italienisch verfügen über definite und indefinite Artikel, die dem Nomen vorangehen. Die Verwendung von Artikeln ist vor zählbaren Nomen im Singular obligatorisch.

(39) a. Dt. *Ich habe Katze gesehen vs. Ich habe eine /
 die Katze gesehen
 b. It. *Ho visto gatto vs. Ho visto un / il gatto
 c. Fr. *J'ai vu chat vs. J'ai vu un / le chat

Mit Nomen im Plural sowie mit Massennomen tritt der definite Artikel auf, wenn die Nominalphrase eine spezifische Lesart hat, d.h. auf eine bestimmte Menge von Objekten oder eine bestimmte Masse verweist.

(40) a. Dt. Ich habe die Tomaten aufgegessen und den
 Wein ausgetrunken
 b. It. Ho mangiato i pomodori e bevuto il vino
 c. Fr. J'ai mangé les tomates et bu le vin

Unterschiede treten bei Nominalphrasen mit nicht-spezifischer Lesart auf. Mit der generischen Lesart ist der Artikel in den beiden romanischen Sprachen obligatorisch. Im Deutschen wird er mit Nomen im Singular verwendet, nicht aber mit Plural- und Massennomen.

(41) a. Dt. Der Dodo ist ausgestorben
 b. Fr. Le dodo a disparu
 c. It. Il dodo è estinto

(42) a. Dt. Katzen sind Säugetiere
 b. Fr. Les chats sont des mammifères
 c. It. I gatti sono mammiferi

Lexikalische Nominalphrasen in der Objektposition, die eine nicht-spezifische Lesart haben, bleiben im Deutschen obligatorisch undeterminiert, sofern sie im Plural stehen oder Massennomen enthalten. Im Italienischen hingegen kann (aber muss nicht) der indefinite Pluralartikel oder der Teilungsartikel stehen. Im Französischen ist die Determination des Nomens obligatorisch.

(43) a. Dt. Ich habe Brot und Tomaten gekauft

Spracheneinfluss

    b.   Fr.   J'ai acheté du pain et des tomates
    c.   It.   Ho comprato (del) pane e (del) vino

Die sprachspezifischen Unterschiede, die hier nicht im Detail wiedergegeben werden können, laufen darauf hinaus, dass das Französische am wenigsten Kontexte aufzeigt, in denen ein Nomen undeterminiert bleibt, während das Deutsche die größte Anzahl solcher Kontexte aufweist. Dies spiegelt sich auch in der Token-Frequenz von „nackten" Nomen, d.h. Nomen ohne Artikel, in den jeweiligen Sprachen wider. Abbildung 32 basiert auf einer Studie, in denen kindgerichteter Input im Hinblick auf lexikalische Nominalphrasen untersucht wurde. Die Datenbasis umfasste 5 Stunden transkribierten Dialog in jeder Sprache. Die Prozentzahlen basieren auf einer absoluten Anzahl von über 2 000 produzierten Nominalphrasen. Das Französische weist demnach am wenigsten Kontexte auf, in denen das Nomen undeterminiert ist, d.h. ohne Artikel erscheint.

Abbildung 32. Token-Frequenz (un)determinierter Nomen, aus Kupisch (2006a)

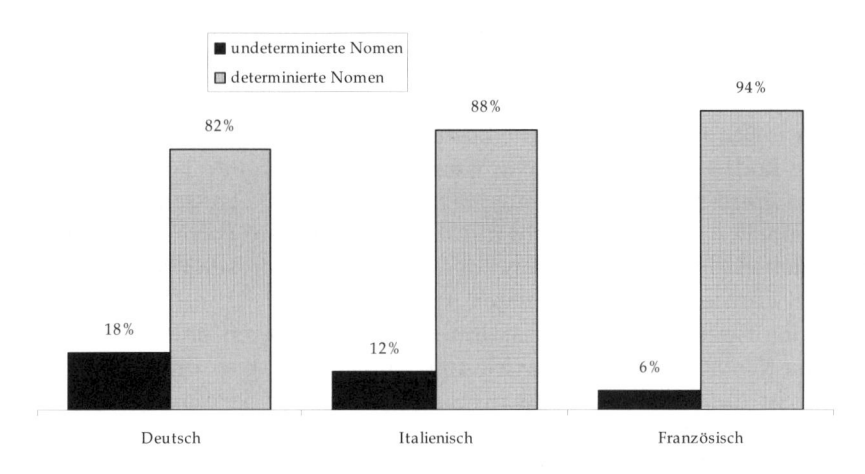

Der Artikelgebrauch ist jedoch nicht nur eine Frage der Realisierung und Auslassung von Determinanten, sondern involviert auch morphologische, semantische und pragmatische Faktoren.

Im Hinblick auf die Morphologie unterscheiden sich die drei Sprachen, indem die Artikel der beiden romanischen Sprachen keine Kasusmarkierung aufweisen, sondern nur Genus und Numerus kodieren. Die Beispiele in (44) zeigen, dass im Deutschen unterschiedliche Artikelformen stehen, je nachdem, ob die Nominalphrase ein Subjekt oder ein Objekt darstellt. Dies ist in den beiden romanischen Sprachen nicht der Fall.

(44)   a.   Dt.   Der Kater schläft auf dem Bett   (Nominativ)
              Dt.   Hast du den Kater gesehen?   (Akkusativ)

　　　　b.　Fr.　Le chat dort sur le lit
　　　　　　Fr.　Tu as vu le chat?
　　　　c.　It.　Il gatto dorme sul letto
　　　　　　It.　Hai visto il gatto?

Auch unterscheidet das Deutsche nicht nur zwischen maskulinen und femininen Nomen (z.B. *der Mann, der Hund* vs. *die Frau, die Katze*), sondern weist darüber hinaus auch noch die Genuskategorie des Neutrums auf (z.B. *das Baby, das Haus*).

Nicht alle morphologischen Unterscheidungen sind formal sichtbar. So kann man das Genus von deutschen und französischen Nominalphrasen im Plural nicht an der Artikelform ablesen (45a-b),[29] während das Genus bei italienischen Nominalphrasen auch im Plural sichtbar ist (45c).

(45)　a.　Dt.　der Kater　　vs.　die Katze　　　(Nominativ Singular)
　　　　　　　die Kater　　vs.　die Katzen　　(Nominativ Plural)
　　　　b.　Fr.　le chat　　　vs.　la vache　　　(Singular)
　　　　　　　les chats　　 vs.　les vaches　　(Plural)
　　　　c.　It.　il gatto　　　vs.　la mucca　　　(Singular)
　　　　　　　i gatti　　　　vs.　le mucche　　(Plural)

Die Beispiele zeigen, dass die Abbildung von Form und Funktion nicht in einem Eins-zu-Eins-Verhältnis steht, denn eine bestimmte Form kann mehrere Funktionen gleichzeitig kodieren. Das Deutsche weist viele so genannte Formsynkretismen auf und ist insgesamt weniger transparent als das Artikelsystem der beiden romanischen Sprachen. Es verfügt nicht nur über eine größere Formenvielfalt, die aus der zusätzlichen Genuskategorie und des Kasussystems resultiert, sondern es weist zusätzlich Formenüberschneidungen auf. Zum Beispiel kann die Form *der* sowohl feminines Genus als auch maskulines Genus kodieren und es kann für unterschiedliche Kasus stehen (z.B. *der* Mann (Nom.) schenkt *der* Frau (Dat.) Blumen). Zudem tritt die Form nicht nur im Singular auf, sondern auch im Plural (das Recht (Sg.) *der* Frauen (Pl.)).

Die Artikelverwendung ist darüber hinaus abhängig von den semantischen Eigenschaften der Nomen. Wir haben bereits gesehen, dass im Deutschen vor Massennomen und Pluralnomen kein Artikel steht, wenn sie keine spezifische Lesart haben (vgl. 46). Artikel kodieren also Spezifizität. Auch Abstrakta, deren Lesart als non-spezifisch gilt, können und müssen in manchen Kontexten im Deutschen (und oft auch in den romanischen Sprachen) undeterminiert bleiben.[30]

---

[29] Es geht uns hier allein um die fehlende Genusmarkierung im Plural. Dass auch der Kasus im Deutschen nicht allein aufgrund der Artikelmorphologie bestimmbar ist, wird im weiteren Verlauf des Abschnitts angesprochen.

[30] Vgl. Fußnote 18. Wir können aus Platzgründen nicht auf die Möglichkeit der Verwendung der indefiniten Artikelform in den drei Sprachen eingehen: a'. Ich habe vielleicht einen Hunger, b'. J'ai une faim!, c'. Ho una fame! Bei der Modifikation durch ein Adjektiv ist der Gebrauch des indefiniten Artikels in den romanischen Sprachen obligatorisch: b''. J'ai une énorme faim, c''. Ho una fame enorme. Im Deutschen kann der indefinite Artikel stehen: a''.

(46) a. Dt. Ich habe Hunger vs. *Ich habe den Hunger
     b. Fr. J'ai faim vs. *J'ai la faim
     c. It. Ho fame vs. *Ho la fame

Wenn man auf ein x-beliebiges, d.h. nicht-spezifisches Mitglied einer Klasse im Singular verweist, wird der indefinite Artikel verwendet.

(47) a. Dt. Lisa möchte eine Katze zu Weihnachten
     b. Fr. Lisa voudrait avoir un chat pour Noël
     c. It. Lisa vuole un gatto per Natale

Der definite Artikel wird gebraucht, wenn auf ein spezifisches Individuum referiert wird, welches als bekannt vorausgesetzt werden kann. In den Beispielen (48) sind sowohl die Katze als auch das Bett spezifische Referenten.

(48) a. Dt. Die Katze liegt auf dem Bett
     b. Fr. Le chat se trouve sur le lit
     c. It. Il gatto è sul letto

Der indefinite Artikel wird auch gewählt, um zu signalisieren, dass die Existenz eines bestimmten Referenten nicht als bekannt vorausgesetzt wird und erst in den Diskurs eingeführt werden muss.

(49) a. Dt. Lisa hat eine schwarze Katze im Garten gesehen
     b. Fr. Lisa a vu un chat noir dans le jardin
     c. It. Lisa ha visto un gatto nero nel giardino

Wie die Beispiele zeigen, unterscheiden sich die drei Sprachen nicht so sehr im Hinblick auf diese semantischen und pragmatischen, d.h. kontextabhängigen Bedingungen der Artikelverwendung, sondern vielmehr im Hinblick auf die syntaktischen Bedingungen, unter denen die Artikelverwendung obligat ist, hinsichtlich der Formenvielfalt und der morphologischen Merkmale, welche die Artikel kodieren.

Auf der Basis dieser Beobachtungen ist die Richtung des Spracheneinflusses im bilingualen Erwerb weniger klar vorhersagbar als in anderen Bereichen, wie zum Beispiel den Subjektpronomina. Syntaktisch gesehen weisen alle drei Sprachen Kontexte auf, in denen das Auftreten / Fehlen von Determinanten obligatorisch ist. Komplexität auf der Basis der von Jakubowicz vorgeschlagenen Kriterien zu beurteilen ist problematisch, denn die Autorin selbst definiert Determinantenverwendung im Französischen als ein rein syntaktisches Phänomen, aber, wie wir gezeigt haben, wird die Determinantenverwendung in allen

---

Ich habe (einen) enormen Hunger. Dieser Sprachvergleich zeigt deutlich, dass syntaktische Eigenschaften für den Bereich der Artikelverwendung nicht unterschätzt werden dürfen.

Sprachen durch semantische und pragmatische Faktoren mitbestimmt und würde somit in allen als komplex gelten. Komplexität wurde von Kupisch (2006a) mit Hinblick auf weitere Kriterien definiert. Die Autorin ist der Meinung, dass diese Kriterien keine Vorhersagen über die Richtung des Spracheneinflusses zulassen, wohl aber über dessen Geschwindigkeit. Genauer gesagt sollte der Erwerbsprozess in den romanischen Sprachen schneller vonstatten gehen als im Deutschen.

- Eine höhere Anzahl von undeterminierten Nomina im Input könnte den Effekt haben, den Erwerbsprozess zu verlangsamen, weil Kinder somit weniger Evidenz für die Obligatheit von Determinanten in der Zielsprache haben. Demnach wäre das Deutsche komplexer als das Italienische und das Italienische komplexer als das Französische, so dass Einfluss von den romanischen Sprachen auf das Deutsche zu erwarten ist.
- Eine größere Formenvielfalt und das „morphologische Gewicht", d.h. die Anzahl der morphologischen Merkmale, die von einer Determinante kodiert werden, könnten den Erwerbsprozess verlangsamen. Auch hier würde man die Vorhersage machen, dass das Deutsche langsamer erworben wird als die romanischen Sprachen.
- Tsimpli (2001) postuliert, dass LF[31]-uninterpretierbare, d.h. rein formale Merkmale (und funktionale Kategorien, die solche kodieren), später erworben werden als LF-interpretierbare Merkmale, d.h. semantisch interpretierbare Merkmale. Determinanten kodieren, wie zuvor gezeigt wurde, sowohl rein formale Merkmale, wie Kasus, als auch semantische Merkmale, wie Spezifizität. Hieraus könnte man die Vermutung ableiten, dass Determinanten in einer Sprache, in der sie mehr formale Merkmale kodieren, später erworben werden als in einer Sprache, in der sie weniger formale Merkmale kodieren. Die drei hier untersuchten Sprachen kodieren die gleiche Anzahl semantisch interpretierbarer Merkmale, aber das Deutsche kodiert im Gegensatz zu den beiden romanischen Sprachen ein weiteres formales Merkmal, nämlich Kasus. Auch aufgrund dieser Fakten würde man erwarten, dass der Erwerbsprozess im Deutschen langsamer verläuft als in den romanischen Sprachen.

Insgesamt kann auf der Basis aller Kriterien vorhergesagt werden, dass der Determinantenerwerb im Deutschen langsamer vonstatten geht als in den beiden romanischen Sprachen.

Weiterhin geht aus der Beschreibung der Zielsysteme deutlich hervor, dass beide Einflusskriterien von Müller und Hulk (2001) erfüllt werden. Die Beispiele (39-41) machen die Überschneidung der Zielsysteme deutlich, die Beispiele in (42,43) die Unterschiede. Mit anderen Worten gibt es eine Überlappung, aber es ist keine vollständige Überlappung. Die Beispiele in (46-49) machen darüber hin-

---

[31] LF steht für Logische Form; vgl. Müller und Riemer 1998, Kap. 10. Die Logische Form ist eine Komponente des generativen Grammatikmodells und stellt die Schnittstelle zum konzeptuellen System dar. Es handelt sich also um die Syntax-Semantik-Schnittstelle.

aus deutlich, dass die Determinantenverwendung ein Phänomen ist, welches an der Schnittstelle zwischen Syntax und Semantik einerseits und Semantik und Pragmatik anderseits anzusiedeln ist. Nach Müller und Hulk (2001) sind die für den Spracheneinfluss notwendigen Bedingungen also erfüllt.

Im Folgenden werden wir Studien zum Determinantenerwerb bei monolingualen Kindern betrachten, die darauf hindeuten, dass Determinanten von monolingual deutschen Kindern langsamer erworben werden als von monolingualen Kindern, die eine romanische Sprache erwerben. Die drei am Ende von Abschnitt 6.1.2.1 aufgestellten Komplexitätskriterien machen also die richtigen Vorhersagen.

6.1.2.2 Ergebnisse aus Studien mit monolingualen Kindern

Die Unterschiede zwischen dem Determinantenerwerb in einer romanischen Sprache und dem Determinantenerwerb in einer germanischen Sprache wurden in einer Reihe von Studien untersucht. Nicht alle dieser Studien haben genau die drei Sprachen, die hier im Fokus stehen, behandelt, aber sie lassen Rückschlüsse auf diese Sprachen zu.

Viele Studien haben sich nur mit einer der Sprachen beschäftigt, und nicht immer ist aufgrund von Unterschieden in der Methodik der Datenauswertung ein direkter Vergleich möglich. Trotzdem kann man durch den Vergleich einen ersten Eindruck gewinnen.

Pizzuto and Caselli (1992) beobachteten die ersten Artikel bei italienischen Kindern bereits im Alter von 1;4 and 1;5. Bottari, Cipriani and Chilosi (1993/94) diagnostizieren erste artikelartige Füllwörter ab dem Alter von 1;8. Das italienische Kind Camilla (Antelmi 1997) verwendete die ersten Artikel in nicht formelhaften Ausdrücken ab dem Alter von 1;9. Aufgrund dieser Studien ist das Auftreten der ersten Artikel zwischen dem Alter von 1;4 und 1;9 zu erwarten. Zum Französischen wurden weniger Studien durchgeführt. Die Studie von van der Velde, Jakubowicz und Rigaut (2002) zeigte, dass Nomen bereits vor dem Alter von 2 Jahren in über 80% aller Fälle von einer Determinante begleitet werden.

Deutsche Kinder hingegen verwenden Artikel erst später. Penner und Weissenborn (1996) haben von ersten Proto-Artikeln[32] ab dem Alter von 1;10 berichtet. Lleó (2001) hat erste Artikel im Alter von 1;8 gefunden, aber die Verwendung nahm zwischen dem Alter von 1;10 und 2;1 nur sehr langsam zu. Kupisch (2000) hat die Daten eines monolingual deutschen Kindes untersucht. Hier treten die ersten drei Determinanten zwischen dem Alter von 2;2 and 2;3 auf. Das heißt, es gibt einen deutlichen Unterschied bezüglich des Zeitpunkts, zu dem Kinder verschiedener Muttersprachen die ersten Determinanten verwenden.

---

32 Proto-Artikel ist die Bezeichnung für Vorläufer der zielsprachlichen Artikelformen, die eindeutig als Determinanten identifiziert werden können, in ihrer phonologischen Form jedoch reduziert sind, z.B. *a* anstelle von *la*, oder *ei* anstelle von *ein*. Bottari et al. (1993/94) sprechen in diesem Zusammenhang auch von einsilbigen Platzhaltern („monosyllabic placeholders"). Letztere sind jedoch eher als Vorläufer von Proto-Artikeln zu sehen, da sie nicht notwendigerweise den zielsprachlichen Vokal enthalten, sondern neutrale Laute wie [a], [e] oder [ə] darstellen.

Chierchia, Guasti und Gualmini (2000) führten eine sprachvergleichende Studie durch und untersuchten den Determinantenerwerb in Longitudinalstudien bei sechzehn Kindern mit vier unterschiedlichen Muttersprachen, von denen zwei romanisch waren (Französisch und Italienisch) und zwei germanisch (Englisch und Schwedisch). Die Autoren definierten drei Phasen im Determinantenerwerb:

(50) Phasen im Determinantenerwerb

    a.   die „bare-noun" Phase: Kinder verwenden nur undeterminierte Nomina
    b.   die Variationsphase: Kinder verwenden Determinanten, aber es gibt auch Auslassungen in obligatorischen Kontexten
    c.   die zielsprachliche Phase: Kinder verwenden Determinanten in allen Kontexten, in denen sie obligatorisch sind

Der Vergleich der vier Sprachen zeigte, dass Kinder mit einer romanischen Muttersprache schneller mit dem zielsprachlichen System konvergieren, d.h. aufhören, Determinanten in obligatorischen Kontexten auszulassen, als Kinder mit einer germanischen Muttersprache.

Lleó und Demuth (1999) führten ebenfalls eine sprachvergleichende Studie durch und untersuchten den Determinantenerwerb in Longitudinalstudien von monolingual deutschen und monolingual spanischen Kindern. Sie kamen zu dem Ergebnis, dass spanische Kinder bereits vor dem Alter von 1;6 die ersten Artikel verwenden. Diese haben noch nicht die zielsprachliche Form und sind phonologisch reduziert, doch sie haben die Funktion, die syntaktische Position zu markieren. Die ersten Determinanten im Deutschen hingegen erscheinen erst mehrere Monate später.

Kupisch (2004, 2007b) führte eine vergleichende Studie mit den Sprachen Deutsch, Französisch und Italienisch durch. Die Abbildung 33 zeigt einen Vergleich der Determinantenauslassungen bei Kindern, die das Deutsche, das Französische und das Italienische erwerben. Das Korpus beinhaltet sowohl Querschnitt- als auch Längsschnittdaten.

Zusammenfassend kann für den Determinantenerwerb bei monolingualen Kindern festgehalten werden, dass Kinder mit einer romanischen Muttersprache früher mit der Determinantenverwendung beginnen und diese weniger nachhaltig auslassen als Kinder, die das Deutsche oder das Englische erwerben.

Abbildung 33. Determinantenrealisierung bei monolingualen Kindern, aus Kupisch (2007b)

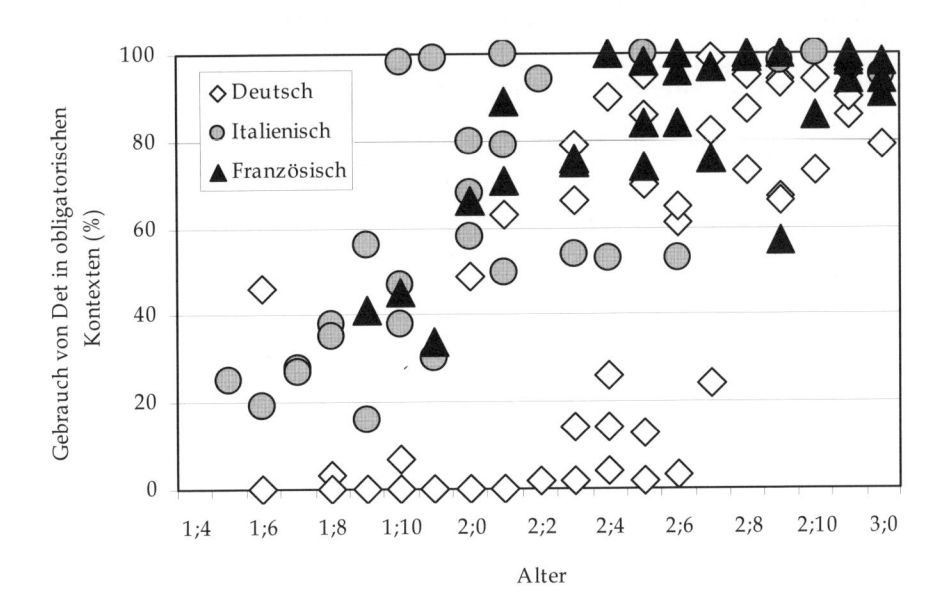

6.1.2.3 Ergebnisse aus Studien mit bilingualen Kindern

Die Studie von Kupisch (2006a) ist die umfangsreichste Studie, die sich gezielt mit dem Auftreten von Spracheneinfluss im Determinantenerwerb bei Kindern, welche eine romanische mit einer germanischen Sprache erwerben, auseinandersetzt. Es sei jedoch erwähnt, dass es nicht die einzige Studie ist. Auch die Studien von Paradis und Genesee (1997), Serratrice (2000), Bernardini (2001), Granfeldt (2003) und Hulk (2004) haben den Determinantenerwerb in Longitudinalstudien von Kindern untersucht, die eine germanische und eine romanische Sprache gleichzeitig erwerben. Die meisten dieser Studien bestätigen, dass Determinanten in den jeweiligen romanischen Sprachen eher erworben werden, was zunächst für die Sprachentrennung spricht. Zugleich schließen solche Ergebnisse aber nicht aus, dass die bilingualen Kinder in ihrer Entwicklung der romanischen Sprache durch die germanische verzögert und in derjenigen ihrer germanischen Sprache durch die romanische vergleichsweise beschleunigt sind. Hulk (2004) argumentiert beispielsweise dafür, dass das Holländische den Effekt hat, den Determinantenerwerb im Französischen zu verlangsamen.

Kupisch (2004, 2005, 2006a) untersuchte die Auslassungen und Realisierungen von Determinanten in den Korpora in Tabelle 10 und vergleicht sie mit den Daten eines monolingual deutschen Kindes. Die bilingualen Kinder haben einen unterschiedlichen Balanciertheitsgrad. Somit kann aufgrund dieser Studie auch überprüft werden, ob und inwieweit Sprachdominanz und Spracheneinfluss interagieren.

Tabelle 10. Untersuchte Korpora, aus Kupisch (2005, 2006a)

Korpus	Sprache(n)	Altersspanne	Anzahl der unters. Aufn.	Sprach-Dominanz
Chantal	Dt.	1;10-3;0	29	-
Carlotta	Dt.-Ital.	1;8-3;0	21	balanciert
Marta	Dt.-Ital.	1;6-3;0	27	leichte Dominanz Ital.
Alexander	Dt.-Frz.	2;2-3;0	16	leichte Dominanz Frz.
Amélie	Dt.-Frz.	1;6-3;0	29	leichte Dominanz Frz.
Céline	Dt.-Frz.	2;0-3;0	21	starke Dominanz Dt.

Die Auslassungsraten wurden auf der Basis von realisierten und ausgelassenen Determinanten gewonnen. Dabei wurden zielsprachliche Auslassungen, wie in (51), nicht berücksichtigt.

(51) a. Ich habe *Hunger*
 b. *Kinder* sind da drin
 c. Lass uns *Ball* spielen
 d. *Zucker, Teller, Kaffee*. So. Alles fertig

Auch Imitationen, unvollständige und unverständliche Äußerungen sowie gemischte DPn (d.h. Kombinationen einer Determinante aus Sprache A und eines Nomens aus Sprache B) wurden nicht berücksichtigt. Proto-Artikel wurden gewertet, sofern sie klar als Artikel erkennbar waren, wie z.B. [də] anstelle des definiten Artikels im Deutschen. Der Determinantenerwerb wird in der Studie nur aus der syntaktischen Perspektive untersucht. Das heißt, ob die morphologische Form des Artikels korrekt war, wurde außer Acht gelassen, solange der Artikel realisiert wurde.

Die Auslassungsraten wurden auf einer monatlichen Basis errechnet. Abbildung 34 zeigt den Vergleich der Entwicklungen auf Basis des Alters der Kinder. Auf eine besondere graphische Kennzeichnung der einzelnen Kinder wurde explizit verzichtet, da es in der Abbildung allein um die Entwicklung des Deutschen bei den bilingualen Kindern im Vergleich zum monolingualen Kind geht. Es wird deutlich, dass bei den bilingualen Kindern die Auslassungsraten zwischen 2;1 und 2;3 stark abnehmen und unter die 50%-Grenze fallen. Im gleichen Entwicklungszeitraum liegt die Auslassungsrate des monolingual deutschen Kindes noch bei fast 100% und fällt erst unter 50% im Alter von 2;6. Nach dem Alter von 2;4 bleibt die Auslassungsrate der meisten bilingualen Kinder unter 20%, während das monolinguale Kind dieses Stadium erst im Alter von 2;7 er-

Spracheneinfluss

reicht.[33] Insgesamt zeigt sich also deutlich, dass die Entwicklung der bilingualen Kinder im Vergleich zu dem monolingualen Kind beschleunigt ist.

Da Kinder in ihrer sprachlichen Entwicklung insgesamt unterschiedlich schnell sind, ist umstritten, ob man sie auf der Basis des Alters miteinander vergleichen sollte. Deshalb wurden die Kinder zusätzlich auch auf Basis der durchschnittlichen Äußerungslänge (MLU, vgl. Abbildung 35, siehe auch Kapitel 4) verglichen. Die auf der Basis des MLUs definierten Entwicklungsphasen werden wie folgt festgelegt: Alle Aufnahmen, für die ein MLU unter 1,49 errechnet wurde, werden in Phase I einbezogen. Die erste Aufnahme, die den MLU von 1,5 überschreitet, markiert den Beginn der Phase II (auch wenn darauf wieder Aufnahmen mit einem MLU unter 1,5 folgen). Die erste Aufnahme mit einem MLU von 2,0 und mehr markiert den Beginn von Phase III (vgl. Phase II), für die weiteren Phasen gilt das entsprechende Verfahren. Diese Untersuchung bestätigt die Ergebnisse des auf der Basis des Alters durchgeführten Vergleichs: Die bilingualen Kinder haben niedrigere MLU-Werte, wenn sie mit dem zielsprachlichen System übereinstimmen.

Abbildung 34. Det-Auslassungen bei bilingual deutsch-französischen und deutsch-italienischen Kindern, altersbasierter Vergleich, aus Kupisch (2006a)

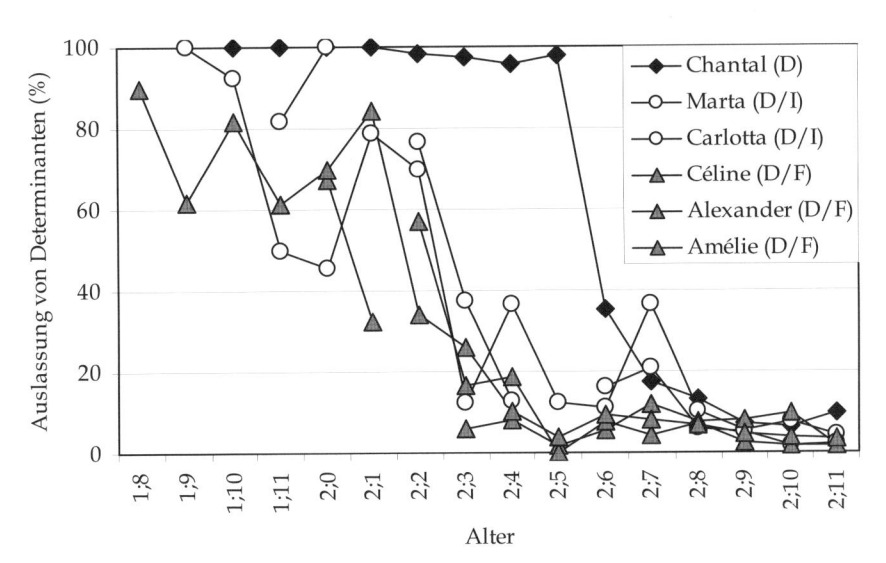

---

[33] Die monolingual deutschen Kinder in Abbildung 33 zeigen einen sehr ähnlichen Entwicklungsverlauf wie das monolinguale Kind in Abbildung 34.

Abbildung 35. Det-Auslassungen bei bilingual deutsch-französischen und deutsch-italienischen Kindern, MLU-basierter Vergleich, aus Kupisch (2006a)

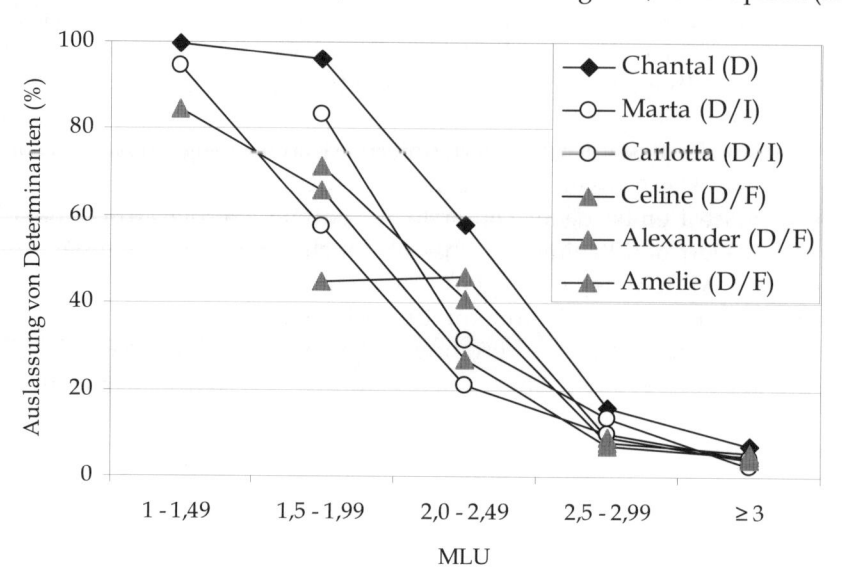

6.1.2.4 Zusammenfassung für den Bereich der Determinanten

Insgesamt zeigen die Daten deutlich, dass der Erwerbsprozess der bilingualen Kinder, die gleichzeitig das Deutsche und eine romanische Sprache erwerben, im Vergleich zu dem monolingual deutschen Kind schneller voranschreitet. Auch zeigt sich, dass einige bilinguale Kinder schneller sind als andere, nämlich die Kinder, die das Französische zusammen mit dem Deutschen erwerben. Kupisch (2006a) vermutet die Erklärung darin, dass der französische Input im Vergleich zum italienischen Input stärkere Evidenz für die Obligatheit von Determinanten im Zielsystem aufweist. Dies führt dazu, dass der Einfluss des Französischen auf das Deutsche stärker ist als der des Italienischen, was sich mit den Beobachtungen zum monolingualen Erwerb deckt. Es scheint nämlich, als würde sich der Determinantenerwerb im Französischen schneller vollziehen als im Italienischen. Diese Annahme gilt es jedoch durch eine sprachvergleichende Studie, die sich auf die frühe Phase vor dem Alter von 2 Jahren konzentriert, zu untermauern.

Auch für diesen Bereich konnten wir anhand der Kriterien von Müller und Hulk (2000) für das Auftreten von Spracheneinfluss die korrekten Vorhersagen machen. Die Komplexitätskriterien von Jakubowicz (2002) müssten für diesen Bereich erweitert werden, denn wie wir gezeigt haben, ist die Determinantenverwendung nicht rein syntaktisch motiviert, aber das gilt für alle drei Sprachen. In allen diesen Sprachen ist sowohl die Präsenz überhaupt als auch die Artikelform selbst von semantischen und pragmatischen Faktoren abhängig. Betrachtete man die Determinantenverwendung als ein syntaktisches Phänomen, so würde man viele Facetten des Determinantengebrauchs, wie zum Beispiel die Kodierung

Spracheneinfluss

von Kasus und Spezifizität, die Kindern durchaus Schwierigkeiten bereiten können, nicht erfassen (vgl. Schmitz 2006b zu Problemen des Dativerwerbs).

6.2 Verzögerung

Dieser Abschnitt stellt zwei grammatische Bereiche vor, in denen die Entwicklung bei den bilingualen Kindern langsamer voranschreitet als bei den monolingualen Kindern im gleichen Entwicklungszeitraum. In beiden Bereichen beeinflusst das Deutsche die romanischen Sprachen bzw. im Subjektbereich das Italienische. Beide Bereiche hängen auch grammatisch zusammen, indem es um Verbargumente (Objekte und Subjekte) geht (vgl. Müller und Riemer 1998: 3.3).

6.2.1 Objektauslassungen

Der Bereich der Objektauslassungen wird für beide Sprachkombinationen, Deutsch-Französisch und Deutsch-Italienisch, vorgestellt, da sich hier die romanischen Sprachen im Hinblick auf die Zulässigkeit von Auslassungen deutlich voneinander unterscheiden.

6.2.1.1 Beschreibung der Objektauslassungen in den Zielsprachen

Das Deutsche ist eine so genannte topic-drop-Sprache mit Verb-Zweit-Stellung, die die Auslassung der topikalisierten ersten Konstituente (Subjekte, Objekte, andere Elemente) in finiten Hauptsätzen zulässt. Das ausgelassene Element muss einen Diskursreferenten haben, d.h. es wird ein leeres Topik ($\emptyset_{TOP}$) syntaktisch lizenziert (= erlaubt) und pragmatisch über den Diskursreferenten identifiziert (= die Identität festgestellt). Die Auslassung des topikalisierten Elements führt zu einer Konstruktion mit Verb-Erst-Stellung, z.B. $\emptyset_{TOP}$ *Soll geliefert werden* / $\emptyset_{TOP}$ *Hab ich schon gemacht*. Sofern Subjekte oder Objekte nicht ausgelassen werden können, müssen sie entweder als lexikalische Nominalphrase oder pronominal (v.a. als Personalpronomina und Demonstrativpronomina) realisiert werden.

Das Französische und Italienische sind keine topic-drop-Sprachen. Einige Verbklassen lassen jedoch Objektauslassungen zu, wobei das Italienische die restriktivere Sprache ist. Hier erlauben u.a. *sapere* „wissen" und *conoscere* „kennen" Objektauslassungen auf die Frage *Sai perché non è venuto? Non so* „(ich) weiß nicht" und *Conosci il film di Harry Potter? Sì conosco* „Ja (ich) kenne". Diese Objektauslassungen sind also lexikalisch lizenziert; wären sie syntaktisch lizenziert, würden wir die Auslassung mit allen Verbklassen vermuten. Die Auslassungen sind jedoch, wie im Deutschen, nur möglich, wenn es sich um ein Topik — also hervorgehobene bekannte Information — handelt, d.h. sie sind ebenfalls pragmatisch identifiziert.

Im Unterschied zum Deutschen gibt es in beiden Sprachen ferner die Möglichkeit, die kanonische, reguläre (postverbale) Objektposition nicht phonetisch zu realisieren, sobald ein (präverbales) schwaches Objektpronomen vorhanden ist. Mit dem romanischen schwachen Objektpronomen ist das Objektklitikon gemeint. Das Klitikon wird im Falle der fehlenden phonetischen Realisierung der Objektposition mit einer phonetisch leeren Kategorie (ec = „empty category") in der Objektposition verbunden. Das kanonische Objekt wird also durch die leere Kategorie repräsentiert und mit dem Klitikon verbunden. In (52) wird dies durch den Index angezeigt, den sich die leere Kategorie und das Klitikon teilen. Die romanischen Objektklitika unterscheiden sich im Hinblick auf ihre Position vom deutschen schwachen (weil unbetonten) Objektpronomen es, das genauso wie andere Objektpronomina und lexikalische Objekte in der kanonischen Objektposition steht:

(52) a. Maria sieht es   vs. *Maria es$_i$ sieht ec$_i$
      b. Maria lo$_i$ vede ec$_i$
      c. Marie le$_i$ voit ec$_i$

Im Französischen bestehen über die bereits genannte Möglichkeit der lexikalischen Lizenzierung (mit pragmatischer Identifizierung) sowie der Verwendung von Objektklitika weitere Auslassungsmöglichkeiten. Tuller (2000) führt zunächst die folgenden zulässigen Situationen auf, die das Französische mit dem Italienischen gemeinsam hat, wobei sie in dieser Option die Objekte als Diskurs-Topik analysiert, vergleichbar mit denen im Deutschen:

(53) So genannte arbiträre (mit einer generischen Lesart versehene) Null-Objekte, welche man im Deutschen mit „Leute" übersetzen könnte (nach dem Beispiel von Rizzi 1986, vgl. Abschnitt 2.2.2.3): *Cette musique rend __heureux* „Diese Musik macht glücklich".
(original im Italienischen: *Questa musica rende__felici*); vgl. hierzu Müller und Riemer 1998:Kap. 8).

(54) Diskurs- oder situationsbedingte Auslassungen (d.h. der Referent muss durch den Diskurs oder die Situation für den Hörer deutlich erkennbar sein) in der familiären Sprache (vgl. auch Fonagy 1985), die vor allem mit *verba cogitandi*, z.B. *connaître* „kennen" bzw. mit Verben wie *aimer / détester* „lieben" / „hassen" auftreten:
Voulez-vous que je vous donne mon numéro de téléphone?
„Wünschen Sie, dass ich Ihnen meine Telefonnummer gebe?"
Non, je connais__
„Nein, ich kenn" (=nein, ich kenne sie)

Durch die jeweilige Konstruktion lizenzierte definite Null-Objekte sind ebenfalls in beiden romanischen Sprachen zulässig. Hier ist das klarste Beispiel der Fall der Relativsatz-Konstruktion, die durch *que* eingeleitet wird. In dieser Konstruktion bezieht sich das Null-Objekt im Relativsatz auf ein sich außerhalb befindliches Element (z.B. *le truc* im Hauptsatz).

(55) a. Tu connais pas le truc que j'ai mangé__
   „Du kennst nicht das Ding, das ich gegessen habe"
   b. Les chaussettes dont elle a besoin__
   „Die Socken, die sie braucht"

Des Weiteren zeigt Tuller, dass im Französischen auch die folgenden Auslassungsmöglichkeiten bestehen, die in der Literatur (vgl. u.a. Kato 1999) aus dem brasilianischen Portugiesisch bekannt sind und eine pragmatische Lizenzierung voraussetzen:

(56) So genannte leere Deiktika (leere Verweiswörter), die häufig in Imperativen auftreten und immer auf ein nicht-animiertes Element in der dritten Person referieren: *Prends* „Nimm".

(57) Nullklitikon ($KLITIKON_i$ der 3. Person), also phonetisch nicht-realisiertes Klitikon in Insel-Lage, das auf ein Nominalsyntagma referiert:[34]
Ce livre$_i$, je connais un mec qui $NULLKLITIKON_i$ a lu__$_i$
„Dieses Buch, ich kenne einen Typen der __ gelesen hat" (=der es gelesen hat).

(58) In kurzen Antworten auf Fragen können ganze Verbalphrasen reduziert werden: *T'as [$_{VP}$mis [la poubelle dehors]]? – Oui, j'ai mis* „Hast Du den Mülleimer rausgestellt? – Ja, ich habe gestellt" (=ihn rausgestellt).

Lambrecht und Lemoine (2005) führen eine systematische Analyse möglicher Null-Objekte im gesprochenen Französisch durch, die die bisher aufgeführten Möglichkeiten für Null-Objekte zwar einschließt, aber bei weitem übersteigt. Wir können auf die einzelnen Nullobjekttypen in unserer Einführung nicht weiter eingehen. Insgesamt ergeben sich für das Französische gegenüber dem Italienischen mehr Möglichkeiten hinsichtlich der lexikalischen Lizenzierung durch Verben (z.B. *verba cogitandi*) und Konstruktionen (z.B. Relativsätze) sowie die pragmatische Lizenzierung in bestimmten Kontexten. Die sprachspezifischen Unterschiede im Hinblick auf Auslassungsmöglichkeiten für Objekte spiegeln sich in der von Schmitz und Müller (2003, 2005, 2007) durchgeführten Untersuchung des kindlichen Inputs wider. Die hier analysierten Äußerungen (ca. 1000-

---

[34] Als syntaktische Inseln werden Konstruktionen bezeichnet, die keine Beziehungen zu anderen Elementen außerhalb dieser Insel-Konstruktion aufweisen. Die Metapher der Insel ist sehr passend, denn es wird in der Syntaxforschung vermutet, dass man Elemente aus solchen Insel-Konstruktionen nicht verschieben kann. Im Beispielsatz ist der Relativsatz *qui a lu* eine syntaktische Insel, was sich daran zeigt, dass nur solche Sprachformen auf Konstituenten des Relativsatzes bezogen werden können, die den grammatischen Beschränkungen des Nullklitikons entsprechen (3. Person); **À Paris, je connais un mec qui est allé* („Nach Paris, ich kenne einen Typen der ist gegangen"), **Toi, je connais le livre qui plaît* („Dir, ich kenne das Buch das gefällt").

1500 Äußerungen pro Sprache) wurden von den monolingual deutschen, französischen und italienischen Interaktionspartnern einiger der in diesem Buch vorgestellten bilingualen Kinder produziert. Für die Analyse wurden Äußerungen aus dem Input der Kinder im Entwicklungszeitraum von 3-4 Jahren ausgewählt, in dem die syntaktische Komplexität des Inputs wohl nicht mehr von der Zielsprache abweicht, da die Kinder ein gewisses Lebensalter erreicht haben, welches die Reduktion von Komplexität unwahrscheinlich macht. Abbildung 36 zeigt, dass in allen drei Sprachen Objekte zu unter 10% ausgelassen werden, wobei der Anteil im Französischen mit 9% noch am höchsten ist. Die beiden romanischen Sprachen ähneln sich hinsichtlich der gewählten Realisierung von Objekten: lexikalische Objekte (NP bzw. DP) und klitische Pronomina haben vergleichbare Anteile. Im Deutschen werden vorrangig starke Pronomina sowie wenige schwache Pronomina („es") verwendet.

Abbildung 36. Prozentualer Anteil der Objektauslassungen und –realisierungen im kindlichen Input; aus Schmitz und Müller (2003)

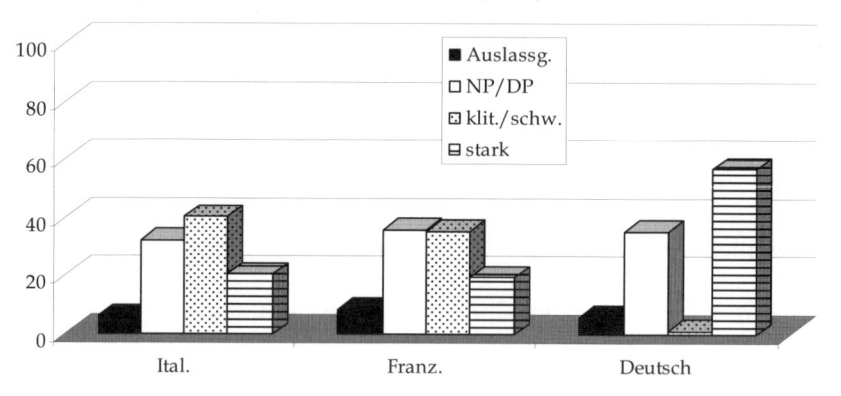

Da die Einflusskriterien einen Vergleich einzelner grammatischer Bereiche in der jeweiligen Kombination erfordern, wird im Folgenden jede Sprachkombination für sich behandelt. Für die Sprachkombination Deutsch-Französisch lässt sich nun vorhersagen, dass der Bereich der Objektauslassungen von Einfluss betroffen sein könnte: In beiden Sprachen können Objekte ausgelassen werden, wobei die Lizenzierung im Deutschen syntaktisch, im Französischen durch die Verbbedeutung, d.h. lexikalisch, und pragmatisch ist, und im Französischen die Anzahl der lizenzierenden Kontexte weitaus umfangreicher ist als im Deutschen. Mit „umfangreich" ist nicht die absolute Anzahl der ausgelassenen Objekte gemeint, sondern die Anzahl der Kontexte, in denen die Auslassung erlaubt ist. Einschränkend ist jedoch anzumerken, dass die oben aufgeführten Kontexte im Input der Kinder nicht sehr häufig auftreten. Insgesamt ist die erforderliche Überlappung der Zielsysteme Deutsch und Französisch gegeben. Außerdem trifft auch die Schnittstellenbedingung zu: Objektauslassungen betreffen vor allem die Schnittstelle Syntax / Pragmatik, aber auch die Schnittstelle Syntax / Semantik.

Im nächsten Schritt werden die Vorhersagen für die Sprachkombination Deutsch-Italienisch entwickelt: Im Italienischen erlaubt nur eine Teilmenge derjenigen Verben, die im Französischen aufgrund ihrer lexikalischen Eigenschaften Auslassungen gestatten (lizenzieren), bei fast gleicher Bedeutung ebenfalls solche Auslassungen. Der Pragmatik kommt aber auch in dieser Sprache bei der Identifizierung des Null-Objekts eine große Rolle zu. Das Deutsche lizenziert Auslassungen vergleichsweise systematisch syntaktisch, so dass auch hier Überlappungs- und Schnittstellenbedingungen erfüllt werden. Somit ist auch in dieser Sprachkombination Einfluss zu erwarten.

Um nun die Richtung des möglichen Einflusses für die beiden Sprachkombinationen zu ermitteln, betrachten wir erneut die Komplexitätskriterien von Jakubowicz (2002), wovon in diesem Bereich das zweite einschlägig ist. Eine entscheidende Rolle spielen die Objektklitika in den romanischen Sprachen. Es wird angenommen, dass sie semantisch motivierte funktionale Kategorien darstellen. Das zweite Kriterium sagt vorher, dass die Berechnungskomplexität geringer ist, wenn ein (pronominales) Argument im lexikalischen Bereich in die Struktur eingefügt wird, als wenn dies im funktionalen Bereich der Satzstruktur erfolgt. Für klitische Objektpronomina wird in der Literatur (vgl. u.a. Jakubowicz, Nash, Rigaut und Gérard 1998, Müller, Schmitz, Cantone und Kupisch 2006a, Schmitz und Müller 2005, 2007) angenommen, dass sie im funktionalen Bereich der syntaktischen Struktur eingefügt werden, da sie für das nominale Merkmal [N] unterspezifiziert sind (vgl. hierzu Gabriel und Müller 2005, Müller und Riemer 1998:68),[35] somit keine lexikalische Position (also innerhalb der Verbalphrase) einnehmen können. Im Deutschen hingegen fehlen genuine Klitika; hier haben die Pronomina andere Eigenschaften und können in der lexikalischen Domäne (VP) mit dem Verb verbunden werden. Somit sagt das zweite Kriterium voraus, dass die romanischen Objektklitika einen höheren Komplexitätsgrad aufweisen als deutsche Objektpronomina. Demnach ist der stärker lexikalisch und pragmatisch geregelte Bereich der Objektauslassungen im Französischen und Italienischen komplexer und es wird ein Einfluss des Deutschen vorhergesagt, der zu erhöhten Auslassungsraten in den romanischen Sprachen und somit zu Verzögerung führt. Müller, Cantone, Kupisch und Schmitz (2002) haben für das Italienische argumentiert, dass im Bereich der Objektauslassungen die lexikalische Beschränkung dieser Option in der Erwachsenensprache erschwerend wirkt und daraufhin ein drittes Komplexitätskriterium entwickelt:

(59) Die syntaktische Berechnung in einer Sprache ist WENIGER KOMPLEX, sobald eine syntaktische Analyse generell, d.h. ohne Ausnahmen, Anwendung findet. Die lexikalische Beschränkung der syntaktischen Opti-

---

[35] Dieses darf man aus der Beobachtung schließen, dass Klitika gerade nicht an denjenigen Positionen im Satz auftreten können, welche für nominale Elemente typisch sind; vgl. z.B. im Französischen *je mange la pomme* und nicht *je mange la*, wohl aber *je la mange* „ich esse den Apfel/ihn".

on erhöht den Komplexitätsgrad der Berechnung (Müller, Cantone, Kupisch und Schmitz 2002:196).

Das Kriterium in (59) rückt die lexikalische Lizenzierung von Objektauslassungen in den romanischen Sprachen in den Vordergrund, während das Kriterium (2) von Jakubowicz die syntaktische Berechnung von Objektlitika als funktionale Kategorien fokussiert. Beide machen für den Bereich der Objektauslassungen die gleiche Vorhersage: Der Bereich ist im Französischen und Italienischen komplexer, so dass wir einen Einfluss des Deutschen auf die beiden romanischen Sprachen erwarten. Diese Kriterien stehen also nicht im Widerspruch zueinander.

6.2.1.2 Ergebnisse aus Studien mit monolingualen Kindern

Richten wir nun erneut den Blick auf die Spracherwerbstudien, die Objektauslassungen bei monolingualen Kindern behandeln. Jakubowicz, Müller, Ok-Kyung, Riemer und Rigaut (1996) und Jakubowicz, Müller, Riemer und Rigaut (1997) haben spontane und elizitierte Daten bei 12 monolingual deutschen Kindern im Alter von 2 und 3 Jahren erhoben. Unter Zugrundelegung eines quantitativen Kriteriums (MLU unter / über 3) und eines qualitativen Kriteriums (Fehlen / Präsenz von Strukturen, die in der Erwachsenensprache mit der funktionalen Kategorie CP zusammenhängen und von Kindern in frühen Erwerbsstadien noch nicht verwendet werden, v.a. die deutsche Verb-Zweit-Stellung, eingeleitete Nebensätze, Fragesätze mit W-Einleitern) ergab sich eine Einteilung der Kinder in 2 Gruppen: Die erste Gruppe hatte einen durchschnittlichen MLU von unter 3 und zeigte die mit der CP assoziierten Strukturen sehr selten oder gar nicht. Diese Gruppe wurde nach 6 Monaten nochmals getestet und verwendete dann die obigen Strukturen. Die zweite Gruppe mit einem MLU über 3 verfügte bereits produktiv über die genannten Strukturen. Zuerst werden nur die Spontandaten der Kinder betrachtet: Hier lassen beide Gruppen im Deutschen Objekte sehr häufig aus (40-50%). Insbesondere in der ersten Gruppe führen die Objektauslassungen zu nicht-zielsprachlichen Ergebnissen (24%). Dabei treten zwei Fehlertypen auf: (60) das finite Verb erscheint nicht satzinitial (zielsprachlich wäre *reißt baroudi da ab*), (61) es wird mehr als ein Verbargument ausgelassen, wie die folgenden Beispiele zeigen:

(60) B.: Da reißt roudi ab
„Da reißt Baroudi das ab"   (Baroudi 2;3,29)

(61) Erw: Was machst du, wenn dein Papa dich nicht sehen soll?
V.: Auch mach
„Ich mache das auch"   (Valerie 2;5,7)

Er werden immerhin 24% nicht-zielsprachliche Objektauslassungen in der 1. Gruppe nachgewiesen, nur sind diese Auslassungen pragmatisch identifiziert. Das ausgelassene Objekt stellt immer das Topik dar, d.h. der Diskursreferent wird zeitlich vor der kindlichen Äußerung sprachlich oder nichtsprachlich eingeführt und ist dem Hörer somit bekannt. Die frühen Objektauslassungen bei den Kindern sind also pragmatisch lizenziert und identifiziert.

Jakubowicz, Müller, Ok-Kyung, Riemer und Rigaut (1996) haben den gleichen Test auch mit 9 monolingual französischen Kindern in der gleichen Altersgruppe durchgeführt. Diese Kinder wurden ebenfalls in zwei Gruppen eingeteilt, wobei der MLU das zentrale Kriterium darstellte: Die Kinder mit einem MLU von unter 3,5 bilden die Gruppe 1 und die mit einem MLU von über 3,5 die Gruppe 2. Bevor wir die Ergebnisse dieser Studie kurz zusammenfassen, ist anzumerken, dass hier im Bereich der Objekte stets nicht-zielsprachliche Auslassungen mit den unterschiedlichen Möglichkeiten der Realisierung (klitische (z.B. *le / la*) und starke (=betonbare) Objektpronomina (z.B. *ça*), lexikalische DPn (z.B. *le nounours*)) kontrastiert werden. Zielsprachliche Objektauslassungen werden nicht berücksichtigt. Ein Beispiel für eine nicht-zielsprachliche Objektauslassung wird in (62) gegeben:

(62)   L.:   Il met dans le bain
             „Er stellt ins Bad"
             „Er stellt es ins Bad"   (Louise 2;5,23)

Insgesamt kommen die Autorinnen zu dem Ergebnis, dass die Kinder der Gruppe 1 signifikant mehr Auslassungen aufweisen und deutlich weniger Objektklitika verwenden als diejenigen der Gruppe 2 (vgl. Tabelle 11). Im Vergleich zu den deutschen Kindern in dieser Studie wird deutlich, dass sowohl französische als auch deutsche Kinder sich im Hinblick auf die Verwendung von Subjekt- und Objektpronomina gleichen, aber sich in Bezug auf die lexikalischen Objekte und Auslassungen unterschiedlich verhalten.

Tiedemann (1999) wendete den Elizitationstest von Jakubowicz et al. (1996, 1997) auf 15 monolingual italienische Kinder im Alter von 2 und 3 Jahren an. Dabei erhob sie jedoch keine vom Test getrennten Spontandaten, sondern wertete als spontane Äußerungen solche, die in der Testsituation nicht in direktem Zusammenhang zum getesteten Element auftraten. Auch hier ließen sich zwei Gruppen im Hinblick auf die oben näher beschriebenen Kriterien MLU und Auftreten von mit der CP zu beschreibenden Konstruktionen etablieren. Das Ergebnis der Studie ist, dass auch italienische Kinder Objekte auslassen. In der ersten Gruppe betrugen die nicht-zielsprachlichen Auslassungen bis zu 25%. Sie sind in (63) illustriert:

(63)   a.   Dopo fa
            „Danach macht"
            „Danach macht er es"   (Mattia 3;0,6)
       b.   Taglia
            „Schneidet"
            „Sie schneidet es"   (Diego 2;9,17)

c. Anche lui ha
„Auch er hat"
„Er hat es auch" (Marco 2;4,2)

Auch für das Italienische gilt, dass das ausgelassene Objekt das Topik ist. Jedoch erkennen die Kinder nicht sofort, dass die Objektauslassung lexikalisch lizenziert ist. Frühe Objektauslassungen sind demnach wie im Deutschen pragmatisch lizenziert und identifiziert.

Tabelle 11 gibt einen Überblick über die prozentualen Anteile nicht-zielsprachlicher Auslassungen und der Gesamtzahl der Objektauslassungen in den drei Querschnittstudien:

Tabelle 11. Objektauslassungen Deutsch, Französisch, Italienisch (Basis: Alle Äußerungen), aus Müller, Cantone, Kupisch und Schmitz (2002)

Gruppe	Nicht-zielsprachlich		Total	
	Subjekt	Objekt	Subjekt	Objekt
1. Deutsch, 1. Aufn. (D1a)	4,4 %	24,3 %	39,5 %	46 %
2. Deutsch, 1. Aufn. (D1b)	1,2 %	1,8 %	8,6 %	37,8 %
1. Deutsch, 2. Aufn. (D2)	4,4 %	20,6 %	11,8 %	34,3 %
1. Französisch (F1)	37,9 %	11,8 %	über 37,9 %	über 11,8 %
2. Französisch (F2)	5,9 %	4,2 %	über 5,9 %	über 4,2 %
1. Italienisch (I1)	0 %	22,8 %	65,4 %	25,3 %
2. Italienisch (I2)	0 %	3,2 %	64,7 %	3,9 %

Abbildung 37 illustriert die nicht-zielsprachlichen Auslassungen der Subjekte und Objekte aus den Querschnittstudien auf der Basis aller Äußerungen. Hier wollen wir uns auf die Objekte konzentrieren. Die Abbildung zeigt, dass in allen drei Sprachen (D=Deutsch, I=Italienisch, F=Französisch) zwischen Gruppe 1 und Gruppe 2 die nicht-zielsprachlichen Objektauslassungen deutlich abnehmen und in den zweiten Gruppen jeweils auf unter 5% sinken. Ein interessanter Unterschied zwischen den Sprachen wird im Blick auf die ersten Gruppen deutlich: während die italienischen und deutschen Kinder der Gruppen 1 zu ca. 20% nicht-zielsprachlich Objekte auslassen, ist diese Anzahl bei den französischen Kindern der Gruppe 1 deutlich niedriger.

Spracheneinfluss

Abbildung 37. Prozentualer Anteil nicht-zielsprachlicher Auslassungen von Subjekten und Objekten bei monolingualen Kindern, Elizitationstests

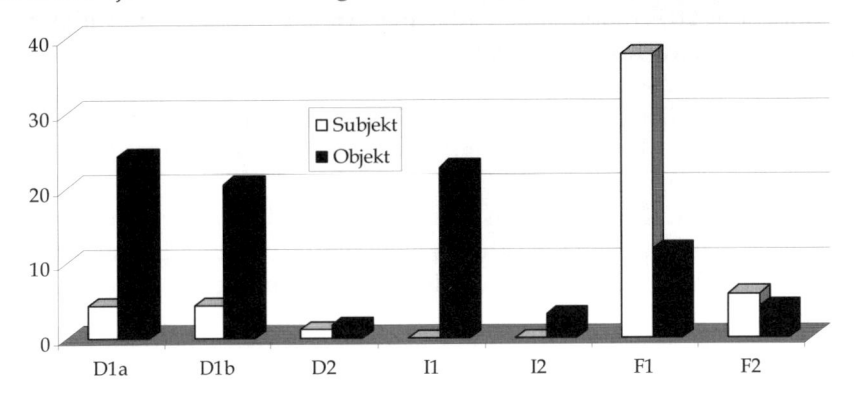

[Bar chart with x-axis labels: D1a, D1b, D2, I1, I2, F1, F2; legend: Subjekt, Objekt; y-axis 0–40]

Bislang wurden Elizitationsstudien zu Objekten vorgestellt, die die Ergebnisse von Kindern zu einem bestimmten Zeitpunkt darstellen, aber nicht die Entwicklung dahin zeigen. Aus diesem Grund wollen wir im Folgenden auch Ergebnisse aus Langzeitstudien mit monolingualen Kindern vorstellen.

Guasti (1993/94) untersuchte Spontandaten von drei monolingual italienischen Kindern der CHILDES Datenbank (MacWhinney und Snow 1985) im Entwicklungszeitraum von 1;8 bis 2;7. Ihre Studie weist jedoch ein Problem auf: Es werden nicht nur Auslassungen von Objekten gezählt, sondern auch Auslassungen von klitisierbaren Komplementen, worunter auch Reflexivpronomina fallen. Damit könnten auch solche Verbergänzungen in die Zählung Eingang gefunden haben, die zwar klitisiert werden können (durch das lokative Klitikon *ci* „dort"), die aber nicht bei jedem Verb obligatorisch sind. Es handelt sich um Konstituenten, die zusätzliche Information kodieren, also sogenannte Adjunkte darstellen (vgl. Müller und Riemer 1998:27). Ortsangaben wären ein Beispiel. Demnach muss vermutet werden, dass die Prozentzahl weit unter der angegebenen liegt, um mit den vorliegenden deutschen Daten vergleichbar zu sein. Guasti gibt bei den Kindern ein Niveau von 10% oder niedriger mit einem MLU von durchschnittlich 2,6 an, welcher der ersten deutschen bzw. italienischen Gruppe bei Jakubowicz et al. (1996, 1997) bzw. Tiedemann (1999) entspricht. Strukturen, die auf den Erwerb der funktionalen Kategorie CP schließen lassen, sind während dieser Phase bei einem dieser Kinder nicht belegt, bei den beiden anderen Kindern muss es offen bleiben. Vorher betragen die nicht-zielsprachlichen Objektauslassungen laut Guasti zwischen 20% und 30%.

Es sei ferner angemerkt, dass eines der drei von Guasti untersuchten Kinder Martina ist, für die Schmitz (2006a) eine eigene Zählung der Objektrealisierungen und -auslassungen vorgenommen hat, die nicht klitisierbare Komplemente, sondern nur obligatorische Objekte der verwendeten Verben in die Zählung einbezogen, aber Abbrüche, unklare Äußerungen und Imitationen sowie Imperativkonstruktionen ausgeschlossen hat. Abbildung 38 zeigt, dass Martina insgesamt eine hohe Rate von Objektauslassungen über den ganzen Untersuchungszeitraum aufweist (alle Verbklassen und Typen von Objekten), die erst in der letzten Aufnahme unter die 20%-Marke sinkt. Martina erreicht im ganzen Aufnahmezeitraum nicht die erwachsenensprachliche Auslassungsrate. Demnach liegen die generalisierten Informationen von Guasti zumindest für Martina zu hoch.

Schmitz (2006a) hat die gleiche Analyse auch für das monolingual deutsche Kind Chantal sowie für ein monolingual französisches Kind aus der CHILDES-Datenbank, Grégoire, durchgeführt.

Für das deutsche Kind zeigt die Auswertung der Aufnahmen bis zum Alter von 3;3,7 Auslassungen aller Objekte. Es wird deutlich, dass Chantals Objektauslassungen graduell abnehmen und die Realisierungen ebenso ansteigen bis 95% in der letzten Aufnahme (3;3,7), wie Abbildung 39 zeigt:

Abbildung 38. Objektrealisierungen bei Martina, aus Schmitz (2006a)

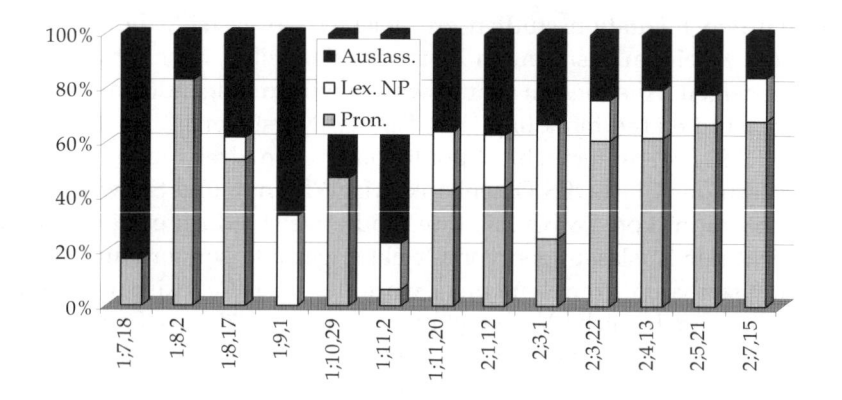

Abbildung 39. Objektrealisierungen bei Chantal, aus Schmitz (2006a)

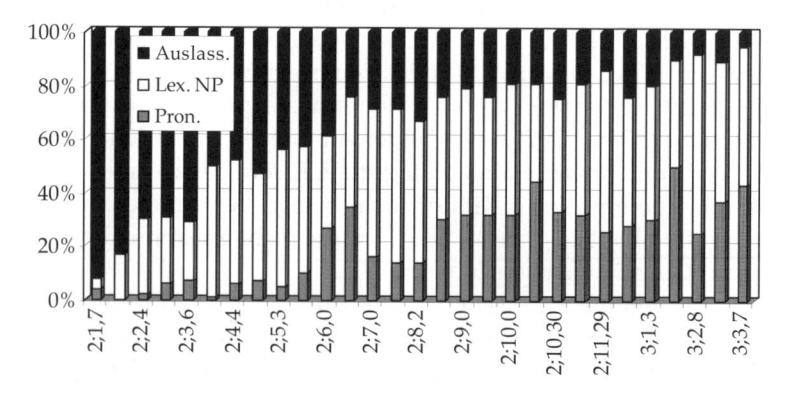

Das französische Kind Grégoire (Abbildung 40) lässt im gesamten Untersuchungs- und Aufnahmezeitraum alle Typen von Objekten häufig aus. Die Rate

Spracheneinfluss

der Auslassungen unterschreitet die 20 %-Marke nur in der achten (2;5,1) und der letzten Aufnahme (2;5,27). Damit erreicht es nicht die zielsprachlichen Werte.

Fassen wir die Ergebnisse der monolingualen Kinder zusammen, so wird deutlich, dass die Objektauslassungen bei den Kindern, die eine der beiden romanischen Sprachen erwerben, deutlich früher (um 2;5) zurückgehen, während dieser Rückgang im Erwerb des Deutschen später und langsamer stattfindet.

Abbildung 40. Objektrealisierungen bei Grégoire, aus Schmitz (2006a)

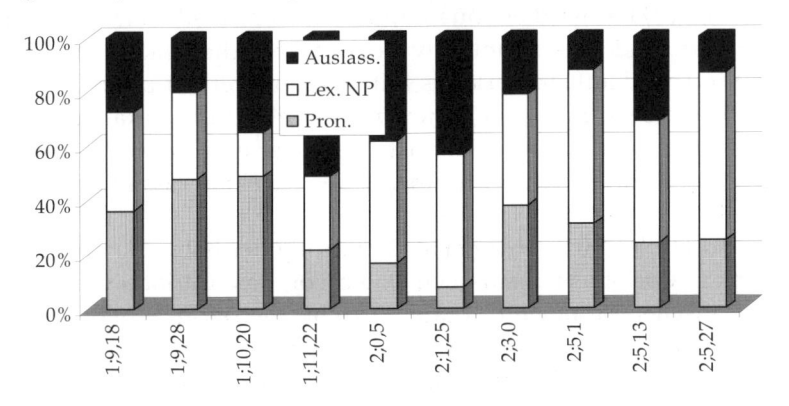

6.2.1.3 Ergebnisse aus Studien mit bilingualen Kindern

Müller und Hulk (2001) (vgl. auch Müller, Cantone, Kupisch und Schmitz 2002) untersuchten die Daten des bilingual deutsch-italienischen Kindes Carlotta im Entwicklungszeitraum von 1;8 bis 3;1, wobei sie diesen analog zu den im vorigen Abschnitt vorgestellten Querschnittstudien in zwei Phasen einteilten: Die erste Phase reichte bis zum Alter 2;4,21 (MLU ≤ 2,6), die zweite begann mit 2;5 (MLU ≥ 2,6). Die erste Phase ist durch das Fehlen von Strukturen gekennzeichnet, die auf den Erwerb der CP hindeuten. Carlotta lässt wie die monolingualen Kinder während der ersten Erwerbsphase im Italienischen das Objekt aus, wie die folgenden Beispiele zeigen:

(64) a. Prendiamo
„Wir nehmen"
„Wir nehmen es"   (2;2,19)
b. Schiaccia io[36]
„Zerdrückt ich"
„Ich zerdrücke es"   (2;3,17)

Wie bei monolingualen Kindern stellt das ausgelassene Objekt das Topik dar. Das Beispiel (65) verdeutlicht dies:

---

[36] Carlotta benutzt im Italienischen zwischen zwei und drei Jahren oft finite Verben der dritten Person Singular mit dem Pronomen *io* der 1. Person Singular.

(65) Erw: Dov'è che manca la punta? Vediamo / Qua
„Wo fehlt die Spitze? Lass uns gucken. Da"
Carlotta: No, io fa / No io (2;4,7)
„Nein ich macht / Nein ich"

Nicht-zielsprachliche Objektauslassungen sind in Carlottas italienischen Daten mit einer Häufigkeit belegt, wie sie monolingual deutsche Kinder über längere Zeiträume und monolingual italienische in den früheren Erwerbsphasen zeigen, nämlich zu 36,4%. Hier wird ein quantitativer Unterschied zu monolingual italienischen Kindern und eine quantitativ begründete Ähnlichkeit zu monolingual deutschen Kindern deutlich. Carlottas Entwicklungsverlauf zeigt, dass sie beginnend mit 2;5 bis gegen Ende des Untersuchungszeitraums erkannt hat, dass das Italienische keine topic-drop-Sprache ist. Sie weist eine lang andauernde Übergangsphase auf, während derer die Anzahl der Objektauslassungen auf der 10%-Stufe verweilt.

Müller und Hulk (2001) schlagen als Erklärung der hohen Anzahl von Objektauslassungen in Carlottas italienischen Daten vor, dass Carlotta von einer universalen pragmatischen Strategie Gebrauch macht, die darin besteht, dass – unabhängig von der jeweiligen zu erwerbenden Muttersprache – Kinder Objektauslassungen zunächst nur über die Pragmatik lizenzieren und identifizieren, was dem erwachsenensprachlichen System des Chinesischen entspricht (vgl. hierzu auch Müller, Crysmann und Kaiser 1996). Erst später erkennen sie, dass ihre jeweilige Sprache Objektauslassungen z.B. syntaktisch (Deutsch) oder lexikalisch (Französisch, Italienisch) lizenziert. Die „freie" pragmatische Lizenzierung wird im Deutschen später aufgegeben, nämlich dann, wenn die syntaktische Voraussetzung, die Verb-Zweit-Eigenschaft, erworben wird, wodurch die erste Satzposition als Topikposition erkannt wird. Carlotta gibt die universale pragmatische Lizenzierungsstrategie im Italienischen deutlich später auf als monolinguale Kinder, da sie daneben auch eine topic-drop-Sprache erwirbt, die ihr Evidenz für die Strategie bietet. Der negative (indirekte) Einfluss des Deutschen auf das Italienische ist möglich, da das Italienische aus kindlicher Perspektive Evidenz für die pragmatische Strategie durch die beiden folgenden Eigenschaften enthält: (a) Verben wie *sapere* tolerieren die Objektauslassung, (b) die kanonische Objektposition kann leer bleiben, sobald ein Objektklitikon vorhanden ist.

Müller, Cantone, Kupisch und Schmitz (2002) diskutieren, inwieweit für die Erklärung der Daten von Carlotta Sprachdominanz herangezogen werden kann. Anders als die Berechnungskomplexität, auf deren Basis wir hier zu einer korrekten Vorhersage gekommen sind, kann Dominanz die Richtung des Einflusses bei Carlotta nicht erklären, da im Bereich der Objektauslassungen ein Einfluss des Deutschen (anfänglich nicht dominant) auf das Italienische (anfänglich leicht dominant) vorliegt. Gegen Sprachdominanz als Erklärung spricht ferner die Tatsache, dass während des Untersuchungszeitraumes für andere Sprachphänomene (vgl. z.B. die Verbstellung im deutschen Hauptsatz und die Realisierungen von Determinanten in den vorangegangenen Abschnitten) Einfluss in entgegengesetzter Richtung (Einfluss des Italienischen auf das Deutsche) bei Carlotta vorliegt.

Spracheneinfluss

Im Folgenden möchten wir nun die Entwicklung der Objektauslassungen bei zwei bilingual deutsch-französischen Kindern, Céline und Alexander, vorstellen. Dieser Vergleich ist deshalb interessant, da sich die beiden hinsichtlich einer Sprachdominanz sehr unterscheiden: Alexander ist im Vergleich zu Céline viel stärker balanciert. Seine Entwicklung im Französischen verläuft etwas schneller als im Deutschen, aber der Kontrast ist weniger stark ausgeprägt als bei Céline (vgl. Kapitel 4). Müller und Pillunat (2007) haben diese beiden Kinder untereinander und mit einem weiteren deutsch-französisch bilingualen Kind, das zwei schwache Sprachen hat, hinsichtlich der Entwicklung von Determinanten, Subjekten und Objekten verglichen.[37] Im Folgenden wollen wir die Analyse der Objektauslassungen und -realisierungen von Céline und Alexander von Müller und Pillunat mit den Studien der monolingualen Kinder in 6.2.1.2. vergleichen, um festzustellen, inwieweit der vorhergesagte Spracheneinfluss auftritt.

Wir beginnen mit den Objekten von Alexander. Abbildung 41 zeigt, dass die Objektauslassungen ab dem Alter von 2;10 unter 20% fallen, ab der letzten Aufnahme (3;2) sogar die 10%-Marke und damit den erwachsenensprachlichen Anteil erreichen. Dies ist später als bei dem monolingual französischen Kind Grégoire, wo jedoch aufgrund fehlender weiterer Aufnahmen die Entwicklung nicht vollständig sichtbar ist. Wie Grégoire verwendet Alexander vorrangig lexikalische Objekte, während Objektklitika (hier von starken Pronomina getrennt ausgewiesen) zu fast jedem Zeitpunkt der Erhebung nur zu ca. 20% verwendet werden.

Abbildung 41. Objektrealisierungen bei Alexander, Französisch, aus Müller und Pillunat (2007)

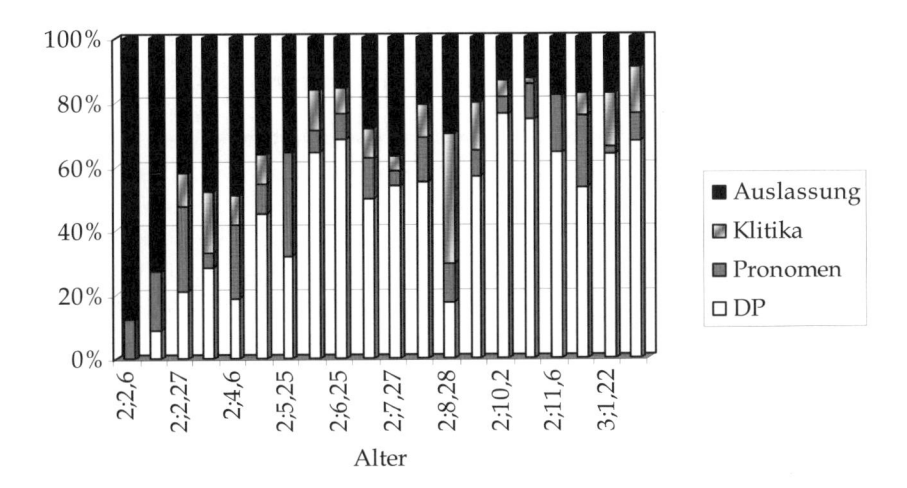

---

[37] Der Determinantenerwerb bei Céline und Alexander findet sich in Kupisch (2006a). Die Entwicklung von Subjekten und Objekten bei Alexander und Céline wird von Pillunat, Schmitz und Müller (2006), Müller (2004), Schmitz (2006a,b) untersucht.

Betrachten wir nun die Objektauslassungen und -realisierungen von Céline, deren schwache Sprache das Französische ist. Da sie erst mit 3;3 beginnt, mehr Französisch zu sprechen, gibt es vor diesem Alter häufig keine französischen Äußerungen mit Verben, so dass hier die Aufnahmen im Alter von 2 bis 3 zu einer Kolonne zusammengefasst wurden. Um die später einsetzende Entwicklung zu dokumentieren, wurde der Untersuchungszeitraum bis zum Alter von 4 Jahren verlängert. Abbildung 42 zeigt, dass sie lediglich einmal überhaupt Objekte zu nur 20% auslässt (Aufnahme im Alter von 3;9,11), ansonsten weitaus häufiger und bis zum Ende des Untersuchungszeitraums, so dass sie bis zum Alter von 4;0 nicht die zielsprachlichen Auslassungsraten erwirbt. Céline beginnt auch erst im Alter von 3;3, Objektklitika zu verwenden, zwischen 3;6 und 3;9 sind sie häufiger (bis zu 20%) belegt. Wie Grégoire und Alexander verwendet Céline bis zum Alter von 3;6 und nach 3;9 wieder vorrangig lexikalische Objekte (DP).

Abbildung 42. Objektrealisierungen bei Céline, Französisch, aus Müller und Pillunat (2007)

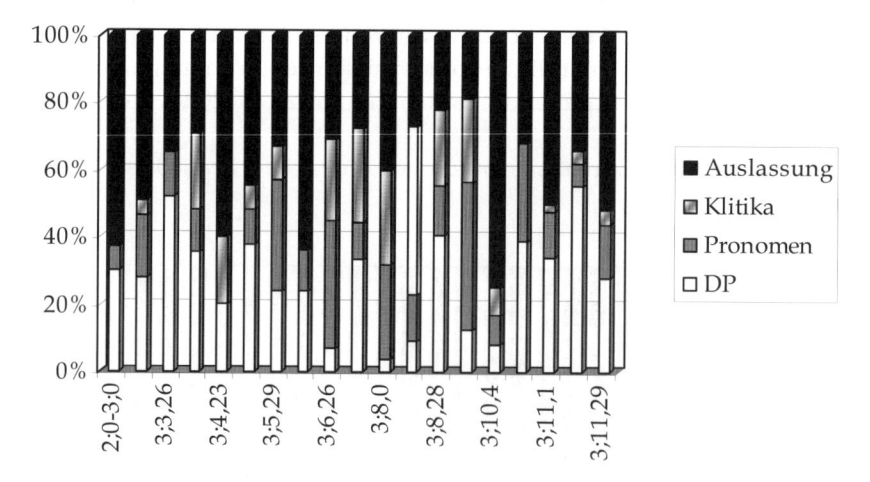

Einige Beispiele sollen die Objektauslassungen von Céline veranschaulichen. Hierbei wollen wir Auslassungen in ihrem Kontext, d.h. mit der Reaktion der erwachsenen Interaktionspartnerin, betrachten. Ein Strich vor der Erwachsenenäußerung deutet jeweils die Stelle der kindlichen Äußerung im Gespräch an. In der ersten Situation wird etwas aus Lego gebaut, wobei Céline der Erwachsenen ein Legostück gibt, das diese ohne weiteren Kommentar einbaut. Die Referenz des ausgelassenen direkten Objekts ist für die Erwachsene offensichtlich völlig klar. Die Objektauslassung in (66) ist daher zielsprachlich:

(66)   Tu mets là
       „Du legst da"
       „Du legst das dahin"   (Céline 3;5,15).

Spracheneinfluss

Ein anderes Beispiel zeigt hingegen eine Situation, in der die Referenz nicht erkennbar geworden ist. Hier spielt Céline mit einem (nicht-sichtbaren) Gegenstand und sagt:

(67) C'est pour mettre
„Das ist zum Hinlegen" (Céline 2;7,13)
Erw: __ C'est pour mettre / pour mettre quoi?

In Beispiel (67) gibt es eine Reaktion der Erwachsenen: Sie wiederholt die Äußerung des Kindes, um gleich anschließend nachzufragen, um was es geht – die Referenz des ausgelassenen direkten Objekts ist unklar und die Auslassung muss aus Sicht der Erwachsenen als nicht-zielsprachlich beurteilt werden, wobei sie nur das direkte Objekt des ditransitiven Verbs *mettre* „setzen" / „stellen" / „legen" erfragt, obwohl beide Objekte ausgelassen wurden. Wo das Objekt hingelegt werden soll, scheint beiden Gesprächspartnern klar zu sein. Ein weiteres Beispiel mit dem Verb *mettre*, in dem jetzt das Lokativargument nicht-zielsprachlich ausgelassen wird, zeigt die folgende Situation, in der Céline mit einem Spielzeugpferd spielt, dem sie Zaumzeug anlegen will. Da ihr dies nicht gelingt, bittet sie die Erwachsene um Hilfe, die in Beispiel (68) offensichtlich nicht weiß, wohin das Zaumzeug gelegt werden soll:

(68) Tu peux le mettre s'il te plaît? (Céline 3;5,15)
„Kannst du es legen bitte?"
„Kannst du es ihm bitte anlegen?"
Erw: __ Faut le mettre où?
„Muss es legen wo?"
„Wo muss man es anlegen?"

6.2.1.4 Zusammenfassung des Bereichs der Objektauslassungen

Die Untersuchungen zu den monolingualen Kindern haben gezeigt, dass sie Objekte nur noch zu weniger als 5% auslassen, sobald sie in ihrer jeweiligen Sprache die CP erworben haben und die richtige Lizenzierungsstrategie erkannt haben. Dies dauert bei den Kindern, die eine romanische Sprache erwerben, nicht so lange wie im monolingualen Erwerb des Deutschen. Interessant ist, dass die über längere Zeit untersuchten Kinder Chantal, Grégoire und Martina eine deutlich graduelle und gegenüber den Kindern der Querschnittstudien langsamere Entwicklung zeigen, die die Schwierigkeiten mit dem grammatischen Bereich (Verwendung von Objektklitika, richtige Lizenzierung der Objektauslassungen) verdeutlicht. Die beiden bilingual deutsch-französischen Kinder brauchen länger, bis sie mit Grégoire vergleichbare Auslassungsraten sowie Anteile der Verwendung von Objektklitika im Französischen erzielen: Alexander erreicht diesen Moment mit 2;10, also 5 Monate später als Grégoire (2;5). Céline benötigt hierfür eine Zeitspanne von 6 Monaten (von dem Moment an gerechnet, in dem sie beginnt, viel Französisch zu sprechen: 3;3). Sie ist also kaum langsamer als Alexander. Jedoch ist ihre Entwicklung dann – anders als bei Alexander – nicht stabil: zwischen 3;9

und 4;0 lässt sie wieder mehr aus und verwendet kaum noch Objektklitika. Dies zeigt, dass sie bis zum Ende des Untersuchungszeitraums noch nicht das zielsprachliche System des Französischen erworben hat. Eine weitere Untersuchung müsste hier ansetzen.

Da beide Kinder die gleiche Verzögerung aufweisen, kann der Einfluss des Deutschen nicht durch Sprachdominanz erklärt werden, da wir für Alexander dann fälschlicherweise keinen Einfluss vorhersagen würden. Die hier gewählte Perspektive der Relevanz sprachinterner Eigenschaften, d.h. die von Müller und Hulk (2001) vorgeschlagene Erklärung für die Objektauslassungen des bilingual deutsch-italienischen Kindes Carlotta und die daraus entwickelten Vorhersagen, haben sich hingegen bestätigt.

6.2.2 Subjektauslassungen

Ein weiterer interessanter Bereich für die Untersuchung von Spracheneinfluss ist der Subjektbereich. Erstens gilt er als syntaktisch parametrisiert (vgl. Kapitel 2) – mit Deutsch und Italienisch vergleichen wir hier eine Nicht-Null-Subjekt- und eine Null-Subjekt-Sprache. Zweitens werden auch hier pragmatische Bedingungen wirksam. Das besondere Ergebnis, das wir hier vorstellen wollen, ist die Tatsache, dass auch hier die romanische Sprache von Einfluss betroffen ist, jedoch – anders als im Objektbereich – dahingehend, dass die italienischen Subjekte gemessen am Zielsystem nicht häufig genug ausgelassen werden.

6.2.2.1 Beschreibung der Subjektauslassungen in den Zielsprachen

Beginnen wir erneut mit der Beschreibung der Zielsysteme. Aus den vorangegangenen Abschnitten wissen wir bereits, dass das Deutsche eine sogenannte topic-drop-Sprache ist, d.h. in der ersten syntaktischen Position des Hauptsatzes befindliche Elemente ausgelassen werden dürfen, unabhängig davon, ob sie Objekte, Subjekte oder andere Elemente sind. Die jeweils ausgelassene Konstituente wird pragmatisch über den Diskurs identifiziert.

Das Italienische ist keine topic-drop-Sprache, sondern eine pro-drop-Sprache (auch Null-Subjekt-Sprache). Sie erlaubt generell, dass die (ansonsten durch ein Pronomen besetzte) Subjektposition von Haupt- und Nebensätzen unbesetzt bleibt bzw. durch ein phonetisch leeres Pronomen besetzt.[38] Dennoch gilt auch hier die Bedingung, dass das Subjekt durch den Diskurs pragmatisch identifizierbar sein muss. Wird ein neuer Referent eingeführt, muss eine NP bzw. DP verwendet werden, d.h. eine Auslassung ist nicht möglich. Subjektpronomina werden zumeist zu Zwecken der Hervorhebung einzelner eingeführter Referenten verwendet, z.B. zur Kontrastierung: *L'ha fatto lui non lei* – „ER *hat es gemacht, nicht* SIE".

Wenden wir nun wieder die Kriterien von Müller und Hulk an. Das erste Kriterium besagt, dass Spracheneinfluss auftritt, wenn Überlappung im jeweiligen

---

[38] Diese phonetisch leere Kategorie wird als *pro* bezeichnet (vgl Müller und Riemer 1998:Kap. 9).

grammatischen Bereich gegeben ist. Dieses Kriterium trifft zu, denn sowohl die pro-drop- als auch die topic-drop-Eigenschaft lassen Subjektauslassungen zu. Allerdings ist die Option im Deutschen auf die Topikposition in Hauptsätzen beschränkt (*hab es gemacht* vs. **du weißt hab es gemacht*). Wir haben aber gesehen, dass pragmatische Bedingungen ebenfalls eine Rolle spielen, so dass auch das zweite Kriterium Anwendung findet, wonach Bereiche an der Schnittstelle zwischen zwei Modulen von Spracheneinfluss betroffen sind. Der Subjektbereich verbindet Syntax und Pragmatik und erfüllt dieses Kriterium.

Nun ergeben sich prinzipiell zwei Möglichkeiten: Entweder beeinflusst das Italienische das Deutsche, was zu mehr Subjektauslassungen im Deutschen der bilingualen Kinder als bei monolingual deutschen Kindern führen sollte, oder aber das Deutsche beeinflusst das Italienische und es kommt zu mehr Subjektrealisierungen im Italienischen der bilingualen Kinder im Vergleich zu monolingual italienischen Kindern.

Um eine richtige Vorhersage für die Einflussrichtung im Subjektbereich zu treffen, wenden wir wieder die Komplexitätskriterien von Jakubowicz (2002) an. Das hier einschlägige erste Komplexitätskriterium besagt, dass eine funktionale Kategorie, die in jedem Satz vorhanden ist, weniger komplex ist als eine, die nur in einigen Sätzen vorhanden ist (und in diesen Fällen jeweils in die syntaktische Struktur eingefügt werden muss). Nun sieht die gesamte Literatur zur Syntax des Subjektbereichs vor, dass alle Sprachen eine Subjektposition haben, diese aber nicht immer mit einem phonetisch realisierten Element besetzt sein muss (vgl. Müller und Riemer 1998:39f.). Wir müssen das Kriterium also dahingehend interpretieren, dass eine syntaktische Analyse dann weniger komplex ist, wenn diese stets präsente Position auch immer besetzt ist, als wenn sie nur in manchen Fällen besetzt wird. In diesem Sinne ist das Deutsche weniger komplex, da es als Nicht-Null-Subjekt-Sprache vorsieht, dass diese Position grundsätzlich besetzt sein muss. Daher sagen wir auf dieser Basis voraus, dass das Deutsche das Italienische beeinflussen und zu einer gegenüber monolingual italienischen Kindern erhöhten Realisierungsrate für Subjekte führen sollte.

Die unterschiedlichen Eigenschaften des Italienischen und Deutschen werden auch in der Analyse der Subjektauslassungen im kindlichen Input deutlich, die Schmitz und Müller (2003, 2005, 2007) sowohl für Objekte als auch für Subjekte durchgeführt haben. Hiervon interessieren uns im Folgenden nur die deutschen und italienischen Daten. Abbildung 43 beruht auf der Analyse von 1637 italienischen und 1286 deutschen Sätzen mit finiten Verben. Sie zeigt, dass die italienischen monolingualen Erwachsenen Subjekte zu gut 60% nicht phonetisch realisieren, während im Deutschen Subjekte nur zu ca. 5% ausgelassen werden. In beiden Sprachen werden Subjekte vorrangig pronominal realisiert, weil die Subjektposition in der Regel alte Information kodiert.

Abbildung 43. Prozentualer Anteil von Subjektauslassungen im kindlichen Input, aus Schmitz und Müller 2003

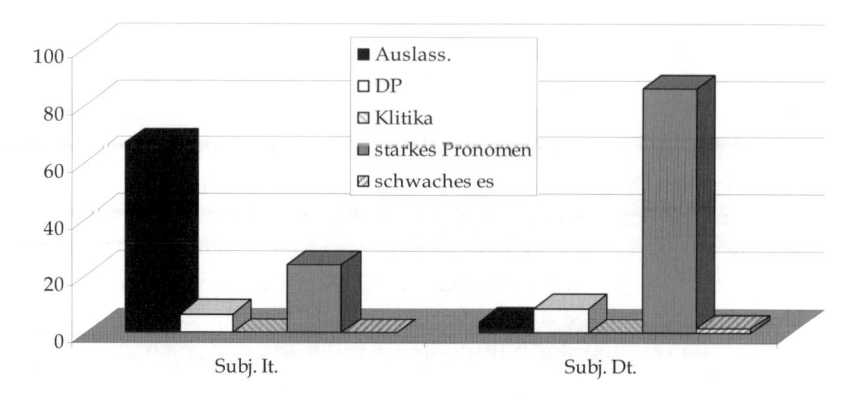

[Balkendiagramm: Subj. It. und Subj. Dt. mit Kategorien Auslass., DP, Klitika, starkes Pronomen, schwaches es]

Zum Bereich der Subjektauslassungen und -realisierungen gibt es eine große Zahl von Studien, aus der wir im Folgenden einige vorstellen, die eine Gegenüberstellung des Erwerbs von Null-Subjekt-Sprachen (wie Italienisch und Spanisch) und Nicht-Null-Subjekt-Sprachen (z.B. Englisch, Deutsch, Französisch) vornehmen. So hat Valian (1990b) den Erwerb der Nullsubjekteigenschaft sprachvergleichend im Englischen und Italienischen untersucht. Wir wollen ihre Ergebnisse kurz vorstellen. Valian (1990b) hat eine Querschnittstudie mit amerikanisch- und italienischsprachigen Kindern durchgeführt. Die jüngsten Kinder hatten ein Durchschnittsalter von ca. 2;0 und einen durchschnittlichen MLU von 1,8. Die (erste) Gruppe der englisch-sprechenden Kinder wies 69% realisierte Subjekte auf, die (erste) Gruppe der italienischsprachigen Kinder 30% – wie die im vorigen Abschnitt gezeigten monolingualen italienischen Erwachsenen. Hier wird deutlich, dass die italienischen Kinder die Nullsubjekteigenschaft ihrer Sprache sofort erkennen, während englische Kinder die Nichtnullsubjekteigenschaft langsamer erwerben. Auf diesen und weiteren Daten basiert ein Vorschlag von Hyams (1983, 1986), wonach alle Kinder zunächst davon ausgehen, dass ihre Sprache eine Null-Subjekt-Sprache ist und später diese Annahme korrigieren. Problematisch ist hier, dass damit ein Parameter umgesetzt werden muss.

Wie schwierig und langsam ein solcher Korrektur-Prozess ist, zeigt das in Abschnitt 6.3 vorgestellte Phänomen der Verbstellung im Nebensatz, für den Müller (1993) resümiert, dass Parameter, wenn sie einmal falsch gesetzt wurden, nicht mehr umgesetzt werden können, sondern vielmehr für jedes involvierte lexikalische Element einzeln die richtige Lösung gelernt werden muss. Hyams (1992) selbst hat diesen Vorschlag zurückgezogen und dafür vorgeschlagen, dass die morphologische Uniformität des italienischen Verbparadigmas, mit der in der Literatur auch der Null-Subjekt-Parameter theoretisch untermauert wurde, die zentrale Rolle spielen müsse. Demnach ist das Italienische, das durchgehend unterschiedliche morphologische Formen für alle Personen in Singular und Plural besitzt, uniform, das Deutsche, das nicht 6 unterschiedliche Formen besitzt, dagegen nicht:

(69) Italienisch   Deutsch
      (io)   canto   ich   singe
      (tu)   canti   du   singst
      (lui/lei) canta   er/sie/es singt
      (noi)   cantiamo   wir   singen
      (voi)   cantate   ihr   singt
      (loro)   cantano   sie   singen

Wenn diese Annahme die Grundlage für den Erwerb bilden würde, wäre vorherzusagen, dass das Italienische im Subjektbereich leichter zu erwerben ist als das Deutsche, wo es gleiche Verbformen für verschiedene Personen (1./3. Plural) und den Infinitiv (*singen*) gibt. Unsere Vorhersage bezieht jedoch die Pragmatik mit ein und besagt das Gegenteil für die bilingualen Kinder.

6.2.2.2 Studien mit monolingualen Kindern

Wir wollen nun zu dem Vergleich monolingualer deutscher, französischer und italienischer Kinder kommen. Wir ziehen erneut die Studien von Jakubowicz et al. (1996, 1997) und Tiedemann (1999) heran. Anders als bei den Objektauslassungen im vorigen Abschnitt wollen wir die gesamten Auslassungen mit den möglichen Realisierungen (NP bzw. DP oder Pronomina) vergleichen, da im Italienischen, das nach unserer Vorhersage von Einfluss betroffen sein müsste, Subjektauslassungen syntaktisch immer zielsprachlich sind. Die Abbildung 44 zeigt für die Gruppen dieser Elizitationsstudien, dass die Subjektauslassungen bei den italienischen Kindern beider Gruppen (I1 und I2) gleich hoch sind (gut 60%) und den erwachsenensprachlichen Werten bereits in Gruppe 1 entsprechen, während bei den deutschen und französischen Kindern die Zahl der Subjektauslassungen von ca. 40% in den jeweiligen Gruppen 1 auf unter 10% in den Gruppen 2 zurückgehen. Da auch hier die Entwicklung in Phasen (vor und nach dem Erwerb der mit der CP assoziierten Strukturen) erfolgt, ist anzunehmen, dass der Erwerb der CP auch für den Subjektbereich eine wichtige Rolle spielt. Wir kommen in Abschnitt 6.2.2.4 hierauf zurück.

Abbildung 44. Prozentualer Anteil der Realisierung der Subjektposition bei monolingualen Kindern, Elizitationstests, aus Schmitz und Müller (2003)

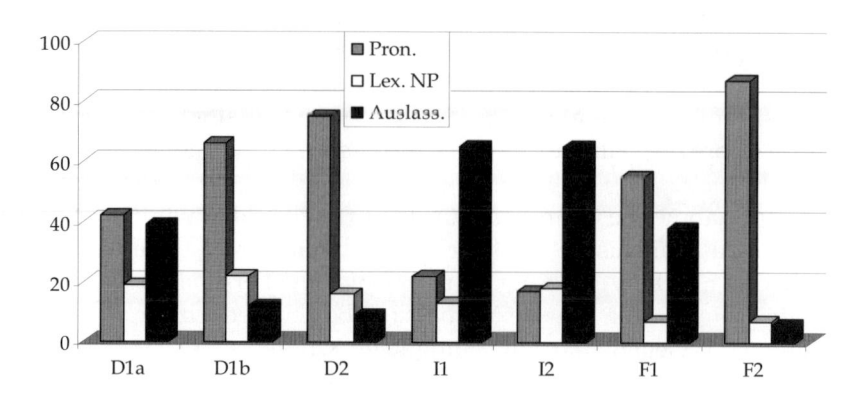

Da Querschnittstudien nur eine Momentaufnahme des Spracherwerbs darstellen, wollen wir im Folgenden die Entwicklung der Subjektrealisierungen bei einem monolingual deutschen (Chantal) und einem monolingual italienischen (Martina) Kind zeigen. Schmitz (2007) zieht hierfür die Longitudinaldaten des monolingual deutschen Kindes Chantal im Zeitraum von 1;10 bis 3;3 sowie die Daten des monolingual italienischen Kindes Martina im Zeitraum von 1;7 bis 2;7 heran.

Abbildung 45 stellt den graduellen Anstieg der Subjektrealisierungen bei Chantal dar, die erst ab 2;1 finite Verben verwendet. Sie erreicht die zielsprachliche Rate von weniger als 10% im Alter von 3;3. Subjektauslassungen gehen zugunsten von Pronomina zurück.

Abbildung 45. Realisierung der Subjektposition bei Chantal, aus Schmitz (2007)

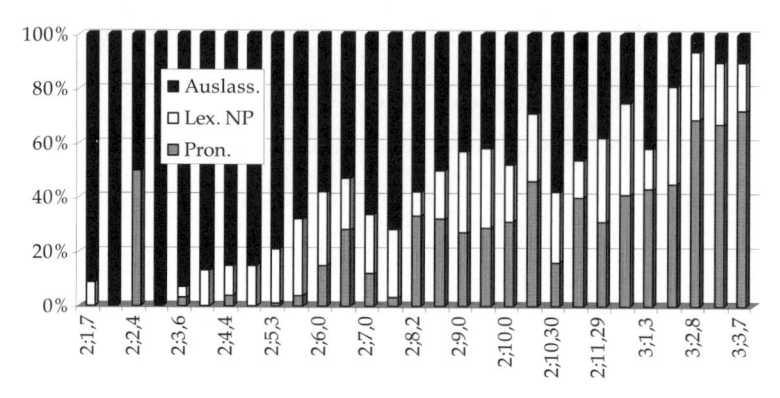

Vergleicht man das deutsche Kind mit dem monolingual italienischen Kind Martina aus der CHILDES-Datenbank (vgl. MacWhinney und Snow 1985, Müller, Cantone, Kupisch und Schmitz 2002), so zeigt Abbildung 46, dass Martina sehr früh erkennt, dass ihre Sprache eine Null-Subjekt-Sprache ist – die Realisierungen steigen nicht über 40%.

Abbildung 46. Realisierung der Subjektposition bei Martina, aus Schmitz (2007)

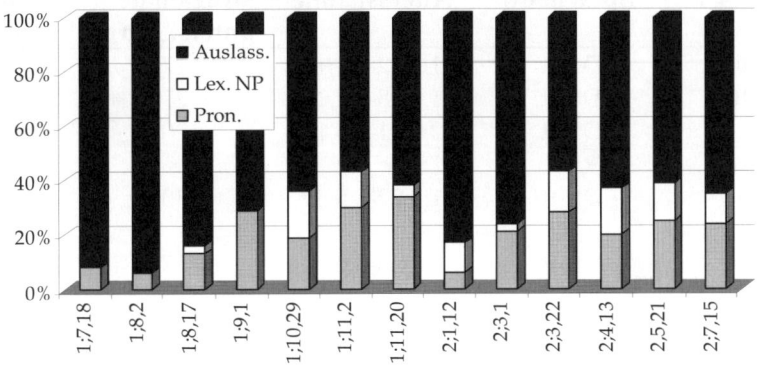

6.2.2.3 Studien mit bilingualen Kindern

In Müller, Cantone, Kupisch und Schmitz (2002) wurde der Bereich der Subjektauslassungen im Hinblick auf Spracheneinfluss bei bilingual deutsch-italienischen Kindern erstmals behandelt. Dort wurde festgehalten, dass sich das bilinguale Kind Lukas verhält wie die zum Vergleich herangezogenen monolingualen deutschen und italienischen Kinder der Querschnittstudien von Jakubowicz et al. (1996, 1997) und Tiedemann (1999) und wie das italienische Kind Martina aus der Longitudinalstudie. Anhand der präsentierten Ergebnisse von Lukas, die auf einem Untersuchungszeitraum von 1;8 bis ca. 2;9 basierten, wurde das Auftreten von Spracheneinfluss ausgeschlossen. Im Folgenden wollen wir die Studie von Schmitz (2007) vorstellen, die insgesamt fünf bilinguale Longitudinalstudien auf Subjektauslassungen untersucht und mit den in 6.2.2.2 vorgestellten Longitudinalstudien vergleicht. Tabelle 12 führt die Longitudinalstudien auf und zeigt, dass drei der Kinder unterschiedliche Sprachdominanzen aufweisen, was den Vergleich besonders interessant macht. Der Untersuchungszeitraum für Lukas wurde hierbei erweitert und demjenigen von Carlotta angeglichen. Für die beiden dominanten Kinder wurde der Untersuchungszeitraum in der schwachen Sprache (bei Jan das Italienische, bei Aurelio das Deutsche) bis 3;5 erweitert.

Tabelle 12. Untersuchte Korpora in Schmitz (2007)

Korpus	Sprache(n)	Altersspanne	Anzahl der unters. Aufn.	Sprach-Dominanz
Lukas	Dt.-It.	1;7,12-3;1,16	27	Balanciert
Carlotta	Dt.-It.	1;8,28-3;1;16	27	Balanciert
Jan	Dt.-It.	2;0,11-3;5,12	20	Starke Dominanz Dt.
Aurelio	Dt.-It.	1;9,27-3;5,30	30	Starke Dominanz It.
Marta	Dt.-It.	1;6-3;0	27	Leichte Dominanz It.

Schmitz (2007) vergleicht die beiden Sprachen der bilingualen Kinder im Hinblick auf die Entwicklung der Subjektrealisierungen. Alle fünf Kinder behandeln unabhängig von ihrer jeweiligen Sprachdominanz das Italienische anders als das Deutsche. Das lässt darauf schließen, dass sie die Nicht-Nullsubjekteigenschaft des Deutschen und die Nullsubjekteigenschaft des Italienischen erkannt haben. Im Folgenden wollen wir die Subjektrealisierungen im Deutschen und Italienischen bei den beiden stark dominanten Kindern Jan und Aurelio denjenigen des balancierten Kindes Carlotta gegenüber stellen.

Wir beginnen mit dem deutsch-dominanten Kind Jan. Abbildung 47 zeigt, dass seine Subjektauslassungen im Italienischen um die 50% -Marke herum pendeln. Wenn er sie realisiert, dann zumeist als Pronomina.

Abbildung 47. Realisierung der Subjektposition bei Jan, Italienisch, aus Schmitz (2007)

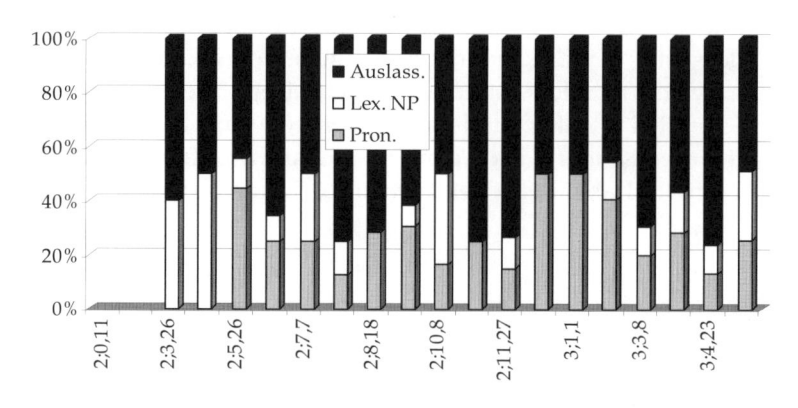

Vergleichen wir nun mit dem Deutschen: Abbildung 48 zeigt die Subjektrealisierungen im Deutschen und macht deutlich, dass Jan im Alter von 2;10 die erwachsenensprachlichen Auslassungsraten von ca. 10% erstmals erreicht. Insgesamt

Spracheneinfluss

macht er einen Unterschied zwischen den beiden Sprachen und zeigt, dass er ihre unterschiedlichen Eigenschaften im Subjektbereich erkannt hat.

Abbildung 48. Realisierung der Subjektposition bei Jan, Deutsch, aus Schmitz (2007)

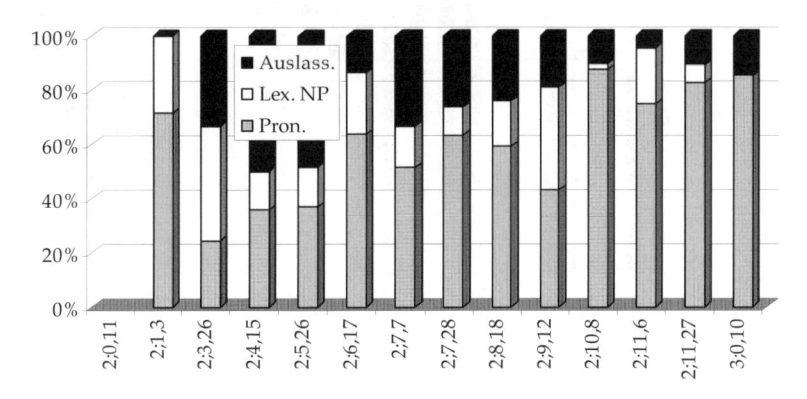

Der von Jan erkannte Unterschied wird in Abbildung 49 noch deutlicher, in der nur die quantitative Entwicklung der Realisierungen in beiden Sprachen dargestellt wird.

Abbildung 49. Prozentualer Anteil der Realisierung der Subjektposition bei Jan, Vergleich Deutsch – Italienisch, aus Schmitz (2007)

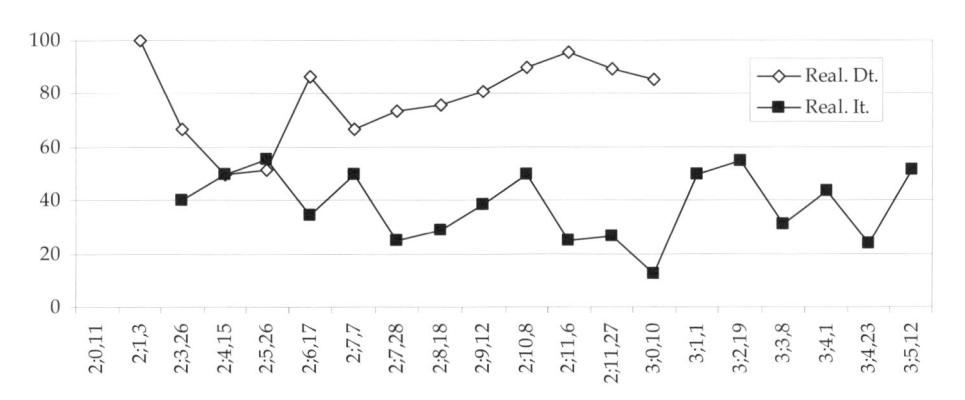

Betrachten wir nun die Subjektauslassungen und -realisierungen von Aurelio, dem italienisch-dominanten Kind. Abbildung 50 zeigt, dass seine Realisierungen italienischer Subjekte zwischen 40 und 50% pendeln.[39]

---

[39] Die in den Abbildungen 50 und 52 fehlenden Symbole für italienische Subjektrealisierungen bedeuten, dass es in den betreffenden Aufnahmen keine Äußerungen mit finiten Verben gab.

Abbildung 50. Realisierung der Subjektposition bei Aurelio, Italienisch, aus Schmitz (2007)

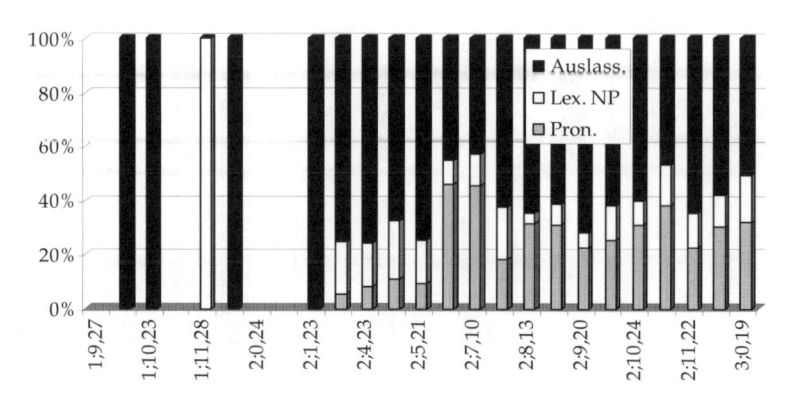

Im Vergleich hierzu sind erneut die Subjektrealisierungen im Deutschen interessant (vgl. Abbildung 51): Hier ist zu beachten, dass zwischen den ersten beiden Säulen 5 Monate liegen, in denen die Aufnahmen keine finiten Verbformen enthielten. Insgesamt findet die Entwicklung hin zu den zielsprachlichen Werten in zwei „Wellen" zwischen 2;9 und 3;5 statt. Wichtig ist jedoch, dass Aurelio klar erkennt, dass das Deutsche sich im Hinblick auf Subjekte vom Italienischen unterscheidet.

Wenn wir auch hier wieder nur die quantitative Entwicklung der Subjektrealisierungen in beiden Sprachen vergleichen, zeigt uns Abbildung 52, dass auch Aurelio – wenn auch später einsetzend als Jan – einen Unterschied zwischen den beiden Sprachen macht. Die zweite „Welle", die zum zielsprachlichen System führt, umfasst 5 Aufnahmen wie bei Jan. Aurelios Entwicklung ist somit nicht langsamer als die von Jan.

Abbildung 51. Realisierung der Subjektposition bei Aurelio, Deutsch, aus Schmitz (2007)

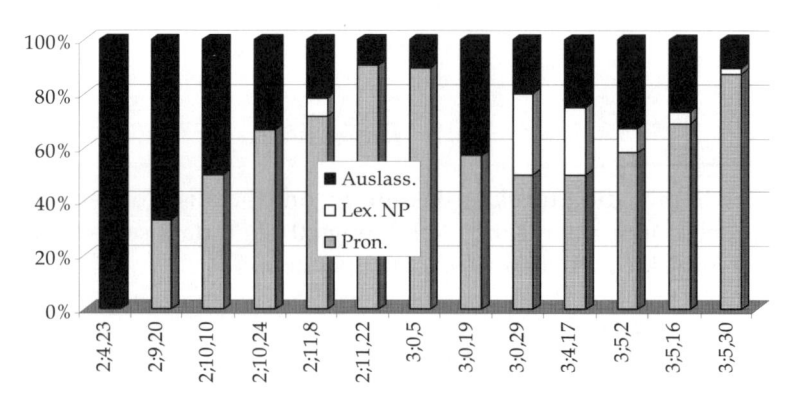

Spracheneinfluss

Abbildung 52. Prozentualer Anteil der Realisierung der Subjektposition bei Aurelio, Vergleich Deutsch – Italienisch, aus Schmitz (2007)

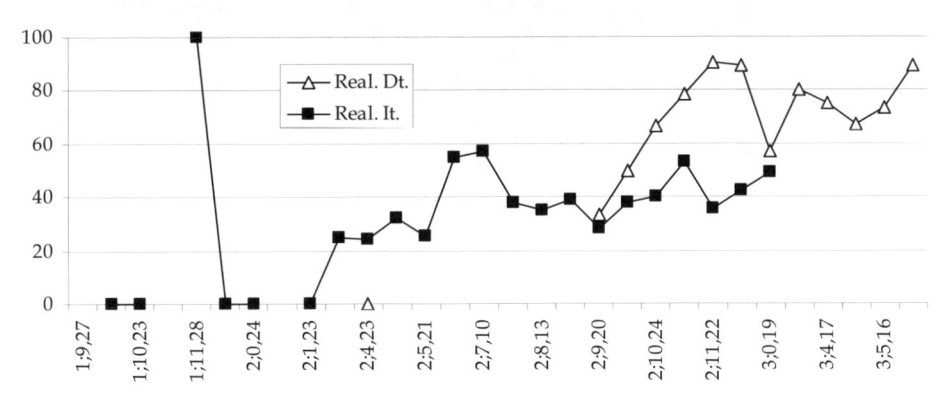

Zum Vergleich mit den beiden stark dominanten Kindern werden nun die Subjektauslassungen und -realisierungen von Carlotta, einem balancierten Kind, gezeigt. Abbildung 53 macht deutlich, dass sie im Italienischen sehr hohe Subjektrealisierungsraten (Höchstwert 75% im Alter von 2;8) aufweist, die bis zum Ende des Untersuchungszeitraums zwischen 40 und 50% pendeln.

Vergleichen wir erneut mit der Entwicklung der Subjekte im Deutschen von Carlotta. Abbildung 54 zeigt, dass die Realisierungen lange schwanken und erst ab 2;8,21 eine Entwicklung hin zu zielsprachlichen Werten einsetzt. Allerdings lässt Carlotta zum Ende des Untersuchungszeitraums Subjekte bis zu knapp 20% aus. Dennoch wird deutlich, dass sie ab 2;8,21 die beiden Sprachen unterschiedlich behandelt.

Abbildung 53. Realisierung der Subjektposition bei Carlotta, Italienisch, aus Schmitz (2007)

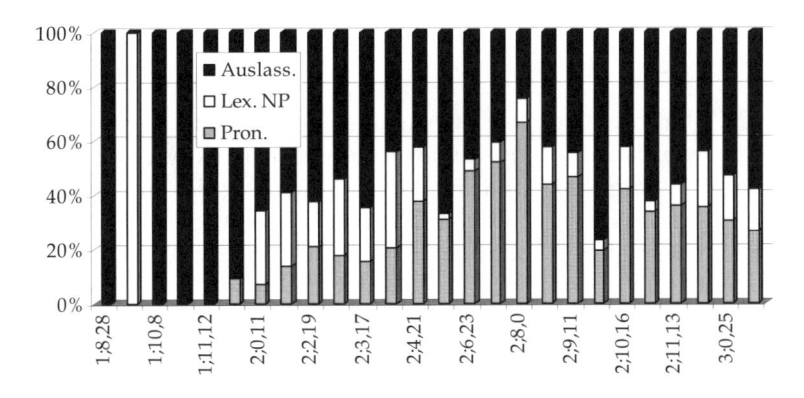

Abbildung 54. Realisierung der Subjektposition bei Carlotta, Deutsch, aus Schmitz (2007)

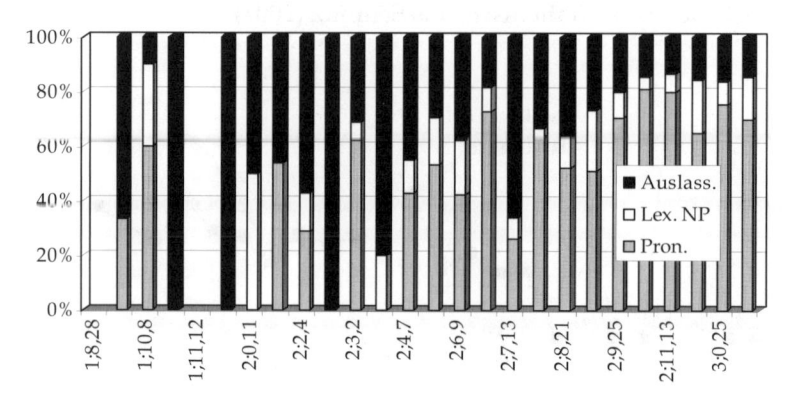

Auch bei Carlotta ist der quantitative Vergleich der Subjektrealisierungen in den beiden Sprachen interessant: Abbildung 55 zeigt, dass Carlotta länger in beiden Sprachen im Subjektbereich unsicher ist.

Abbildung 55. Prozentualer Anteil der Realisierung der Subjektposition bei Carlotta, Vergleich Deutsch – Italienisch, aus Schmitz (2007)

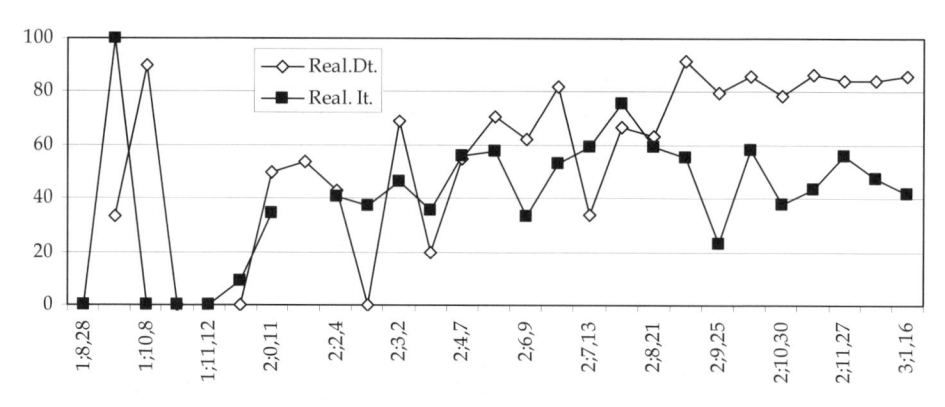

Schmitz (2007) hat die obige Art der Analyse für alle fünf Kinder durchgeführt. Im Folgenden werden die Subjektrealisierungen aller Kinder in ihrem Italienischen zusammen dargestellt und mit der Entwicklung des monolingual italienischen Kindes Martina verglichen. Abbildung 56 zeigt, dass die Subjektrealisierungen der bilingualen Kinder über lange Zeit zwischen 40% und 60% schwanken und sich gegen Ende der Untersuchungszeiträume auf ca. 40% einpendeln, während die des monolingualen Kindes Martina (bis auf eine Ausnahme) immer unter 40% bleiben.

Spracheneinfluss

Abbildung 56. Pozentualer Anteil der Subjektrealisierung bei monolingualen / bilingual dt.-ital. Kindern im Italienischen, aus Schmitz (2007)

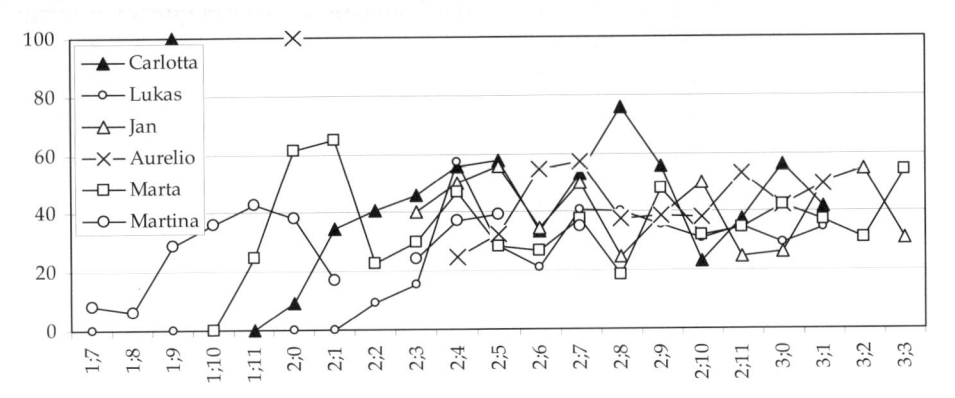

6.2.2.4 Zusammenfassung des Bereichs der Subjektauslassungen

Fassen wir den Vergleich der drei, mit Hinblick auf die Sprachdominanz unterschiedlichen bilingual deutsch-italienischen Kinder zusammen, so lassen sich folgende Ergebnisse festhalten: Alle Kinder erkennen, wenn auch zu unterschiedlichen Zeitpunkten in ihrer individuellen Entwicklung, dass das Italienische eine Null-Subjekt-Sprache ist und das Deutsche nicht. Die Entwicklungssprünge sind bei allen Kindern schnell, nur zu unterschiedlichen Zeitpunkten. Alle drei Kinder realisieren etwas mehr Subjekte als das monolinguale Kind, wobei Lukas diesem noch am nächsten kommt. Es lässt sich also ein verzögernder Einfluss des Deutschen auf das Italienische ausmachen, der bei den beiden dominanten Kindern stärker ausgeprägt ist. Dennoch kann Sprachdominanz den Einfluss nicht erklären: Im Fall von Aurelio würde die schwache Sprache (Deutsch) die starke (Italienisch) beeinflussen. Jan und Carlotta weisen ähnliche Schwankungen in den italienischen Subjektrealisierungen auf, was ebenfalls nicht durch Sprachdominanz zu erklären ist, da Jan deutsch-dominant, Carlotta aber balanciert ist.

Der Vergleich mit dem monolingual italienischen Kind zeigt einen eher geringen Unterschied (5-10%) zu den Subjektrealisierungen der bilingualen Kinder. Es stellt sich die Frage, wo eine Abgrenzung zwischen Spracheneinfluss und individuellen Präferenzen liegt. Wir wollen im Folgenden dafür argumentieren, dass es sich tatsächlich um Spracheneinfluss und um ein Kompetenzphänomen handelt. Es wurde bereits gesagt, dass Subjektauslassungen im Italienischen syntaktisch immer zielsprachlich sind, aber dass auch im Italienischen pragmatische Beschränkungen für Auslassungen gelten. So muss der Referent bereits eingeführt sein. Das folgende Beispiel verletzt diese Bedingung, wie die Reaktion der Erwachsenen deutlich macht:

(70)   Null-Subjekt statt erwartetem Subjekt: Referent ist nicht eingeführt
                                                              (Carlotta 2;2,19)
    Erw: E poi cosa c'è?   [Erwachsene und Carlotta gucken Buch an]
        „Und dann was da ist?"
        „Und was gibt es da?"
    CT: **Fa la bagno**   [Bild: 2 Kinder in Badewanne]
        „Macht die Bad"
        „(Es) nimmt ein Bad"
    Erw: Due bimbi che fanno il bagno [Erw. und CT zählen Kinder im Bad]
        „Zwei Kinder die machen das Bad"
        „(Da sind) zwei Kinder, die ein Bad nehmen"

Umgekehrt gilt das Gleiche: Ist ein Referent eingeführt und wird dennoch mit einem Pronomen auf ihn referiert, wirkt dies ebenfalls pragmatisch unnatürlich, wie das folgende Beispiel illustriert:

(71)   Realisiertes Subjekt statt erwartetem Null-Subjekt: Referent ist
         durch Frage bereits eingeführt   (Carlotta 2;2,19)
    Erw: Dov'è il babbo?
        „Wo ist der Papa?"
    Erw: È fuori casa?
        „Ist außer Haus?"
        „Ist er außer Haus?"
    CT: **È fuori casa babbo?**
        „Ist außer Haus Papa?"
        „Ist Papa außer Haus?"
    Erw: È fuori casa!
        „Ist außer Haus!"
        „Er ist außer Haus"

Die Beispiele zeigen, dass Carlotta zu dem frühen Zeitpunkt dieser Beispiele die pragmatischen Bedingungen für (Null-)Subjekte noch nicht erkannt hat (zumindest in Fragekontexten, vgl. Schmitz 2007). Dies gilt auch für die anderen untersuchten Kinder. Auf diese Beobachtung stützen sich die italienischen Forscherinnen Serratrice und Sorace (2002), die ähnliche Ergebnisse für die Kombination Englisch-Italienisch gefunden haben: Bei dem von ihnen untersuchten Kind beeinflusst das Englische das Italienische, was zu einer erhöhten Zahl von Subjektrealisierungen führt. Sie erklären den Einfluss so, dass nicht die Syntax, sondern die Pragmatik im Bereich der italienischen Subjekte problematisch ist und versuchen, den Informationsgehalt von Subjekten und Null-Subjekten im jeweiligen Kontext zu ermitteln. Schmitz (2007) wendet die von Serratrice und Sorace (2002) vorgeschlagene Methode zur Ermittlung der pragmatischen Kompetenz auf die Daten von Carlotta an und stellt fest, dass sie in den meisten Kontexten (mit Ausnahme der obigen Fragekontexte), anders als von den Autorinnen vorhergesagt, doch bereits eine pragmatische Kompetenz aufweist, die syntaktische Umsetzung aber nicht immer zielsprachlich ist. Die pragmatische Komplexität des Bereichs hat auch das für die Vorhersage der Einflussrichtung verwendete Kriterium von Jakubowicz (2002) angedeutet: Wenn Subjekte nicht in jedem Satz realisiert werden müssen, sondern nur in manchen, erhöht dies die Komplexität. Der vorhergesagte Einfluss auf das Italienische ist bestätigt worden. Während z.T. nur ein kleiner Unterschied zum monolingualen Kind besteht, liegen die Subjektrealisierungen im Italienischen der bilingualen Kinder alle deutlich über den erwachsenensprachlichen Werten.

6.3 Transfer: Die Stellung des finiten Verbs im deutschen Nebensatz

In diesem Unterkapitel wollen wir die dritte Erscheinungsform für Spracheneinfluss an einem Beispiel zeigen. Der bislang einzige untersuchte grammatische Bereich, für den Spracheneinfluss als Transfer festgestellt wurde, ist die Verbstellung im deutschen Nebensatz.

6.3.1 Beschreibung der Zielsysteme

Im Abschnitt über die Verbstellung im deutschen Hauptsatz (vgl. Abschnitt 6.1.1.1 und Kapitel 2) haben wir bereits gezeigt, dass die Verbstellung im Deutschen sowohl im Haupt- als auch im Nebensatz mit der funktionalen Kategorie CP zusammenhängt. Während im Hauptsatz das Verb in dieser Kategorie platziert wird, ist sie im Nebensatz durch den Nebensatzeinleiter (z.B. *wenn* in *wenn Lisa Geburtstag hat*) besetzt, so dass das Verb in der satzfinalen Ursprungsposition verbleibt. Problematisch ist nun aber, dass einige Nebensatzeinleiter auch die Hauptsatzwortstellung erlauben, unter anderem das viel verwendete *weil*:

(72) a. Ich mag Nebensätze, weil sie so kompliziert sind
     b. Ich mag Nebensätze, weil sie sind so kompliziert

Wie *weil* verhält sich *obwohl*. Die Nebensatzeinleiter *denn* und *sondern* verlangen dagegen ausschließlich die Hauptsatzwortstellung (vgl. Abbildung 57). Damit hat das bilinguale Kind im Deutschen Evidenz für eine Nicht-Verb-End-Stellung im Nebensatz. Somit greift das erste Kriterium von Müller und Hulk (2001), wonach Einfluss wahrscheinlich ist, wenn es im Input des Kindes Überlappung zwischen den Zielsystemen im gewählten grammatischen Bereich gibt: Hier ist die Stellung des finiten Verbs im Nebensatz der Sprache A (Deutsch) so beschaffen, dass es im Input des Kindes mehr als eine einzige Stellungsmöglichkeit gibt und Sprache B, in unserem Fall Italienisch und Französisch, Evidenz für die eine Analyse, nämlich die Nicht-Verb-End-Analyse, bietet. Wir erwarten daher, dass Spracheneinfluss auftritt. Wir haben hier die Vorhersage für beide Sprachkombinationen zusammengezogen, da sich in diesem Bereich – anders als bei den Objektauslassungen – das Französische und Italienische nicht unterscheiden:

Beide Sprachen weisen keine Haupt-Nebensatz-Asymmetrie in der Verbstellung auf.

Abbildung 57. Der deutsche Nebensatz ohne Endstellung des Finitums

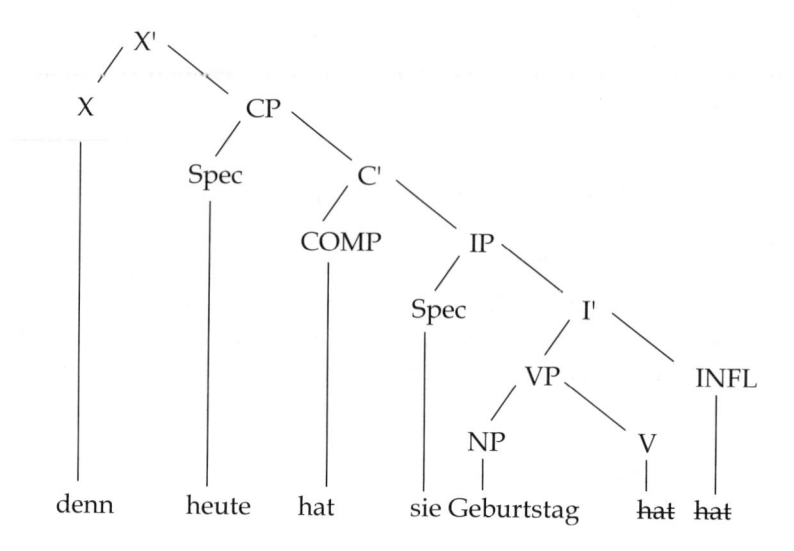

```
              X'
           /     \
          X       CP
          |      /   \
          |    Spec   C'
          |     |    /   \
          |     |  COMP   IP
          |     |   |    /   \
          |     |   |  Spec   I'
          |     |   |   |    /  \
          |     |   |   |   VP   INFL
          |     |   |   |  /  \   |
          |     |   |   | NP   V  |
          |     |   |   |  |   |  |
         denn heute hat sie Geburtstag  h̶a̶t̶  h̶a̶t̶
```

Im nächsten Schritt gilt es wiederum, die Richtung des vorhergesagten Einflusses zu ermitteln. Wie im Bereich der Hauptsatz-Verbstellung ist auch hier die Präsenz der funktionalen Kategorie CP entscheidend: Eine Satzderivation der deutschen $SV_{fin}O$-Abfolgen ohne die CP führt in der (deutschen) Grammatik des bilingualen Kindes dazu, dass im Nebensatz Fehler mit der Stellung des finiten Verbs auftreten – das Verb erreicht die strukturelle Verb-Zweit-Position auch bei Anwesenheit des lexikalischen Komplementierers. Das Deutsche ist im Hinblick auf die Nebensatzstruktur komplex und involviert die CP nicht nur für den Komplementierer (wie es die romanischen Sprachen im Nebensatz auch tun: ... *parce que je suis malade / perché sono ammalata vs. ... weil ich krank bin*), sondern auch in Fällen der Verschmelzung von IP und CP, wie sie im Hauptsatz erforderlich ist. Wir erwarten daher, dass die romanische Sprache das Deutsche beeinflusst. Die romanische Analysemöglichkeit für deutsche $SV_{fin}O$-Abfolgen wollen wir kurz anhand der Strukturen in den Abbildungen 58 und 59 veranschaulichen.

Spracheneinfluss

Abbildung 58. Deutsche SV$_{fin}$O-Sequenzen, analysiert nach der syntaktischen Ableitung für das Französische, auch für die VP

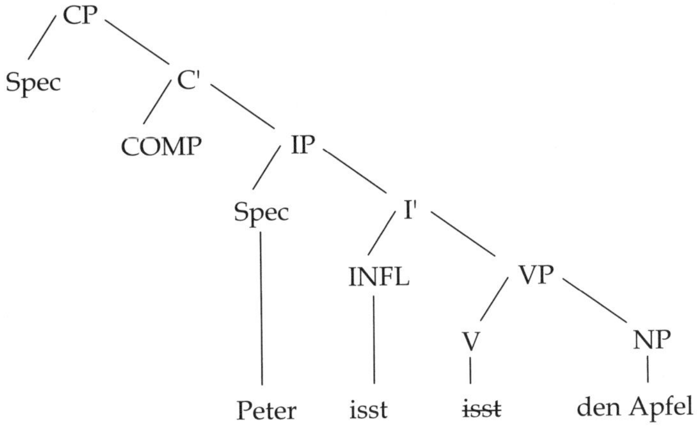

```
           CP
          /  \
       Spec   C'
             /  \
          COMP   IP
                /  \
             Spec   I'
                   /  \
                INFL   VP
                      /  \
                     V    NP
                     |    |
              Peter isst  isst  den Apfel
```

Abbildung 59. Deutsche SV$_{fin}$O-Sequenzen, analysiert nach der syntaktischen Ableitung für das Französische, nur für die IP

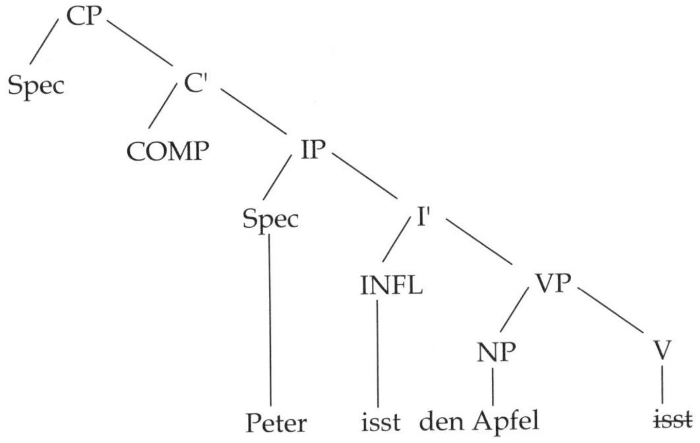

```
           CP
          /  \
       Spec   C'
             /  \
          COMP   IP
                /  \
             Spec   I'
                   /  \
                INFL   VP
                      /  \
                    NP    V
                    |     |
            Peter isst den Apfel  isst
```

Legt das Kind eine Struktur, wie in Abbildung 58 oder 59 dargestellt, zugrunde, wird es nicht ohne weiteres Nebensätze mit Verb-End-Stellung verwenden können, weil die Besetzung der Position COMP durch einen Nebensatzeinleiter keine von Hauptsätzen unterschiedliche Wortstellung mit sich bringt. In der Struktur 58 gibt es zudem keine satzfinale Position für das finite Verb.

6.3.2 Studien mit monolingualen Kindern

Betrachten wir wieder Studien zu monolingual deutsch aufwachsenden Kindern. Die meisten Studien zum monolingualen Erwerb des Deutschen haben von einem fehlerfreien Erwerb der Endstellung des finiten Verbs im deutschen Nebensatz berichtet (vgl. z.B. Stern und Stern 1928, Mills 1986, Rothweiler 1993). Eine interessante Beobachtung ist, dass selbst die frühen uneingeleiteten Nebensätze die Verb-End-Stellung aufweisen (vgl. Müller und Penner 1996). Einige Studien haben kurzfristige Probleme beobachtet: Park (1971) fand $weil+V_{fin}+NP_{subj}$-Konstruktionen (z.B. *weil hast du das gesagt*). Mills (1986), Scupin und Scupin (1907, 1910) sowie Stern und Stern (1928) notierten dann abweichende Stellungen, wenn der Nebensatz mehr als ein verbales Element enthält und ein Konditionalsatz vorliegt: *wenn ihr würdet immerfort in Berlin geblieben sein, so würdet ihr immerfort Berliner gewesen sein*. Solche Konstruktionen sind im Input des Kindes jedoch sehr selten. Insgesamt schildern diese Studien einen problemlosen Erwerb der Nebensatzverbstellung, während die Studien von Fritzenschaft, Gawlitzek-Maiwald, Tracy und Winkler (1990) und Gawlitzek-Maiwald, Tracy und Fritzenschaft (1992) Ausnahmen darstellen: Sie beschreiben die Sprachentwicklung eines monolingual deutschen Kindes, Benny, das für den Erwerb der zielsprachlichen Verb-End-Stellung im Nebensatz 10 Monate benötigt und dabei – zusätzlich zur zielsprachlichen Verb-End-Stellung (73c) – lange Zeit nicht-zielsprachliche Muster wie in (73a,b) verwendet:

(73) (Nicht-)zielsprachliche Wortstellungen von Benny:
    a. Du wenn des dreht sich was tut's dann? (3;2,26)
    b. Wenn hab ich geburtstag habt… (3;1,4)
    c. Wenn des der bub neischmeißt dann fährt schon (3;1,13)

Nun muss bei dem Kind Benny jedoch berücksichtigt werden, dass er in Tübingen aufwächst und seine Mutter Schwäbisch, sein Vater Hessisch mit ihm sprechen. In beiden Sprachräumen sind Nebensätze grammatisch, die nicht die Endstellung des finiten Verbs zeigen (Penner und Bader 1995), sowie solche, die vor der einleitenden Konjunktion *dass* zum Nebensatz gehörige Elemente aufweisen: *ich weiß mit wem dass Maria ausgegangen ist* (Beispiel von Fanselow und Felix 1987:178). Hierzu möchten wir ergänzen, dass die für Benny geschilderte Situation auch für Kinder gilt, die mit Varietäten des Schweizerdeutschen aufwachsen: Die Arbeiten von Penner (1992, 1996) und Schönenberger (1999, 2000) berichten ebenfalls von längeren Zeiträumen mit Verbstellungsfehlern bei Kindern, die das Berndeutsche und Luzerndeutsche erwerben. Im norddeutschen Raum, wo die im nächsten Abschnitt vorgestellten bilingualen Kinder aufgewachsen sind, sind die Nebensätze ohne Verb-End-Stellung auf wenige Nebensatzeinleiter (z.B. *weil, obwohl*) beschränkt, und Konstruktionen wie *ich weiß mit wem dass Maria ausgegangen ist* sind ungrammatisch und somit auch nicht im Input der Kinder vorhanden. Die Sprachdaten von Benny widersprechen somit den zuvor existierenden Studien nicht, welche den fehlerfreien Erwerb der Nebensatzwortstellung beobachten, sondern erweitern unser Verständnis von diesem Erwerbsbereich: Monolingual deutsche Kinder aus norddeutschen bzw. mitteldeutschen Regionen scheinen keine Probleme mit der Nebensatzwortstellung zu haben. Bei Kindern, die im süddeutschen Raum aufwachsen bzw. Varietäten wie das Schweizerdeutsche erwerben, ist der Erwerbsverlauf nicht mühelos.

6.3.3 Studien mit bilingualen Kindern

Bevor wir Ergebnisse aus eigenen Studien zur Nebensatzverbstellung vorstellen, möchten wir kurz frühere Studien mit bilingualen Kindern zu diesem Bereich erwähnen.

Taeschner (1983) beobachtete bei den beiden untersuchten deutsch-italienisch aufwachsenden Mädchen Lisa und Giulia abweichende Stellungen im deutschen Nebensatz, wovon hier einige Beispiele gegeben werden:

(74) Nicht-zielsprachliche Wortstellungen im deutschen Nebensatz (Lisa)
    a. Wenn lisa hat kaputt gemacht dann ist tasche wie papi   (3;4)
    b. Mami guck da lisa was hat gemacht   (3;4)
    c. Wenn hast du alles das hier gelesen, kriegst du das hier
                                                       (ohne Altersangabe)

Müller (1998b) zeigt, dass Lisa und Giulia (sowie ein Zweitspracherwerber, ein Italiener, der im Erwachsenenalter Deutsch erwirbt und dessen Sprachentwicklung wir für den Nebensatz in 2.3.1 besprochen haben, vgl. Müller 1998a) die subordinierenden Konjunktionen so in das deutsche Nebensatzschema integrieren, dass das finite Verb auch adjazent, d.h. unmittelbar angrenzend, zur Konjunktion steht: *wenn hab ich geburtstag gehabt*. Dieses Stellungsmuster ist auch für das bilingual deutsch-italienische Kind Carlotta typisch, deren Verbstellung Müller, Cantone, Kupisch und Schmitz (2002) erstmals vorstellen. Hierauf gehen wir weiter unten genauer ein. Auch zu einem bilingual deutsch-französischen Kind liegt in Müller (1993, 1998a) eine Analyse der Verbstellung im deutschen Nebensatz vor: Müller zeigt, dass das Kind zwei Jahre benötigt, um die Endstellung des finiten Verbs zu erwerben, wobei es die Endstellung für die Nebensatzeinleiter einzeln lernt. Es beginnt mit ca. 3 Jahren, erste nebensatzeinleitende Konjunktionen zu gebrauchen. Aber bis zum Alter von 4;4 (also über 16 Monate hinweg) verwendet das Kind die zielsprachliche Endstellung nur in 4% aller Nebensätze (7 von 167). Im gleichen Zeitraum produziert es im Französischen ausschließlich zielsprachliche Wortstellungen im Nebensatz. Interessant ist nun das Ergebnis, dass der Fehlertyp, bei dem das finite Verb adjazent zur Konjunktion auftritt, wie bei den deutsch-italienischen Kindern, bei dem deutsch-französischen Kind nicht belegt ist. Hier finden sich Stellungen, bei denen das finite Verb an der dritten Satzposition auftritt, d.h. *wenn ich hab geburtstag gehabt*. Wir können also zusammenfassen, dass die romanische Sprache Einfluss auf den Fehlertyp im deutschen Nebensatz der Kinder hat. Während die deutsch-italienischen Kinder beide Stellungen verwenden, die Position des finiten Verbs in zweiter (also direkt nach dem Nebensatzeinleiter) und in dritter Position (also nach dem Nebensatzeinleiter und dem Subjekt), kommt es bei dem deutsch-französischen Kind nur zu dem zweiten Stellungstyp.

Müller, Cantone, Kupisch und Schmitz (2002) stellen die Analyse der Nebensatzverbstellung von Carlotta vor. Wichtig für die Bewertung der Sprachdaten ist, dass sie in Hamburg (Norddeutschland) bilingual deutsch-italienisch aufgewachsen ist. Müller, Cantone, Kupisch und Schmitz (2002) zeigen, dass Carlotta – wie das mit süddeutschen Varietäten aufwachsende Kind Benny – immer wieder von der Zielsprache abweichende Wortstellungsmuster mit dem Verb in dritter oder zweiter Position des Nebensatzes produziert, wie die folgenden Beispiele zeigen:

(75) Nicht-zielsprachliche Verbstellungen im dt. Nebensatz (Carlotta)
    a. Guck mal was mach ich   (2;8,21)
    b. Wenn hab ich geburtstag   (2;10,16)
    c. Wenn ich war baby   (2;11,13)

Bis zum dritten Lebensjahr produziert Carlotta im Deutschen keine einzige Äußerung mit der zielsprachlichen Nebensatzverbstellung. Dagegen verwendet sie im Italienischen ausschließlich zielsprachliche Verbstellungen. Erweitert man den Untersuchungszeitraum für Carlotta bis zum Alter von 4;4 so wird deutlich, dass auch sie erst nach dem Alter von 3 Jahren erste zielsprachliche Endstellungen in deutschen Nebensätzen verwendet und mit 15 Monaten fast so lange wie das deutsch-französische Kind braucht, um die zielsprachliche Stellung zu erwerben. Abbildung 60 veranschaulicht diese Entwicklung:

Abbildung 60. Stellung des Finitums im dt. Nebensatz, Carlotta, aus Müller (2006)

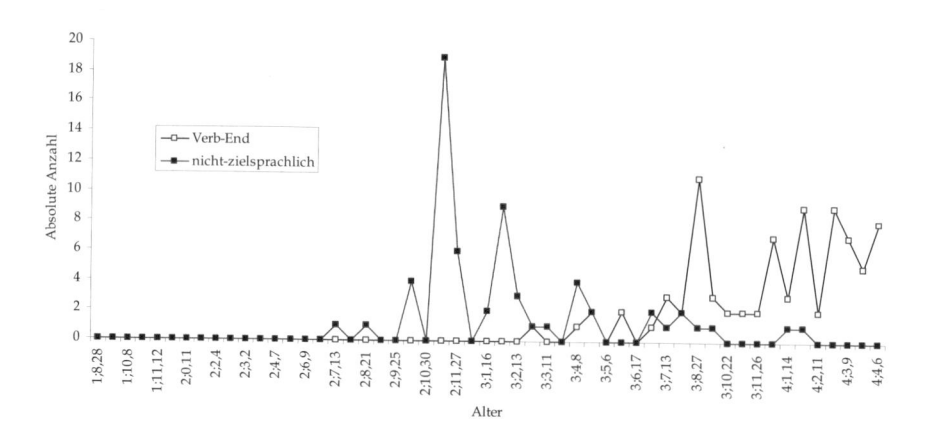

Bei Carlotta wird deutlich, dass man nicht einfach von einer Übertragung von Oberflächenabfolgen aus der romanischen Sprache ins Deutsche ausgehen kann, denn die Sätze vom Typ (75b) wären im Italienischen ungrammatisch und werden dort auch nicht von ihr gebraucht. Zu dem Zeitpunkt, zu dem sie nicht-zielsprachliche Wortstellungen im deutschen Nebensatz verwendet, hat sie außerdem erkannt, dass das Deutsche – im Gegensatz zum Italienischen – eine Verb-Zweit-Sprache ist. Aber sie hat nicht erkannt, und hierin besteht der Einfluss aus dem Italienischen, dass im Deutschen die Anwesenheit einer nebensatzeinleitenden Konjunktion die Verb-Zweit-Abfolge ausschließt. Dies bedeutet,

Spracheneinfluss

dass die fehlende Haupt-Nebensatz-Asymmetrie der jeweilgen romanischen Sprache in das Deutsche übertragen wird, wobei es zu Wortstellungen kommt, die in der jeweiligen romanischen Sprache nicht zulässig sind, da sich der deutsche Hauptsatz von dem in romanischen Sprachen stark unterscheidet (vgl. Abschnitt 6.1.1). Dennoch müssen wir von einem Spracheneinfluss (jedoch nicht in Form von der Übertragung von Oberflächenabfolgen) ausgehen, da der Fehlertyp der Verb-Zweit-Abfolge bei Anwesenheit einer nebensatzeinleitenden Konjunktion wohl bei der Sprachkombination Deutsch-Italienisch typisch ist, beim Sprachpaar Deutsch-Französisch jedoch vollständig fehlt (vgl. weiter unten).

Im Folgenden wollen wir die Analyse der Nebensatzwortstellung bei einem weiteren deutsch-italienischen Kind — Jan — vorstellen, das im Gegensatz zu Carlotta nicht balanciert, sondern dominant im Deutschen ist. Abbildung 61 zeigt, dass Jan keine einzige nicht-zielsprachliche Verbstellung im deutschen Nebensatz aufweist.

Abbildung 61. Stellung des Finitums im dt. Nebensatz, Jan, aus Müller (2006)

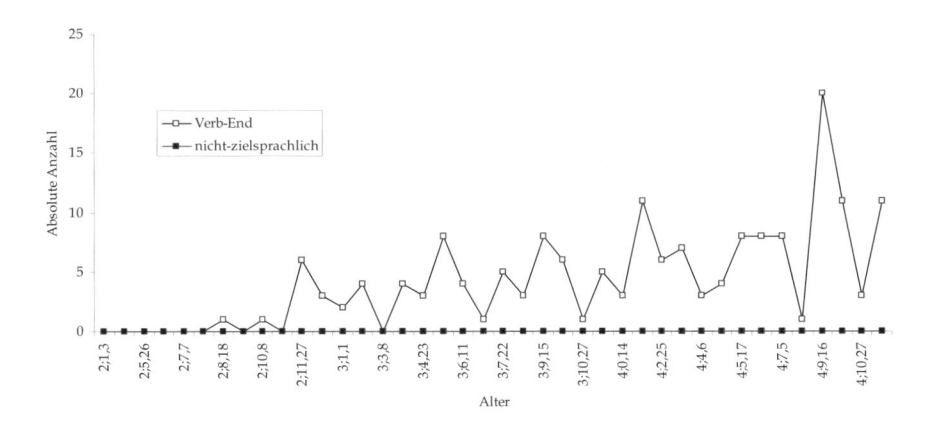

Kann nun das Ausbleiben nicht-zielsprachlicher Nebensatzverbstellungen darauf zurückgeführt werden, dass Jans Dominanz des Deutschen ihm hilft, die Nebensatzverbstellung schneller und fehlerfrei zu erwerben, während balancierte Kinder hier Transfererscheinungen zeigen? Die Analyse eines weiteren deutschitalienisch bilingualen Kindes, das wie Carlotta als balanciert einzustufen ist, spricht gegen eine solche Erklärung: Lukas[40] weist nur sehr wenige Verbstellungsfehler im Nebensatz auf, vorrangig in einer frühen Phase vor 2;8, wie Abbildung 62 zeigt:

---

[40] Beginnend mit 3;4 entwickelt sich bei Lukas eine Dominanz des Deutschen. Diese geht erst nach 4;2 zugunsten einer balancierten Entwicklung zurück.

Abbildung 62. Stellung des Finitums im dt. Nebensatz, Lukas, aus Müller (2006)

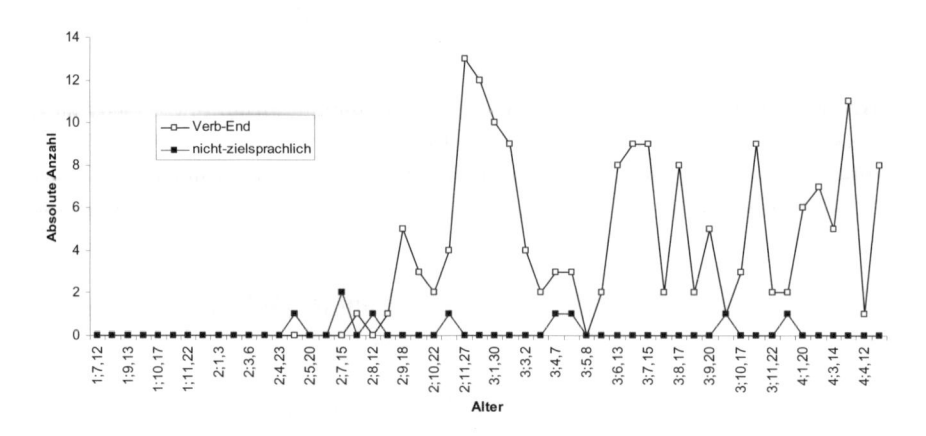

Lukas und Jan sind also vergleichbar, während eine Erklärung über Sprachdominanz vorhersagen würde, dass Lukas und Carlotta sich ähnlich verhalten müssten. Sprachdominanz kann nicht die Erklärung für den bei Carlotta auftretenden und bei Jan und Lukas ausbleibenden Transfer bilden. Vielmehr haben diese beiden Kinder die Verbstellungseigenschaften des Deutschen wesentlich früher erkannt und umgesetzt. Möglicherweise gibt es auch bei Jan eine kurze Phase mit Fehlern, die jedoch im Abstand zwischen zwei Aufnahmen (in seinem Fall bis zu 3 Wochen) lag und nicht dokumentiert wurde.

Betrachten wir nun einmal die Verb-End-Stellung bei deutsch-französischen Kindern. Auch hier werden mit Alexander und Céline, wie zuvor erwähnt, ein weitestgehend balanciertes Kind und ein deutsch-dominantes Kind vorgestellt.

Beginnen wir mit Alexander. Die Analyse der Verbstellung in seinen deutschen Nebensätzen zeigt, dass er – wie Carlotta – über einen sehr langen Zeitraum (von 2;5 bis 4;1, also 20 Monate) Probleme mit der Verbstellung im Nebensatz hat (vgl. Abbildung 63). Der Fehlertyp, der bei den deutsch-italienisch bilingualen Kindern belegt war, *wenn hab ich geburtstag gehabt*, fehlt bei Alexander. Er verwendet die für die Sprachkombination Deutsch-Französisch typische Stellung, bei der das finite Verb in dritter Position im deutschen Nebensatz erscheint.

Das zweite bilingual deutsch-französische Kind, Céline, weist hingegen – wie Jan und Lukas – fast keine Fehler in der Verbstellung auf (vgl. Abbildung 64).

Auch bei den deutsch-französisch bilingualen Kindern stellt sich nun die Frage, ob Célines Dominanz des Deutschen ihr den Erwerb dieses Bereichs erleichtert hat. In diesem Fall können wir aber nicht auf die Analyse eines deutsch-französisch balancierten Kindes ohne diese Probleme verweisen, wie wir es bei den deutsch-italienischen Kindern getan haben. Dennoch verliert eine Erklärung über die Sprachdominanz auch für das Sprachpaar Deutsch-Französisch an Plau-

Spracheneinfluss

sibilität, da der Dominanz unabhängig von der Sprachkombination erklärende Kraft zukommen müsste.

Abbildung 63. Stellung des Finitums im dt. Nebensatz, Alexander, aus Müller (2006)

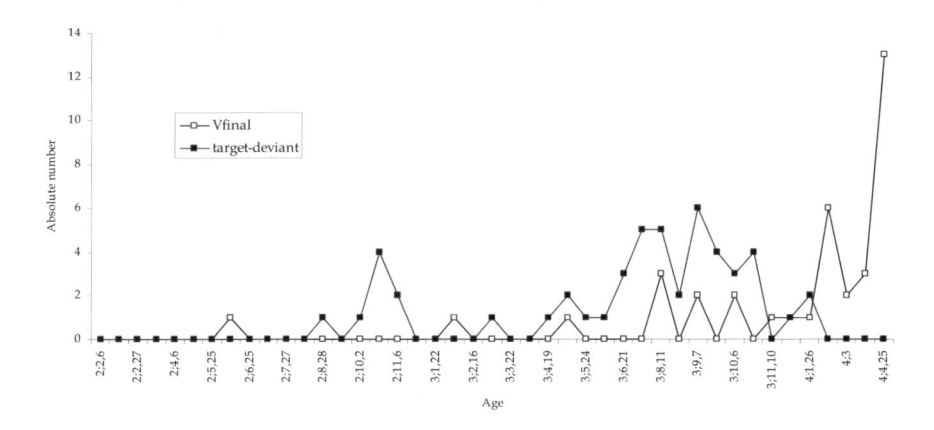

Abbildung 64. Stellung des Finitums im dt. Nebensatz, Céline, aus Müller (2006)

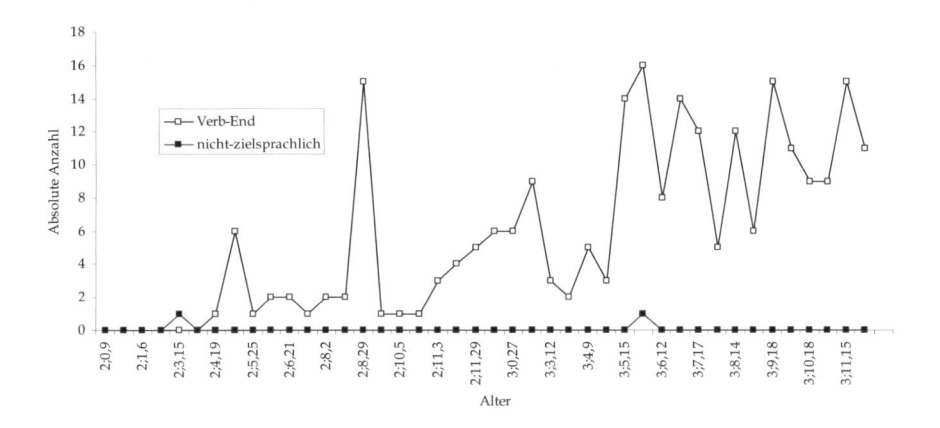

6.3.4 Zusammenfassung des Bereichs der Verbstellung im deutschen Nebensatz

Zuerst ist festzuhalten, dass in beiden Sprachkombinationen die Verb-End-Stellung – wie vorhergesagt – zu einem Spracheneinfluss geführt hat, der sich negativ, nämlich verzögernd, auswirkt. Sowohl die Vorhersage über die Wahrscheinlichkeit als auch diejenige über die Richtung des Einflusses wurden bestätigt. Sprachdominanz hat sich, besonders klar bei den deutsch-italienisch bilingualen Kindern, als nicht geeignete Erklärung für das Auftreten des Einflusses gezeigt.

Es gibt nun mehrere Gründe, warum Transfer eine besondere Form des Einflusses ist: Zum einen muss erklärt werden, wie der Einfluss wieder verschwindet. Anders als im Falle von Beschleunigung oder Verzögerung, die das Erreichen der zielsprachlichen Norm früher oder später beinhaltet und einen quantitativen Unterschied zwischen monolingualen und bilingualen Kindern darstellt, ist Transfer ein qualitativer Unterschied, bei dem durch die Übertragung einer grammatischen Eigenschaft Fehler entstehen, die – z.T. sehr mühsam und über lange Zeit – korrigiert werden müssen.

Zum anderen impliziert das Gesagte auch, dass es bei Transfer eben nicht um eine über längere Zeit und / oder in größerem Umfang produzierte nichtzielsprachliche Erscheinung in der Kompetenz des Kindes geht, sondern um einen Fehler, den monolinguale Kinder nicht machen. Der Bereich der Nebensatzwortstellung wird mit Ausnahme der besonderen dialektalen Variation und besonders komplexer Nebensatzkonstruktionen für monolinguale deutsche Kinder als problemlos betrachtet.

6.4 Zusammenfassung des Kapitels

Wir haben in diesem Kapitel zunächst in eine neue Position im vieldiskutierten Zusammenhang von Sprachentrennung und Spracheneinfluss eingeführt und diese dann an einer Reihe von grammatischen Bereichen veranschaulicht. Dabei sind alle drei möglichen Manifestationen von Spracheneinfluss aufgetreten. Quer durch die drei Erscheinungsformen haben wir sehr unterschiedliche Bereiche dokumentiert, in denen mal die jeweilige romanische Sprache (Verzögerung im Subjekt- und Objektbereich), mal das Deutsche (Verbstellung im Haupt- und Nebensatz, Determinantenerwerb) die beeinflusste Sprache war. Einer der Bereiche war rein syntaktisch (Verbstellung im Deutschen), die anderen waren an der Schnittstelle zwischen Syntax, Semantik und Pragmatik (Verbargumente) oder Syntax, Semantik, Pragmatik und Morphologie (Determinanten). Es ist also nicht der Fall, dass immer eine bestimmte Sprache oder ein bestimmes Grammatikmodul (z.B. Syntax) pauschal betroffen war.

Wir können zwar für einzelne Bereiche, aber eben nicht auf das Individuum bezogen das Auftreten (inkl. Richtung) und das Ausmaß des Einflusses vorhersagen. Die untersuchten bilingualen Kinder haben, je nach grammatischem Bereich, unterschiedlich reagiert – einige, wie z.B. Lukas, tendierten dazu, selten Einfluss zu zeigen (nur Verbstellung im deutschen Hauptsatz und leicht erhöhte Subjektrealisierungen im Italienischen), andere häufiger. Dies hat aber nichts mit der Balanciertheit oder dem Vorliegen von Sprachdominanz zu tun: Carlotta ist wie Lukas als balanciert eingestuft und weist in allen hier vorgestellten Bereichen Einfluss aller drei Erscheinungsformen auf. Eine direkte Korrelation zwischen Einfluss und Sprachdominanz ist nicht erkennbar. Vielmehr könnten aus den einzelnen Bereichen abgeleitete Lernstrategien auf unterschiedliche Lernertypen hinweisen (vgl. Kapitel 8).

Stets haben wir die Vorhersagen auf der Basis von Kriterien anhand der grammatischen Eigenschaften des jeweiligen Phänomens festgemacht – erfolgreich, da alle Vorhersagen bestätigt worden sind. Nun stellt sich natürlich die Frage, wie es möglich ist, dass die Kriterien immer zu diesem Erfolg führten, zumal wir nicht immer alle zusammen verwendet haben. Wie also wähle ich für den von mir untersuchten grammatischen Bereich die richtigen Kriterien aus? Gemäß der Definition für Spracheneinfluss von Paradis und Genesee (1996) haben wir immer mit monolingualen Kindern verglichen (und zusätzlich auch zwischen den Sprachen des bilingualen Kindes). Gleichzeitig sind die Ergebnisse aus Studien mit monolingualen Kindern zum gewählten grammatischen Bereich auch ein Maßstab für die Problematik, der bilinguale Kinder gegenüberstehen. Sie können uns – zumindest bei den häufiger auftretenden beschleunigenden bzw. verzögernden Phänomenen – eine Orientierung geben.

Die Einflusskriterien von Müller und Hulk (2000, 2001) wurden so entwickelt, dass sie gemeinsam gelten können. Über eine separate Anwendung wurde bislang nicht explizit gearbeitet. Erste Studien zu Bereichen, die nur eines der Kriterien erfüllen (z.B. die Verbstellung im deutschen Haupt- und Nebensatz sowie die hier nicht dargestellte Analyse des Erwerbs des Dativs im Deutschen durch einige der hier vorgestellten bilingualen Kinder von Schmitz 2006b) zeigen, dass die Erfüllung eines der Kriterien (Überlappung der Zielsysteme im Falle der Verbstellung bzw. Schnittstellenphänomen im Fall des Dativerwerbs) ausreicht, um Spracheneinfluss vorherzusagen.

Die Kriterien für die syntaktische Komplexität von Jakubowicz (2002), die wir zur Bestimmung der Einflussrichtung herangezogen haben, sind für unterschiedliche Bereiche entwickelt worden. Ihr gemeinsamer Nenner ist einerseits die Idee, dass die grammatischen Bereiche einzeln zu bewerten sind, und zum anderen der Bezug auf die Grundannahme einer Ökonomie, wonach die weniger komplexe Analyse gewählt wird und nun für die Ermittlung der Komplexität unter Bezug auf die Syntax unterschiedliche Anhaltspunkte gegeben werden. Diese haben wir auf der Basis der generativen Syntaxtheorie, aber auch unter Einbezug der Kenntnisse des jeweiligen Phänomenenbereichs und der Ergebnisse aus Studien zu monolingualen Kindern interpretiert und angewandt. Die Perspektive des Kindes stand in unseren Arbeiten im Mittelpunkt.

6.5 Aufgaben

1. Erklären und diskutieren Sie den Begriff der syntaktischen Berechnungskomplexität. Welche Alternativen zu den Kriterien von Jakubowicz könnte es geben?
2. Warum ist es mit Hinblick auf Spracheneinfluss notwendig, Daten von

zweisprachigen Kindern mit denen von monolingualen Kindern zu vergleichen?

3. Das Kind Antoine ist deutsch-französisch bilingual und beginnt im Alter von 1;6 die ersten Determinanten im Französischen zu verwenden. Im Deutschen beginnt es mit der Determinantenverwendung erst im Alter von 2;0. Können wir daraus schließen, dass das Französische die dominante Sprache von Antoine ist? (Kapitel 4 und 6)

4. In Kapitel 5.2 wurden zwei grammatische Bereiche, die Adjektivstellung und die Negation, vorgestellt, wie sie von Volterra und Taeschner (1978) im Rahmen ihrer Annahme eines gemischten Systems analysiert werden. Legen Sie nun einmal eine frühe Trennung der Systeme zugrunde und arbeiten Sie mit den in Kapitel 6 vorgestellten Annahmen im Rahmen der von Müller und Hulk (2000, 2001) entwickelten Theorie des Spracheneinflusses. Erarbeiten Sie Vorhersagen für Wahrscheinlichkeit und Richtung des Einflusses für diese Bereiche, indem Sie die Zielsysteme in den Sprachkombinationen Deutsch / Französisch und / oder Deutsch / Italienisch vorstellen, und dann die unterschiedlichen Kriterien anwenden und etwaige Probleme diskutieren.

5. Lesen Sie die Arbeit von Meisel (1986) zum Erwerb der Wortstellung und des Kasussystems durch deutsch-französisch bilinguale Kinder. Betrachten Sie sodann das beigefügte deutsche Transkript und quantifizieren Sie Wortstellungsfehler (v.a. im Hinblick auf die Position des Verbs) und Kasusfehler, wobei Sie diese den Äußerungen mit zielsprachlichen Realisierungen dieser Bereiche gegenüberstellen. Diskutieren Sie, inwieweit Meisels Annahme eines weitgehend problemlosen Erwerbs zutrifft und ob Spracheneinfluss vorliegen könnte.

6. Betrachten Sie die im Anhang beigefügten Transkripte und notieren Sie alle Äußerungen, die Ihrer Meinung nach von der Zielsprache abweichen und ordnen Sie diese nach grammatischen Bereichen. Welche grammatischen Bereiche fallen besonders ins Gewicht?

7 Sprachmischungen bei bilingualen Kindern

In diesem Kapitel wird es um Sprachmischungen gehen. Als Sprachmischung bezeichnet man im Allgemeinen Wörter, Sätze oder Kontexte, in denen zweisprachige Individuen ihre beiden Sprachen gleichzeitig benutzen. In der Linguistik wird dieses Phänomen unterschiedlich benannt und beschrieben.

Während „code-mixing" überwiegend als etwas Negatives verstanden und im Zusammenhang mit zweisprachigen Kindern im Verlauf des Spracherwerbs gebraucht wird, meinen „code switching", „codeswitching" oder „code-switching" trotz der unterschiedlichen Rechtschreibung alle dasselbe: Die Ausdrücke beschreiben das Phänomen, dass Zweisprachige während einer Unterhaltung oder innerhalb eines Satzes ihre beiden Sprachen gleichzeitig benutzen. Der Begriff „code-blending" wiederum wird verwendet, wenn eine der beiden Sprachen eine gesprochene ist und die andere eine Gebärdensprache. So können Zweisprachige, die „code-blending" anwenden, gleichzeitig Wort und Gebärde ausdrücken. Der allgemeine Begriff „language mixing" ist dem der Sprachmischung gleichzusetzen.

Im nächsten Abschnitt wollen wir Sprachmischungen näher beschreiben. In Abschnitt 7.2 beschäftigen wir uns mit den Beschränkungen, die in der Literatur vorgeschlagen wurden, um diesen Sprachstil zu regulieren. Es wird deutlich werden, dass der Begriff des Code-switching bis heute in der Forschung überwiegend zur Untersuchung der Erwachsenensprache benutzt wird, nicht jedoch im doppelten Erstspracherwerb (vgl. Kapitel 2). Im Letzteren hat sich die Forschung überwiegend damit beschäftigt, die Trennung der beiden Sprachen im Erwerb zweisprachiger Kinder zu untersuchen (vgl. Kapitel 5). Hierbei dienten Sprachmischungen in früheren Arbeiten meistens als Evidenz für die anfängliche Fusion der beiden Sprachsysteme (vgl. Kapitel 5). Im letzten Jahrzehnt dagegen wurden Sprachmischungen überwiegend herangezogen, um Fälle von unausgeglichenem Spracherwerb bei bilingualen Kindern zu beschreiben (vgl. Kapitel 4). Abschnitt 7.2 wird die Literatur zu erwachsenensprachlichen Studien bis zu dem heutigen Diskussionsstand vorstellen.

Wie Mischungen bei zweisprachigen Kindern analysiert wurden, diskutiert Abschnitt 7.3. mit einem Überblick über die Studien zu diesem Thema. In Abschnitt 7.4 werden wir anhand einer kürzlich verfassten Arbeit sehen, wie Sprachmischungen im Einzelnen bei Kindern erklärt werden können, und dass es möglich ist, Kinderdaten mit denselben Kriterien, die auch für die Analyse von Mischungen bei erwachsenen Bilingualen herangezogen werden, zu untersuchen.

7.1 Definitionen

Die Linguisten Milroy und Muysken (1995) behaupten in der Einführung ihrer Arbeit „One Speaker, Two Languages: Cross-Disciplinary Perspectives on Code-Switching", dass Code-switching in der Forschung zur Zweisprachigkeit eine zentrale Rolle spielt: „perhaps the central issue in bilingualism research is code-switching" (1995:7). In der Tat wird bei zweisprachigen Menschen häufig beobachtet, dass sie ihre beiden Sprachen innerhalb einer Unterhaltung oder eines einzelnen Satzes mischen. Zu untersuchen, wie und wann die beiden Sprachen benutzt werden, hilft, die Interaktion der Sprachen in einem bilingualen Individuum zu verstehen. Darüber hinaus kann das Erforschen von Sprachmischungen auch generell dazu dienen, Aussagen über die Organisation und Architektur von Sprache im Gehirn zu wagen.

Eine allgemeine Definition von Code-switching ist die folgende: „The alternative use by bilinguals of two or more languages in the same conversation." (Milroy und Muysken 1995:7). Diese Aussage ist rein deskriptiv und beschränkt das Phänomen weder grammatisch noch soziolinguistisch.

Der Begriff der Sprachmischung ganz wörtlich genommen bedeutet nichts anderes, als dass ein Wort oder ein Satz aus Sprache A in dem Kontext von Sprache B benutzt wird, oder dass ein Satz entsteht, der sowohl Elemente aus Sprache A als auch aus Sprache B enthält.

Aus soziolinguistischer Sicht werden Sprachmischungen nach ihrer Diskursfunktion untersucht. Dabei wird bei jeder Mischung der Frage nachgegangen, weshalb sie in dem bestimmten Kontext stattgefunden hat, und nicht unbedingt, ob dabei eine grammatische Regel einer der beiden Sprachen verletzt wurde.

Aus psycholinguistischer Sicht wird vorrangig untersucht, wie ausgeprägt der Grad der Aktivierung der beiden Sprachen in einem zweisprachigen oder einsprachigen Gespräch ist (vgl. u.a. Grosjean 1998, 2001). Zur Bestimmung des Grades der Aktivierung der beiden Sprachen muss berücksichtigt werden, wer der Gesprächspartner ist: handelt es sich um einen monolingualen Sprecher, so muss der Zweisprachige im Sinne der Verständigung nur diejenige Sprache benutzen, die beide verstehen. Die jeweils andere Sprache wird in der monolingualen Situation deaktiviert, aber nicht ganz ausgeschaltet (vgl. 4.3). Erst wenn beide Sprecher zweisprachig (mit denselben zwei Sprachen) sind, ist die Voraussetzung für das Mischen gegeben („bilingual mode"). Jetzt sind beide Sprachen gleich stark aktiviert und es kann und wird zu Sprachmischungen kommen.

Viele Autoren gehen davon aus, dass Sprachmischungen dahingehend untersucht werden müssen, ob sie die grammatische Integrität der involvierten Sprachen berücksichtigen. Darauf werden wir im nächsten Abschnitt näher eingehen.

Während DiSciullo, Muysken und Singh (1986) in ihrer Untersuchung zu den strukturellen Eigenschaften von Sprachmischungen den Begriff „code-mixing" verwenden, weil sie der Meinung sind, dass Code-switching eher auf eine soziolinguistische Beschreibungsebene verweist, wird „code-mixing" häufiger im Zusammenhang mit Sprachmischungen genannt, die sich durch das Fehlen von pragmatischen und grammatischen Regularitäten auszeichnen.

Meisel (1994b) betont in seiner Definition von Code-switching, dass es sich hierbei um eine Fähigkeit und nicht um ein Defizit handelt. Diese Fähigkeit besagt, dass zweisprachige Individuen ihre beiden Sprachen gleichzeitig benutzen können, und dass sie dabei sowohl soziolinguistische als auch pragmatische und grammatische Regularitäten befolgen:

> „Code-switching is the ability to select the language according to the interlocutor, the situational context, the topic of conversation, and so forth, and to change languages within an interactional sequence in accordance with sociolinguistic rules and without violating specific grammatical constraints." (Meisel 1994b:415)

Schon Meisel (1989) hatte bemerkt, dass die Begriffe „language mixing" und Code-switching in der Literatur uneinheitlich gebraucht werden. Seiner Ansicht nach sollte Code-switching im bilingualen Erstspracherwerb erst dann verwendet werden, wenn die Kinder die den Sprachenwechsel bestimmenden Regularitäten beherrschen. Vor diesem Zeitpunkt sollte die allgemeinere Bezeichnung „language mixing" oder „code-mixing", die, wie bereits erwähnt, oft in Zusammenhang mit Kindersprache steht, benutzt werden. In Abschnitt 7.3 werden wir auf dieses Thema zurückkommen.

Muysken (2000:1) dagegen hebt hervor, dass sich „code-mixing" auf alle Fälle bezieht, in denen lexikalische Elemente und grammatische Merkmale aus zwei Sprachen in einer Äußerung auftreten, während Code-switching das Alternieren mehrerer Sprachen innerhalb einer Unterhaltung bezeichnet.

Muysken (2000) unterscheidet drei Unterkategorien bei der Analyse von Code-switching:

(a) Alternation („alternation")
(b) Insertion („insertion")
(c) kongruente Lexikalisierung („congruent lexicalization")

Alternation ist gegeben, wenn „there is a true switch from one language to the other, involving both grammar and lexicon." (Muysken 2000:5) Das Beispiel (76a) zeigt den Sprachenwechsel innerhalb einer Äußerung unter Berücksichtigung der deutschen und französischen Syntax und Lexik. Das französische Satzsegment ist weder in das deutsche integriert noch umgekehrt. Die Integration von Sprachmaterial liegt gerade bei der Insertion vor. Dies zeigt das Beispiel (76b), in dem eine italienische DP in einen deutschen Satz eingebettet wurde. Kongruente Lexikalisierung findet Anwendung in folgender Situation, die mit dem Beispiel (76c) aus Musyken (1997) illustriert ist:

> „The term congruent lexicalization refers to a situation where the two languages share a grammatical structure which can be filled lexically with elements from either language. The mixing of English and Spanish could be interpreted as a combination of alternations and insertions, but the going back and forth suggests that there may be more going on […], and that the elements from the two languages are inserted, as constituents or as words, into a shared structure. " (Muysken 1997:362)

Diese Art des Mischens findet insbesondere bei typologisch ähnlichen Sprachen oder zwischen Dialekt und Standardsprache statt, d.h. es wird eine einheitliche Struktur der beiden gemischten Sprachen gefordert. In diesen Fällen wird Codeswitching oft anders analysiert, und manchmal auch als „code shifting" oder „style shifting" bezeichnet (vgl. Auer 1976).

(76) a. Das ist gut so *et n'oubliez pas le livre dont on a parlé*
 b. Ich lese *un libro*
 c. Bueno, *in other words*, el *flight* que sale de Chicago *around three o'clock*

Ein wichtiger Aspekt bei der Analyse von Sprachmischungen ist die Annahme einer Basis-Sprache, in die hineingemischt wird. Bei der oben erwähnten Insertion zum Beispiel betrachtet man das Mischen derart, dass Elemente aus der einen Sprache in der anderen benutzt werden. Die Sprache, in die gemischt wird und die vermutlich den größeren Anteil an Wörtern in der Unterhaltung bereitstellt, ist also die Basis-Sprache.

Nach Myers-Scotton (1993) gibt es bei Sprachmischungen eine Asymmetrie zwischen den beiden beteiligten Sprachen. Eine der Sprachen ist die Basis-Sprache (die Autorin verwendet den Begriff „Matrix-Sprache"), die andere wird als die eingebettete Sprache bezeichnet. Demnach werden die beiden Sprachen nicht gleichgewichtig von den Sprechern benutzt, sondern eine Sprache ist immer die dominierende, die den Rahmen vorgibt, in den hineingemischt wird. Welche Sprache das ist, wird auf komplizierte Weise ermittelt, zum einen durch das Erscheinen bestimmter Morpheme in der Matrix-Sprache, zum anderen durch die Gesamtanzahl dieser Morpheme. Folglich ist die Matrix-Sprache diejenige mit dem größeren Anteil an bestimmten grammatischen Morphemen (vgl. Myers-Scotton 1993; Myers-Scotton und Jake 2001; Jake, Myers-Scotton und Gross 2002). Es stellt sich die Frage, ob bilinguale Sprecher tatsächlich — bewusst oder unbewusst — wie vom „Matrix Language Frame Model" postuliert, diese frequenzbasierte Methode anwenden, um eine ihrer Sprachen als Basis-Sprache auszuwählen. Des Weiteren bleibt unklar, ob die Basis-Sprache nur von Satz zu Satz ermittelt werden muss oder für eine ganze Unterhaltung gelten kann.

Will man Sprachmischungen untersuchen, so ist es wichtig, einen monolingualen Sprachkontext zu etablieren (vgl. Kapitel 3). Insbesondere bei Untersuchungen zum Spracherwerb bilingualer Kinder können mehrsprachige Kontexte zu häufigeren Sprachmischungen führen. Dieses wurde jedoch bei der quantitativen Ermittlung der Sprachmischungen nicht immer berücksichtigt. Oft wurden Sprachmischungen in bilingualen Kontexten als Defizit ausgelegt, d.h. man sprach den Kindern die Fähigkeit zur adäquaten Sprachwahl ab (für andere Ergebnisse vgl. Abschnitt 7.3.1). Werden, wie in Kapitel 3 beschrieben, bei der Datenerhebung mit zweisprachigen Kindern die Videoaufnahmen nach Sprachen getrennt, so kann man davon ausgehen, dass z.B. in der Aufnahme, in der Deutsch gesprochen wird, dieses auch die Basissprache ist. Bildet das Kind eine Äußerung mit z.B. deutschen und französischen Wörtern, so wurde ins Deutsche

Sprachmischungen bei bilingualen Kindern

hineingemischt. Die Berücksichtigung der Erhebungsmethode ist also für die Bestimmung der Mischrichtung relevant (vgl. Abschnitt 7.3.4).

Im Allgemeinen herrscht Einigkeit darüber, dass von zwei Arten von Codeswitching auszugehen ist. Die Forschung unterscheidet Mischungen zwischen mehreren Äußerungen einer Unterhaltung, so genanntes inter-sententiales Codeswitching, und Mischungen innerhalb einer Äußerung, so genanntes intrasententiales Code-switching (vgl. auch Kapitel 5).

Oft werden einzelne Wörter gemischt, die bereits in die andere Sprache integriert worden sind (vgl. *touché* in (77)). Hier spricht man von Entlehnungen oder Lehnwörtern. Der Begriff der Entlehnung bezeichnet einzelne Wörter oder kurze Ausdrücke, welche auch phonologisch (und morphologisch) in die andere Sprache integriert wurden, wie *Ça va sans dire* in (77). Auf den ersten Blick könnte man auch vermuten, dass die Beispiele Belege für das Code-switching darstellen. In der Tat ist der Unterschied zwischen Code-switching und Entlehnung nicht immer deutlich (vgl. Romaine 1995). Manche Autoren gehen davon aus, dass nur bestimmte gemischte Lexeme Entlehnungen sind, nämlich solche, die eine kulturelle Bedeutung haben. Des Weiteren kann die Entlehnung darauf beruhen, dass es für das betreffende Wort in der anderen Sprache gar keine Entsprechung gibt, oder zumindest keine, die dieselbe Bedeutung hat. Schließlich gibt es den Begriff „tag-switching", der sich auf Interjektionen bezieht, die gemischt werden (vgl. *alors* in Beispiel (77)). Die gemischten Sprachelemente sind in den nachfolgenden Beispielen durch Kursivierung hervorgehoben.

(77) (Konstruiert: Zwei Deutsch-Italiener in einer deutschen Stadt)
    A: Nächste Woche fliege ich nach Verona. *Non vedo l'ora.*
        „Ich kann es kaum erwarten"
    B: *Che bello! Vai a trovare tua cugina?*
        „Wie schön! Besuchst du deine Kusine?"
    A: *Sì. Spero che mi divertirò. Almeno il tempo lì è meglio di qui*
        „Ja. Ich hoffe, ich werde Spaß haben.
        Zumindest ist das Wetter dort besser als hier"
    B: Ganz sicher. Hier regnet's doch nur!

(Konstruiert: Zwei Deutsch-Franzosen in einer französischen Stadt)
    A: *Je pense que* es ist zu spät, um nach Hause zu fahren
        „Ich glaube dass ..."
    B: *C'est vrai. Alors*, gehen wir direkt *au cinéma*!
        „Das is wahr. Na dann gehen wir direkt ins Kino!"

(Konstruiert: Zwei Französisch-Italiener in einer italienischen Stadt)
    A: Ieri ho visto Anna col suo nuovo ragazzo
        „Gestern hab ich Anna mit ihrem neuen Freund gesehen"
    B: *Touché!* Proprio lei che non voleva esser vista!
        „Erwischt! Ausgerechnet sie, die nicht gesehen werden wollte!"

A: *Ça va sans dire* che era rossa dalla vergogna
„Ich muss nicht extra erwähnen, dass sie rot vor Scham war"

Obwohl frühere Studien zum bilingualen Erstspracherwerb davon ausgegangen sind, dass Kinder zu Beginn über ein einziges Sprachsystem verfügen, aus dem sich erst zu einem späteren Zeitpunkt zwei getrennte Systeme herausbilden (vgl. Kapitel 5), herrscht zum heutigen Forschungsstand Einvernehmen darüber, dass die Sprachentrennung von Beginn des Spracherwerbs an belegbar ist.

Dieses Ergebnis ist von großer Wichtigkeit für das Phänomen der Sprachmischungen, weil gerade diese immer als Beleg für die Existenz eines einzigen Sprachsystems ausgelegt wurden. Im Gegenteil ist gezeigt worden, dass Kinder ihre beiden Sprachen von Beginn an trennen und diese unter Berücksichtigung soziolinguistischer und pragmatischer Aspekte verwenden können (vgl. de Houwer 1990, Meisel 1994b, Lanza 1992, 1997, Gawlitzek-Maiwald und Tracy 1996, Köppe 1996, 1997, Paradis und Genesee 1996). Nach Genesee (1989:162) sind Sprachmischungen Interaktionen zwischen den beiden Sprachsystemen der bilingualen Kinder. Damit betont er, dass es sich in der Tat um zwei Systeme handelt, die interagieren, und nicht um ein einzelnes, das beide Sprachsysteme beherbergt.

Anders als bei erwachsenen Sprechern hat man für den bilingualen Spracherwerb festgestellt, dass Kinder bis zum Alter von etwa drei Jahren besonders viel mischen (vgl. u.a. Lanza 1992, Köppe und Meisel 1995, Deuchar und Quay 2000). Danach lässt das Mischen nach. Bei manchen Kindern stellt sich eine U-förmige-Entwicklung ein.[41] Damit ist gemeint, dass nach einer Phase der Sprachmischungen diese zunächst stark zurückgehen, um dann erneut mit hoher Frequenz aufzutreten. Es herrscht allerdings keine Einigung darüber, warum diese Mischphasen auftreten, und vor allem, wie sie jeweils abgeschlossen werden.

Sprachmischungen in der Kindersprache werden im Allgemeinen anders bewertet und analysiert als solche, die bei Erwachsenen vorkommen. Es heißt, dass in der frühen Phase des bilingualen Erstspracherwerbs besonders viel gemischt wird, und dass sich dieses Mischen vom erwachsenensprachlichen Code-switching unterscheidet. Der Grund für die Unterscheidung zwischen dem kind-

---

[41] Die Entwicklungskurve stellt sich quantitativ wie ein „U" dar. Mit anderen Worten: Zu Beginn des Erwerbs erreicht ein bestimmtes Sprachphänomen 100%, dann 0% und dann tendiert die Kurve wieder hin zu 100%. Beispielsweise beginnen Kinder im Bereich bestimmter grammatischer Phänomene mit einem hohen Akkuratheitsgrad, der dann im Laufe der Entwicklung gegen 0% abfällt und dann wieder auf 100% ansteigt. Der U-förmige Entwicklungsverlauf ist in der Literatur oft dergestalt interpretiert worden, dass der anfänglich hohe Akkuratheitsgrad durch das simple Memorieren einer Sprachform oder einer Sprachkonstruktion zustande kommt. Die sich daran anschließende Tendenz hin zu einem vergleichsweise niedrigen Akkuratheitsgrad wird als Phase des Regelerwerbs angesehen. Danach stellt sich wieder ein hoher Akkuratheitsgrad ein, da nach Forschungsmeinung die Regel nun als erworben gilt. Dass sich der U-förmige Entwicklungsverlauf auch im Bereich der Sprachmischungen abzeichnet, stellt die Interpretation über den Regelerwerb in Frage, da man bei Sprachmischungen wohl nicht davon ausgehen darf, dass sie anfänglich memoriert sind.

lichen Mischen und dem Mischen von Erwachsenen liegt darin, dass Erwachsene bereits beide Sprachsysteme vollständig beherrschen, während Kinder erst beginnen, die beiden Sprachen und ihre grammatischen Systeme zu erwerben. Daher soll es bei den Kindern zu mehr nicht-regelgeleiteten Mischungen kommen. Überhaupt heißt es, dass das Mischen bei Kindern weniger regelgeleitet sei (Sridhar und Sridhar 1980).

7.2 Erwachsenensprachliche Sprachmischungen

Wie im vorherigen Abschnitt schon deutlich wurde, können Sprachmischungen aus unterschiedlichen Perspektiven untersucht werden. Im Folgenden werden wir die wichtigsten Vorschläge zur Analyse und Einschränkung von Sprachmischungen vorstellen. Dabei liegt der Fokus auf den grammatischen Regularitäten.

7.2.1 Soziolinguistische und pragmatische Restriktionen

Insbesondere die frühesten Studien zum Thema Code-switching waren soziolinguistisch angelegt. Es ging vor allem darum, den linguistischen Kontext und die soziale Umgebung der Sprecher einzubeziehen.

John Gumperz war einer der ersten Forscher, der dafür plädiert hat, Code-switching nicht mehr als ein sprachliches Defizit zu sehen, d.h. als die mangelnde Fähigkeit einer zweisprachigen Person, konsequent nur eine der beiden Sprachen zu benutzen. In seinem Artikel von 1976 arbeitet Gumperz zwei unterschiedliche Arten der Sprachmischungen heraus, nämlich das situationsbedingte Code-switching und das metaphorische Code-switching. Beim ersten geht es darum, dass die Situation, in der sich die Sprecher befinden, eine wichtige Rolle spielt, beim zweiten wählen die Sprecher eine Sprache aus, um bestimmte kommunikative Effekte zu erzielen. So kann in einer deutschsprachigen Umgebung das Wechseln vom Spanischen ins Deutsche als Warnung aufgefasst werden, wenn beispielsweise eine Mutter ihre Kinder ruft: *Ven acá! Ven acá! Kommt her, ihr!* Der umgekehrte Wechsel vom Deutschen ins Spanische wird eher als sanfte Aufforderung interpretiert, paraphrasiert als „würdet Ihr bitte herkommen!"

Besonders die Sprachwahl ist ein Kriterium, das Gumperz analysiert. Er geht davon aus, dass jeder Sprecher seinen eigenen Sprachstil nach einer Diskursstrategie wählt (Gumperz 1982). Seiner Meinung nach sind die Strategien der Sprecher sowie das Thema des Gesprächs wichtige Faktoren, die bei der Untersuchung von Mischungen berücksichtigt werden müssen. Um Sprachmischungen besser verstehen und analysieren zu können, weist Gumperz ihnen unterschiedliche Funktionen zu. Zu den Funktionen zählen die Markierung von Zitaten oder Interjektionen, das Anzeigen des Adressaten und die Hervorhebung von bestimmten Teilen der Nachricht.

Aus pragmatischer Sicht hat u.a. Auer (1995) versucht, Faktoren herauszuarbeiten, die für Sprachmischungen verantwortlich sind, wie z.B. Nacherzählung, Topikalisierung (Hervorhebung von alter Information). Vor allem bei zweisprachigen Personen, die in einer bilingualen Umgebung leben, geht es bei Sprachmischungen weniger um die Beherrschung der beiden Sprachen, als vielmehr darum, beide im Rahmen einer Unterhaltung mit der Funktion des Kontrasts zu benutzen. Zu dieser Forschungsrichtung gehört auch die Arbeit von Michael Clyne, der sich lange mit Einwanderern in Australien beschäftigt und Sprachmischungen bei englisch-niederländischen und englisch-deutschen Sprechern vor einem soziolinguistischen Hintergund untersucht hat (vgl. Clyne 1967, 1987).

7.2.2 Grammatische Restriktionen

Nachdem Sprachmischungen überwiegend aus soziolinguistischer Perspektive untersucht wurden, begannen viele Studien Mitte der 1970er Jahre damit, die grammatischen Regeln, die diesem Sprachstil unterliegen könnten, zu analysieren. Der Stand bis dahin war, dass es zu bezweifeln galt, ob die zweisprachigen Sprecher regelgeleitet mischen.

In der Tat gingen einige Autoren davon aus, dass das Mischen eine Irregularität bei der Benutzung von zwei Sprachen sei (Labov 1971, Lance 1975). Wie Romaine (1995) betont, ist es tatsächlich schwierig, Sprachmischungen als korrekt zu bezeichnen, legt man das derzeit vorherrschende Modell von Weinreich (1970) zugrunde (vgl. Kapitel 8). Weinreich ging davon aus, dass der ideale bilinguale Sprecher nur bei einem Wechsel der Sprachsituation (Themawechsel, Sprecher- oder Hörerwechsel) die Sprache wechselt. Demzufolge sind alle Sprachwechsel, die dieses nicht zur Grundlage haben, nicht korrekt.

Mischen findet jedoch in den seltensten Fällen aus den eben genannten Gründen statt. So macht Romaine (1995) auf die weitverbreitete Annahme aufmerksam, dass man allen bilingualen Sprechern, die aufgrund anderer Ursachen mischen, ihre bilinguale Kompetenz abspricht; solche Sprecher seien weniger ideal als andere, die den Wechsel der Sprachsituation als Anlass für die Mischung nehmen. Die Konsequenz einer solchen Sichtweise ist eine grundlegende Stigmatisierung von Sprachmischungen und das Absprechen einer sprachlichen Kompetenz bei bilingualen Sprechern, bis hin zur Abwertung der Zweisprachigkeit. Daraus ist ein ganzes Forschungsgebiet über den Semilingualismus entstanden, also über Personen, die weder die eine noch die andere ihrer beiden Sprachen beherrschen (einerseits erfolgte sie in den Erziehungswissenschaften − vgl. Skutnabb-Kangas 1984, Cummins 1979, 1984 −, andererseits entstand eine kritische Auseinandersetzung mit dem Thema der Halbsprachigkeit sowie mit den Methoden, wie diese ermittelt wird, vor dem Hintergrund sprachlicher Minderheiten vgl. MacSwan 2000b, MacSwan, Rolstad und Glass 2002).

Wie bereits erwähnt, begannen Studien in den 1970er Jahren das Codeswitching aus einer grammatischen Perspektive zu untersuchen. Es wurde festgestellt, dass Sprachmischungen an ganz bestimmten Stellen im Satz vorkommen, und es wurden Vorhersagen darüber gemacht, welche dieser Stellen einen grammatischen Mischpunkt darstellen (vgl. u.a. die Arbeiten von Timm 1975, Poplack 1980, DiSciullo, Muysken und Singh 1986, Belazi, Rubin und Toribio 1994).

Alle Autoren sind sich einig, dass es syntaktische Beschränkungen (in der englischsprachigen Literatur als „syntactic constraints" bezeichnet) geben muss, die diesen Sprachstil bestimmen. Seitdem sind viele unterschiedliche Vorschläge gemacht worden, um diese Restriktionen zu formulieren. Hierbei muss beachtet werden, dass die Restriktionen für das Code-switching nicht etwa fälschlicherweise Positionen im Satz als grammatische Mischpunkte ausweisen, d.h. Positionen für den Sprachwechsel vorsehen, an denen bilinguale Sprecher keine Sprachwechsel vornehmen. Umgekehrt müssen die Restriktionen auch wirklich alle tatsächlich auftretenden Mischpunkte beschreiben können. Darüber hinaus sollten die vorgeschlagenen syntaktischen Regeln für alle Sprachkombinationen gelten und auf einer (modernen) Sprachtheorie basieren.

Die ersten grammatischen Regularitäten sind durch die Untersuchung einer bestimmten grammatischen Struktur entstanden, wie zum Beispiel das „Specifier Constraint" (Timm 1975), das „Coordinating Conjunction Constraint" (Gumperz 1976), das „Adjective Order Constraint", das „Clitic Constraint" und das „Inflectional Constraint" (Pfaff 1979), um nur einige zu nennen. Im Folgenden werden die wichtigsten Restriktionen präsentiert. Diese wurden auf der Basis unterschiedlicher Methoden ermittelt: Manche Forscher analysieren spontansprachliche Daten, andere benutzen Akzeptabilitätstests. Letzteres bedeutet, dass Sprechern erdachte gemischte Äußerungen vorgelegt werden, die sie als grammatisch oder ungrammatisch beurteilen sollen. Manche Autoren konstruieren Mischungen und sagen auf der Grundlage ihrer Theorie voraus, ob diese möglich sind oder nicht; eine Befragung von Sprechern erfolgt hier nicht.

Auf der Basis der Hypothese, dass es bestimmte grammatische Regeln geben muss, denen Code-switching unterliegt, hat sich ein Forschungszweig entwickelt, der die Beschränkungen für Mischungen in einer so genannten dritten Grammatik zusammengefasst hat. Das heißt, die grammatischen Regeln, die vorgeschlagen wurden, entstammen keiner der beiden beteiligten Grammatiken, sondern es sind eigens für das Code-switching benötige Regeln einer dritten Grammatik. Diese Sichtweise hat jedoch den Nachteil, dass die Beschränkungen oft nur für das jeweils untersuchte Sprachpaar Gültigkeit haben, man also kaum von allgemeingültigen Restriktionen sprechen kann. Wenn das Ergebnis richtig ist, dass jedes Sprachpaar andere Regularitäten beim Mischen erfordert, so müsste es für jede Sprachkombination eine neue Grammatik geben. Dieses Ergebnis ist sicher nicht befriedigend. Darüber hinaus stellt sich die Frage, wie und wann der bilinguale Sprecher die spezifischen Regeln, die dem Code-switching unterliegen, erwirbt. Schließlich bleibt offen, ob sich diese neu entstandene Grammatik überhaupt in dem uns bekannten theoretischen Rahmen herleiten lässt (vgl. Kapitel 2). Aus diesen Gründen wurde vor einigen Jahren der Vorschlag gemacht, für Codeswitching dieselben Mechanismen anzunehmen, die auch für die Grammatiken der Einzelsprachen benötigt werden (MacSwan 1999). Doch schauen wir uns zunächst die wichtigsten grammatischen Restriktionen genauer an, die in der Literatur vorgeschlagen wurden.

7.2.2.1 Poplack (1980)

Poplack (1980, 1981) und Sankoff und Poplack (1981) untersuchten Sprachmischungen bei aus Puerto Rico stammenden spanisch-englischen Sprechern in New York. Poplack ging davon aus, dass das Mischen nur dann möglich sei, wenn die lineare Abfolge der Konstituenten in den beiden involvierten Sprachen äquivalent ist. Die Restriktion, die dieses ausdrückt, nannte sie Äquivalenzbedingung („Equivalence Constraint").

> „The Equivalence Constraint
>
> Code-switches will tend to occur at points in discourse where juxtaposition of L1 and L2 elements does not violate a syntactic rule of either language, that is, at points around which the surface structure of the two languages map onto each other." (Poplack 1980:586)

Diese Beschränkung besagt, dass Mischungen an solchen Stellen im Diskurs erfolgen, an denen die syntaktischen Regeln der beiden Sprachen nicht verletzt werden. Demnach kann Code-switching nur dort auftreten, wo die (oberflächliche) Struktur der involvierten Sprachen gleich ist. Schauen wir uns zum Verständnis die folgenden, konstruierten Beispiele an:

(78) die rote *giacca* (deutsches Äquivalent: die rote Jacke
italienisches Äquivalent: la giacca rossa)

(79) *la borsa* gelbe (deutsches Äquivalent: die gelbe Tasche
italienisches Äquivalent: la borsa gialla)

Die Sprachen Italienisch und Deutsch unterscheiden sich durch die Position des Adjektivs (vgl. Kapitel 5): in den beiden DPn muss im Italienischen das Adjektiv dem Nomen folgen, während das deutsche Adjektiv dem Nomen vorangeht. Demnach dürfte nach Poplack kein Code-switching in diesem Bereich stattfinden, weil die beiden beteiligten Sprachen eine unterschiedliche Struktur aufweisen; unsere Beispiele sollten ungrammatisch sein. Obwohl die Äquivalenzbedingung von vielen Autoren als gültig angesehen wird, weist sie Schwächen auf. Die Äquivalenzbedingung bezieht sich auf die lineare Abfolge von Sprachelementen. In vielen Sprachmodellen wird jedoch davon ausgegangen, dass sich grammatische Regularitäten auf eine (hierarchische) Struktur beziehen (vgl. Müller und Riemer 1998:10). Darüber hinaus sagt die Beschränkung Mischungen an Stellen voraus, an denen sie nie stattfinden (vgl. dazu auch Meisel 1994b). Zum Beispiel sollte es möglich sein, zwischen finitem Verb und Partizip zu mischen, wenn die lineare Abfolge beim betroffenen Sprachpaar gleich ist. Sprecher aus der Studie von Belazi, Rubin und Toribio (1994) haben diesen Mischpunkt jedoch als ungrammatisch kategorisiert. Ein weiteres Problem mit der Äquivalenzbedingung besteht darin, dass sie Sprachmischungen überwiegend bei typologisch ähnlichen Sprachen ermöglicht.

Eine weitere, von Poplack vorgeschlagene Beschränkung ist die Bedingung, dass gemischte Morpheme frei sein müssen („Free Morpheme Constraint"):

„Free Morpheme Constraint

Codes may be switched after any constituent in discourse provided that constituent is not a bound morpheme."(Poplack 1980:586)

Bei dieser Beschränkung geht es darum, dass Mischungen freie, aber nicht gebundene Morpheme betreffen. Anders ausgedrückt heißt dies, dass es keine Mischung innerhalb eines Wortes geben darf. Die folgenden, konstruierten Beispiele verstoßen gegen die Beschränkung:

(80) Ich lauf*o*
(81) Sie koch*ava*

In unseren beiden Beispielen wurde eine Flexionsendung aus dem Italienischen (mit dem Wert 1. Person Singular Indikativ Präsens oder 3. Person Singular Indikativ Imperfekt) mit einem deutschen Verbstamm konstruiert. Nach Poplack dürften Mischungen dieser Art nicht vorkommen.[42]

7.2.2.2 DiSciullo, Muysken und Singh (1986)

Wenige Jahre nach Poplacks umfangreicher Studie der puerto-ricanischen Bevölkerung in New York beschäftigten sich die Forscher DiSciullo, Muysken und Singh (1986) mit zwei unterschiedlichen Sprachpaaren in Montreal, Kanada. Sie sammelten Daten von italienisch-französischen und hindu-englischen Sprechern. Sie sagten voraus, dass es in der ersten Sprachkombination leichter zu Sprachmischungen komme, da sich Französisch und Italienisch in der Wortstellung ähneln. Dagegen sollte es bei der Kombination Hindu-Englisch zu weniger Sprachmischungen kommen, da beide Sprachen sehr unterschiedlich sind. Die Autoren suchten nach einer strukturell begründeten Beschränkung von Code-switching und benutzen hierfür die in der X-bar-Theorie (vgl. Müller und Riemer 1998:59) beinhaltete Rektionstheorie. Hierbei geht es darum, dass es eine (strukturelle) Beziehung zwischen dem Kopf einer Phrase und seinem Komplement gibt (Chomsky 1981). Dies kann man sich leicht an Beispiel von Verben und ihren Komplementen verdeutlichen. Verben regieren einen bestimmten Kasus in ihrem Komplement; so regiert *essen* den Akkusativ (*ich esse den Apfel*) und *danken* den Dativ (*ich danke ihm*). DiSciullo et al. (1986) gehen nun davon aus, dass Code-switching nur dann möglich ist, wenn keine Rektionsbeziehung zwischen den gemischten Elementen besteht:

---

[42] Solche Mischungen sind sowohl bei Kindern als auch bei Erwachsenen belegt. Bis heute wird darüber diskutiert, ob Fälle wie *laufo* in (80) Beispiele für Code-switching oder für Entlehnung sind. Nach Poplacks Beschränkung müsste man zeigen können, dass es sich um Entlehnung handelt.

„Government Constraint

X governs Y if the first node dominating X also dominates Y, where X is a major category N, V, A, P and no maximal boundary intervenes between X and Y." (DiSciullo, Muysken und Singh 1986:6)

Die Autoren sagen Sprachmischungen auf der Basis von einer Strukturregel voraus. Die Rektionsbedingung („Government Constraint") besagt, dass es zum Beispiel zwischen einem Verb und seinem Komplement (dem Objekt) oder zwischen einem Artikel und dem Nomen zu keinen Mischungen kommen darf. Hier einige von uns konstruierte Beispiele, die nach der Rektionsbedingung ungrammatisch wären:

(82) Er isst *la mela*
„Er isst den Apfel."
(83) *Lei ha comprato* ein Fahrrad
„Sie hat ein Fahrrad gekauft."

7.2.2.3 Belazi, Rubin und Toribio (1994)

Ein weiterer Versuch, Code-switching grammatisch und mit Hilfe der Rektionsbeziehung zu begrenzen, stammt von Belazi, Rubin und Toribio (1994). Die Autoren behaupten, dass es keine Sprachmischungen zwischen einem funktionalen Kopf und seinem Komplement geben darf:

„Functional Head Constraint

The language feature of the complement f-selected by a functional head, like all other relevant features, must match the corresponding feature of that functional head." (Belazi, Rubin und Toribio 1994:228)

Sie schlagen vor, dass ein Sprachmerkmal („language feature") das Mischen abbricht, sobald ein funktionaler Kopf und sein Komplement nicht aus derselben Sprache stammen. Im Gegensatz zur oben besprochenen Rektionsbedingung, welche ermöglichte, dass der Komplementierer aus einer anderen Sprache als der eingebettete Satz stammt, solange er derselben Sprache angehört wie das regierende Verb, schließt das „Functional Head Constraint" gerade aus, dass ein Komplementierer nicht derselben Sprache wie der Komplementsatz angehört. Das heißt, die folgenden, konstruierten Beispiele sollten ungrammatisch sein.

(84) Ho sentito che *sie nicht da ist*
„Ich habe gehört, dass sie nicht da ist."
(85) *Ich hoffe dass* lui mi ascolti
„Ich hoffe dass er mir zuhört."

7.2.2.4 Zusammenfassung

Zusammenfassend kann man sagen, dass es bei der Erforschung von Sprachmischungen überwiegend darum ging, diejenigen Stellen im Satz ausfindig zu machen, an denen das so genannte intra-sententiale Code-switching nicht erlaubt ist. Für jede Beschränkung wurden jedoch Gegenbelege nachgewiesen, d.h. es wurden für die als ungrammatisch vorhergesagten Mischpunkte Belege in Sprachdaten gefunden (vgl. Tabelle 1 in MacSwan 1999:54). Umgekehrt zeigte sich, dass einige, durch die Beschränkungen als grammatisch vorhergesagte Mischpunkte in Spontandaten nicht auftraten. Ein theoretisches Problem ist, dass die meisten Restriktionen nicht auf andere als die jeweils untersuchten Sprachpaare anwendbar waren.

7.2.2.5 MacSwan (1999, 2000a)

Auf der Basis des generativen Sprachmodells (*Minimalistisches Programm* von Chomsky 1995) hat MacSwan (1999, 2000a) behauptet, dass die Architektur der Spachfähigkeit bei Bilingualen wie bei Monolingualen aufgebaut ist, mit dem einzigen Unterschied, dass einige Komponenten zweifach vorliegen. Zweisprachige Personen verfügen über zwei getrennte Lexika, aus denen Wörter entnommen werden. Außerdem sind zwei phonologische Komponenten anzunehmen, welche für die Aussprache der jeweiligen Wörter zuständig sind. Für das Codeswitching vermutet MacSwan, dass nicht etwa Code-switching-spezifische Regeln formuliert werden, sondern die bestehenden Regeln der beiden involvierten Sprachen für dessen Beschreibung ausreichen: „Nothing constrains code switching apart from the requirements of the mixed grammars." (MacSwan 1999:146) Die Idee der Existenz einer dritten Grammatik für Code-switching wird somit verworfen.

Schauen wir uns zunächst das von MacSwan (2000a) erarbeitete, auf Chomsky (1995) basierende Modell der bilingualen Sprachfähigkeit an.

Abbildung 65. Die Architektur der bilingualen Sprachfähigkeit nach MacSwan (2000a)

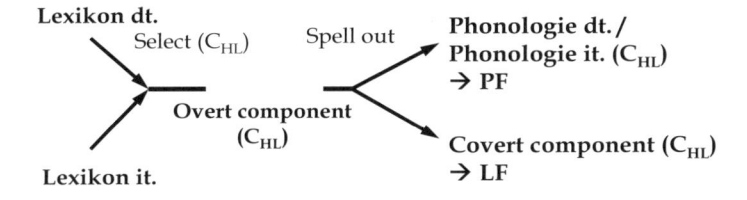

Lexikon dt.
Select (C_{HL}) Spell out **Phonologie dt. / Phonologie it.** (C_{HL})
→ PF

Overt component (C_{HL})

Lexikon it.
Covert component (C_{HL})
→ LF

Dieses mentale Abbild der Sprachfähigkeit besteht aus denselben Komponenten wie dasjenige, das für Einsprachige vorgeschlagen wurde (Chomsky 1995). Im Sinne des Minimalistischen Programms beinhaltet das Lexikon sprachspezifische morphologische Regeln für die Wortbildung. Die Operation „Select" bringt Sprachelemente aus dem Lexikon in die Syntax. Dort operieren „Merge" und „Move", um eine Äußerung erfolgreich (grammatisch) zu bilden. „Merge" hat zur Folge, dass zwei Elemente zu einer größeren Einheit (Konstituente) zusammengefügt werden, „Move" verschiebt Konstituenten in höhere (links von der Ausgangsposition des verschobenen Elements befindliche) Positionen.

Im Sprachsystem bilingualer Personen gibt es zwei getrennte Lexika, je eines für die jeweilige Sprache. Da die grammatischen Unterschiede in den jeweiligen lexikalischen Elementen kodiert sind, kann der Beitrag einer jeden Sprache zur Wohlgeformtheit des Sprachwechsels deutlich identifiziert werden. Die Syntax, das Berechnungssystem („Computational system for Human Language", C_{HL}), ist eine Ressource, die beide Sprachen gemeinsam haben, genauso wie die einzelnen Operationen „Select", „Merge" und „Move", die zum Entstehen einer grammatischen Äußerung führen. Die phonologischen Komponenten unterscheiden sich jedoch in den beiden Sprachen, da diese zahlreiche sprachspezifische Merkmale beinhalten. Im Bereich der Phonologie ist wegen des hohen Grades an Sprachspezifik nach MacSwan keine Sprachmischung möglich. Dies führt ihn zu der Annahme, dass bilinguale Sprecher zwei getrennte, nicht miteinander verbundene phonologische Systeme haben.

Da die phonologischen Komponenten als gedoppelt angenommen werden, sollte es nach MacSwan (1999:188) in diesem Bereich auch nicht zu Sprachmischungen kommen. Er formuliert eine Bedingung („PF Disjunction Theorem"), die Mischungen innerhalb eines Wortes verbietet. Das Verbot leitet sich daraus ab, dass zum einen die morphologische Zusammensetzung von X^0, dem lexikalischen Kopf, bereits im einzelsprachlichen Lexikon stattfindet, und dass zum anderen dieser lexikalische Kopf über sprachspezifische Anweisungen für die phonologische Realisierung verfügt.

Nun sind aber in vielen Studien Mischungen belegt, die wortintern stattfinden, was der oben genannten Bedingung erst einmal zu widersprechen scheint. Diese Mischungen erklärt MacSwan, indem er annimmt, dass der Stamm eines Wortes phonologisch in die Sprache des flektierten Morphems integriert wird, mit anderen Worten, dass der Stamm anders ausgesprochen wird; vgl. das deutsch-italienische Beispiel *verschieberò*, eine Mischung, die aus dem deutschen Verb *verschieben* und dem italienischen Suffix *-erò* besteht. Würden die Grapheme *v* und *r* italienisch ausgesprochen, wäre dies Evidenz dafür, dass das deutsche Wort phonologisch in das Italienische integriert wurde. Somit würde es sich nicht mehr um Code-switching handeln, sondern um eine Entlehnung: der Stamm wird in die andere Sprache integriert und von dieser mitbenutzt.

Mit dem „PF Disjunction Theorem" lassen sich Vorhersagen über die Wortstellung bei Mischungen zwischen Sprachen mit unterschiedlicher Wortstellung machen. Nach minimalistischen Annahmen (Chomsky 1995, Grewendorf 2002) geht man davon aus, dass das finite Verb aus seiner Position im Kopf der Verbalphrase (V innerhalb von VP) nach INFL, dem Kopf der Flexionsphrase IP, verschoben wird. Auch das Subjekt bewegt sich, und zwar in eine Position innerhalb der IP, die sich vor dem finiten Verb in INFL befindet. Aus der anfänglichen Struktur [$_{VP}$ sie ein Lied singt] resultiert die Wortstellung SVO (Subjekt Verb Objekt): [$_{IP}$ sie singt [$_{VP}$ sie ein Lied singt].

MacSwan (1999) schließt daraus, dass die Köpfe V und INFL aus derselben Sprache stammen müssen, weil ansonsten ein komplexer Kopf entsteht, der aus zwei Sprachen zusammengesetzt ist (wie z.B. in (81)). Dahinter steckt die Annahme, dass die Sprache des Verbs für die Wortstellung in der Äußerung verantwortlich ist. Die Wortstellung ist schon seit Poplacks Äquivalenzbedingung ein wichtiger Aspekt bei der Analyse von gemischtsprachigen Äußerungen. Auch in MacSwans Modell, das sich nur der grammatischen Regeln der beiden betroffenen Sprachen bedienen will, muss erklärt werden, welche Sprache im Falle einer Inkompatibilität der Wortstellung (z.B. Sprache A ist VO, Sprache B OV geordnet) die Oberhand behält und für die Wortstellung im gemischten Satz verantwortlich ist.

Zusammenfassend ist Code-switching nach MacSwan „[...] the simple consequence of mixing two lexicons in the course of a derivation" (MacSwan 2000a:45). Nach dieser Auffassung ist es nicht notwendig, eine dritte Grammatik oder über die beteiligten grammatischen Systeme hinausgehende Beschränkungen auszuarbeiten.

Nach MacSwan sind zwei minimalistische Annahmen von großer Bedeutung: Zum einen die Hypothese, dass nichts außer den sprachspezifischen Grammatiken Sprachmischungen regelt, also eine minimale Nutzung des angenommenen Apparats, und zum anderen, dass nur Mechanismen, die im Minimalismus eine Rolle spielen, zur Analyse ausgewählter Mischungen dienen.

7.3 Kindliche Sprachmischungen

Beinahe alle Studien zur Zweisprachigkeit im frühen Kindesalter haben gezeigt, dass Kinder ihre beiden Sprachen mischen, unabhängig davon, ob in der Umgebung auch gemischt wird (vgl. u.a. Taeschner 1983, Vihman 1985, de Houwer 1990, Lanza 1997, Köppe 1997, Deuchar und Quay 2000). Trotzdem geht man davon aus, dass das Mischen bei Kindern nicht mit dem erwachsensprachlichen Code-switching gleichgesetzt werden kann. Warum das so gesehen wurde, und wie Mischungen stattdessen analysiert wurden, erläutern wir im Folgenden.

7.3.1 Sprachmischungen aufgrund fehlender Sprachentrennung und fehlender pragmatischer Kompetenz?

Wie in Kapitel 5 bereits besprochen wurde, ging man zu Beginn der Bilinguismusforschung davon aus, dass Kinder zunächst über nur ein System für beide Sprachen verfügen. Die Arbeiten von Volterra und Taeschner (1978) und Taeschner (1983) haben wir bereits in Kapitel 5 vorgestellt. Die Autorinnen vertraten die Annahme, dass bilinguale Kinder deshalb keine Sprachentrennung in frühen Jahren vollziehen, weil sie gemischtsprachliche Äußerungen produzieren. Obwohl diese Studie stark kritisiert wurde und auch die Annahme, dass Sprachmischungen auf ein fusioniertes Sprachsystem zurückzuführen sind, verworfen wurde, gehen die Autorinnen Deuchar und Quay fast 20 Jahre später ebenso davon aus, dass zumindest in der ersten Phase des Spracherwerbs Wörter aus den beiden Sprachen in einem einzigen, fusionierten Lexikon enthalten sind (vgl. Quay 1995, Deuchar 1999, Deuchar und Quay 1998, 2000).

Köppe hat in ihren Arbeiten zur Sprachentrennung bei deutsch-französisch bilingualen Kindern auf die Wichtigkeit einer gründlichen Analyse des sprachlichen Kontexts aufmerksam gemacht (Köppe 1996, 1997). Sie hat gezeigt, dass sich die von ihr untersuchten Kinder sehr früh darüber im Klaren sind, dass es in ihrer Umgebung zwei Sprachen gibt. Dies wird daran deutlich, dass die meisten Äußerungen der Kinder in den Aufnahmen eine adäquate Sprachwahl aufweisen. Die Prozentzahlen variieren von Kind zu Kind zwischen 50-95% (Köppe 1997:124). Einen ähnlich hohen Grad an korrekter Sprachwahl im von den Forschern vorgegebenen Sprachkontext (für eine ausführliche Beschreibung der Methoden zur Datenerhebung vgl. Kapitel 3) hat auch Cantone (2007) nachgewiesen: die von ihr untersuchten deutsch-italienisch bilingualen Kinder zeigten in der frühen Phase (1;8 bis ca. 2;4) eine adäquate Sprachwahl zwischen 48,6% und 99,9% (vgl. 7.4).

Köppe (1997) diskutiert, welche Strategien die Kinder nach einer „falschen" Sprachwahl verfolgen, wie z.B. Übersetzungen, Selbstkorrekturen oder metalinguistische Kommentare. Diese Strategien sind ebenfalls ein Beleg dafür, dass die Kinder sich bewusst sind, die im Kontext „falsche" Sprache benutzt zu haben. Auch die mit den Kindern interagierenden Erwachsenen verwenden bestimmte Strategien im Umgang mit kindlichen Sprachmischungen. Dazu hat Lanza (1992) ein bilinguales Kontinuum vorgeschlagen, das als ein Extrem das Nichtverstehen („Minimal Grasp Strategy") vorsieht, und als anderes Extrem das Code-switching der Erwachsenen zur Folge hat.

7.3.2 Sprachmischungen aufgrund der Entwicklung der beiden Lexika?

Deuchar und Quay (1998) untersuchten den Spracherwerb eines spanischenglischen Kindes. Dabei lag ihr Fokus auf der Entwicklung des Lexikons. Basierend auf Clarks (1987) Annahme, dass im frühen Spracherwerb kaum Äquivalente für Wörter vorhanden sind („principle of contrast", vgl. Kapitel 5), hatten Volterra und Taeschner (1978) angenommen, dass bilinguale Kinder ebenso wenig Übersetzungsäquivalente, d.h. Wörter in beiden Sprachen, die dieselbe Bedeutung haben, verwenden würden. Das Fehlen von Übersetzungsäquivalenten sahen sie als Beweis für die Existenz eines einzigen Lexikons, das Wörter aus beiden Sprachen enthält. Das bedeutet, dass bilinguale Kinder selten z.B. über sowohl *Katze* als auch *gatto* verfügen. Sollten beide Wörter in ihrem Lexikon enthalten sein, besagt das „principle of contrast", dass die Kinder dazu neigen, beiden Wörtern eine unterschiedliche Bedeutung zuzuweisen.

Quay (1995) und Deuchar und Quay (1998, 2000) fanden in ihren Sprachdaten bereits im Alter von 11 Monaten Übersetzungsäquivalente. Diese sahen sie jedoch nicht als ausreichenden Beleg gegen die Existenz eines fusionierten Lexikons an: „(..) the appearance of translation equivalents is not a sufficient condition for establishing lexical differentiation. It will certainly be a necessary one, however." (Deuchar und Quay 2000:64)

Wortäquivalente sind nicht nur deshalb ein wichtiger Untersuchungsgegenstand in der Spracherwerbsforschung, weil sie als Beleg für die Sprachentrennung im bilingualen Kind gelten, sondern auch, weil damit die Möglichkeit ausgeräumt werden kann, dass kleine Kinder mischen, weil ihnen das Äquivalent in der entsprechenden Sprache fehlt („lexical gap"). Kann man zeigen, dass das Kind Äquivalente zu den Wörtern besitzt, die es mischt, so kann man ausschließen, dass es aus Unkenntnis gemischt hat, d.h. um eine lexikalische Lücke zu füllen (vgl. Abschnitt 7.4). Wenn ein Kind das der Kontextsprache entsprechende Wort verwendet, obwohl belegt ist, dass es das Wort auch in seiner anderen Sprache bereits kennt und verwendet, so ist der Rückschluss erlaubt, dass das Kind die Sprachwahl der Situation und dem Gesprächspartner entsprechend ausrichten kann.

Vihman (1985) untersuchte das Lexikon eines estnisch-englischen Kindes in der frühen Spracherwerbsphase (1;8-2;0) und stellte fest, dass am häufigsten deiktische Elemente, Verneinungspartikeln und Zustimmungspartikeln gemischt werden. Diese Elemente werden in der Forschung Funktionswörter („function words") genannt. Wörter, die nicht zu dieser Gruppe gezählt werden, also z.B. Nomina, Adjektive und Verben, werden dagegen Inhaltswörter („content words") genannt.

Trotz der Kritik über die Zusammensetzung der Kategorie der Funktionswörter bestätigen Meisel (1994b), Köppe und Meisel (1995) und Köppe (1996), dass diese Elemente zu einem hohen Prozentsatz unter den gemischten Wörtern zu finden sind. Meisel (1994b) betont jedoch, dass die meisten gemischten Funktionswörter bereits in beiden Sprachen vorhanden sind, d.h., es bleibt unklar, weshalb die Kinder diese Elemente gemischt haben. Zumindest können wir als Grund ausschließen, dass sie das entsprechende Äquivalent noch nicht erworben haben.

7.3.3 Sprachmischungen aufgrund der grammatischen Entwicklung?

Die Anzahl der Mischungen soll nach Auffassung einiger Forscher im Zusammenhang mit der (grammatischen) Entwicklung der Sprachen im bilingualen Kind stehen, d.h., je älter das Kind und je stärker sich seine Sprache der Erwachsenensprache annähert, desto erwachsener soll auch das Mischen werden. Damit ist gemeint, dass weniger nicht-zielsprachliches (im grammatischen und im pragmatischen Sinne) „code-mixing" auftritt, und dass nur noch bestimmte Elemente (wie z.B. Nomina) gemischt werden.

Meisel (1994b) und Köppe und Meisel (1995) gehen davon aus, dass erst das Auftreten der funktionalen Kategorien, insbesondere der Kategorie INFL, ein

Hinweis auf die Existenz eines grammatischen Systems ist (Köppe und Meisel 1995:290). Ihren Daten gemäß gibt es einen Zusammenhang zwischen dem nichtregelgeleiteten Mischen und dem Fehlen der funktionalen Katgorie INFL („grammatical deficiency hypothesis"). Meisel (1994b:417) vermutet, dass, sobald die funktionalen Kategorien und die mit ihnen verbundene Morphosyntax produktiv gebraucht werden, kindliche Sprachmischungen genauso wie erwachsenensprachliche Mischungen untersucht werden können. Demzufolge müsste man von zwei Phasen bei den kindlichen Sprachmischungen ausgehen: eine erste, während der das Mischen nicht strukturellen Prinzipien unterliegt, weil diese noch nicht erworben worden sind (dasselbe gilt auch für pragmatische Regeln), und eine spätere Phase, während der grammatische Regeln befolgt werden, die wiederum auch bei den Sprachmischungen angewendet werden können: „(..) the emergence of the category INFL in Ivar's grammar at around the age of 2;5 largely accounts for the passage from the first to the second stage." (Köppe und Meisel 1995:293)

Eine andere Hypothese, in der auch ein Zusammenhang zwischen Sprachmischungen und Grammatikentwicklung zugrunde gelegt wird, ist von Gawlitzek-Maiwald und Tracy (1996) formuliert worden. Die Autorinnen untersuchten ein bilingual deutsch-englisches Kind und machten den Vorschlag, Sprachmischungen als eine Strategie zu sehen, die sie „bilingual bootstrapping" nennen (vgl. auch Kapitel 5) und folgendermaßen beschreiben: „something that has been acquired in language A fulfills a booster function for language B. In a weaker version, we would expect at least a temporary pooling of resources." (Gawlitzek-Maiwald und Tracy 1996: 903)

Gawlitzek-Maiwald und Tracy (1996) gehen davon aus, dass das Kind Hannah seine beiden Sprachen zwar getrennt entwickelt und dass sich dadurch die Sprachen mit Hinblick auf bestimmte Strukturen auch unterschiedlich — wie bei monolingualen Kindern — entwickeln. Zeitlich gesehen entwickeln sich die beiden Sprachen nicht immer gleichmäßig. Dadurch könnte die eine Sprache von der anderen profitieren: „the language that develops at a slower rate for one particular type of construction profits from the faster language as compared to monolinguals." (Gawlitzek-Maiwald und Tracy 1996:908) In der Tat zeigte sich bei Hannah, dass sie in ihren monolingualen Äußerungen von Anfang an die richtige Wortstellung verwendete, nämlich OV im Deutschen und VO im Englischen. Die IP wurde im Deutschen früher erworben (2;4) als im Englischen (2;7), ein Ergebnis, das auch in monolingualen Studien festgestellt wurde.

Nun schlagen die Autorinnen vor, auf die gemischten Äußerungen in genau dem Zeitraum zu schauen, in dem die IP im Deutschen, nicht aber im Englischen, erworben worden ist. Es zeigt sich, dass Hannah die Struktur, die sie im Deutschen bereits verwendete, für das Englische mitbenutzte. Sobald auch im Englischen die IP erworben wurde, stellten sich diese Art von Mischungen ein. Verdeutlichen wir die „bilingual bootstrapping"-Hypothese an einigen konstruierten deutsch-italienischen Beispielen:

(86) Ich hab ge*visto la sedia*
      „Ich habe den Stuhl gesehen."
(87) Ich habe ge*tolto la giacca*
      „Ich habe die Jacke ausgezogen."
(88) Kannst Du *mettere un po' di musica*?
      „Kannst du ein bisschen Musik anmachen?"

7.3.4 Sprachmischungen aufgrund von Sprachdominanz?

Beschäftigen wir uns nun mit der Annahme, dass die Sprachdominanz der Grund für Sprachmischungen bei bilingualen Kindern sein kann (vgl. Kapitel 4). Viele Studien gehen davon aus, dass Kinder nur von der dominanten in die schwache Sprache mischen. Dieser Annahme liegt zugrunde, dass es bei zweisprachigen Kindern immer eine Sprache gibt, die stärker ist bzw. sich schneller entwickelt. Petersen (1988:486) formuliert die Annahme eines Zusammenhangs zwischen Sprachdominanz und Mischrichtung:

> „The dominant language hypothesis states that in word-internal code-switching, grammatical morphemes of the DOMINANT language may co-occur with lexical morphemes of either the dominant or the non-dominant language. However, grammatical morphemes of the NON-DOMINANT language may co-occur only with lexical morphemes of the non-dominant language."

Die Annahme besagt, dass funktionale Elemente (z.B. die Determinante) aus der dominanten Sprache mit einem Nomen aus der schwachen Sprache auftreten können, nicht jedoch umgekehrt.

Lanza (1992, 1997) stellte ebenso fest, dass in ihren Daten eines bilingual norwegisch-englischen Kindes bei gemischten Äußerungen die funktionalen Elemente immer aus der starken Sprache stammen, die lexikalischen Elemente aus der schwachen. Sie behauptet, dass die Mischrichtung ein Anzeichen (wenn auch nicht das einzige) für Sprachdominanz sein kann. In der Tat klingt es logisch, dass, wenn ein Kind eine stärkere Sprache hat, es diese mehr benutzt und für Äußerungen in der schwachen Sprache zu Hilfe nimmt. Das muss aber keineswegs bedeuten, dass niemals in die andere Richtung, also von der schwachen in die starke Sprache, gemischt wird (vgl. Abschnitt 7.4).

Auch die Autorinnen Bernardini und Schlyter (2004) nehmen an, dass bei Sprachmischungen funktionale Kategorien aus der starken in die schwache Sprache gemischt werden. Sie behaupten aber nicht, dass diese Strategie von allen Kindern genutzt wird, die einen unbalancierten Spracherwerb aufweisen (vgl. Kapitel 4). Der Ansatz ähnelt der „bilingual bootstrapping"-Hypothese, die wir oben diskutiert haben, mit dem Unterschied, dass bei der von Bernardini und Schlyter vorgeschlagenen „Ivy Hypothesis" alle funktionalen Elemente (DP, IP und CP) involviert sind. Dieser Unterschied mag aber darin begründet sein, dass nicht in allen Forschungsarbeiten auch alle funktionalen Kategorien untersucht wurden, sondern sehr oft eine Konzentration auf einige Kategorien erfolgte.

Des Weiteren gehen Bernardini und Schlyter anders als Gawlitzek-Maiwald und Tracy nicht davon aus, dass die stärkere Sprache diejenige ist, die bestimmte

Konstruktionen schneller entwickelt, weil dies auch im jeweiligen monolingualen Kind so geschieht. Stärke wird bei Bernardini und Schlyter auf die Sprache als Ganzes bezogen. Die starke Sprache ist deshalb stark, weil sie zeitlich früher und schneller als die schwache Sprache erworben wird.

Sofern Bernardini und Schlyter recht haben, sieht der Aufbau von beispielsweise italienisch-deutsch gemischten Äußerungen bei einem unbalancierten Spracherwerb wie folgt aus: ein Nomen aus der schwachen Sprache (im Beispiel Italienisch) erscheint mit einer Determinante aus der starken Sprache (vgl. (89)); sobald die DP im Italienischen erworben worden ist, wird diese mit der deutschen IP verwendet (90). Wenn das Kind dann auch im Italienischen über die IP verfügt, wird diese in einer gemischten Äußerung mit der im Deutschen bereits erworbenen CP kombiniert (91):

(89) Die *porta*
 „Die Tür"
(90) Das ist *la luna*
 „Das ist der Mond"
(91) Weil *ha aperto la finestra*
 „Weil hat aufgemacht das Fenster"

Die Autorinnen nehmen an, dass die Unidirektionalität beim Mischen in dem weniger entwickelten Lexikon der schwachen Sprache begründet ist.

Genesee, Nicoladis und Paradis (1995) sind ebenfalls der Frage nach der Rolle der Sprachdominanz bei Sprachmischungen nachgegangen. Dabei war auch der Einfluss des Mischens von Seiten der Eltern auf das Sprachverhalten der Kinder von Interesse. Darüber hinaus wurde untersucht, inwieweit die von ihnen untersuchten englisch-französischen Kinder im Alter zwischen 1;10 und 2;2 in der Lage waren, ihre Sprachwahl nach dem Interaktionspartner auszurichten. Die Kinder wurden in der Interaktion mit ihren Eltern und mit einem monolingual englischen Sprecher beobachtet. Die Studie kommt zu dem Ergebnis, dass die Kinder nicht nur in gewohnter Interaktion mit den Eltern, sondern auch in der Interaktion mit der fremden Person eine adäquate Sprachwahl treffen.[43]

Mit Hinblick auf die Sprachdominanz gehen Genesee et al. wie die zuvor besprochenen Autoren davon aus, dass diese mit den Sprachmischungen zusammenhängt. Die drei Kinder der Studie, die eine unbalancierte Sprachentwicklung aufweisen, mischten mehr, wenn sie ihre schwache Sprache benutzten.

7.4 Das kindliche Code-switching ohne dritte Grammatik

Im Folgenden werden wir eine weitere Studie zu den kindlichen Sprachmischungen vorstellen, die vor dem Hintergrund von MacSwans (1999, 2000a) Modell zu

---

[43] Es ist der Fall, wenn auch vergleichsweise selten, dass die Kinder mit monolingualen Personen mischen.

Sprachmischungen bei bilingualen Kindern

dem Ergebnis kommt, dass das kindliche Mischen denselben Regeln wie die sich entwickelnden Grammatiken unterliegt.

Cantone (2007) untersuchte Sprachmischungen bei fünf bilingual deutsch-italienischen Kindern im Alter zwischen 1;8 und 5;5 Jahren. Sie unterteilte die Sprachentwicklung in zwei Phasen: Eine frühe, die von 1;8 bis ca. 2;4 andauerte, und eine spätere, von ca. 2;4 bis zum Ende des Untersuchungszeitraumes (4;0-5;5). Den Beginn der zweiten Phase hat Cantone anhand mehrerer Kriterien ermittelt, z.B. muss die Anzahl der Mischungen unter 10% liegen und die MLU-Werte müssen den Wert von 2 übersteigen.

Cantone (2007) beobachtet, dass die Kinder bis zum Alter von ca. 2;4 keine syntaktisch komplexen Konstruktionen verwenden. Dies hat zur Konsequenz, dass Mischungen erst ab der 2. Phase hinsichtlich der grammatischen Regularitäten überprüft werden können. Da Code-switching jedoch nicht nur aus dem Befolgen grammatischer Beschränkungen besteht, sondern auch durch pragmatische Bedingungen eingeschränkt wird, hält Cantone es für richtig, davon auszugehen, dass auch die frühesten Sprachmischungen bei Kindern als Code-switching zu charakterisieren sind.

Schauen wir uns zunächst einige Beispiele aus der 1. Phase der Sprachentwicklung der bilingualen Kinder an (Cantone 2007, die Informationen in Klammern bedeuten: Name des Kindes, Alter, IK= Italienischer Kontext, DK= Deutscher Kontext):

(92) da *questo* (Carlotta, 1;11,12, DK)
„da das"
(93) *musica* (Lukas, 1;9,13, DK)
„musik"
(94) *noch* (Jan, 2;1,3, IK)
(95) *hier* (Aurelio, 2;0,11, IK)
(96) *palla* (Marta, 1;9,12 DK)
„Ball"

Wie wir sehen, bestehen gemischte Äußerungen in dieser frühen Phase wie in (92) aus zwei Wörtern oder aus einem einzigen Wort ((93)-(96)). In Übereinstimmung mit Genesee (1989) geht Cantone davon aus, dass diese Ein-Wort-Äußerungen auch Mischungen sind, weil sie im jeweils anderen Sprachkontext geäußert worden sind, d.h. die italienische Äußerung *palla* wurde im deutschen Sprachkontext gebraucht.

Insgesamt lässt sich sagen, dass alle Kinder mischen, jedoch zu einem unterschiedlichen Grad. Schauen wir uns exemplarisch das Kind Marta in den beiden Sprachkontexten an. Während der ersten Phase gibt es nur eine einzige Mischung (von insgesamt 946 Äußerungen) im italienischen Sprachkontext. Dagegen finden wir fast 13% Mischungen im deutschsprachigen Kontext (77 Äußerungen). Außerdem spricht Marta im Italienischen beinahe doppelt soviel wie in den deutschen Aufnahmen (946 vs. 524 Äußerungen). Anzumerken ist, dass die Interaktionspartnerin im italienischen Teil zwar immer mit dem Kind Italienisch spricht, jedoch deutsch-italienisch bilingual ist. Dies scheint sich nicht auf das Mischverhalten des Kindes auszuwirken. Angesichts des hohen Grades an korrekter Sprachwahl auch bei den anderen Kindern (vgl. Abschnitt 7.3.1), kann man sagen, dass die Kinder ihre beiden Sprachen trennen und diese unter Berücksichtigung des Kontextes wählen können.

Betrachten wir nun die Elemente genauer, welche von den Kindern gemischt werden. Wie auch andere Studien gezeigt haben, finden wir auch bei den von Cantone untersuchten fünf Kindern eine hohe Prozentzahl von Funktionswörtern unter den gemischten Elementen. Des Weiteren werden Nomina, *ja* und *nein*, sowie einige wenige Verben gemischt. Interessant ist nun, inwieweit die Kinder über Äquivalente zu den gemischten Wörtern verfügen.

Die Anzahl der Übersetzungsäquivalente, d.h., derjenigen Wörter, die dieselbe Bedeutung haben und in beiden Lexika vorhanden sind, wie z.B. *Haus* im Deutschen und *casa* im Italienischen, variiert von Kind zu Kind. Die Prozentzahlen betragen 16% bis 62%. Manche Kinder haben einen größeren Wortschatz in einer der beiden Sprachen. Zum Beispiel verfügt das Kind Marta über 110 Wörter im Italienischen, so dass die absolute Anzahl von Übersetzungsäquivalenten, die 20 beträgt, weniger zum Tragen kommt (18%). Im Deutschen, Martas Sprache mit einem sehr eingeschränkten Lexikon (32 Wörter), machen dagegen 20 Übersetzungsäquivalente 62% der Wörter aus. Bei den anderen Kindern sind die Extreme nicht so ausgeprägt. Bei dem Kind Lukas beispielsweise differieren die beiden Lexika nicht besonders stark: 129 Wörter im Italienischen, 165 im Deutschen. Diese Unterschiede spiegeln individuelle Strategien der Kinder wider: Manche Kinder konzentrieren sich zuerst auf eine Sprache, um später die andere anzugleichen, bei anderen Kindern wachsen die Lexika gleichmäßig an. Es ist ebenso möglich, dass einige Kinder es vorziehen, ihre beiden Lexika aus Ökonomiegründen mit unterschiedlichen Wörtern zu „füllen", und deshalb über weniger Übersetzungsäquivalente verfügen.

Die Anzahl der gemischten Wörter, zu denen zum Zeitpunkt des Mischens ein Übersetzungsäquivalent existiert, beträgt – wegen beträchtlicher individueller Variation – zwischen 19% und 79% (vgl. Cantone 2007). Für eine große Anzahl von Wörtern (zwischen 14% und 68%) konnte kein Äquivalent gefunden werden. Trotzdem kann man in Anbetracht der vorliegenden Äquivalente ausschließen, dass die Existenz einer lexikalischen Lücke die einzige Ursache für Sprachmischungen in dieser frühen Phase ist.

Überprüfen wir nun die Annahme, dass schneller erworbene grammatische Strukturen auf die so genannte schwächere Sprache übertragen werden und es – wie von Gawlitzek-Maiwald und Tracy (1996) beschrieben – deshalb zu Sprachmischungen kommt. Die Daten, die Cantone diskutiert, enthalten keine Äußerungen, die auf eine der oben genannten Strategien zurückgeführt werden könnten. Zum einen ist keines der Kinder ausgeprägt unbalanciert in seiner Sprachentwicklung, zum anderen gibt es keine Sprachmischungen wie in (86)-(88). Darüber hinaus existieren auch keine Anzeichen dafür, dass das Mischen aufhört, sobald in den Sprachdaten der Kinder die funktionalen Kategorien (insbesondere INFL; vgl. Abschnitt 7.3.3) erscheinen.

Die Annahme, dass Sprachmischungen von der zeitweise auftretenden Sprachdominanz abhängen, kann ebenfalls durch die Daten widerlegt werden: Beispielsweise mischt das Kind Aurelio, dessen stärkere Sprache bis 3;5 das Italienische ist, während der ersten Phase (bis ca. 2;4) in beiden Sprachkontexten in erheblichem Maße: die Mischungen im deutschen Sprachkontext betragen 20%, die im Italienischen 51%. Die Anzahl der Mischungen in der stärkeren Sprache übersteigt sogar die in der schwachen Sprache. Dies ist selbst dann der Fall, wenn man die häufig benutzten „ja" und „nein" im italienischen Kontext in der Zählung nicht berücksichtigt.

Zusammenfassend hat die Untersuchung von Cantone (2007) gezeigt, dass keine der in Abschnitt 7.3 vorgeschlagenen Erklärungen für Sprachmischungen bei Kindern alleinig gelten kann. Eine andere Vermutung legen Cantone und Müller (2005) dar: Sie argumentieren dafür, dass Probleme mit der Operation „Select" (vgl. 7.2.2.5) dazu führen könnten, dass Kinder in frühen Erwerbsphasen Wörter aus der „falschen" Sprache auswählen. Der noch nicht routinierte Umgang mit „Select", einer Operation, die die einzelnen Wörter aus den beiden beteiligten Lexika auswählt, wird für die frühen Sprachmischungen angeführt. Sprachmischungen werden somit als Fehlgriffe interpretiert. Wenn diese Annahme plausibel ist, sollte man erwarten, dass die Redebereitschaft in einem direkten Zusammenhang mit den frühen Sprachmischungen steht. Dieses weisen die Autorinnen nach: Je flüssiger und gewandter beide Sprachen benutzt werden, desto seltener kommen solche unerklärbaren Sprachmischungen vor.

Dass die Sprachmischungen tatsächlich Performanzerscheinungen sind, wird auch daran deutlich, dass individuelle Faktoren eine große Rolle spielen. Wie wir gezeigt haben, mischt das Kind Marta zu 1% in den italienischen Aufnahmen, während das Kind Aurelio zu 50% mischt, obwohl Italienisch seine stärkere Sprache ist. Für das Kind Lukas zeichnet sich im gesamten Untersuchungszeitraum eine U-förmige-Entwicklung ab. Nachdem es in der ersten Phase relativ viel gemischt hat, hört das Mischen abrupt auf. Im Anschluss daran setzen die Mischungen wieder verstärkt ein. Dies wird in Abbildung 66 verdeutlicht:

Abbildung 66. Lukas – Italienischer Kontext

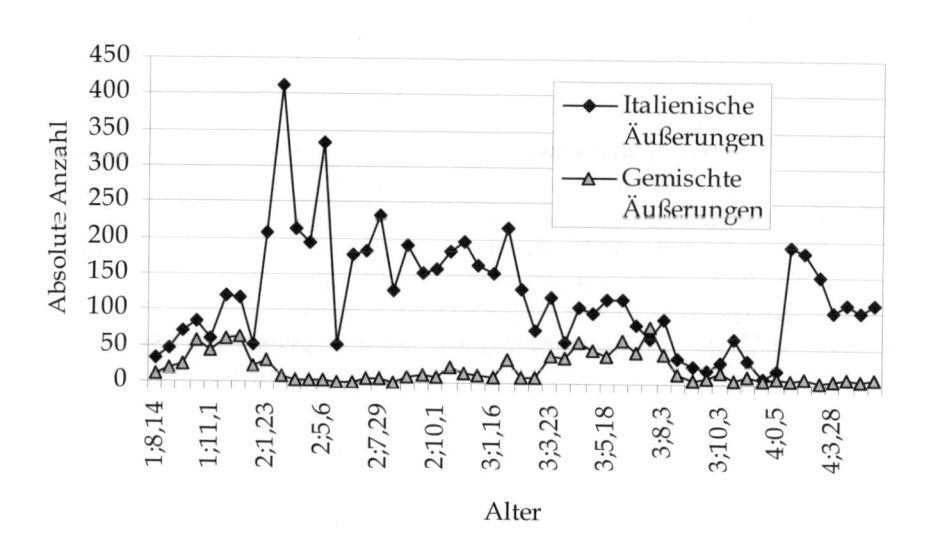

Bei ihrer grammatischen Analyse der Sprachmischungen während der Phase 2 geht Cantone davon aus, dass alle Mischungen grammatisch sind, solange sie die Regularitäten der beiden involvierten Sprachen nicht verletzen. Das heißt, es geht weniger darum, die für das Mischen vorgeschlagenen Beschränkungen (vgl. 7.2.2) zu überprüfen, als vielmehr zu untersuchen, ob die Kinder sich an die Regeln der beiden Sprachen, die sie in einer gemischten Äußerung verwenden, halten. Damit schließt sie sich MacSwans (1999, 2000a) Modell an und erweitert es um das kindliche Code-switching.

Sie zeigt anhand von Beispielen, dass die untersuchten Kinder die in 7.2.2.1 und 7.2.2.2 vorgeschlagenen Beschränkungen und auch andere nicht beachten. So mischen die Kinder zwischen Subjekt und Verb (97), zwischen Verb und Objekt (98), zwischen Verb und Objektklitikon, wie in (99), und zwischen Negationspartikel und Verb (100).

Des Weiteren findet Code-switching zwischen Modalverben und Infinitiven (101) oder zwischen Auxiliarverb und Partizip (102), zwischen Komplementierer und dem entsprechenden Nebensatz (103), zwischen Artikel und Nomen (104), zwischen Adjektiv und Nomen (105), und sogar wortintern statt (106) (vgl. Cantone 2007).

(97) questo *löscht*   (L, 3;3,23, IK)
„dieser löscht"

(98) jetzt *uva* essen   (C, 2;7,13, DK)
„jetzt Weintrauben essen"

(99) la mamma orsa si *dachte*   (L, 2;8,26, IK)
„die Mama Bär sich dachte"

(100) ma questo non *darf* (L, 3;6,13, IK)
    „aber dieser nicht darf"
(101) qua può *kleben* (J, 3;11,19, IK)
    „da kann kleben"
(102) noi abbiamo *gewonnen* (A, 3;8,13, IK)
    „wir haben gewonnen"
(103) sí che *paßt* (J, 3;9,15, IK)
    „klar dass passt"
(104) nein das ist die *motore* (M, 2;11,29, DK)
    „nein das ist die Motor"
(105) però ho visto un- un grosso *nest* (J, 4;4,27, IK)
    „aber habe gesehen ein - ein großes Nest"
(106) gela*ten* (A, 3;0,19, IK)
    „Eis" (Plural)

Zusammenfassend müsste man also annehmen, dass die Kinder viele ungrammatische Mischungen produzieren, da sie die in 7.2.2 genannten Beschränkungen nicht befolgen. Betrachtet man allerdings die Beispiele im Einzelnen, so stellt man fest, dass diese gemischten Äußerungen weder die italienische noch die deutsche Grammatik verletzen (vgl. Müller und Cantone 2007). Basierend auf MacSwan (2000a) geht Cantone davon aus, dass diese Sprachmischungen alle zielsprachlich sind. Die Kinder haben im Rahmen der von ihnen erworbenen Grammatiken der beiden Sprachen Mischungen gebraucht, die zielsprachlich sind (zur Genusmarkierung in gemischten Nominalphrasen siehe Cantone und Müller 2007). So lässt sich zusammenfassend sagen, dass das von MacSwan vorgeschlagene Modell es ermöglicht, die Mehrheit der Sprachmischungen bei bilingualen Sprechern als korrekt zu bewerten, während die in den Jahren zuvor vorgeschlagenen Beschränkungen den Sprechern fast keinen Raum für Mischungen gelassen haben. Das bedeutet nicht, dass MacSwans Modell alles ermöglicht. Es scheint nur treffender zu sein, weil es sich auf die Interaktion der betroffenen Grammatiken konzentriert und nicht auf normative Annahmen.

7.5 Zusammenfassung

In diesem Kapitel haben wir das Thema Sprachmischungen untersucht. Nachdem wir einen Überblick über die Definitionen gegeben haben, sind wir auf die grammatischen Beschränkungen für Code-switching bei Erwachsenen eingegangen. Es wurde im Anschluss ein Modell vorgestellt, das nicht von eigenen Regeln für gemischtsprachliche Äußerungen ausgeht, sondern allein die grammatischen Regularitäten der betroffenen beiden Sprachen für die Wohlgeformtheit der gemischten Äußerung nutzt.

Bei der Analyse kindlicher Mischungen hat die Forschung besonders untersucht, ob die Kinder ihre Sprachwahl adäquat, d.h. dem Hörer und der Situation gemäß, treffen. Es wurden Gründe für die Mischungen vorgestellt, welche diese als ein Defizit ansehen, als Defizit bei der Sprachentrennung, als Konsequenz der zeitweise auftretenden Sprachdominanz, und aufgrund fehlender Wörter im Lexikon. Andere Studien haben Sprachmischungen als eine Strategie bilingualer Kinder analysiert, bei der sich das Kind die besser oder schneller entwickelnde Sprache zu Nutze macht. Abschließend wurde die Hypothese vorgestellt, dass Mischungen bei Kindern als Code-switching interpretiert werden können. Kinder mischen nicht mehr oder schlechter, als Erwachsene es tun. Die hohe Mischrate zu Beginn des Spracherwerbs kann darauf zurückgeführt werden, dass die Kinder die Wahl der geforderten Sprache einüben müssen, und dies u.a. mit dem Grad der Redebereitschaft zusammenhängt.

7.6 Aufgaben

1. Suchen Sie die Mischung *i buntstifte* im beigefügten italienischen Transkript. Wird bei dieser Mischung eine grammatische Beschränkung des Code-switching verletzt? Wenn ja, welche? Werden bei dieser Mischung die grammatischen Regularitäten beider beteiligter Sprachen befolgt?
2. Ist die Äußerung *und dann pose ich mein baby hier ab* im beigefügten deutschen Transkript ein Fall von Code-switching?
3. Quantifizieren Sie die Anzahl der Sprachmischungen in beiden beigefügten Transkripten und stellen Sie diese in Relation zu den nichtgemischtsprachlichen Äußerungen. Was fällt Ihnen auf?
4. Lesen Sie den Artikel von Michael Clyne (1987) *Constraints on codeswitching: how universal are they?*, der im von Wei (2004) herausgegebenen Reader auf den Seiten 257-280 abgedruckt ist. Informieren Sie sich über die in diesem Artikel genannten Beschränkungen des Codeswitching und konstruieren Sie Beispiele für die deutsch-italienische und die deutsch-französische Mehrsprachigkeit, die die Beschränkungen verletzen.
5. Welche Faktoren können bei Kindern dazu führen, dass sie ihre Sprachen mischen?
6. Weshalb ist das Auftreten von „code-mixing" keine Evidenz für ein fusioniertes Sprachsystem (Kap. 5)?

8 Lernertypen

Es gibt verschiedene Kriterien, nach denen man bilinguale Lerner charakterisieren kann. Ganz informell könnte man Lerner danach unterscheiden, wann und in welchen Kontexten sie die jeweiligen Sprachen gelernt haben, wie gern sie die beiden Sprachen sprechen und wie flüssig sie die beiden Sprachen beherrschen. Auf den ersten Punkt, das heißt in welcher sprachlichen Umgebung und mit welcher Sprachwahl seitens der Eltern die Kinder aufwuchsen, sind wir bereits im Abschnitt 3.1 zu sprechen gekommen. Dort haben wir in Anlehnung an Romaine (1995) den Terminus „Bilinguismustypen" verwendet. Die Frage, wann und in welchem Kontext die Sprachen gelernt wurden, ist allerdings ein Faktor, der nichts über die Sprachen des Bilingualen im Speziellen aussagt, sondern lediglich über die Umstände, unten denen sie erworben wurden. Die Frage nach der präferierten Sprache kann durch die Befragung von Sprechern erfasst werden und ist möglicherweise ein Resultat des Lernkontextes, muss aber nicht widerspiegeln, zu welchem Grade die beiden Sprachen beherrscht werden. Dies wurde bereits in Kapitel 4 angedeutet, in dem wir auf die Tatsache verwiesen haben, dass manche Kinder eine präferierte Sprache haben, in dieser auch mehr sprechen, aber dass Präferenz nicht unbedingt auch Kompetenz reflektiert. Ein Eindruck darüber, wie flüssig eine Sprache gesprochen wird, kann durch schiere Beobachtung gewonnen werden, ist dann allerdings noch nicht wissenschaftlich fundiert und gibt ebenso wenig Aufschluss über die Kompetenzen eines Sprechers.

Es wäre jedoch wünschenswert, dass eine Lernertypentheorie auch Aussagen darüber treffen kann, wie die Sprachkompetenz eines Sprechers aussieht, inwieweit sich die Kompetenz mit der Performanz deckt, und ob sich der Lernkontext (vgl. Abschnitt 3.1) auf beides auswirkt. Hierauf wollen wir genauer zu sprechen kommen. Es sei angemerkt, dass dieses Kapitel ein Versuch ist, den gegenwärtigen Forschungsstand zu bewerten, und zu Spekulationen dazu anregen soll, wie die zukünftige Forschung aussehen könnte. Die hier aufgeworfenen Fragen sind zum gegenwärtigen Zeitpunkt weit entfernt von einer zufriedenstellenden Antwort.

Die folgenden zwei Abschnitte beschäftigen sich insbesondere mit der Frage, wie man bilinguale Sprecher hinsichtlich ihrer Sprachkompetenz und ihrer Sprachperformanz unterscheiden kann. Die beiden Begriffe Kompetenz und Performanz wurden im Kapitel 2 bereits eingeführt. Zur Erinnerung: Spracherwerbsdaten sind Performanzdaten, da sie entstanden sind, als Kinder von ihrem Sprachwissen Gebrauch gemacht und Sprache produziert haben. Unter Performanz versteht man die Anwendung des zugrunde liegenden Sprachwissens. Das zugrunde liegende Sprachwissen selbst wird als Kompetenz bezeichnet. Diese beiden Ebenen ergeben nicht immer ein einheitliches Bild und stellen möglicherweise auch keine starren Gebilde dar. Mit anderen Worten können sich sowohl die Performanz als auch die Kompetenz der beiden Sprachen eines bilingualen Sprechers im Laufe der Entwicklung verändern. In Abschnitt 8.1 führen wir die Weinreichsche (1970) Unterscheidung bilingualer Lerner ein. Das Modell ist als Kompetenzmodell zu verstehen. In Abschnitt 8.2 nehmen wir die Debatte um die stärkere und schwächere Sprache wieder auf, die in Kapitel 4 eingeführt wurde. Wir stellen hier die Vermutung auf, dass bilinguale Lerner verschiedene Wege beschreiten.

8.1 Lernertypen und Kompetenz

Eine der bekanntesten und am meisten debattierten Bereiche in der Bilinguismusforschung ist die Unterscheidung zwischen koordiniertem, kombiniertem und unterordnendem Bilinguismus („coordinate / compound / sub-coordinate bilingualism"), welche von Weinreich (1970, Erstveröffentlichung 1953) in dem Buch „Languages in Contact" zum ersten Mal erwähnt wurden. Weinreich unterscheidet darin drei verschiedene Arten von Bilinguismus. Diese sind als mentale Repräsentationen zu verstehen, die der jeweiligen Kompetenz eines bilingualen Sprechertyps zugrunde liegen. Die Repräsentationen unterscheiden sich darin, ob sie fusioniert oder getrennt sind und stehen in unmittelbarem Zusammenhang mit dem Erwerbskontext (vgl. Kapitel 3).

8.1.1 Weinreichs (1970) bilinguale Lernertypen

8.1.1.1 Koordinierter Bilinguismus (coordinate bilingualism, Typ A)

Der koordiniert bilinguale Lernertyp hält die Lexika seiner beiden Sprachen völlig separat. Jedes Äquivalent (vgl. Kapitel 5 und 7) hat seine eigene spezifische Bedeutung. Bei einem englisch-russisch bilingualen Kind hätte *book* eine Bedeutung, und das russische Äquivalent *kniga* eine andere. Der koordiniert bilinguale Sprecher hat also für *book* und *kniga* zwei verschiedene Bedeutungen und zwei Ausdrucksformen.

Was den Erwerbskontext betrifft, so hat der koordiniert bilinguale Sprecher seine beiden Sprachen in unterschiedlichen Umgebungen erworben, z.B. eine zu Hause und die andere in der Schule oder im Kindergarten. Da die Sprachen in unterschiedlichen Kontexten erworben wurden, wurden zwei unterschiedliche konzeptuelle Repräsentationen (d.h. Bedeutungen) aufgebaut.

(107) konzeptuelle Ebene   „book"   „kniga"
                                | |
       Ausdruck   /buk/   /kniga/   (Weinreich 1970:9)

Die beiden Sprachen des koordiniert bilingualen Sprechers werden als völlig getrennt gesehen.

Lernertypen

8.1.1.2 Kombinierter Bilinguismus (compound bilingualism, Typ B)

Bei dem kombinierten bilingualen Lerner haben die Worte *book* und *kniga* die gleiche Bedeutung. Für diese eine Bedeutung hat dieser bilinguale Typ also zwei Ausdrücke.

(108) konzeptuelle Ebene „book' = „kniga"

Ausdruck /buk/ /kniga/ (Weinreich 1970:9)

Der kombiniert bilinguale Typ hat die beiden Sprachen im gleichen Kontext erworben. Dies wäre bei Kindern aus einer binationalen Ehe der Fall, wenn beide Eltern beide Sprachen sprechen. Diesem liegt die Vermutung zugrunde, das Lernen beider Sprachen im gleichen Kontext führe zu einer fusionierten mentalen, d.h. konzeptuellen Repräsentation. Dies impliziert nicht, dass die Sprachen prinzipiell nicht getrennt werden. Es heißt lediglich, dass die Sprachen auf der konzeptuellen Ebene nicht getrennt werden, wohl aber auf der lexikalischen.

8.1.1.3 Unterordnender Bilinguismus (sub-coordinate bilingualism, Typ C)

Der unterordnende bilinguale Sprecher interpretiert die Wörter in der untergeordneten Sprache durch die Bedeutung, die sie in der übergeordneten Sprache haben, weshalb Weinreich (1970:10) in diesem Zusammenhang auch von der „indirekten Methode" spricht. Wenn zum Beispiel ein Kind zuerst Englisch lernt, und anschließend Russisch, wird das russische Wort *kniga* mit dem englischen Wort *book* assoziiert. Andere Autoren als Weinreich selbst haben in diesem Zusammenhang auch die Konzepte stärkere (=übergeordnete) Sprache und schwächere (=untergeordnete) Sprache angeführt und es ist vorstellbar, jedoch keineswegs erwiesen, dass ein unbalancierter bilingualer Lerner (vgl. Kapitel 4) eine solche Strategie entwickeln könnte.

Der unterordnende Typ hat die Bedeutungskomponente der ersten Sprache und zwei Ausdrücke dafür: den aus der ersten Sprache und den aus der zweiten Sprache. Wichtig ist, dass der Begriff aus der untergeordneten Sprache durch die übergeordnete Sprache gelernt wird, und dass der Begriff *kniga* aus der untergeordneten Sprache zunächst nicht direkt mit dem Konzept verbunden wird, sondern zuerst mit dem Lexem aus der übergeordneten Sprache: „The referents of the signs in the language being learned may then be not actual ‚things', but ‚equivalent' signs of the language already known." (Weinreich 1970:10)

(109) konzeptuelle Ebene   „book"
      lexikalische Ebene { /buk/ }
                             |
      Ausdruck   /kniga/   (Weinreich 1970:9)

Der unterordnend bilinguale Typ hat also ein System von Bedeutungen und entsprechenden Lexemen in der einen Sprache, und das lexikalische System der anderen Sprache ist daran gebunden. Dies könnte sowohl für einen Zweitspracherwerber, als auch für einen sukzessiv bilingualen Lerner gelten. Weinreich selbst schien einen Übergang von Typ C zu Typ A nicht für ausgeschlossen zu halten. Ebenso hielt er es für möglich, dass ein Lerner in einer zweiten Sprache fließend zu sprechen lernt, aber weiterhin die Lexeme durch die erste Sprache interpretiert. Wie dies vonstatten geht, ließ er jedoch offen und deutet an, dass dieses systematischer Forschung bedarf.

Die Vorhersagen der Weinreichschen Unterscheidung wurden in den darauf folgenden Jahrzehnten in vielen psycholinguistischen Studien getestet. Im Folgenden werden wir einige davon vorstellen.

8.1.2 Studien zur Weinreichschen Unterscheidung

Die von Weinreich vorgeschlagene Typologie der Lernertypen wurde in den 1950er und frühen 1960er Jahren stark debattiert, und Evidenz dafür und dagegen wurde mittels verschiedener Tests erbracht, z.B. Übersetzungstests, Reaktionstests und Benennungstests. Wir geben nun Beispiele für solche Studien.

Lambert, Havelka und Crosby (1958) versuchten, die semantischen Unterschiede zwischen den Äquivalenten, die für den koordinierten Typen vorhergesagt werden, zu erfassen. Sie verglichen dazu eine Gruppe, die aufgrund des Lernkontextes dem Typ A (koordiniert) entsprach, mit einer Gruppe, die den Typ B (kombiniert) repräsentierte. Die Testpersonen wurden gebeten, Äquivalente auf einer semantischen Skala zu lokalisieren. Auf dieser Skala sollten sie beurteilen, zu welchem Grad sie die jeweiligen Worte mit Attributen wie „gut" vs. „schlecht", „schnell" vs. „langsam" assoziieren. Die Typologie macht die Vorhersage, dass Lerner des Typs A größere Unterschiede in der Bewertung zeigen als Lerner des Typs B. Die Gruppe A beinhaltete allerdings drei verschiedene Typen koordinierter Lerner:

(i)   Lerner, die ihre beiden Sprachen in unterschiedlichen nationalen oder kulturellen Kontexten erwarben.
(ii) Lerner, die beide Sprachen zu Hause sprachen, und nach der 1P-1Sp-Strategie erzogen wurden.
(iii) Lerner, die im gleichem Land, aber in unterschiedlichen Umgebungen (z.B. zu Hause vs. Schule) die Sprachen erwarben.

Das Ergebnis zeigte, dass sich nur der unter (i) genannte Typ von dem kombinierten Typ B unterschied, während sich Lerner aus den Gruppen (ii) und (iii) wie Typ B verhielten. Das heißt, der Test erbrachte prinzipiell Evidenz für eine Unterscheidung zwischen Typ A und Typ B, aber Typ A würde keine Lerner beinhalten, die ihren sprachlichen Input zwar aus getrennten Quellen bekamen (z.B. Mutter vs. Vater, Schule vs. zu Hause), aber im gleichen kulturellen Umfeld.

Olton (1960) hat bilingual englisch-französische Sprecher getestet. In der Gewöhnungsphase des Experiments sollten die Sprecher ein Set von Wörtern vorlesen. Bei einigen der Wörter wurde ein elektrischer Schock ausgelöst. Die Testpersonen wurden aufgefordert, sich zu merken, welche Wörter dies waren. Bei wiederholtem Vorlesen der Wortliste konnten sie den Schock vermeiden, indem sie unmittelbar nach dem Auftreten der entsprechenden Wörter eine Taste drückten. Die Testpersonen lernten schnell, welche die relevanten Wörter waren. Anschließend gab man ihnen eine neue Wortliste, von denen einige Wörter Übersetzungsäquivalente der problematischen, also den Schock auslösenden, Wörter waren. Gilt die Weinreichsche Unterscheidung, so würde man vorhersagen, dass kombiniert Bilinguale schneller die entsprechende Taste drücken als koordinierte Lerner. Wurde zum Beispiel das Wort *house* in der Gewöhnungsphase von einem Schock begleitet, so sollte der kombiniert bilinguale Lerner bei der französischen Entsprechung *maison* schneller die Taste drücken als der koordinierte Lerner. Die Testergebnisse erbrachten jedoch keinen solchen Unterschied.

Weitere Erkenntnisse zur Weinreichschen Typologie wurden aus den Untersuchungen bilingualer Sprecher gewonnen, die durch Unfälle an Aphasie litten. Aphasie ist ein medizinischer Fachbegriff und bedeutet so viel wie Verlust der Sprache. Dieses muss keinen totalen Sprachverlust beinhalten, sondern kann je nach Ausmaß und Lokalisation der Schädigung am Gehirn in unterschiedlichen Schweregraden auftreten. Aphasien verändern lediglich die sprachliche Kommunikationsfähigkeit, während die Fähigkeit zum Denken vollkommen erhalten bleibt.

Lambert und Fillenbaum (1959) haben koordinierte und kombinierte bilinguale Sprecher verglichen, die eine Aphasie erlitten hatten. Die Typologie sagt vorher, dass bei koordiniert bilingualen Sprechern die Sprachstörung vornehmlich eine Sprache betrifft, während sich die Störung bei kombiniert bilingualen Sprechern über beide Sprachen verteilen sollte. Diese Beobachtung wurde durch die Untersuchung der Autoren tatsächlich gestützt.

Minkowski (1928) untersuchte einen trilingualen Sprecher, der durch einen Schlaganfall im Alter von 44 Jahren eine Aphasie erlitten hatte. Die Erstsprache dieses Patienten, welche er auch zu Hause sprach, war Schweizerdeutsch. In der Schule lernte er Hochdeutsch. Das Französische lernte der Patient, als er mit 30 Jahren nach Frankreich zog, wo er als Physikprofessor arbeitete. Nach Weinreichs Typologie würde er dem koordinierten Typus entsprechen, wobei das Französische auch untergeordnet sein könnte. In jedem Fall würde man vorhersagen, dass die Sprachen unterschiedlich von der Aphasie betroffen sind. Es war tatsächlich der Fall, dass nicht alle Sprachen gleichzeitig wiedererlangt wurden. Das Französische war die erste Sprache, die der Patient zu sprechen begann; dann folgte das Hochdeutsche, später das Schweizerdeutsche. Die Reihenfolge, in der die Sprachen wiedererlangt wurden, war also genau entgegengesetzt zur Reihenfolge, in der sie gelernt wurden. Dennoch wurden die beiden deutschen Varianten im Laufe der Zeit zu den Sprachen, die er flüssiger beherrschte, während das Französische schwächer wurde. Die Studie kann als Evidenz für Weinreichs Unterscheidung ausgelegt werden, da sie zeigt, dass die Sprachen nicht gleichzeitig wiederhergestellt wurden und in unterschiedlichem Ausmaß beherrscht wurden. Darüber hinaus zeigt sie, dass die Sprachen, die im frühesten Alter gelernt werden, diejenigen sind, welche als letztes verloren gehen.

Allerdings, so gibt Grosjean (1982) zu bedenken, sind Studien zur Aphasie mit Vorsicht zu betrachten. Erstens ist es möglich, dass Wissenschaftler nur die spektakulärsten Fälle der Aphasie betrachtet haben und nicht die große Anzahl der gewöhnlicheren Aphasien. Zweitens gibt es meistens keine Untersuchungen darüber, wie flüssig die Patienten in ihren jeweiligen Sprachen vor dem Unfall waren, so dass es schwer zu sagen ist, welche die am stärksten betroffene Sprache ist. Drittens waren zumindest in den frühesten Studien die Personen, die die Sprachschädigung beurteilten, oft keine kompetenten Sprecher der jeweiligen Sprachen.

8.1.3 Kritik an der Weinreichschen Unterscheidung

Die Typologie von Weinreich wurde in den letzten Jahrzehnten stark kritisiert. Einer der Gründe dafür war die Widersprüchlichkeit der experimentellen Ergebnisse.

Wie schon die beiden oben dokumentierten Studien von Lambert et al. (1958) und Olton (1960) zeigten, wurde sowohl Evidenz dafür als auch dagegen erbracht, dass es einerseits koordinierte Lerner gibt, die Wörter und die damit assoziierten Konzepte in den jeweiligen Sprachen getrennt ablegen, und andererseits kombinierte Lerner, die für Übersetzungsäquivalente nur ein Konzept haben.

Darüber hinaus zeigt die zuerst erwähnte Studie von Lambert et al. (1958), dass nicht klar ist, welche Lernertypen im Sinne des Lernkontextes dem Typ A entsprechen. Mit anderen Worten waren die Auswahlkriterien für den koordinierten bilingualen Typ uneinheitlich. Der Lernertyp, der beide Sprachen zu Hause hörte, und nach der 1P-1Sp-Strategie aufwuchs (siehe Kapitel 3), wurde manchmal als koordiniert, manchmal als kombiniert klassifiziert.

Tests mit semantischen Differenzierungsskalen wie bei Olton (1960) wurden später als ungeeignet betrachtet, um die Weinreichsche Unterscheidung zu testen, da sie nicht wirklich die konzeptuelle Bedeutung erfassten. Dies war jedoch die einzige Bedeutungskomponente, die Weinreich erwähnte (Segalowitz 1970, Grosjean 1982).

Aus linguistischer Sicht ist fraglich, ob es Sprecher geben kann, die sich ausschließlich in eine Klasse einordnen lassen. Außerdem überlappen die meisten Übersetzungsäquivalente zumindest teilweise in ihrer Bedeutung, ansonsten wäre ja keine Übersetzung möglich. Weinreich erwähnt das Beispiel von sp. *arroz* „Reis" und dem englischen Äquivalent *rice*. Beides sind Körner und beide sind vor dem Kochen weiß, aber *rice* bedeutet auch gekocht, farblos, und es wird mit Roastbeef und Bratensauce gegessen, während *arroz* orangefarben sein kann, scharf, gebraten, und mit Bohnen und Tortillas gegessen wird. Hier liegt eine Teilüberlappung vor. Hingegen ist der Unterschied zwischen dem englischen *table* und spanischen *mesa* viel geringer.

Man sollte sich auch fragen, ob ein Sprecher in bestimmten Lebensbereichen und Lebenszeitspannen mal mehr koordiniert und mal mehr kombiniert bilingual sein kann. Ein Umgebungswechsel könnte zu maßgeblichen Veränderungen beitragen.

Abschließend sei gesagt, dass die Weinreichsche Typologie nicht so sehr daran gescheitert ist, dass die Unterscheidung an sich unmotiviert ist, sondern vielmehr daran, dass die ursprüngliche Typologie nur unvollständig aufgegriffen und modifiziert wurde, um den Forschungen im Bereich des Spracherwerbs und der Psychologie Genüge zu tun.

Unser Kapitel 6 hat gezeigt, dass der Spracheneinfluss auf syntaktischer Ebene eine individuelle Komponente aufweist, die nicht mit der Sprachdominanz erklärbar ist. Man könnte nun die im zweiten Kapitel eingeführten Begriffe der Konvergenz und der Divergenz vor dem Hintergrund der Weinreichschen Unterscheidung zwischen dem kombinierten und dem koordinierten Bilinguismustyp für eine Typologie von Lernern auf Kompetenzebene und syntaktischer Beschreibungsebene fruchtbar machen. Mit Hinblick auf die Weinreichsche Typologie könnten wir vermuten, dass das bilinguale (wie das monolinguale) Kind einerseits ein zunächst gemeinsames System (Minimal Default Grammar, MDG, siehe Kapitel 2) in einzelsprachspezifische Teilsysteme ausdifferenzieren und es andererseits prüfen muss, inwieweit die als solche erkannten (syntaktischen) Teilsysteme konvergieren oder divergieren. Für den Fall, dass sie konvergieren, gibt es prinzipiell zwei Möglichkeiten in Anlehnung an die unterschiedlichen Ausprägungen des Bilinguismus: Konvergierende Teilsysteme werden als ein einziges Teilsystem oder als zwei Teilsysteme abgelegt. Die Möglichkeit der getrennten Ablegung von konvergierenden Teilsystemen hat das monolinguale Kind nicht. Die Ablegung als ein einziges Teilsystem würde für ein spezifisches grammatisches Phänomen besagen, dass eine einzige Subroutine (ein Parameterwert) für beide Sprachen genutzt wird. Der Fall der getrennten Ablegung würde besagen, dass identische Subroutinen für die jeweiligen Sprachen genutzt werden. Konvergieren die Systeme nicht, erwarten wir nur die Möglichkeit der getrennten Ablegung. Wenn wir mit dieser noch sehr spekulativen Sichtweise recht hätten, würde diese implizieren, dass weder die Art der Präsentation der Sprachen (also nach Weinreich sukzessiv versus simultan), noch die zeitweise auftretende Sprachdominanz zu dieser individuell bedingten Repräsentation syntaktischer Subroutinen führt. Wir können über die Gründe für diese individuelle Komponente zum aktuellen Forschungsstand nicht einmal spekulieren. Unsere Vermutungen haben jedoch weitreichende Konsequenzen für die Repräsentation von Sprache bei bilingualen Individuen. Sollten wir recht haben, wäre der Spracheneinfluss wie folgt zu fassen: Manche Lerner gehen als erste Annahme über die Sprachdaten davon aus, dass zunächst nur eine syntaktische Subroutine (die ein grammatisches Phänomen erfasst, welches in beiden Sprachen relevant ist) für beide Sprachen nutzbar ist, sollten die von uns in Kapitel 6 genannten Bedingungen für den Spracheneinfluss zutreffen. Wir könnten solche Lerner als besonders ökonomisch vorgehend charakterisieren, da diese Annahme weniger aufwendig ist. Diese Lerner müssen für divergierende Teilsysteme lernen, dass und wie sie getrennt abzulegen sind. Andere Lerner gehen als erste Annahme davon aus, dass zwei syntaktische Subroutinen für die beiden Sprachen notwendig sind. Dieser Weg ist zwar weniger ökonomisch, aber sicher in dem Sinne, dass sowohl für divergierende als auch für konvergierende Systeme die von dem Lerner erhobenen Sprachdaten immer den Erwartungen entsprechen, die wir an ein bilinguales Individuum stellen, nämlich die der getrennten Ablegungen beider Sprachen, unabhängig davon, ob sie für bestimmte Bereiche gleich oder unterschiedlich sind. Aus unserer Perspektive könnte es aber der Fall sein, dass solche Individuen lernen müssen, dass es einen ökonomischen Weg für konvergierende Teilsysteme gibt, nämlich den der gemeinsamen Ablage. Zusammenfassend impliziert unsere Sichtweise eine Reanalyse der Weinreichschen Typologie in Form von individuellen (von Kindern auf dem Weg hin zum erwachsenensprachlichen Grammatiksystem) Strategien auf der Kompetenzebene.

8.2 Lernertypen nach Dominanzkriterien

Im vierten Kapitel haben wir gesehen, dass bilinguale Lerner danach unterschieden werden können, ob sie sich sichtbar schneller in einer Sprache entwickeln als in der anderen, oder ob sich beide Sprachen etwa in der gleichen Geschwindigkeit herausbilden. Möglicherweise liegen auch diesen Unterschieden Strategien zugrunde: Es gibt Lerner, die ihre beiden Sprachen gleich behandeln, und Lerner, die ihre beiden Sprachen unterschiedlich behandeln. Letzteres könnte dazu führen, dass erst Grammatik und Lexikon der einen Sprache erworben werden, während Grammatik und das Lexikon der anderen Sprache zunächst „auf Eis gelegt" werden. Oder die Sprachen werden innerhalb kürzerer Abschnitte mit wechselnder Bevorzugung erworben. Wir versuchen in den folgenden Abschnitten, Lernertypen hinsichtlich ihrer Strategien zu beschreiben. Es sei daran erinnert, dass Spracherwerbsdaten Performanzdaten sind, da sie entstehen, wenn Kinder von ihrem Sprachwissen Gebrauch machen.

8.2.1 Die sprachliche Entwicklung der beiden Sprachen eines Individuums und einer der Sprachen im Vergleich zur Norm

Wir haben in Kapitel 4 am Beispiel der Kinder Céline und Lukas gezeigt, dass man durch einen Vergleich der beiden Sprachen miteinander im Hinblick auf verschiedene Kriterien (MLU, upper bound etc.) feststellen kann, ob es eine stärkere Sprache gibt, und wenn ja, welche diese ist. Bei Lukas zeigte sich für die dargestellte Phase, dass sich beide Sprachen gleich schnell entwickeln. Bei Céline zeigte sich eine sichtbar schnellere Entwicklung des Deutschen. Die Tatsache, dass sich das Deutsche Célines schneller entwickelte als ihr Französisch, sagt jedoch noch nichts darüber aus, ob sich ihr Französisch prinzipiell langsam entwickelt. Mit anderen Worten ist auch denkbar, dass sich Célines Französisch normal entwickelt, ihr Deutsch hingegen rasant. Aus diesem Grund ist es wünschenswert zu ermitteln, wie schnell ein bilinguales Kind seine beiden Sprachen im Vergleich zum Normalfall entwickelt. Doch woher weiß man, was den Normalfall darstellt?

Idealerweise sollte man so viele Kinder wie möglich untersuchen und einen Durchschnitt der jeweiligen ermittelten Werte nehmen. Cantone, Kupisch, Müller und Schmitz (2006) etablieren, was sie als Norm bezeichnen, indem sie den Durchschnitt aller ihnen zur Verfügung stehenden bilingualen Daten berechnen. Dabei vergleichen sie die Größen MLU, Standardabweichung (SD) des MLUs, upper bound sowie Äußerungsanzahl pro Aufnahme (vgl. Kapitel 4). Die Durchschnitte werden für die jeweiligen Sprachen einzeln berechnet und das Deutsche der deutsch-italienischen Kinder und das Deutsche der deutsch-französischen Kinder separat behandelt. Da den Forscherinnen nur drei deutsch-französische und fünf deutsch-italienische Korpora zur Verfügung standen, ist die Frage durchaus berechtigt, ob die so berechnete Norm repräsentativ ist. Die Forschergruppe sieht ihre Ergebnisse als Anknüpfungspunkt für spätere Studien. Den von ihnen ermittelten Sprachnormen können jederzeit (auch von anderen Forschern) weitere Daten hinzugefügt werden, um neue, noch repräsentativere Durchschnitte zu berechnen.

Zur Veranschaulichung soll hier die Berechnung der Werte bei dem Kind Céline dargestellt werden. Tabelle 13 zeigt die Normwerte. Es sind die Durchschnittswerte von drei Kindern, die jeweils für eine Phase (Zeitspanne von 6 Monaten) berechnet wurden.

Tabelle 13. Sprachnorm, Frz. und Dt., aus Cantone, Kupisch, Müller und Schmitz (2006)

	MLU	SD	upper bound	no. of utterances
Frz. (2;0-2;5)	2,3	1,3	6	137
Frz. (2;6-2;11)	3,2	1,89	10	161
Frz (3;0-3;6)	3,6	2,29	14	189
Frz. (3;7-3;11)	4,1	2,75	17	187
Dt. (2;0-2;5)	2,2	1,2	7	220
Dt. (2;6-2;11)	3,3	2,0	13	251
Dt. (3;0-3;6)	3,7	2,24	14	213
Dt. (3;7-3;11)	4,0	2,62	17	217

Die Tabellen 14 und 15 zeigen die Ergebnisse eines Vergleichs der Normwerte mit denen von Céline. Die Symbole sind wie folgt zu interpretieren: Ein Pfeil nach oben bedeutet, dass die Werte des Kindes in der jeweiligen Phase und für das jeweilige Kriterium um mehr als 10% nach oben abweichen; ein Pfeil nach unten zeigt eine Abweichung von mehr als 10% nach unten an; N bedeutet, dass die Werte um nicht mehr als 10% von der Norm abweichen.

Zusammenfassend lässt sich daraus für das Kind Céline schließen, dass alle ihre französischen Werte nach unten abweichen, während ihre Werte im Deutschen zu genau 50% der Norm entsprechen, aber in 50% aller Fälle oberhalb der Norm liegen. Zu sagen, dass Céline eine schwache Sprache hat, die sich langsamer entwickelt als die andere Sprache, ist also nur ein Teil der Beschreibung. Der andere Teil ist, dass sich ihr Deutsch auch besonders schnell entwickelt.

Tabelle 14. Céline, Frz., im Vergleich zur Norm, aus Cantone, Kupisch, Müller und Schmitz (2006)

	MLU	SD	upper bound	no. of utterances
Céline II (2;0-2;5)	↓	↓	↓	↓
Céline III (2;6-2;11)	↓	↓	↓	↓
Céline IV (3;0-3;6)	↓	↓	↓	↓
Céline V (3;7-3;11)	↓	↓	↓	↓

Tabelle 15. Céline, Dt., im Vergleich zur Norm, aus Cantone, Kupisch, Müller und Schmitz (2006)

	MLU	SD	upper bound	no. of utterances
Céline II (2;0-2;5)	↑	N	N	↑
Céline III (2;6-2;11)	↑	N	N	↑
Céline IV (3;0-3;6)	↑	↑	↑	N
Céline V (3;7-3;11)	N	N	N	↑

8.2.2 Typen der Sprachbalance

Cantone, Kupisch, Müller und Schmitz (2006) schlagen weiterhin vor, dass man die sprachliche Entwicklung, je nachdem, wie viele der Werte im Bereich der Norm, darunter oder darüber liegen, in Form von Balancetypen charakterisieren könnte. Sie definieren die nachfolgenden Typen, wobei „Alpen" mit einer sehr unebenen Entwicklung assoziiert wird und „Strand" mit einer ausgeglichenen, ebenen Entwicklung, während „Hügel" genau dazwischen liegt.

- Typ C (Alpen): die Werte in einer Sprache entsprechen der Norm in kaum einer Phase und kaum einem Kriterium (in weniger als 66% aller Fälle)
- Typ B (Hügel): die Werte entsprechen im Großen und Ganzen der Norm (mindestens zu 33%), Abweichungen haben eine bestimmte Richtung (entweder oberhalb oder unterhalb der Norm)
- Typ A (Strand): die Werte entsprechen im Großen und Ganzen der Norm (zu mindestens 33%), Abweichungen finden sich in beiden Sprachen und in beide Richtungen.

Außer bei dem Strand-Typen ist es möglich, dass es nicht immer Übereinstimmungen zwischen den beiden Sprachen gibt. Auf der Basis dieser Unterscheidung lassen sich die nachfolgenden Unterscheidungen treffen.

Lernertypen

8.2.2.1 Kinder, die in beiden Sprachen ausgeglichen sind

Kinder wie Lukas, deren Entwicklung wir bis zum Alter von drei Jahren in Kapitel 4 dokumentiert haben, entsprechen dem Strand-Typen in beiden Sprachen. Dieser Typ ist dadurch charakterisiert, dass er mal in der einen Sprachen höhere Werte zeigt, mal in der anderen, aber die Unterschiede zwischen den beiden Sprachen nie extrem sind. Sie haben sowohl Werte in der Norm, als auch Werte, die nach unten und nach oben abweichen. Auch zeigen solche Kinder typischerweise ein unterschiedliches Verhalten je nach Kriterium. Abweichungen von der Norm können oft auf Eigenschaften zurückgeführt werden, welche die Persönlichkeit der Kinder betreffen. So zeigte das Kind Carlotta beispielsweise nach unten abweichende Werte im Hinblick auf die absolute Äußerungsanzahl, und sie ist ein Kind, welches im Vergleich zu anderen Kindern relativ wenig redet. Das entscheidende Merkmal der Strand-Lernertypen ist, dass sie Abweichungen von der Norm in beide Richtungen (unten und oben) und in beiden Sprachen zeigen, aber keine regelhaften Abweichungen in eine Richtung. Das heißt, beide Sprachen werden gleich behandelt. Dies entspricht dem Bild eines sehr balancierten Kindes.

Eine typische Verteilung der Werte auf die Kategorien Norm, höher und niedriger, zeigt die Tabelle 16.

Tabelle 16. Verteilung der Werte des in beiden Sprachen ausgeglichenen Kindes Carlotta, aus Cantone, Kupisch, Müller und Schmitz (2006)

Sprache	niedriger	Norm	höher	Typ
Italienisch	15%	35%	50%	„Strand"
Deutsch	30%	50%	20%	„Strand"

8.2.2.2 Kinder, deren sprachliche Entwicklung zusammengenommen ausgeglichen ist

Der Typ „Hügel" (B) zeigt ein größtenteils mit der Norm konsistentes Verhalten. In der o.g. Studie war dies bei den Kindern Amélie und Marta in beiden Sprachen der Fall. In beiden Sprachen entsprach die Hälfte der Werte der Norm. Die zweite Hälfte der Werte war in der einen Sprache oberhalb der Norm und in der anderen Sprache unterhalb der Norm. Nimmt man beide Sprachen zusammen, so ist die Sprachentwicklung insgesamt wieder ausgeglichen. Eine typische Verteilung ist in Tabelle 17 dargestellt.

Tabelle 17. Verteilung der Werte eines über beide Sprachen hinweg ausgeglichenen Kindes, aus Cantone, Kupisch, Müller und Schmitz (2006)

Sprache	niedriger	Norm	höher	Typ
Italienisch	----	50%	50%	„Hügel"
Deutsch	45%	50%	5%	„Hügel"

8.2.2.3 Unbalancierte Kinder

Der unbalancierte Typ zeigt anders als die anderen Typen ein unterschiedliches Verhalten in den beiden Sprachen. Solche Lerner verhalten sich in einer der Sprachen teilweise konsistent mit der Norm oder zeigen Abweichungen in eine Richtung (im Sinne des „Hügel"-Typs). In der anderen Sprache zeigen sie jedoch Abweichungen von der Norm in mehr als zwei Drittel (66%) aller Fälle (im Sinne des „Alpen"-Typs). Die Abweichungen liegen entweder oberhalb oder unterhalb der Norm. Céline wäre ein Kind, welches eindeutig dieser Kategorie entspricht. Im Deutschen entspricht sie dem „Hügel"-Typ. Im Französischen entspricht sie dem „Alpen"-Typ, da ihre Werte in 100% aller Fälle von der Norm abweichen. Tabelle 18 zeigt die entsprechende Verteilung bei Céline.

Tabelle 18. Verteilung der Werte des unausgeglichenen Kindes Céline, aus Cantone, Kupisch, Müller und Schmitz (2006)

Sprache	niedriger	Norm	höher	Typ
Französisch	100%	----	----	„Alpen"
Deutsch	----	50%	50%	„Hügel"

8.3 Zusammenfassung

In diesem Abschnitt haben wir Systeme zur Etablierung bilingualer Kompetenztypen (8.1) und bilingualer Lernertypen (8.2) vorgestellt. In 8.1 haben wir damit begonnen, die Weinreichsche Unterscheidung darzustellen sowie Studien, die dazu bestimmt waren, diese Unterscheidung empirisch zu belegen. Das Modell wurde stark kritisiert, kann unseres Wissens jedoch bis heute nicht als widerlegt gelten. In 8.2 sind wir auf eine jüngere Untersuchung eingegangen, nach der man bilinguale Lerner hinsichtlich ihrer Strategien in beiden Sprachen unterscheiden kann. Inwieweit diese Typen die Kompetenz der Sprecher widerspiegelt, ist bis zum heutigen Zeitpunkt unklar und bedarf weiterer Untersuchungen, die sich damit beschäftigen, welche der Kriterien zur Sprachstandsmessung als repräsentativ für die Kompetenz der Lerner gelten können.

8.4 Aufgaben

1. Stellen Sie die Weinreichschen Lernertypen vor.
2. Welches Problem ergab sich bei der Etablierung des Lernertypen, der als „koordiniert" bezeichnet wurde, im Hinblick auf den Erwerbskontext?
3. Warum wurden bilinguale Aphasiker zur Etablierung von Weinreichs Lernertypen herangezogen?
4. Erläutern Sie den Begriff „Sprachnorm".
5. Stellen wir uns eine Familie A vor, die in Spanien lebt. Der Vater ist Finne, die Mutter Spanierin. Die Eltern sprechen untereinander und mit dem Kind, Antonio, Finnisch. Die Umgebungssprache ist Spanisch. Lilianas Familie (B) hingegen lebt in Italien, die italienische Mutter und der portugiesische Vater sprechen in ihrer jeweiligen Muttersprache mit ihrem Kind. Die Familiensprache ist Portugiesisch. Die Umgebungssprache ist Italienisch.
   a. Diskutieren Sie, wie sich die Weinreichsche Unterscheidung auf diese beiden Situationen anwenden lässt.
   b. Welchen Typen der Bilingualität nach Romaine (1995) entsprechen diese Familien (Kap. 3)?
   c. Kann man Voraussagen über den Erwerbsverlauf bei den Kindern Liliana und Antonio machen (Kap. 2, Kap. 4)?
   d. Welchen Lernertypen im Sinne von Sprachbalancetypen könnten die beiden Kinder entsprechen?
   e. Was können die Eltern tun, um die Nicht-Umgebungssprache zu stärken (Kap. 2, 3, 4, 8)?
6. Diskutieren Sie, ob Spracheneinfluss ein Kompetenz- oder ein Performanzphänomen ist. Welche Kriterien können Aufschluss darüber geben (Kap. 1, 6, 7, 8)?

9 Literatur

Adams, M. 1987 From Old French to the theory of pro-drop. *Natural Language and Linguistic Theory* 5, 1-32.
Albert, R. & C. J. Koster 2002 *Empirie in Linguistik und Sprachlehrforschung. Ein methodologisches Arbeitsbuch*. Tübingen: Narr.
Antelmi, D. 1997 *La prima grammatica dell'italiano: Indagine longitudinale sull'acquisizione della morfosintassi italiana*. Bologna: Il Mulino.
Arnberg, L. N. & P. W. Arnberg 1992 Language awareness and language separation in the young bilingual child. In R. J. Harris (Hrsg.) *Cognitive Processing in Bilinguals*. Amsterdam: North-Holland, 475-500.
Arteaga, D. 1994 Impersonal constructions in Old French. In M. L. Mazzola (Hrsg.) *Issues and Theory in Romance Linguistics. Selected Papers from the Linguistic Symposium on Romance Languages XIII*. Washington: Georgetown University Press, 141-157.
Auer, P. 1976 Konversionelle Standard / Dialekt-Kontinua (code shifting). *Deutsche Sprache* 2, 97-124.
Auer, P. 1995 The pragmatics of code-switching: a sequential approach. In L. Milroy & P. Muysken (Hgg.) *One Speaker – Two Languages: Cross-Disciplinary Perspectives on Code-Switching*. Cambridge: Cambridge University Press, 115-135.
Bausch, K.-R. & G. Kasper 1979 Der Zweitspracherwerb: Möglichkeiten und Grenzen der großen Hypothesen. *Linguistische Berichte* 64, 3-35.
Belazi, H. M., E. J. Rubin & A. J. Toribio 1994 Code switching and X-bar theory: the functional head constraint. *Linguistic Inquiry* 25 (2), 221-237.
Berman, R. 1979. The re-emergence of a bilingual: a case study of a Hebrew-English speaking child. *Working Papers on Bilingualism* 19, 158-180.
Bernardini, P. 2001 *Lo squilibrio nell'acquisizione di due lingue nell'infanzia. Indagine longitudinale sullo sviluppo della sintassi nominale*. Licentiatavhandling, Lund.
Bernardini, P. 2004 *L'italiano come prima e seconda (madre)lingua. Indagine longitudinale sullo sviluppo del DP*. Études Romanes de Lund 71, Lund.
Bernardini, P. & S. Schlyter 2004 Growing syntactic structure and code-mixing in the weaker language: the Ivy Hypothesis. *Bilingualism: Language and Cognition* 7, 49-69.
Bloom, P. 1990 Subjectless sentences in child language. *Linguistic Inquiry* 21, 491-504.
Bottari, P., P. Cipriani & A. M. Chilosi 1993/94 Proto-syntactic devices in the acquisition of Italian free morphology. *Geneva Generative Papers* 1, 83-101.
Brown, R. 1973 *A First Language: The Early Stages*. Cambridge, MA: Havard University Press.
Burling, R. 1959 Language development of a Garo and English speaking child. *Word* 15, 45-68.
Cantone, K. F. 1999 *Das Genus im Italienischen und Deutschen. Empirische Untersuchung zum bilingualen Erstspracherwerb*. Unveröffentlichte Magisterarbeit, Hamburg.
Cantone, K. F. 2007 *Code-switching in Bilingual Children*. Dordrecht: Springer.

Cantone, K.F., T. Kupisch, N. Müller & K. Schmitz 2006 Rethinking language dominance in bilingual children. Manuskript, Universität Bremen / University of Calgary / Bergische Universität Wuppertal.

Cantone, K. F. & N. Müller 2005 Code-switching at the interface of language-specific lexicons and the Computational System. *International Journal of Bilingualism* 9 (2), 205-225.

Cantone, K. F. & N. Müller 2007 Un nase or una nase? What gender marking within switched DPs reveals about the architecture of the bilingual language faculty. *Lingua* 1350, im Druck.

Chierchia, G., M. T. Guasti & A. Gualmini 2000 Nouns and articles in child grammar and the syntax / semantics map. Manuskript, Universität Mailand / Universität Siena / Universität Maryland College Park.

Chomsky, N. 1981 *Lectures on Government and Binding. The Pisa Lectures*. Dordrecht: Foris.

Chomsky, N. 1982 *Some Concepts and Consequences of the Theory of Government and Binding*. Cambridge, MA: MIT Press.

Chomsky, N. 1986 *Knowledge of Language*. New York: Preager.

Chomsky, N. 1995 *The Minimalist Program*. Cambridge, MA: MIT Press.

Clahsen, H. 1982 *Spracherwerb in der Kindheit. Eine Untersuchung zur Entwicklung der Syntax bei Kleinkindern*. Tübingen: Narr.

Clahsen, H. 1990 Constraints on parameter setting: a grammatical analysis of some acquisition stages in German child language. *Language Acquisition* 1, 361-391.

Clahsen, H., S. Eisenbeiß & M. Penke 1996 Lexical learning in early syntactic development. In H. Clahsen & W. Rutherford (Hgg.) *Generative Perspectives on Language Acquisition*. Amsterdam / Philadelphia: Benjamins, 129-159.

Clahsen, H. & C. Felser 2006 How native-like is non-native language processing? *Trends in Cognitive Sciences* 10 (12), 564-570.

Clahsen, H., J. M. Meisel & M. Pienemann 1983 *Deutsch als Zweitsprache. Der Spracherwerb ausländischer Arbeiter*. Tübingen: Narr.

Clahsen, H. & P. Muysken 1986 The availability of Universal Grammar to adult and child learners: a study of the acquisition of German word order. *Second Language Research* 2, 93-119.

Clark, E. 1986 Acquisition of Romance, with special reference to French. In D. I. Slobin (Hrsg.) *The Crosslinguistic Study of Language Acquisition, Vol.I., The Data*. Hillsdale NJ: Erlbaum, 687-782.

Clark, E. 1987 The principle of contrast: a constraint on language acquisition. In B. MacWhinney (Hrsg.) *Mechanisms of Language Acquisition*. Hillsdale, NJ: Erlbaum, 1-33.

Clyne, M. 1967 *Transference and Triggering. Observations on the Language Assimilation of Postwar German-Speaking Migrants in Australia*. Den Haag: Nijhoff.

Clyne, M. 1975 *Forschungsbericht Sprachkontakt. Untersuchungsergebnisse und praktische Probleme*. Kronberg/Ts: Scriptor.

Clyne, M. 1987 Constraints on code switching: how universal are they? *Linguistics* 25, 739-764. Abgedruckt in L. Wei (Hrsg.) 2004, 257-280.

Cordes, J. 2001 *Zum unausgewogenen doppelten Erstspracherwerb eines deutsch-französisch aufwachsenden Kindes: Eine empirische Untersuchung*. Unveröffentlichte Magisterarbeit, Hamburg.

Crysmann, B. & N. Müller 2000 On the non-parallelism in the acquisition of reflexive and non-reflexive object clitics. In C. Hamann & S. Powers (Hgg.) *The Acquisition of Scrambling and Cliticization*. Dordrecht: Kluwer, 207-236.

Cummins, J. 1979 Cognitive / academic language proficiency, linguistic interdependence, the optimum age question and some other matters. *Working Papers on Bilingualism* 19, 121-129.

Cummins, J. 1984 *Bilingualism and Special Education: Issues in Assessment and Pedagogy*. Clevedon: Multilingual Matters.

De Houwer, A. 1990 *The Acquisition of Two Languages from Birth: A Case Study*. Cambridge: Cambridge University Press.

Deprez, C. 1999 *Les enfants bilingues: langues et familles*. Paris: Didier.

Deuchar, M. 1999 Are function words non-language-specific in early bilingual two-word utterances? *Bilingualism: Language and Cognition* 2, 23-34.

Deuchar, M. & S. Quay 1998 One vs. two systems in early bilingual syntax: two versions of this question. *Bilingualism: Language and Cognition* 1, 231-243.

Deuchar, M. & S. Quay. 2000 *Bilingual Acquisition: Theoretical Implications of a Case Study*. Oxford: Oxford University Press.

De Villiers, J. 1992 On the acquisition of functional categories: a general commentary. In J. M. Meisel (Hrsg.) *The Acquisition of Verb Placement: Functional Categories and V2 Phenomena in Language Development*. Dordrecht: Kluwer, 423-443.

DiSciullo, A.-M., P. Muysken & R. Singh 1986 Government and code-switching. *Journal of Linguistics* 22, 1-24.

Döpke, S. 1992 *One Parent One Language. An Interactional Approach*. Amsterdam / Philadelphia: Benjamins.

Döpke, S. 1998 Competing language structures: the acquisition of verb placement by bilingual German-English children. *Journal of Child Language* 25, 555-584.

Fanselow, G. & S. W. Felix 1987 *Sprachtheorie. Eine Einführung in die Generative Grammatik*. Tübingen / Basel: Francke.

Fantini, A. 1978 Bilingual behavior and social cues: case studies of two bilingual children. In M. Paradis (Hrsg.) *Aspects of Bilingualism*. Columbia, SC: Hornbeam, 285-301.

Fantini, A. 1985 *Language Acquisition of a Bilingual Child: A Sociolinguistic Perspective*. San Diego: College Hill Press.

Fodor, J. D. 1998 Unambiguous triggers. *Linguistic Inquiry* 29, 1-36.

Fonagy, I. 1985 J'aime. Je connais. Verbes transitifs à objet latent. *Revue Romane* 20, 3-35.

Fritzenschaft, A., I. Gawlitzek-Maiwald, R. Tracy & S. Winkler 1990 Wege zur komplexen Syntax. *Zeitschrift für Sprachwissenschaft* 9, 52-134.

Gabriel, C. & N. Müller 2005 Zu den romanischen Pronominalklitika: Kategorialer Status und syntaktische Derivation. In G. Kaiser (Hrsg.) *Deutsche Romanistik – generativ*. Tübingen: Narr, 161-180.

Gabriel, C. & N. Müller 2007 *Minimalistische Syntax der romanischen Sprachen*. Tübingen: Niemeyer.

Gawlitzek-Maiwald, I. & R. Tracy 1996 Bilingual bootstrapping. *Linguistics* 34, 901-926.

Gawlitzek-Maiwald, I., R. Tracy & A. Fritzenschaft 1992 Language acquisition and competing linguistic representations: The child as arbiter. In J. M. Meisel (Hrsg.) *The Acquisition of Verb Placement: Functional Categories and V2 Phenomena in Language Development*. Dordrecht: Kluwer, 139-179.

Genesee, F. 1989 Early bilingual development: One language or two? *Journal of Child Language* 16, 161-179. Abgedruckt in L. Wei (Hrsg.) 2004, 327-343.

Genesee, F., E. Nicoladis & J. Paradis 1995 Language differentiation in early bilingual development. *Journal of Child Language* 22, 611-631.

Gibson, E. & K. Wexler 1994 Triggers. *Linguistic Inquiry* 25, 407-454.

Goodz, N.S. 1989 Parental language mixing in bilingual families. *Journal of Infant Mental Health* 10, 25-44.

Granfeldt, J. 2003 *L'acquisition des catégories fonctionelles. Étude comparative du développement du DP français chez des enfants et des apprenants adultes*. Dissertation, Lund.

Grewendorf, G. 1986 *Ergativity in German*. Dordrecht: Foris.

Grewendorf, G. 2002 *Minimalistische Syntax*. Tübingen: Francke.

Grosjean, F. 1982 *Life with Two Languages. An Introduction to Bilingualism*. Cambridge: Harvard University Press.

Grosjean, F. 1998 Studying bilinguals: methodological and conceptual issues. *Bilingualism: Language and Cognition* 1, 131-149.

Grosjean, F. 2001 The bilingual's language modes. In J. Nichol (Hrsg.) *One Mind, Two Languages: Bilingual Language Processing*. Oxford: Blackwell, 1-22.

Guasti, M. T. 1993/94 Verb syntax in Italian child grammar. Finite and nonfinite verbs. *Language Acquisition* 3 (1), 1-40.

Gumperz, J. J. 1976 The sociolinguistic significance of conversational code-switching. *University of California Working Papers* 46, Berkeley: University of California, Language Behavior Research Laboratory, 1-46.

Gumperz, J. J. 1982 *Discourse Strategies*. Cambridge: Cambridge University Press.

Hahne, A. & A. Friederici 2001 Processing a second language: late learners' comprehension mechanisms as revealed by event-related brain potentials. *Bilingualism: Language and Cognition* 4 (2), 123-141.

Haider, H. 1993 Principled variability. Parametrization without parameter fixing? In G. Fanselow (Hrsg.) *Parametrization of Universal Grammar*. Amsterdam / Philadelphia: Benjamins, 1-16.

Haiman, J. 1974 *Targets and Syntactic Change*. The Hague: Mouton.

Hornstein, N. & D. Lightfoot 1981 Introduction. In N. Hornstein & D. Lightfoot (Hgg.) *Explanations in Linguistics: The Logical Problem of Language Acquisition*. London: Longman, 9-31.

Hulk, A. 1997 The acquisition of French object pronouns by a Dutch / French bilingual child. In A. Sorace, C. Heycock & R. Shillcock (Hgg.) *Language Acquisition: Knowledge, Representation and Processing. Proceedings of the GALA '97 Conference on Language Acquisition*. Edinburgh: University of Edinburgh Press, 521-526.

Hulk, A. & E. van der Linden 1996 Language mixing in a French / Dutch bilingual child. In E. Kellerman, B. Welters & T. Bongaerts (Hgg.) *Togepaste taalweten-schap in artikelen* 55, 89-101.

Hulk, A. & N. Müller 2000 Crosslinguistic influence at the interface between syntax and pragmatics. *Bilingualism: Language and Cognition* 3 (3), 227-244.

Hulk, A. 2004 The acquisition of the French DP in a bilingual context. In P. Prévost & J. Paradis (Hgg.) *The Acquisition of French in Different Contexts. Focus on Functional Categories.* Amsterdam / Philadelphia: Benjamins, 243-274.

Hyams, N. 1983 *The Acquisition of Parametrized Grammars.* Dissertation, New York.

Hyams, N. 1986 *Language Acquisition and the Theory of Parameters.* Dordrecht: Reidel.

Hyams, N. 1987 The theory of parameters and syntactic development. In T. Roeper & E. Williams (Hgg.) *Parameter Setting.* Dordrecht: Reidel, 1-22.

Hyams, N. 1992 A reanalysis of null subjects in child language. In J. Weissenborn, H. Goodluck & T. Roeper (Hgg.) *Theoretical Issues in Language Acquisition. Continuity and Change in Development.* Hillsdale, NJ: Erlbaum, 249-267.

Hyltenstam, K & N. Abrahamsson 2003 Maturational constraints in second language acquisition. In C. Doughty & M. Long (Hgg.) *Handbook of Second Language Acquisition.* Oxford: Blackwell, 539-588.

Jaeggli, O. 1982 *Topics in Romance Syntax.* Dordrecht: Foris.

Jaeggli, O. & K. Safir 1989 The null subject parameter and parametric theory. In O. Jaeggli & K. Safir (Hgg.) *The Null Subject Parameter.* Dordrecht: Kluwer, 1-44.

Jake, J. L., C. Myers-Scotton & S. Gross 2002 Making a Minimalist approach to code-switching work: adding the Matrix Language. *Bilingualism: Language and Cognition* 5 (1), 69-91.

Jakubowicz, C. 2002 Functional categories in (ab)normal language acquisition. In I. Lasser (Hrsg.) *The Process of Language Acquisition.* Frankfurt am Main: Lang, 165-202.

Jakubowicz, C., N. Müller, K. Ok-Kyung, B. Riemer & C. Rigaut 1996 On the acquisition of the pronominal system in French and German. In A. Springfellow, D. Cahana-Amitay, E. Hughes & A. Zukowski (Hgg.) *Proceedings of the 20th Annual Boston University Conference on Language Development.* Somerville, MA: Cascadilla Press, 374-385.

Jakubowicz, C., N. Müller, B. Riemer & C. Rigaut 1997 The case of subject and object omissions in French and German. In E. Hughes, M. Hughes & A. Greenhill (Hgg.) *Proceedings of the 21st Annual Boston University Conference on Language Development.* Somerville, MA: Cascadilla Press, 331-342.

Jakubowicz, C., L. Nash, C. Rigaut & Ch.-L. Gérard 1998 Determiners and clitic pronouns in French-speaking children with SLI. *Language Acquisition* 7, 113-160.

Kato, M. A. 1999 Strong and weak pronominals in the null subject parameter. *Probus* 11, 1-37.

Kellerman, E. & M. Sharwood-Smith (Hgg.) 1986 *Crosslinguistic Influence and Second Language Acquisition.* Oxford: Pergamon Press.

Kielhöfer, B. & S. Jonekeit 1985 *Zweisprachige Kindererziehung.* Tübingen: Stauffenburg.

Kinzel, P. 1964 *Lexical and Grammatical Interference in the Speech of a Bilingual Child.* Seattle: University of Washington Press.

Köppe, R. 1996 Language differentiation in bilingual children: the development of grammatical and pragmatic competence. *Linguistics* 34, 927-954.

Köppe, R. 1997 *Sprachentrennung im frühen bilingualen Erstspracherwerb: Französisch / Deutsch.* Tübingen: Narr.

Köppe, R. & J. M. Meisel 1995 Code-switching in bilingual first language acquisition. In L. Milroy & P. Muysken (Hgg.) *One Speaker, Two Languages: Cross-disciplinary Perspectives on Code-Switching.* Cambridge: Cambridge University Press, 276-301.

Koster, J. 1989 Open peer commentary: Does Universal Grammar exit? *Behavioral and Brain Science* 12, 347-348.

Krassin, G. 1994 *Neuere Entwicklungen in der französischen Grammatik und Grammatikforschung.* Tübingen: Narr.

Krefeld, T. 2004 *Einführung in die Migrationslinguistik.* Tübingen: Narr.

Kupisch, T. 2000 *Artikelauslassungen bei einem bilingual deutsch-italienischen Kind.* Unveröffentlichte Magisterarbeit, Hamburg.

Kupisch, T. 2004 On the relation between input frequency and acquisition patterns from a cross-linguistic perspective. In J. van Kampen & S. Baauw (Hgg.) *Proceedings of GALA (Generative Approaches to Language Acquisition).* LOT Occasional Series 3, 199-210.

Kupisch, T. 2005 Acceleration in bilingual first language acquisition. In T. Gaerts, I. v. Ginneken & H. Jacobs (Hgg.) *Languages and Linguistic Theory. Selected Papers from Going Romance 2003.* Amsterdam: Benjamins, 183-203.

Kupisch, T. 2006a *The Acquisition of Determiners in Bilingual German-Italian and German-French Children.* München: Lincom Europa.

Kupisch, T. 2006b The emergence of article forms and functions in a German-Italian bilingual child. In C. Lleó (Hrsg.) *Interfaces in Multilingualism: Acquisition, Representation and Processing.* Amsterdam: Benjamins, 139-177.

Kupisch, T. 2007a Determiners in bilingual German-Italian children: What they tell us about the relation between language influence and language dominance. *Bilingualism: Language and Cognition* 10 (1), 57-78.

Kupisch, T. 2007b Testing the effects of frequency on the rate of learning: determiner use in early French, German and Italian. In I. Gülzow & N. Gagarina (Hgg.) *Frequency Effects in Language Acquisition.* Berlin: Mouton de Gruyter, 83-113.

Kupisch, T. 2007c Plural morphology in unbalanced bilinguals acquiring German and English. Manuskript, McGill University.

Labov, W. 1971 The notion of system in Creole languages. In D. Hymes (Hrsg.) *Pidginization and Creolization of Languages.* Cambridge: Cambridge University Press, 447-472.

Lambeck, K. 1984 *Kritische Anmerkungen zur Bilingualismusforschung.* Tübingen: Narr.

Lambert, W. E., J. Havelka & C. Crosby 1958 The influence of language acquisition contexts on bilingualism. *Journal of Abnormal and Social Psychology* 56, 239-244.

Lambert, W. E. & S. Fillenbaum 1959 A pilot study of aphasia among bilinguals. *Canadian Journal of Psychology* 13, 28-34.

Lambrecht, K. & K. Lemoine 2005 Definite null objects in (spoken) French. A construction-grammar account. In M. Fried & H. Boas (Hgg.) *Grammatical Constructions: Back to the Roots.* Amsterdam / Philadelphia: Benjamins, 13-56.

Lance, D. 1975 Spanish-English code-switching. In E. Hernandez-Chavez, A. Cohen & A. Beldamo (Hgg.) *El lenguaje de los chicanos.* Arlington, VA: Center for Applied Linguistics, 138-153.

Lanza, E. 1992 Can bilingual two-year-olds code-switch? *Journal of Child Language* 19, 633-658.

Lanza, E. 1997 *Language Mixing in Infant Bilingualism: A Sociolinguistic Perspective.* Oxford: Clarendon Press.

Lanza, E. 2000 Concluding remarks – language contact – a dilemma for the bilingual child or for the linguist? In S. Döpke (Hrsg.) *Cross-Linguistic Structures in Simultaneous Bilingualism*. Amsterdam / Philadelphia: Benjamins, 227-245.
Lenneberg, E. H. 1967 *Biological Foundations of Language*. New York: Wiley.
Leopold, W. 1949a *Speech Development of a Bilingual Child. A Linguist's Record III: Grammar and General Problems in the First Two Years*. New York: AMS Press.
Leopold, W. 1949b *Speech Development of a Bilingual Child. A Linguist's Record IV: Diary from Age 2*. New York: AMS Press.
Leopold, W. 1970 *Speech Development of a Bilingual Child*. New York: AMS Press.
Lindholm, K.J. & A.M. Padilla 1978 Language mixing in bilingual children. *Journal of Child Language* 5, 327-335.
Lleó, C. 2001 The interface of phonology and syntax: the emergence of the articles in the early acquisition of Spanish and German. In J. Weissenborn & B. Höhle (Hgg.) *Approaches to Bootstrapping: Phonological, Lexical, Syntactic and Neurophysiological Aspects of Early Language Acquisition, Vol. 2*. Amsterdam / Philadelphia: Benjamins, 23-44.
Lleó, C. & K. Demuth 1999 Prosodic constraints on the emergence of grammatical morphemes: cross-linguistic evidence from Germanic and Romance languages. In A. Greenhill, H. Littlefield & C. Tano (Hgg.) *Proceedings of the 23rd Annual Boston University Conference on Child Language Development*. Somerville, MA: Cascadilla Press, 407-418.
Loconte, A. 2001 *Zur Sprachdominanz bei bilingual deutsch-italienischen Kindern*. Unveröffentlichte Magisterarbeit, Hamburg.
Long, M. 1990 Maturational constraints on language development. *Studies in Second Language Acquisition* 12, 251-268.
Mackey, W. F. 1962 The description of bilingualism. *Canadian Journal of Linguistics* 7, 51-58. Abgedruckt in L. Wei (Hrsg.) 2004, 26-56.
Macnamara, J. 1967 The bilingual's performance: a psychological overview. *Journal of Social Issues* 23, 59-77.
Macnamara, J. 1969 How can one measure the extent of one person's bilingual proficiency? In L. G. Kelly (Hrsg.) *Description and Measurement of Bilingualism*. Toronto: University of Toronto Press, 80-98.
MacSwan, J. 1999 *A Minimalist Approach to Intrasentential Code Switching*. New York: Garland.
MacSwan, J. 2000a The architecture of the bilingual language faculty: evidence from intrasentential codeswitching. *Bilingualism: Language and Cognition* 3 (1), 37-54.
MacSwan, J. 2000b The Threshold Hypothesis, semilingualism, and other contributions to a deficit view of linguistic minorities. *Hispanic Journal of Behavioral Sciences* 22 (1), 3-45.
MacSwan, J., K. Rolstad & G. V. Glass 2002 Do some school-age children have no language? Some problems of construct validity in the Pre-LAS Español. *Bilingual Research Journal* 26 (2), 213-238.
MacWhinney, B. & C. Snow 1985 The Child Language Data Exchange System. *Journal of Child Language* 12, 271-296.
McLaughlin, B. 1978 *Second Language Acquisition in Childhood*. Hillsdale, NJ: Erlbaum.

McNeil, D. A. 1966 Developmental psycholinguistics. In F. Smith & G. A. Miller (Hgg.) *The Genesis of Language. A Psycholinguistic Approach*. Cambridge, MA: MIT Press, 15-84.

Meisel, J. M. 1985 Les phases initiales du développement de notions temporelles, aspectuelles et de mode d'action. *Lingua* 66, 321-374.

Meisel, J. M. 1986 Word order and case marking in early child language. Evidence from the simultaneous acquisition of two first languages: French and German. *Linguistics* 24, 123-183.

Meisel, J. M. 1989 Early differentiation of languages in bilingual children. In K. Hyltenstam & L. Obler (Hgg.) *Bilingualism Across the Lifespan: Aspects of Acquisition, Maturity, and Loss*. Cambridge: Cambridge University Press, 13-40. Abgedruckt in L. Wei (Hrsg.) 2004, 344-369.

Meisel, J. M. 1990a INFL-ection: subjects and subject-verb agreement. In J. M. Meisel (Hrsg.) *Two First Languages. Early Grammatical Development in Bilingual Children*. Dordrecht: Foris, 237-298.

Meisel, J. M. (Hrsg.) 1990b *Two First Languages. Early Grammatical Development in Bilingual Children*. Dordrecht: Foris.

Meisel, J. M. (Hrsg.) 1992 *The Acquisition of Verb Placement: Functional Categories and V2 Phenomena in Language Development*. Dordrecht: Kluwer.

Meisel, J. M. (Hrsg.) 1994a *Bilingual First Language Acquisition. French and German Grammatical Development*. Amsterdam / Philadelphia: Benjamins.

Meisel, J. M. 1994b Code-switching in young bilingual children. The acquisition of grammatical constraints. *Studies in Second Language Acquisition* 16, 413-439.

Meisel, J. M. 1994c Getting FAT: Finiteness, agreement and tense in early grammars. In J. M. Meisel (Hrsg.) *Bilingual First Language Acquisition. French and German Grammatical Development*. Amsterdam / Philadelphia: Benjamins, 89-129.

Meisel, J. M. (Hrsg.) 1994d *La adquisición del vasco y del castellano en niños bilingües*. Frankfurt am Main: Vervuert.

Meisel, J. M. 1997 The acquisition of syntax of negation in French and German: contrasting first and second language development. *Second Language Research* 13, 227-263.

Meisel, J. M. 2001 From bilingual language acquisition to theories of diachronic change. *Arbeiten zur Mehrsprachigkeit* 30, 1-28.

Meisel, J. M. & N. Müller 1992 Finiteness and verb placement in early child grammars. Evidence from simultaneous acquisition of French and German in bilinguals. In J. M. Meisel (Hrsg.) *The Acquisition of Verb Placement: Functional Categories and V2 Phenomena in Language Development*. Dordrecht: Kluwer, 109-138.

Mills, A. E. 1986 Acquisition of German. In D. I. Slobin (Hrsg.) *The Crosslinguistic Study of Language Acquisition, Vol. 1., The Data*. Hillsdale, NJ: Erlbaum, 141-254.

Milroy, L. & P. Muysken (Hgg.) 1995 *One Speaker, Two Languages: Cross-Disciplinary Perspectives on Code-Switching*. Cambridge: Cambridge University Press.

Minkowski, M. 1928 Sur un cas d'aphasia chez un polyglotte. *Revue Neurologique* 49, 361-366.

Montanari, E. 2002 *Mit zwei Sprachen groß werden. Mehrsprachige Erziehung in Familie, Kindergarten und Schule*. München: Kösel.

Müller, G. & B. Rohrbacher 1989 Eine Geschichte ohne Subjekt. Zur Entwicklung der pro-Theorie. *Linguistische Berichte* 119, 3-52.

Müller, N. 1993 *Komplexe Sätze. Der Erwerb von COMP und von Wortstellungsmustern bei bilingualen Kindern (Französisch / Deutsch)*. Tübingen: Narr.
Müller, N. 1994 Parameters cannot be reset: evidence from the development of COMP. In J. M. Meisel (Hrsg.) *Bilingual First Language Acquisition. French and German Grammatical Development*. Amsterdam / Philadelphia: Benjamins, 235-269.
Müller, N. 1998a Die Abfolge OV / VO und Nebensätze im Zweit- und Erstspracherwerb. In H. Wegener (Hrsg.) *Eine zweite Sprache lernen*. Tübingen: Narr, 89-116.
Müller, N. 1998b Transfer in bilingual first language acquisition. *Bilingualism: Language and Cognition* 1 (3), 151-171.
Müller, N. 1998c UG access without parameter fixing: a longitudinal study of (L1 Italian) German as a second language. In M. Beck (Hrsg.) *Morphology and its Interfaces in L2 Knowledge*. Amsterdam / Philadelphia: Benjamins, 115-163.
Müller, N. 2004 Null-arguments in bilingual children: French topics. In J. Paradis & P. Prévost (Hgg.) *The Acquisition of French in Different Contexts. Focus on Functional Categories*. Amsterdam: Benjamins, 275-304.
Müller, N. 2006 Emerging complementizers. German in contact with French / Italian. In C. Lefevre, L. White & C. Jourdan (Hgg.) *L2 Acquisition and Creole Genesis*. Amsterdam / Philadelphia: Benjamins, 145-165.
Müller, N. & K. F. Cantone 2007 Code-switching young bilingual children. In B. E. Bullock & A.J. Toribio (Hgg.) *The Handbook of Code-switching*. Cambridge: Cambridge University Press, im Druck.
Müller, N., K. Cantone, T. Kupisch & K. Schmitz 2002 Zum Spracheneinfluss im bilingualen Erstspracherwerb: Italienisch – Deutsch. *Linguistische Berichte* 190, 157-206.
Müller, N., B. Crysmann & G. Kaiser 1996 Interactions between the acquisition of French object drop and the development of the C-system. *Language Acquisition* 5 (1), 35-63.
Müller, N. & A. Hulk 2000 Crosslinguistic influence in bilingual children: object omissions and Root Infinitives. In C. Howell, S. A. Fish & T. Keith-Lucas (Hgg.) *Proceedings of the 24th Annual Boston University Conference on Child Language Development*. Somerville, MA: Cascadilla Press, 546-557.
Müller, N. & A. Hulk 2001 Crosslinguistic influence in bilingual language acquisition: Italian and French as recipient languages. *Bilingualism: Language and Cognition* 4 (1), 1-21.
Müller, N. & T. Kupisch 2003 Zum simultanen Erwerb des Deutschen und des Französischen bei (un)ausgeglichenen bilingualen Kindern. *Vox Romanica* 62, 145-169.
Müller, N. & T. Kupisch 2005 The French DP in bilingual first and second language development: proficiency versus age as windows to language acquisition. In S. Haberzettl (Hrsg.) *Processes and Outcomes: Explaining Achievement in Language Learning*. Berlin / New York: Mouton de Gruyter, erscheint.
Müller, N. & Z. Penner 1996 Early subordination: The acquisition of free morphology in French, German, and Swiss German. *Linguistics* 34, 133-165.
Müller, N. & A. Pillunat 2007 Balanced bilingual children with two weak languages: a French-German case study. In P. Guijarro-Fuentes, P. Larrañaga & J. Clibbens (Hgg.) *First Language Acquisition of Morphology and Syntax: Perspectives across Languages and Learners*. Amsterdam / Philadelphia: Benjamins, im Druck.
Müller, N. & B. Riemer 1998 *Generative Syntax der romanischen Sprachen. Französisch, Italienisch, Portugiesisch, Spanisch*. Tübingen: Stauffenburg.

Müller, N., K. Schmitz, K. F. Cantone & T. Kupisch 2006 Null-arguments in monolingual children: a comparison of Italian and French. In V. Torrens & L. Escobar (Hgg.) *The Acquisition of Syntax in Romance Languages*. Amsterdam / Philadelphia: Benjamins, 69-93.

Muysken, P. 1995 Code-switching and grammatical theory. In L. Milroy & P. Muysken (Hgg.) *One Speaker, Two Languages: Cross-Disciplinary Perspectives on Code-Switching*. Cambridge: Cambridge University Press, 177-198.

Muysken, P. 1997 Code-switching processes: alternation, insertion and congruent lexicalization. In M. Putz (Hrsg.) *Conditions, Constraints and Consequences*. Amsterdam / Philadelphia: Benjamins, 361-380.

Muysken, P. 2000 *Bilingual Speech: A typology of Code-Mixing*. Cambridge: Cambridge University Press.

Myers-Scotton, C. 1993 *Duelling Languages. Grammatical Structure in Code-Switching*. Oxford: Clarendon Press.

Myers-Scotton, C. & J. L. Jake 2001 Explaining aspects of codeswitching and their implications. In J. Nicol (Hrsg.) *One Mind, Two Languages: Bilingual Language Processing*. Oxford: Blackwell, 84-116.

Obler, L.K., R.J. Zatorre, L. Galloway & J. Vaid 1982 Cerebral lateralization in bilinguals: methodological issues. *Brain and Language* 15, 40-54. Abgedruckt in L. Wei (Hrsg.) 2004, 381-393.

Oksaar, E. 1970 Zum Spracherwerb des Kindes in zweisprachiger Umgebung. *Folia Linguistica* 4, 330-358.

Oksaar, E. 1977 On becoming trilingual. In C. Molony (Hrsg.) *Deutsch im Kontakt mit anderen Sprachen*. Kronberg: Scriptor Verlag, 296-306.

Olton, R. 1960 *Semantic Generalization between Languages*. Unveröffentlichte Magisterarbeit, McGill University.

Padilla, A. & E. Liebman 1975 Language acquisition in the bilingual child. *Bilingual Review* 2, 34-55.

Paradis, J. & F. Genesee 1996 Syntactic acquisition in bilingual children: autonomous or interdependent? *Studies in Second Language Acquisition* 18, 1-25.

Paradis, J. & F. Genesee 1997 On continuity and the emergence of functional categories in bilingual first language acquisition. *Language Acquisition* 6, 91-124.

Park, T. 1971 Word order in German language development. *Word* 27, 163-183.

Penner, Z. 1992 The ban on parameter resetting, default mechanisms, and the acquisition of V2 in Bernese Swiss German. In J. M. Meisel (Hrsg.) *The Acquisition of Verb Placement: Functional Categories and V2 Phenomena in Language Development*. Dordrecht: Kluwer, 245-281.

Penner, Z. 1996 From empty to doubly-filled complementizers. A case study in the acquisition of subordination in Bernese Swiss German. Arbeitspapier 77, Universität Konstanz.

Penner, Z. & T. Bader 1995 Issues in the syntax of subordination: A comparative study of the complementizer system in Germanic, Romance, and Semitic languages with special reference to Bernese Swiss German. In Z. Penner (Hrsg.) *Topics in Swiss German Syntax*. Bern: Lang, 73-290.

Penner, Z. & J. Weissenborn 1996 Strong continuity, parameter setting and the trigger hierarchy: on the acquisition of the DP in Bernese Swiss German and High German. In H. Clahsen (Hrsg.) *Generative Perspectives on Language Acquisition*. Amsterdam / Philadelphia: Benjamins, 161-200.
Petersen, J. 1988 Word-internal code-switching constraints in a bilingual child's grammar. *Linguistics* 26, 479-493.
Pfaff, C. 1979 Constraints on language mixing: intrasentential code-switching and borrowing in Spanish / English. *Language* 55, 291-318.
Pfaff, C. 1992 The issue of grammaticalization in early German second language. *Studies in Second Language Acquisition* 14, 273-296.
Pillunat, A., K. Schmitz & N. Müller 2006 Die Schnittstelle Syntax-Pragmatik: Subjektauslassungen bei bilingual deutsch-französisch aufwachsenden Kindern. *Zeitschrift für Literaturwissenschaft und Linguistik* 143, 7-24.
Pizzuto, E. & M. C. Caselli 1992 The acquisition of Italian morphology: implications for models of language development. *Journal of Child Language* 19, 491-557.
Pöll, B. 1998 *Französisch außerhalb Frankreichs. Geschichte, Status und Profil regionaler und nationaler Varietäten*. Tübingen: Niemeyer.
Pomino, N. & S. Zepp 2004 *Hispanistik*. Paderborn: Wilhelm Fink.
Poplack, S. 1980 Sometimes I'll start a sentence in Spanish y termino en español: toward a typology of code-switching. *Linguistics* 18, 581-618. Abgedruckt in L. Wei (Hrsg.) 2004, 221-256.
Poplack, S. 1981 The syntactic structure and social function of code-switching. In R. Dúran (Hrsg.) *Latino Language and Communicative Behavior*. Norwood, NJ: Ablex, 169-184.
Quay, S. 1995 The bilingual lexicon: implications for studies of language choice. *Journal of Child Language* 22, 369-387.
Raposo, E. & J. Uriagereka 1990 Long distance Case assignment. *Linguistic Inquiry* 21, 505-537.
Redlinger, W. & T. Park 1980 Language mixing in young bilinguals. *Journal of Child Language* 7, 337-352.
Riehl, C.M. 2004 *Sprachkontaktforschung. Eine Einführung*. Tübingen: Narr.
Rizzi, L. 1982 *Issues in Italian Syntax*. Dordrecht: Foris.
Rizzi, L. 1986 Null objects in Italian and the theory of *pro*. *Linguistic Inquiry* 17, 501-558.
Rizzi, L. 1989 On the format of parameters. *The Behavioral and Brain Sciences* 12, 355-356.
Roeper T. 1999 Universal bilingualism. *Bilingualism: Language and Cognition* 2 (3), 169-186.
Roeper, T. & J. Weissenborn 1990 How to make parameters work: comments on Valian. In L. Frazier & J. de Villiers (Hgg.) *Language Processing and Language Acquisition*. Dordrecht: Kluwer, 147-162.
Romaine, S. 1995 *Bilingualism*. Oxford: Blackwell.
Ronjat, J. 1913 *Le développement du langage observé chez un enfant bilingue*. Paris: Champion.
Rothweiler, M. 1993 *Nebensatzerwerb im Deutschen. Eine Pilotstudie*. Tübingen: Niemeyer.

Rothweiler, M. 2001 *Wortschatz und Störungen des lexikalischen Erwerbs bei spezifisch sprachentwicklungsgestörten Kindern*. Heidelberg: Winter.
Safir, K. J. 1985 *Syntactic Chains*. Cambridge: Cambridge University Press.
Sankoff, D. & S. Poplack 1981 A formal grammar for code-switching. *Papers in Linguistics* 14, 3-45.
Schlyter, S. 1987 Language mixing and linguistic level in three bilingual children. *Scandinavian Working Papers on Bilingualism* 7, 29-48.
Schlyter, S. 1993 The weaker language in bilingual Swedish-French children. In K. Hyltenstam & Å. Viberg (Hgg.) *Progression and Regression in Language*. Cambridge: Cambridge University Press, 289-308.
Schlyter, S. 1994 Early morphology in Swedish as the weaker language in French-Swedish bilingual children. *Scandinavian Working Papers on Bilingualism* 9, 67-86.
Schmitz, K. 2002 Crosslinguistic influence in bilingual acquisition of word order. Vortrag im Rahmen der 24. Jahrestagung der DGfS, Mannheim, 27.02. – 01.03.2002.
Schmitz, K. 2006a *Zweisprachigkeit im Fokus. Der Erwerb der Verben mit zwei Objekten durch bilingual deutsch / französisch und deutsch / italienisch aufwachsende Kinder*. Tübingen: Narr.
Schmitz, K. 2006b Indirect objects and dative case in monolingual German and bilingual German / Romance language acquisition. In D. Hole & A. Meinunger (Hgg.) *Datives and Other Cases*. Amsterdam: Benjamins, 240-267.
Schmitz, K. 2007 L'interface Syntaxe-Pragmatique: Le sujet chez des enfants bilingues franco-allemands et italo-allemands. *AILE* 25, erscheint.
Schmitz, K. & N. Müller 2003 Strong and clitic pronouns in monolingual and bilingual first language acquisition: comparing French and Italian. *Arbeiten zur Mehrsprachigkeit* 49, 1-38.
Schmitz, K. & N. Müller 2005 Der Erwerb der starken und klitischen Pronomina im Französischen und Italienischen. In G. Kaiser (Hrsg.) *Deutsche Romanistik – generativ*. Tübingen: Narr, 181-199.
Schmitz, K. & N. Müller 2007 Strong and clitic pronouns in monolingual and bilingual acquisition of French and Italian. *Bilingualism: Language and Cognition*, im Druck.
Schönenberger, M. 1999 The acquisition of verb placement in Swiss German. In A. Greenhill, H. Littlefield & C. Tano (Hgg.) *Proceedings of the 23rd Annual Boston University Conference on Child Language Development*. Somerville: Cascadilla Press, 611-622.
Schönenberger, M. 2000 The acquisition of verb placement in Lucernese Swiss German. In A. M. Friedemann & L. Rizzi (Hgg.) *Acquisition of Syntax. Issues in Comparative Linguistics*. London: Longman, 293-319.
Schpak-Dolt, N. 1992 *Einführung in die französische Morphologie*. Tübingen: Niemeyer.
Scupin, E. & G. Scupin 1907 *Bubis erste Kindheit. Ein Tagebuch*. Leipzig: Grieben.
Scupin, E & G. Scupin 1910 *Bubi im vierten bis sechsten Lebensjahr*. Leipzig: Grieben.
Seewald, U. 1996 *Morphologie des Italienischen*. Tübingen: Niemeyer.
Segalowitz, N. 1970 Psychological perspectives on bilingual education. In B. Spolsky & R. Cooper (Hgg.) *Frontiers of Bilingual Education*. Rowley, MA: Newbury House, 303-313.
Serratrice, L. 2000 *The Emergence of Functional Categories in Bilingual Language Acquisition*. Dissertation, Edinburgh.

Serratrice, L. & A. Sorace 2002 Overt and null subjects in monolingual and bilingual Italian acquisition. In B. Beachley, A. Brown & F. Conlin (Hgg.) *Proceedings of the 27th Boston University Conference on Child Language Development.* Somerville, MA: Cascadilla Press, 739-750.

Sharwood-Smith, M. & E. Kellerman 1986 Crosslinguistic influence in second language acquisition: an introduction. In E. Kellerman & M. Sharwood-Smith (Hgg.) *Crosslinguistic Influence and Second Language Acquisition.* Oxford: Pergamon Press, 1-9.

Skutnabb-Kangas, T. 1984 *Bilingualism or Not: The Education of Minorities.* Clevedon, Avon: Multilingual Matters.

Slobin, D. I. 1973 Cognitive prerequisites for the development of grammar. In C. Ferguson & D. I. Slobin (Hgg.) *Studies of Child Language Development.* New York: Holt, Rinehart & Winston, 175-208.

Slobin, D. I. 1986 Crosslinguistic evidence for the language-making capacity. In D. I. Slobin (Hrsg.) *The Crosslinguistic Study of Language Acquisition, Vol.II., Theoretical Issue.* Hillsdale NJ: Erlbaum, 1157-1256.

Sridhar, S. N. & K. K. Sridhar 1980 The syntax and psycholinguistics of bilingual code switching. *Canadian Journal of Psychology* 34, 407-416.

Stern, C. & W. Stern 1928 *Die Kindersprache*, neu abgedruckt 1975. Darmstadt: Wissenschaftliche Buchgesellschaft.

Swain, M. 1972 *Bilingualism as a First Language.* Dissertation, University of California, Irvine.

Statistisches Bundesamt (Hsrg) 2005 *Leben in Deutschland. Haushalte, Familien und Gesundheit – Ergebnisse des Mikrozensus.* Wiesbaden: Pressestelle, auch unter: http://www.destatis.de.

Taeschner, T. 1983 *The Sun is Feminine. A Study on Language in Bilingual Children.* Berlin: Springer.

Tiedemann, C. 1999 *Erwerb des italienischen Pronominalsystems.* Unveröffentlichte Magisterarbeit, Hamburg.

Timm, L. A. 1975 Spanish-English code-switching: el porqué and how-not-to. *Romance Philology* 28, 473-482.

Tracy, R. 1991 *Sprachliche Strukturentwicklung: Linguistische und kognitionspsychologische Aspekte einer Theorie des Erstspracherwerbs.* Tübingen: Narr.

Tracy, R. 1995 *Child Languages in Contact: Bilingual Language Acquisition in Early Childhood.* Habilitationsschrift, Tübingen.

Tracy, R. 2000 Sprache und Sprachentwicklung: Was wird erworben?. In H. Grimm (Hrsg.) *Enzyklopädie der Psychologie: Theorie und Forschung.* Göttingen: Hogrefe, 3-39.

Tracy, R. & I. Gawlitzek-Maiwald 2000 Bilinguismus in der frühen Kindheit. In H. Grimm (Hrsg.) *Enzyklopädie der Psychologie: Theorie und Forschung.* Göttingen: Hogrefe, 495-535.

Tsimpli, I. M. 2001 LF-Interpretability and language development: a study of verbal and nominal features in Greek normally developing and SLI children. *Brain and Language* 77, 432-448.

Tuller, L. 2000 Null objects in deaf French. Manuskript, Université de Tours.

Valian, V. 1990a Logical and psychological constraints on the acquisition of syntax. In L. Frazier & J. de Villiers (Hgg.) *Language Processing and Language Acquisition*. Dordrecht: Kluwer, 119-145.

Valian, V. 1990b Null subjects: A problem for parameter-setting models of language acquisition. *Cognition* 35, 105-122.

Van der Auwera, J. 1984 Subject and non-subject asymmetries in the relativization of embedded NPs. In W. de Geest & Y. Putseys (Hgg.) *Sentential Complementation*. Dordrecht: Foris, 257-269.

Van der Velde, M., C. Jakubowicz & C. Rigaut 2002 The acquisition of determiners and pronominal clitics by three French-speaking children. In I. Lasser (Hrsg.) *The Process of Language Acquisition*. Frankfurt am Main: Lang, 115-132.

Veh, B. 1990 *Syntaktische Aspekte des Code-Switching bei bilingualen Kindern (Französisch-Deutsch) im Vorschulalter*. Unveröffentlichte Staatsexamensarbeit, Hamburg.

Vihman, M. 1985 Language differentiation by the bilingual infant. *Journal of Child Language* 12, 297-324.

Volterra, V. & T. Taeschner 1978 The acquisition and development of language by bilingual children. *Journal of Child Language* 5, 311-326.

Von Stechow, A. & W. Sternefeld 1988 *Bausteine syntaktischen Wissens. Ein Lehrbuch der generativen Grammatik*. Opladen: Westdeutscher Verlag.

Weinreich, U. 1970 *Languages in Contact*. The Hague: Mouton.

Wei, L. 2004 *The Bilingualism Reader*. London, NY: Routledge.

Wexler, K. & R. Manzini 1987 Parameters and learnability in Binding Theory. In T Roeper & E. Williams (Hgg.) *Parameter Setting*. Dordrecht: Reidel, 41-76.

White, L. 1989 *Universal Grammar and Second Language Acquisition*. Amsterdam / Philadelphia: Benjamins.

White, L. 2003 *Second Language Acquisition and Universal Grammar*. Cambridge: Cambridge University Press.

Williams, E. 1991 The argument-bound empty categories. In R. Freidin (Hrsg.) *Principles and Parameters in Comparative Grammar*. Cambridge, MA: MIT Press, 77-98.

Williams, S. 1992 *A Study of the Occurrence and Functions of ‚da' in a Very Young Bilingual Child*. Ammersbek: Verlag an der Lottbek.

Wurzel, W. U. 1984 *Flexionsmorphologie und Natürlichkeit*. Berlin: Akademie Verlag.

Yang, C. D. 1999 A selectionist theory of language acquisition. In *ACL Anthology*, 429-435. www.aclweb.org/anthology/p99-1055.

Zimmer, D. 1995 *So kommt der Mensch zur Sprache. Über Spracherwerb, Sprachentstehung und Sprache & Denken*. München: Heyne.

10 Glossar

Alternation: Im Zusammenhang mit Sprachmischungen versteht man unter Alternation solche Sprachmischungen, die an Stellen in einer Äußerung vorkommen, die in beiden Sprachen dieselbe Struktur aufweisen.
Ambiger Input: enthält Daten, die mehrere unterschiedliche Analysen erlauben. Vgl. auch Input.
Aphasie: Eine Aphasie bezeichnet den Sprachverlust aufgrund einer Schädigung des Gehirns.
Auslöser (engl. *trigger*): Eine Spracheigenschaft, die den Lerner dazu veranlasst, einen Parameter auf den jeweils zielsprachlichen Wert zu setzen.
Äußerung: In der Spracherwerbsforschung bezeichnet man damit eine Kette von sprachlichen Einheiten, die einem Satz oder mehreren Sätzen entsprechen kann. Diese Einheit wird vor allem auf der Basis von Intonation und Sprechpausen bestimmt, unterliegt aber auch der Intuition eines Muttersprachlers.
Balanciert bilinguales Kind: Ein Kind, welches seine beiden Sprachen gleich schnell entwickelt.
Basissprache: Bei Sprachmischungen geht man von der Annahme aus, dass eine Sprache die Basissprache ist, in die hineingemischt wird. Je nach Ansatz wird die Basissprache mit Hilfe soziolinguistischer (z.B. Kontextsprache), psycholinguistischer (z.B. die im Gehirn am stärksten aktivierte Sprache) oder grammatischer (z.B. diejenige Sprache, aus der Funktionswörter stammen) Kriterien definiert.
Berechnungskomplexität (engl. *computational complexity*): Annahme, dass die Bildung eines Satzes eine syntaxinterne Berechnung auslöst, die mehr oder weniger aufwendig ist, je nach Komplexität des Satzes. Kriterien für die Definition von Berechnungskomplexität gibt Jakubowicz (2002) (vgl. auch Ökonomie).
Beschleunigung: Dieser Begriff bedeutet, dass ein Phänomen in der betreffenden Sprache früher als im monolingualen Erwerb erworben wird.
Bilingualer frühkindlicher Erstspracherwerb: Auch doppelter Erstspracherwerb genannt; bezeichnet den gleichzeitigen Erwerb von zwei Muttersprachen.
Bilinguismus: Darunter versteht man das Sprachvermögen eines Individuums, welches beim Erwerb von zwei Sprachen entsteht.
Clustering of properties: Bündelung von grammatischen Eigenschaften, hier innerhalb einer Sprache. In Bezug auf den Spracherwerb wird angenommen, dass das Fixieren von Parameterwerten dazu führt, dass nicht nur eine einzige sprachliche Eigenschaft, sondern mehrere zusammengehörige zum selben Zeitpunkt erworben werden, z.B. die Null-Subjekt-Eigenschaft und das Fehlen von *that-t*-Effekten (vgl. auch Parameter).
Code-blending: Darunter versteht man Sprachmischungen zwischen einer Gebärdensprache und einer Lautsprache.
Code-mixing: Dieser Begriff wird entweder synonym mit Code-switching benutzt, oder als Bezeichnung für das nicht-regelhafte Mischen der beiden Sprachen, vor allem bei zweisprachigen Kindern, die gerade begonnen haben, die beiden Sprachen zu erwerben.

Code-shifting oder **style shifting**: bezeichnet Sprachmischungen zwischen typologisch ähnlichen Sprachen (vor allem Standardsprache und Dialekt).

Code-switching: Der Begriff Code-switching bezeichnet die Fähigkeit, eine Sprache unter Berücksichtigung der Situation und des Gesprächspartners zu wählen.

Constraints: Im Zusammenhang mit Sprachmischungen versteht man unter diesem Begriff syntaktische Beschränkungen, die das Mischen regeln.

Deduktives Lernen: Der Lerner verfügt über angeborenes Sprachwissen, welches durch den Input bestätigt oder widerlegt wird. Das Voranschreiten im Erwerb vom Allgemeinen zum Speziellen.

Default-Wert: Bezeichnet einen angenommenen, vorab definierten Parameterwert, der so lange im Erwerb zugrunde gelegt wird, bis die zielsprachlich richtige Setzung erfolgt.

Degenerate data: Der Begriff bezeichnet Input, der schadhaft ist.

Dominante Sprache: Bezeichnung für diejenige Sprache, die im bilingualen Individuum als die stärkere, sich schneller entwickelnde Sprache betrachtet wird (vgl. stärkere Sprache).

Drei-Phasen-Modell: Nach Volterra & Taeschner (1978) verläuft der bilinguale Erstspracherwerb in drei Phasen: Phase I ist durch ein einziges Lexikon und ein einziges syntaktisches System charakterisiert. In Phase II liegen zwei getrennte Lexika vor, jedoch nur ein syntaktisches System. Phase III zeichnet sich durch eine Sprachentrennung auch im syntaktischen Bereich aus.

Dritte Grammatik: Dieser Begriff bezeichnet die Idee, dass eine dritte Grammatik (die sich nicht mit denen der beiden involvierten Sprachen deckt) nötig ist, um Sprachmischungen zu regulieren.

Eine Person – Eine Sprache (1P-1Sp) (engl. *one person one language*): Damit bezeichnet man die Methode, bei der Eltern mit unterschiedlichen Muttersprachen ihre jeweilige Sprache mit dem Kind sprechen.

Elizitationstest: Darunter versteht man einen Test, der so angelegt ist, dass er die Produktion und/oder das Verständnis ganz bestimmter Strukturen oder Lexeme herbeiführt.

Entlehnung (engl. *borrowing*): Hiermit wird der Umstand bezeichnet, dass ein Wort oder eine syntaktische Konstruktion aus der Sprache A in der Sprache B integriert wird. Die Entlehnung ist ein kompetenzgetriebenes Phänomen.

Entwicklungsstadien: Phasen der sprachlichen Entwicklung, die alle Kinder (monolinguale und bilinguale) im Laufe des Spracherwerbs durchlaufen.

Entwicklungszeitraum: wird meistens so ausgewählt, dass innerhalb desselben verschiedene Entwicklungsstadien hinsichtlich des Erwerbs eines oder mehrerer grammatischer Phänomene beobachtet werden können (vgl. auch Untersuchungszeitraum).

Erstspracherwerb: Erwerb einer oder mehrerer Muttersprachen.

Erwerb(sprozess): Damit sind die Entwicklungsstadien bzw. Phase(n) und die damit zusammenhängenden Prozesse gemeint, bei denen etwas (in diesem Falle Sprache) erworben wird.

Evidenz: Belege im Input, die dem Spracherwerber eindeutige Informationen für die weitere Entwicklung liefern. Man geht davon aus, dass Kindern nur positive Evidenz (vorhandene Elemente), nicht jedoch negative (fehlende Elemente und Konstruktionen) zur Verfügung steht.

Glossar

Familiensprache: die Sprache, die gesprochen wird, wenn alle Familienmitglieder anwesend sind. Sie kann sich mit der Umgebungssprache decken.

Frequenz: In vielen Spracherwerbsstudien wird die Häufigkeit, d.h. die Frequenz von Elementen oder Konstruktionen im kindlichen Input oder in der kindlichen Sprachproduktion gemessen, um zu untersuchen, ob die Auftretenshäufigkeit den Erwerbsprozess oder dessen Geschwindigkeit determiniert.

Gesteuerter Erwerb: Unter gesteuertem Erwerb versteht man, dass eine Sprache mit Hilfsmitteln (Unterricht) erlernt wird und nicht in einer natürlichen Umgebung.

Induktives Lernen: Der Lerner muss aus der Analyse einzelner Sprachelemente generelle Regeln ableiten. Der Erwerb schreitet dabei vom Speziellen zum Allgemeinen voran.

Input: Hiermit wird zunächst eine Datenmenge bezeichnet, die die Grundlage für einen Prozess bildet. Im Erstspracherwerb ist der Input die sprachliche Produktion, die ein Kind in seiner Umgebung hört. Input bezeichnet im Zweitspracherwerb entsprechend die sprachliche Umgebung des Fremdsprachenlerners.

Interaktionspartner: Die Person, die während einer Sprachaufnahme mit dem Kind interagiert.

Interferenz: Hiermit bezeichnet man den Spracheneinfluss, der als Performanzphänomen beschrieben wird (also sporadisch auftritt). Die Interferenz steht somit im Gegensatz zum Transfer.

Inter-sententiales Mischen (engl. *intersentential code-switching*): Damit bezeichnet man das Mischen zwischen zwei monolingualen Äußerungen.

Intra-sententiales Mischen (engl. *intrasentential code-switching*): Damit bezeichnet man das Auftreten von Elementen aus zwei (oder mehr) Sprachen innerhalb einer Äußerung.

Kognitiver Koprozessor: Bezeichnet die Vorstellung, dass die Universalgrammatik keine Grammatik darstellt, sondern einen Koprozessor, d.h. Unterstützungshardware, welche ganz bestimmte Daten (in diesem Fall Sprachdaten) besonders effizient und damit sehr schnell verarbeiten kann.

Kombinierter Bilinguismus (engl. *compound bilingualism*): Hiermit bezeichnet man nach Weinreich (1970) die Situation, in der ein bilinguales Individuum zwei Sprachen gleichzeitig in derselben Umgebung erwirbt. Der kombinierte Lerner hat für zwei Wortformen (z.B. *Tisch* und *table*) ein gemeinsames Konzept.

Kompetenz: das zugrunde liegende Sprachwissen.

Koordinierter Bilinguismus (engl. *coordinate bilingualism*): Nach Weinreich (1970) bezeichnet der Begriff den bilingualen Erwerb bei einer Person, die den beiden Sprachen in getrennten Kontexten ausgesetzt ist (z.B. zu Hause vs. in der Schule). Der koordinierte Lerner hat für zwei Wortformen (z.B. *Tisch* und *table*) unterschiedliche Bedeutungen.

Kritische Phase: Die Hypothese der kritischen Phase (engl. *critical period hypothesis*) besagt, dass ein bestimmtes Alter nicht überschritten werden sollte, damit eine Sprache wie eine Erstsprache erworben werden kann. Oft wird die kritische Phase in etwa mit der Pubertät gleichgesetzt, doch es gibt bisher keine eindeutigen Belege bezüglich des Alters, das der kritischen Phase entspricht.

Language Acquisition Device (LAD): Man nimmt an, dass der LAD zwischen den Input und die abgeleiteten Grammatiken geschaltet ist, und gewährleistet, dass das Kind den sprachlichen Input segmentieren und bewerten kann.

Lehnwörter (engl. *loan words*): Damit bezeichnet man Wörter aus der Sprache A, die in das Lexikon der Sprache B integriert wurden.

Lernalgorithmus: Eine lösungsorientierte Vorgehensweise beim Lernen als Parametersetzen.

Lernertypen: Man nimmt an, dass beim Spracherwerb unterschiedliche Wege und unterschiedliche Strategien verfolgt werden. Bilinguale Lernertypen können im Hinblick auf die Erwerbssituation, die zugrunde liegende Kompetenz oder auch im Hinblick auf ihre Sprachbalance definiert werden.

Lernkontext: Die Bedingungen, unter denen eine Sprache gelernt wird.

Lexical gap / Lexical need: bezeichnet eine lexikalische Lücke oder das Fehlen eines lexikalischen Ausdrucks. In der Spracherwerbsforschung wird der Ausdruck gebraucht, um den Umstand zu bezeichnen, dass Kinder deshalb Wörter mischen, weil sie das Äquivalent in der anderen Sprache noch nicht kennen.

Longitudinalstudien (auch Längsschnittstudien): Untersuchungen, die über einen längeren Zeitraum hinweg durchgeführt werden.

Matrix Language Frame Model: In diesem Modell geht man davon aus, dass bei Sprachmischungen eine Sprache die Hauptsprache ist, in die hineingemischt wird, während die zweite Sprache als eingebettet bezeichnet wird.

Minderheitensprache: sie entspricht der Nicht-Umgebungssprache und ist häufig Familiensprache in Migrantenfamilien.

Minimal Default Grammar: Damit wird eine voreingestellte Grammatik bezeichnet, die von Kindern, ohne dass positive Evidenz notwendig ist, angenommen wird. Die *Minimal Default Grammar* ist durch unmarkierte Parameterwerte charakterisiert.

Mischrate: Der prozentuale Anteil der Mischungen im Verhältnis zur Gesamtzahl der Äußerungen.

MLU (engl. *mean length of utterances*): Bezeichnet die durchschnittliche Äußerungslänge. Der MLU wird meistens in Worten angegeben, kann aber auch in Morphemen oder Silben gemessen werden.

MMU (engl. *Multi-Morphemic Utterance*): Eine Äußerung, die aus mehr als einem Morphem besteht.

Modularität: Man nimmt an, dass die menschliche Sprachfähigkeit modular, also getrennt nach den unterschiedlichen linguistischen Beschreibungsebenen aufgebaut ist: Phonologie, Morphologie, Syntax, Semantik, Pragmatik. Diese Bereiche stellen Module dar, die über Schnittstellen miteinander interagieren.

Monolingualität: bezeichnet den Umstand, dass Menschen mit nur einer Erst- oder Muttersprache aufwachsen (monolinguale Sprecher). Dies schließt nicht aus, dass sie im Laufe ihres Lebens eine oder mehrere Fremd- oder Zweitsprachen lernen.

Muttersprache: Erstsprache. Während der frühen Lebensjahre natürlich erworbene erste Sprache.

Nativismus: Bezeichnet die Annahme, dass es ein angeborenes sprachliches Vorwissen gibt. Sie bildet die Grundlage der generativen Sprachtheorie, wird aber nicht von allen Forschern im Bereich des Spracherwerbs geteilt.

Natürlicher Erwerb: Damit bezeichnet man den Erwerb von Sprache in einer natürlichen Umgebung, d.h., ungesteuert.

Ökonomie: Im Rahmen des Minimalistischen Programms (Chomsky 1995) spielen Ökonomieerwägungen eine Rolle. So wird beispielsweise vermutet, dass die Verschiebung von Konstituenten in der Syntax aufwendig, also nicht ökonomisch ist.

Ökonomieprinzip: Annahme, dass Ökonomie im Spracherwerbsprozess eine Rolle spielt, z.B. in Form von Prinzipien wie „Wähle zunächst die weniger komplexe Analyse" (vgl. auch Berechnungskomplexität).

Parameter: Man nimmt an, dass einige universalgrammatische Prinzipien Variablen enthalten, die je nach Sprache unterschiedliche Werte annehmen können. Der Parameter wird oft als Schalter zwischen den jeweiligen Werten begriffen. Ein Parameter hat mindestens zwei Werte, ein binärer Parameter genau zwei, z.B. der OV – VO Parameter. In unserer Einführung haben wir die Definition vom Parameter als Schalter revidiert; vgl. Subroutine.

Parameter setting constraint: Diese Beschränkung besagt, dass das Umsetzen von Parameterwerten nach bereits erfolgter Fixierung grundsätzlich ausgeschlossen ist (vgl. Pendelphänomen).

Pendelphänomen: Dieses würde auftreten, wenn ambiger Input Kinder dazu verleiten würde, die aktuelle Parameterfixierung je nach gehörtem Satz wieder zu verwerfen. Der Umstand, dass dies in der Praxis nicht auftritt, wurde mit dem *Parameter setting constraint* erfasst.

Performanz: Die Anwendung des zugrunde liegenden Sprachwissens.

Performanzsysteme: In der generativen Grammatik, insbesondere dem Minimalistischen Programm (Chomsky 1995), werden zwei Performanzsysteme angenommen: eines, das Bedeutung von gehörten Äußerungen konzeptuell verarbeitet (Logische Form, LF), und eines, das die Aussprache gebildeter Sätze mit Hilfe des Artikulationssystems steuert (Phonologische Form, PF).

Principle of contrast: Nach Clark (1987) bezeichnet dieses Prinzip die Tendenz, dass Sprecher formal unterschiedlichen Sprachelementen auch eine unterschiedliche Bedeutung zuweisen.

Prinzipien: Regularitäten, die in allen natürlichen Sprachen Gültigkeit haben.

Produktionstest: überprüft die Sprachproduktion (von Kindern).

Qualitativ: Als qualitativen Unterschied im Spracherwerb bezeichnet man eine Abweichung in der Erwerbsreihenfolge (z.B. bei bilingualen im Vergleich zu monolingualen Kindern) oder die Existenz bzw. das Fehlen von bestimmten Lernergrammatiken (z.B. in der Sprache bilingualer Kinder im Vergleich zur Zielgrammatik).

Quantitativ: Ein quantitativer Unterschied bedeutet, dass ein qualitativ gleiches Phänomen (z.B. ein bestimmter Fehler im Erwerb bei unterschiedlichen Lernern) unterschiedlich häufig auftritt.

Querschnittstudien: Untersuchungen, die zu einem bestimmten Entwicklungsmoment durchgeführt werden.

Salienz: Bezeichnet den Grad der Wahrnehmbarkeit einer sprachlichen Markierung. Man nimmt an, dass eine gut wahrnehmbare sprachliche Markierung salient ist, während eine weniger gut wahrnehmbare als nicht salient gilt. Saliente Markierungen sind z.B. solche, die sich am Wortende befinden.

Semilingual: Damit bezeichnet man die unvollständige Beherrschung von zwei oder mehr Muttersprachen. Man spricht auch von Halbsprachigkeit.

Simultane Mehrsprachigkeit: Das bedeutet, dass zwei oder mehr Sprachen vom Kind gleichzeitig (i. d. R. von Geburt an) erworben werden.

Spontandaten: Äußerungen, die ein Kind bzw. ein Erwachsener ungesteuert und spontan produziert, d.h. nicht im Rahmen von Elizitationstests.

Sprachbeherrschung (engl. *proficiency*): bezeichnet den Grad, zu dem Personen (hier Bilinguale) ihre beiden Erstsprachen oder Zweitspracherwerber ihre Fremdsprache(n) aktiv (produktiv) und passiv (rezeptiv) beherrschen.

Sprachdominanz: Dieser Begriff wird verwendet, wenn eine der beiden Sprachen eines bilingualen Individuums stärker ist oder schneller erworben wird.

Spracheneinfluss (engl. *crosslinguistic influence*): Bezeichnet den Umstand, dass es während des Erwerbs von zwei Sprachen zu einer gegenseitigen Beeinflussung kommt.

Sprachentrennung: Darunter versteht man, dass die zwei (oder mehr) Sprachen im bilingualen Individuum getrennt werden.

Sprachgebrauch: siehe auch Performanz.

Sprachkontext: bezeichnet das Umfeld, in dem bilinguale Kinder oder Erwachsene Sprache produzieren. Er kann monolingual (eine Sprache) oder bilingual (mehrere gleichberechtigte Sprachen) sein.

Sprachmischungen: Damit werden Sätze bezeichnet, die Elemente (Wörter) aus zwei oder mehr Sprachen enthalten (siehe auch Code-switching).

Sprachpräferenz: Von Sprachpräferenz spricht man bei Kindern, die in einer Sprache mehr sprechen, jedoch anscheinend die gleichen sprachlichen Fertigkeiten in beiden Sprachen aufweisen. Der Begriff wird von dem Begriff der Sprachdominanz abgegrenzt.

Sprachspezifische Entwicklungsstörungen (SSES, engl. *Specific Language Impairment*, SLI): medizinischer Fachbegriff, der einen abweichenden und nicht altersgerechten Spracherwerb bezeichnet, der nicht durch kognitive Beeinträchtigungen, diagnostizierbare neuro-physiologische Ursachen, eine Hörschädigung oder Verhaltensstörung erklärt werden kann.

Standardabweichung (SD, Abkürzung für engl. standard deviation): Begriff aus der Statistik. Beschreibt die Streuung von Werten um den Mittelwert (in diesem Falle von MLU-Werten).

Stärkere Sprache: andere geläufige Bezeichnung für die (zeitweise) dominante Sprache eines bilingualen Kindes oder eines bilingualen Erwachsenen.

Subroutine: Ein spezialisiertes Programmstück zur Abarbeitung immer wiederkehrender gleicher oder sehr ähnlicher Aufgaben. Übertragen auf den Parameterbegriff bedeutet dies, dass ein Parameter nicht als ein Schalter aufgefasst werden darf, sondern als ein Stück Programm, welches der Lerner im Erwerbsverlauf generiert.

Subset principle: Nach diesem Prinzip gelangen Lerner von der Teilmenge zur Gesamtmenge. Die Teilmenge als kleinere Menge von relevanten Sprachdaten (engl. *subset*) ist in der Gesamtmenge vollständig enthalten. Alle Eigenschaften, die auf das „subset" zutreffen, gelten somit auch für die Gesamtmenge.

Sukzessive Form des Spracherwerbs: Der Begriff bezeichnet, dass zwei Sprachen nacheinander erworben werden.

Tagebuchstudien: gängige Bezeichnung für die ersten Longitudinalstudien, die noch ohne technische Hilfsmittel, allein auf Basis von handschriftlichen Aufzeichnungen, erfolgten.

Tag-switching: Unter diesem Begriff versteht man eine Mischung zwischen einer Äußerung und einer Interjektion, wie z.B. *o no* („oder nicht") in: *Du willst doch, dass ich dich begleite, o no?*

Glossar

Transfer: Übertragung von Sprachwissen aus Sprache A in Sprache B auf Kompetenzebene. Der Transferbegriff wird besonders in der Zweitspracherwerbsforschung gebraucht, d.h. bei Spracherscheinungen von solchen Personen, die eine zweite Sprache nach bereits erfolgtem Abschluss des Erwerbs einer Erstsprache lernen. **Negativer Transfer** entsteht, wenn die grammatischen Bereiche der Erst- und Zweitsprache unterschiedlich sind und sich der Transfer aus der Muttersprache negativ auf den Erwerb der Zweitsprache auswirkt. **Positiver Transfer** entsteht, wenn die Sprachen hinsichtlich eines grammatischen Bereiches gleich sind und der Lerner die Regularitäten aus seiner Erstsprache für die Zweitsprache positiv nutzen kann.

Transkripte: Verschriftung von Sprachaufnahmen, wobei oft auch der außersprachliche Kontext (Gesten, Aktivitäten) miteinbezogen wird.

Trilingual: Bezeichnung für eine Person, die mit drei Erstsprachen aufgewachsen ist.

Typen-Token-Analyse: Bei einer Tokenanalyse wird die absolute Häufigkeit einer bestimmten Kategorie, z.B. alle Nomen, erfasst. Lexeme in unterschiedlichen Formen (z.B. *Auto* und *Autos*) sowie doppeltes Auftreten eines Lexems zählen jeweils als ein Token. Bei einer Typenanalyse wird die Anzahl semantisch unterschiedlicher Wörter erfasst. Z.B. gehören *Auto* und *Autos* zu einem Typ; es spielt für die Typenanalyse keine Rolle, wie oft das Lexem auftritt. Typen/Token-Analysen können auch auf andere grammatische Kategorien als Wörter angewendet werden.

Überextension: Hier verwenden Kinder Wörter „zu weit", nämlich auch für Referenten, die in der Erwachsenensprache anders bezeichnet werden, z.B. „Hund" für alle möglichen Tiere mit Fell.

Übergeneralisierung: Eine Sprachregularität wird auf alle von der Regel erfassten Fälle angewandt, also auch auf die Ausnahmen zu der Regel. Hat ein Kind z.B. erkannt, dass im Deutschen der Plural durch ein Suffix am Nomen ausgedrückt wird, so wäre denkbar, dass das Kind dies auf Fälle wie *Gitter* und *Ritter* ausdehnt und die ungrammatischen Plurale *Gitters* und *Ritters* gebraucht.

Überschneidung / Überlappung der Zielsysteme: Hier ist gemeint, dass sich die beiden Zielsprachen eines bilingualen Kindes in einem gewählten grammatischen Bereich auf der Sprachoberfläche überlappen, d.h. identisch sind. So lassen z.B. sowohl das Deutsche (topic-drop) als auch das Italienische (pro-drop) Subjektauslassungen zu. Beide Sprachen erlauben die Abfolge SVO. SVO wird jedoch von den jeweiligen Muttersprachlern unterschiedlich analysiert (Deutsch als Verb-Zweit-Sprache, Italienisch als Nicht-Verb-Zweit-Sprache, also SVO-Sprache).

Übersetzungsäquivalente: Damit bezeichnet man Wörter aus zwei unterschiedlichen Sprachen, die dieselbe Bedeutung haben.

U-förmige-Entwicklung: Im Spracherwerbsprozess beschreibt dieser Begriff einen Entwicklungsverlauf, der sich wie ein „U" darstellt. So verwendet ein Kind ein grammatisches Phänomen anfänglich häufig und / oder zielsprachlich, dann selten und / oder nicht-zielsprachlich und schließlich wieder mit hoher Frequenz und / oder einem hohen Akkuratheitsgrad.

Umgebungssprache: bezeichnet die Sprache, die in der Gesellschaft gesprochen wird, in der ein Kind aufwächst.

(Un)balanciertheit: Als unbalancierten Lerner bezeichnet man einen bilingualen Sprecher, der seine beiden Sprachen in unterschiedlichem Ausmaß beherrscht und verwendet.

Underdetermination (engl. Begriff): bezeichnet den Umstand, dass sich die den natürlichen Sprachen zugrunde liegenden Regeln und Prinzipien nicht in offenkundiger oder eindeutiger Weise in den oberflächenstrukturellen Eigenschaften einzelner Sätze widerspiegeln.

Universalgrammatik (UG): Darunter versteht man ein angeborenes sprachliches Wissen, das beim Erwerb von Sprache durch den Input automatisch aktiviert wird. Da es sich hierbei um eine genetische Anlage handelt, steht die UG allen Menschen unabhängig von ihrer/n späteren Zielsprache(n) zur Verfügung und ist Grundlage für den Erwerb jeglicher Sprache.

Unterextension: Hierbei kommt es zu einem „zu engen" Gebrauch der Wortbedeutung durch spracherwerbende Kinder, d.h. nicht alle möglichen Referenten werden mit Hilfe des Wortes benannt, z.B. *Auto* nur für das Auto aus Lego, nicht jedoch für das aus Holz.

Unterordnender Bilinguismus (engl. *sub-coordinate bilingualism*): Der Terminus bezeichnet die Situation, bei der zwei Sprachen sukzessiv gelernt werden oder zwei Sprachen beherrscht werden und in einer der Sprachen eine Dominanz vorliegt, so dass man eine Sprache als untergeordnet bezeichnen kann. Dieser Lerner hat zwei Ausdrücke (z.B. *table* und *Tisch*), aber der Begriff aus der untergeordneten Sprache wird durch die übergeordnete Sprache gelernt.

Untersuchungszeitraum: Bezeichnet den Zeitraum, während dessen der Spracherwerb untersucht wird.

Upper Bound (UB): längste Äußerung in einer Aufnahme.

Verlangsamung (engl. *delay*): Damit ist gemeint, dass ein grammatisches Phänomen in einer der beiden Sprachen des bilingualen Individuums später auftaucht bzw. eine Phase mit Fehlern in der Verwendung dieses Phänomens länger andauert als im monolingualen Erwerb.

Verstehenstest: Ein Test, der so gestaltet wird, dass er das Sprachverstehen messen kann.

Zielgrammatik: Damit wird die erwachsenensprachliche Grammatik einer Sprache bezeichnet. Diese stellt das Ziel aus der Sicht des Lerners dar.

Zielsprachlich: der Zielgrammatik entsprechend.

Zweitspracherwerb: Dieser Begriff meint den sukzessiven Erwerb einer oder mehrerer Sprachen. Diskutiert wird derzeit, ob damit gemeint ist, dass der Erstspracherwerb vollständig abgeschlossen sein muss, wenn der Erwerb der Zweitsprache einsetzt.

11 Index

A

Adjektiv 18, 72, 101, 102, 103, 104, 122, 182, 192, 199, 206
Adjunkt 151
Adverb 19, 97
Akkusativ 133, 193
Alternation 185, 237
Altersfrage 16, 17
ambig 40, 241
Aphasie 213, 214, 237
Äquivalent 75, 96, 97, 98, 99, 100, 110, 192, 198, 199, 204, 210, 212, 214, 240
Artikel 10, 18, 45, 70, 72, 112, 116, 132, 133, 134, 135, 137, 138, 140, 189, 194, 206, 208
Artikelverwendung 134
attributiv 18, 101, 103
Aufnahmesituation 58, 62
Ausprägungen der Zweisprachigkeit 44
Auxiliarverb 19, 53, 70, 101, 206

B

Balancetyp 218
balanciert 12, 63, 68, 69, 70, 74, 76, 78, 83, 88, 90, 91, 92, 93, 140, 155, 164, 167, 169, 177, 178, 180, 219
Basissprache 186, 237
Berechnungskomplexität 121, 123, 147, 154, 181, 237, 241
Berechnungssystem 196
Beschleunigung 12, 28, 91, 120, 123, 132, 139, 141, 180, 181, 237
bilingual 10, 12, 15, 16, 18, 28, 29, 42, 44, 45, 48, 50, 51, 52, 53, 54, 55, 56, 57, 58, 59, 60, 61, 62, 63, 64, 65, 66, 68, 69, 70, 72, 73, 74, 77, 78, 82, 85, 86, 87, 88, 89, 90, 91, 92, 93, 95, 96, 97, 98, 99, 102, 104, 105, 106, 107, 108, 109, 110, 111, 112, 113, 114, 115, 116, 119, 120, 121, 123, 128, 130, 131, 135, 139, 140, 141, 142, 143, 146, 153, 155, 157, 158, 159, 161, 163, 164, 168, 169, 171, 172, 174, 175, 177, 178, 180, 181, 182, 183, 184, 185, 186, 188, 190, 191, 195, 196, 198, 199, 200, 201, 203, 204, 207, 208, 209, 210, 211, 212, 213, 214, 215, 216, 217, 220, 221, 237, 238, 239, 242, 243, 244
bilingual bootstrapping 113, 200, 201
bilingual mode 184
bilingualer Kontext 58
Bilingualität 29, 48, 49, 54, 55, 57, 61, 95, 106, 221
Bilinguismus 10, 15, 43, 44, 45, 210, 211, 215, 237, 239, 244
binär 43

C

clustering of properties 35, 37
code shifting 186
code-blending 183
code-mixing 107, 183, 184, 185, 199, 208
code-switching 10, 84, 108, 183, 184, 185, 186, 187, 188, 189, 190, 191, 192, 193, 194, 195, 197, 198, 201, 203, 206, 207, 208, 237, 238, 239, 242
compound bilingualism 44, 211, 239
Constraint 147, 191, 192, 193, 194, 195, 208, 241
coordinate bilingualism 44, 210, 211, 239

D

Daten 23
Dativ 181, 193
deduktiv 30, 39, 40
Default 37, 38, 44, 215, 238, 240
degenerate data 31
Determinante 28, 29, 67, 68, 70, 72, 75, 84, 114, 122, 132, 133, 136, 137, 138, 139, 140, 142, 154, 155, 180, 182, 201, 202

Determinantenauslassung 28
Determinantenerwerb 72, 92, 132, 136, 137, 138, 139, 140, 142, 155, 180
Determinantenphrase 72, 74, 84
Determinantenverwendung 28
Diskurs 135, 143, 144, 148, 158, 184, 192
Distribution 39, 115
ditransitiv 157
Divergenz 43, 44, 45, 77, 215
divergieren 44
dominant 63
Dominanz 52, 63, 64, 65, 66, 69, 70, 71, 73, 84, 87, 88, 89, 90, 92, 93, 97, 106, 109, 112, 113, 120, 129, 140, 154, 163, 164, 165, 167, 169, 177, 178, 182, 201, 216, 242, 244
Doppelobjektkonstruktionen 53
Drei-Phasen-Modell 95, 101, 116, 238
dritte Grammatik 197, 202, 238

E

einzelsprachspezifisch 30, 34, 43, 44, 45, 215
Elizitation 47, 149, 151, 161, 162, 212, 238, 241
Elizitationstest 47
Entlehnung 18, 84, 109, 113, 115, 120, 187, 196, 238
Entwicklungsstadium 77, 97, 238
Erstsprache 16, 17, 21, 22, 67, 213, 240, 242, 243
Erstspracherwerb 10, 15, 16, 21, 28, 42, 43, 54, 55, 56, 68, 70, 95, 108, 109, 115, 183, 185, 188, 237, 238, 239, 244
erwachsen 15
erwachsenensprachlich 10, 101, 154, 155, 164, 171, 183, 188, 216
Erwerbsabfolge 13
Erwerbsprozess 9, 31, 136, 142
Erwerbsstand 47
expletiv 20, 35, 36, 37, 46
Extraktion 35, 36, 46
Extraktionsmöglichkeit 35, 46

F

Familiensprache 48, 49, 50, 51, 54, 57, 60, 221, 239, 240

finit 19, 22, 23, 24, 68, 69, 72, 84, 102, 111, 112, 114, 116, 124, 126, 127, 128, 129, 130, 131, 143, 148, 159, 162, 166, 171, 172, 173, 174, 175, 176, 177, 178, 179, 196
Finitheit 68
Finitum 22
flektiert 22, 72, 75, 102, 108, 111, 193, 196
Flexionsphrase 72, 74, 84, 197
Formsynkretismus 134
Fragesatz 23, 33
Fragewörter 25, 72, 122, 124
Frequenz 19, 114, 133, 188, 239, 243
Funktionswörter 66, 67, 72, 74, 199, 237

G

gemischtsprachlich 28, 69, 72, 74, 82, 86, 91, 98, 107, 208
Generalisierung 31, 32, 33, 37, 102
generisch 132, 144
Genus 20, 133, 134
gesteuert 11, 15, 239
grammatisch 12, 18, 22, 31, 32, 33, 36, 37, 43, 44, 45, 46, 66, 68, 69, 70, 85, 90, 91, 92, 102, 104, 108, 110, 113, 115, 119, 121, 122, 123, 125, 143, 157, 159, 171, 174, 180, 181, 182, 184, 185, 186, 189, 190, 191, 192, 194, 195, 196, 197, 199, 200, 203, 204, 206, 207, 208, 215, 237, 243, 244

H

Hauptsatz 22, 23, 24, 123, 124, 127, 129, 131, 154, 171, 172, 177, 180
Hauptsatz-Nebensatz-Asymmetrie 23
Hauptsatzwortstellung 171
Hesitation 74, 85

I

identifiziert 34, 137, 143, 144, 147, 148, 150, 154, 158, 196
Imitation 140, 151
induktiv 30, 39

Index

Ineffizienz von Korrekturen 33
infinit 19, 102, 111, 114, 127, 128
Infinitiv 43, 68, 111, 114, 206
Input 30, 31, 32, 33, 34, 37, 39, 40,
    42, 44, 46, 51, 55, 64, 66, 86, 109, 115,
    120, 133, 136, 142, 145, 146, 159, 160,
    171, 174, 212, 237, 238, 239, 241, 244
Insertion 185, 186
Interaktion 18, 19, 20, 52, 58, 95,
    184, 202, 207
Interferenz 17, 18, 21, 29, 104, 105,
    106, 239
inter-sentential 107, 187
intra-sentential 107, 187
Ivy Hypothesis 201

K

Kasus 133, 134, 136, 143, 182, 193
kindlich 11, 15, 38, 96, 114, 200, 202,
    203, 206
Klitikon 111, 115, 143, 145, 151,
    154, 206
kombiniert 210, 211, 212, 213, 214,
    215, 239
Kompetenz 17, 19, 21, 29, 42, 45,
    49, 63, 73, 85, 105, 108, 109, 121, 180,
    190, 197, 209, 210, 220, 221, 239, 240
Kompetenztyp 220
Komplementiererphrase 72, 84, 130
kongruente Lexikalisierung 185
Kongruenz 19, 43, 110, 111
Konjunktion 23, 24, 72, 174, 175, 176
Konstituente 22, 24, 68, 111, 115,
    143, 158, 192, 196, 240
Kontextanalyse 109
Kontextsprache 199, 237
kontrastiv 20, 34
konvergieren 44, 45, 138, 141, 215
konzeptuell 136, 210, 211, 214, 241
koordiniert 210, 212, 213, 214, 215,
    221, 239
Kopf 193, 194, 196, 197
Koprozessor 41, 239

L

L2 .... 21, 23, 29, 192
LAD 42, 239
Längsschnittstudie 47, 62, 240

Lernalgorithmus 40, 41, 240
Lerner 22, 23, 24, 30, 37, 40, 41, 42,
    209, 210, 211, 212, 213, 214, 215, 216,
    220, 237, 238, 239, 242, 243
Lernertyp 12, 181, 209, 210, 212,
    214, 216, 219, 221, 240
Lernkontext 209, 212, 214
lexical gap 199
lexikalisch 18, 19, 44, 108, 109,
    112, 113, 122, 143, 144, 146, 147, 148,
    149, 150, 154, 155, 156, 160, 185, 196,
    199, 211, 240
Lexikon 54, 67, 72, 74, 78, 95, 96,
    97, 98, 196, 198, 199, 202, 204, 208, 216,
    238, 240
Lexikongröße 74, 78, 86
LF 136, 241
lizenziert 143, 144, 145, 146, 147,
    148, 149, 150, 154, 157
Lokativargument 157
Longitudinalstudie 47, 56, 59, 68, 163

M

Markiertheitshierarchie 37
Massennomen 28, 132, 134
Matrix Language Frame Model ....
    186, 240
Matrix-Sprache 186
MDG 44, 45, 215
Mehrsprachigkeit 9, 10, 11, 12,
    15, 16, 17, 18, 20, 21, 45, 47, 48, 51, 52,
    55, 57, 58, 59, 60, 62, 105, 106, 109, 186,
    208, 241
Mehrwortäußerung 39
Merge 196
Messverfahren 78
Minderheitensprache 49, 52, 57,
    60, 240
Minimalistisches Programm 195, 197
Mischrate 58, 82, 84, 86, 112, 208, 240
Mischrichtung 74, 82, 201
MLU 68, 73, 74, 75, 76, 77, 79, 84,
    85, 86, 90, 93, 98, 141, 142, 148, 149,
    151, 153, 160, 203, 216, 217, 218, 240,
    242
Modalverb 20, 115, 206
Modul 121
modular 31, 240
monolingual 10, 12, 28, 43, 45, 48,

50, 52, 53, 54, 55, 56, 57, 58, 59, 64, 65, 68, 69, 70, 71, 84, 87, 90, 96, 105, 111, 114, 115, 119, 121, 122, 127, 128, 130, 131, 137, 138, 139, 140, 142, 146, 148, 149, 151, 152, 154, 155, 159, 161, 162, 168, 169, 173, 174, 180, 202, 215, 238, 240, 242
morphem 70
Morphologie 31, 74, 108, 121, 133, 180, 240
Move 196
Muttersprache 9, 17, 22, 28, 30, 31, 34, 46, 49, 50, 51, 54, 55, 57, 69, 95, 106, 112, 138, 154, 221, 240, 243
Muttersprachler 19, 20, 49, 55, 243

N

Nativismus 34, 240
natürlich 11, 15, 23, 28, 30, 31, 42, 43, 49, 51, 60, 77, 81, 93, 98, 181, 239, 240, 241, 244
Nebensatz 22, 23, 24, 40, 102, 124, 125, 126, 127, 160, 171, 172, 173, 174, 175, 176, 177, 178, 179, 180, 181, 206
Nebensatzeinleiter 25, 35, 122, 171, 173, 174, 175
Negation 19, 31, 101, 102, 104, 116, 182
Negationspartikel 19, 31, 116
negative Evidenz 33
Nomen 20, 28, 30, 64, 67, 70, 71, 72, 103, 108, 122, 132, 133, 134, 136, 137, 138, 192, 194, 199, 201, 202, 204, 206, 243
Nomenlexikon 78, 80
Nominalphrase 101, 132, 133
nonverbale Interaktion 58
Norm 120, 180, 216, 217, 218, 219, 220, 221
Null-Objekt 144, 147
Null-Subjekt 20, 34, 35, 36, 37, 38, 39, 40, 41, 43, 46, 158, 159, 160, 162, 164, 169, 170, 237
Nullsubjekteigenschaft 35
Numerus 22, 68, 102, 124, 133

O

Objekt 20, 24, 32, 35, 96, 111, 114, 124, 130, 133, 143, 144, 145, 146, 147, 148, 149, 150, 151, 152, 153, 155, 156, 157, 158, 159, 194, 197, 206
Objektauslassung 90, 122, 143, 146, 147, 148, 149, 150, 151, 152, 153, 154, 155, 156, 157, 158, 161, 171
Ökonomie 104, 121, 181, 204, 215, 237, 240, 241
Option 35, 44, 115, 119, 144, 147, 148, 159

P

Paralleles Verarbeiten 40
Parameter 29, 34, 35, 37, 38, 39, 40, 41, 42, 43, 45, 46, 160, 237, 241, 242
Parameterumsetzung 39
Parametrisierung 34
Passiv 30
Pendelphänomen 39, 241
Performanz 17, 19, 20, 29, 45, 63, 66, 73, 105, 205, 209, 241, 242
Person 9, 16, 21, 22, 44, 46, 52, 61, 62, 66, 68, 70, 93, 95, 96, 102, 105, 106, 111, 124, 145, 160, 161, 193, 202, 214, 238, 239, 242, 243
Personalpronomen 35, 36, 143
Phase 10, 16, 24, 28, 43, 61, 65, 84, 95, 96, 98, 101, 105, 112, 114, 116, 128, 129, 130, 131, 138, 141, 142, 151, 153, 161, 177, 178, 188, 198, 200, 203, 204, 205, 206, 216, 217, 218, 238, 239, 244
Phonologie 87, 196, 240
phonologisch 18, 73, 87, 108, 138, 187, 195, 196
Plural 72
Pluralmorphem 72
Possessivkonstruktion 101, 104
postnominal 101, 102, 103
postverbal 35, 46, 143
Präferenz 73, 82, 84, 85, 209
pränominal 18, 101, 102, 103
Präposition 28, 101, 122
Präpositionalphrase 101
principle of contrast 96, 198
Prinzip 30, 31, 34, 38, 39, 40, 103, 200, 241, 242, 244
pro-drop 20, 34, 35, 36, 37, 39, 40, 46, 158, 159, 160, 162, 169
Produktionstest 47, 241

Index

proficiency 242
Pronomen 20, 35, 36, 37, 111, 146, 147, 155, 158, 161, 162, 164, 170

Q

qualitativ 12, 15, 16, 20, 52, 66, 68, 70, 73, 84, 148, 180, 241
quantitativ 12, 15, 16, 19, 52, 68, 69, 73, 86, 112, 148, 154, 165, 166, 168, 188, 241
Querschnittstudie 47, 48, 52, 53, 58, 59, 62, 160, 241

R

Reflexivpronomen 53, 151
Relativpronomen 27
rezeptiv 70, 242

S

Salienz 110, 114, 241
satzfinal 23, 24, 124, 127, 173
Satzposition 22, 33, 68, 154, 175
Satzverarbeitung 40
schwach 20
schwächere Sprache 63, 64, 66, 67, 68, 71, 82, 87, 90, 91, 92, 204, 210
Selbstkorrektur 198
Select 196, 205
semantisch 18, 20, 87, 122, 133, 136, 147, 243
semilingual 65, 93, 190, 241
Serielles Verarbeiten 40
simultan 10, 11, 15, 17, 42, 47, 49, 51, 52, 57, 71, 89, 215
Spezifizität 132, 134, 135, 136, 143
Sprachdominanz 12, 62, 63, 65, 66, 70, 71, 72, 73, 82, 84, 86, 87, 90, 91, 92, 93, 112, 113, 115, 120, 123, 140, 154, 155, 158, 164, 169, 178, 180, 201, 202, 205, 208, 215, 242
Spracheneinfluss 12, 16, 17, 19, 21, 29, 42, 54, 62, 63, 85, 86, 87, 90, 91, 92, 95, 102, 106, 112, 113, 115, 116, 117, 119, 120, 121, 123, 126, 131, 135, 137, 139, 140, 142, 155, 158, 163, 169, 171, 177, 179, 180, 181, 182, 215, 221, 239, 242
Sprachentrennung 12, 54, 87, 95, 106, 111, 112, 113, 115, 119, 139, 180, 188, 197, 198, 199, 208, 238, 242
Sprachentwicklung 10, 12, 44, 47, 48, 54, 55, 56, 65, 73, 75, 78, 174, 175, 202, 203, 204, 219
Spracherwerbsmechanismus 13
Spracherwerbsmodell 30
Sprachfähigkeit 16, 51, 195, 196, 240
Sprachgemeinschaft 15, 18, 30, 48
Sprachkompetenz 12, 17, 66, 73, 78, 82, 85, 86, 209
Sprachkontakt 15, 113
Sprachkontext 52, 58, 61, 62, 98, 186, 198, 203, 205, 242
Sprachkorpora 12
Sprachmerkmal 194
Sprachmischung 10, 12, 18, 52, 53, 54, 58, 61, 62, 82, 83, 92, 97, 99, 107, 108, 109, 112, 183, 184, 186, 188, 189, 190, 192, 193, 194, 196, 197, 198, 199, 200, 201, 202, 203, 204, 205, 206, 207, 208, 237, 238, 240, 242
Sprachproduktion 47, 65, 239, 241
Sprachregister 18
Sprachstandsbestimmung 73, 74, 78, 220
Sprachstil 18, 183, 189, 190, 191
Sprachsystem 10, 11, 12, 42, 95, 105, 107, 109, 110, 112, 113, 119, 124, 183, 188, 189, 196, 198, 208
Sprachtheorie 30, 42, 240
Sprachverhalten 56, 61, 202
Sprachverwendung 12, 95, 96
Sprachwahl 52, 59, 60, 62, 69, 82, 83, 186, 189, 198, 202, 204, 207, 209
Sprachwechsel 10, 12, 61, 109, 190, 191
Sprechbereitschaft 82
SSES 122, 242
Standardabweichung 74, 75, 217, 242
stark 18, 20, 30, 48, 65, 74, 75, 76, 77, 78, 83, 85, 91, 93, 140, 155, 164, 167, 177, 184, 188, 198, 202, 212, 214
stärkere Sprache 63, 64, 71, 72, 82, 87, 89, 90, 91, 92, 120, 201, 205, 216, 238

Strategie 40, 41, 47, 48, 49, 56, 61, 64, 88, 89, 90, 101, 106, 154, 189, 198, 200, 201, 204, 208, 211, 212, 214, 216, 240
Subjekt 19, 20, 22, 23, 24, 32, 33, 34, 35, 36, 38, 39, 40, 41, 43, 46, 68, 72, 75, 110, 111, 124, 128, 129, 130, 133, 143, 149, 150, 158, 159, 160, 165, 166, 167, 169, 170, 175, 180, 197, 206, 237
Subjektauslassung 122, 158, 159, 160, 161, 162, 163, 164, 165, 167, 169, 243
Subjektposition 20, 35, 39, 158, 159, 162, 163, 164, 165, 166, 167, 168
Subjekt-Verb-Kongruenz 43, 110, 111
Subroutine 41, 42, 43, 45, 215, 242
subset principle 37, 38, 39
sukzessiv 11, 15, 17, 21, 42, 44, 215, 244
Synonym 96
syntaktisch 18, 41, 45, 66, 67, 72, 73, 87, 95, 102, 105, 108, 109, 113, 115, 120, 122, 123, 124, 126, 127, 138, 142, 143, 145, 146, 147, 148, 154, 158, 159, 161, 169, 180, 181, 191, 203, 215, 238
Systematik 18, 20

T

Tagebuchstudie 58, 64, 70, 242
tag-switching 187
Tempus 122, 124
that-t-Kontext 35, 46
Tonbandaufnahme 53, 54, 55, 56, 58
topic-drop-Sprache 143, 154, 158
Topik 124, 143, 144, 148, 150, 153, 154, 159, 189
Transfer 12, 17, 21, 22, 24, 25, 28, 29, 46, 66, 67, 71, 106, 119, 171, 178, 180, 239, 243
Transferstrategie 71
Transkript 60, 93, 182, 208, 243
Transkription 13, 85
Transkriptionen 13
Traumsprache 74, 84, 85, 86
trigger 37, 237
trilingual 213
Typen-Token Analyse 78, 133, 243

U

Überextension 110, 243
Übergeneralisierung 72, 109, 121, 243
Übersetzung 21, 61, 198, 214
Übersetzungsäquivalent 100, 198, 199, 204, 213, 214, 243
UG-potential 41
Umgebungssprache 15, 48, 49, 51, 52, 54, 55, 56, 57, 58, 64, 65, 66, 97, 221, 239, 240, 243
unbalanciert 12, 68, 73, 83, 85, 87, 92, 202, 204, 211, 220
(Un)balanciertheit 12
underdetermination 31
universal 30, 43, 44, 154, 208
Universalgrammatik 30, 31, 41, 43, 239, 244
unmarkiert 37, 38, 40, 240
Unterextension 110, 244
unterordnend 211, 244
Untersuchungszeitraum 23, 129, 152, 156, 163, 176, 205, 238, 244
Upper Bound 73, 74, 75, 76, 77, 79, 85, 86, 244

V

Variable 34, 241
Variation 21, 34, 73, 180, 204
Varietät 19, 174, 176
Verblexikon 78, 79
Verbverschiebung 19, 31
Verb-Zweit-Stellung 68, 111, 115, 124, 126, 143, 148, 154, 172, 176, 243
Verstehenstest 47, 244
Verzögerung 10, 42, 67, 71, 87, 114, 120, 139, 143, 147, 158, 169, 179, 180, 181
Videoaufnahme 55, 56, 57, 58, 59, 186

W

wait-and-see 41
wanna-Kontraktion 32
Wohlgeformtheit 196, 207
Wortbedeutung 44, 45, 244
Wortschatz 78, 109, 204

Index

Wortstellung............... 22, 23, 68, 108, 110, 171, 173, 182, 193, 196, 197, 200

Z

Zielsprache 40, 44, 61, 66, 67, 68, 70, 72, 74, 81, 84, 87, 102, 110, 116, 120, 121, 123, 124, 128, 132, 136, 143, 146, 158, 176, 182, 243, 244
zielsprachlich 22, 23, 24, 28, 34, 37, 40, 41, 43, 82, 102, 104, 111, 117, 128, 129, 130, 137, 138, 140, 141, 148, 149, 150, 151, 153, 154, 156, 157, 158, 161, 162, 166, 167, 169, 174, 175, 176, 177, 180, 182, 199, 207, 237, 238, 243
Zweisprachigkeit...................44, 48, 59, 60, 70, 184, 190, 197
Zweitsprache 17, 21, 22, 67, 243, 244
Zweitspracherwerb...............15, 21, 22, 26, 27, 28, 42, 63, 67, 68, 69, 70, 239, 244
Zweitspracherwerber 42, 175, 212, 242

12 Anhang: Transkripte

Amélie/ Deutsch

AKTION ERWACHSENE	ÄUßERUNGEN ERWACHSENE	ÄUßERUNGEN KIND	AKTION KIND
Natascha sitzt mit Puppe Judy auf dem Arm am Tisch, N / Natascha ist die deutsche Interaktionspartnerin, E / Estelle die Französin, jetzt hinter der Kamera			Amélie kommt mit Servietten ins Zimmer
	du hast ja serviettn geholt / oh wie schön /		
	das' für judy ↑/ das sind zwei /	das is für judy /	gibt N. zwei Servietten
	brauchst du die zwei ? /	mhm /	mhm = zustimmend
		nein zwölf /	holt sich Puppe Klara
fragt A., wie sie der Puppe die Serviette umbinden soll	zwölf ↑/ oh la la / zwölf brauch judy ↑/ soll ich das so machen ? / oder wie ? / so ? /		
	ja ↑/	ja /	schaut zu N.
Bezug: Fläschchen geben	und jetz wie macht man das ? / die flasche nehm und - / so ? / haltn ? /	mh /	
	so mach ich das richtig ? /	ja /	
Tjtjtjtj= Puppe schmatzt beim Füttern	tjtjtjtjtjtj /	ja /	
	ja /		
		mein kleines baby / hi hi /	kichert
		ich jetz - / wart mal hier ! / so ah guck ! / dann fällt der runtergefalln /	legt Klara auf den Tisch ah= ängstlich, weil die Puppe vom Tisch zu fallen droht, eine Äußerung

Amélie/ Deutsch

	pass auf dass das baby nicht runterfällt das darf nich passiern / das darf nich passiern /		schaut N. an
		nein /	nimmt die Puppe auf den Arm und setzt sich an den Tisch
	mach lieber nich solche gefährlichen sachn mit eim baby /		
		nein /	schaut zu N.
oh oh oh oh = evtl. besorgt, mahnend	nee das darf nich runterfalln / oh oh oh /		
imitiert vermutlich A.	mh /	mh /	mh = Bedeutung unklar
m-m =nein	m-m /	mh /	
	nee das darf nich runterfalln das baby /	darf nich fallen /	
		äh /	äh = seufzt, ächzt etwas angestrengt, hält Puppe im Arm
gibt Puppe die Flasche	ah ja / meine kleine trinkt / hm /		gibt ihrer Puppe auch die Flasche
lacht	hi hi hi /	ih hi	kichert
lacht	hi hi /	darf nich / hi /	kichert evtl.
		ah / oh mann / oh / gleich komm ich /	steht auf, schaut sich suchend nach einem Platz um, an dem sie die Puppe ablegen kann
	komm her ich halt dein baby fest / komm / gib mir das baby ma / ich hab ja zwei arme / nich das es noch runterfällt ne ↑ / oh guck ma /	ja /	gibt N. die Puppe
N.'s Puppe hat beim Trinken	gut dass laura so ne serviette hatte ne ↑ /		

Amélie_d2;10,17

Amélie/ Deutsch

gekleckert		
	oder is das judy ? /	mh /
		das is judy /
hach = seufzt	judy / gut dass sie ne serviette hatte / guck ma die hat gekleckert / passiert bei babies / hach /	
		mann / ah / was' denn das ? / kaffeetchen /	geht zur Kinderkochecke öffnet dort ein Türchen und holt eine Pfanne raus
he? = wie bitte ?	he ? /	
	kaffee was ? /	kaffeetchen is das /	unklar
		das gehört für kaffee /
	ja ↑ /	ja /
	machst du kaffee in der pfanne ? /	
		nein, da ist wasser und gleich da kaffee /
ah = aha	ah /	he /	hantiert in ihrer Küche
	mmm / oh kochst du mir 'ne tasse kaffee ? / ah lecker /	
		nein / nein / i- ich koch etwas /	schaltet Herd ein
oh = Vorfreude	aha / das wär doch was / oh ne tasse kaffee / oh /	
		nein, das /	zeigt auf ihre Pfanne
hm ? = wie? was ?	hm ? /	
	was is denn da drin ? /	
		das soll ich – das soll ich machen /	hebt Pfanne hoch
	was machst du denn da ? /	

Amélie_d2;10,17

Amélie/ Deutsch

	hm ↑ /	ähm - /	ähm = sucht nach Worten
pff = etwas verächtlich	ach na ja / pff soße / gibs da auch was dazu ? /	das is soße /
	so nudeln oder reis oder kartoffeln /	ja /
mmm = mjam, lecker	mmm lecker /	hm kartoffeln glaub ich /	hm = zögert
		kart- / jetz [a] kleiner / jetz das / bring das /	Abbruch von Kartoffeln a=DET vermutlich nimmt einen kleineren Topf zur Hand und bringt N. die Pfanne
	könn das die babies denn schon essen ? /	ja /	stellt Pfanne auf Tisch
	mach die ma ganz klein bitte die kartoffeln / sonst könn unsre babies das nich essn /	
	mach ganz klein die kartoffeln ne ↑ / dann machen wir n kleines breichen daraus und dann könn unsre babies das essn / hm ↑ / mit ner gabel machn wir das /	ja / mein kleines baby /	kocht mit dem kleinen Topf weiter
		hm hm he /	summt kurz und kichert dann
	das is die soße ? / die ? /	ja /	bringt auch den kleinen Topf zum Tisch
nimmt ihre Gabel nimmt den kleinen Topf und will die Kartoffeln kleindrücken	okay / so warte /		
		äh nein / das is viel größer / und das sind die klein / nein mach- / die lassn s- ! / die lassn sie, die kleinen ! /	protesiert nimmt N. das Töpfchen weg die und die kleinen sind koreferent

Amélie_d2;10,17

Amélie/ Deutsch

	aber wenn wir die kartoffeln so groß lassn könn die beiden das nich essn / die ham doch noch keine zähne /	
schaut sich ihre Puppe genau an	ja ↑ / na sag ma bist du sicher ? / nö/	
	doch /	
gibt Klara zurück	herkomm ! / ey lassen ! / jetzt bring die wieder zu mir /	nimmt ihre Puppe wieder selbst und legt sie auf ihren Stuhl =ich ausgelassen: bring ich ...
mhm = zustimmend	mhm /	
	hah / ja ja ja ja /	spricht zu ihrem „Baby" hah = seufzt
	aber amélie guck doch ma genau hin / bist du sicher dass die zähne habn ? / also meine hat keine zähne /	A zeigt ihre Zähne
	doch /	
N. zeigt Zähne deutet auf ihre Puppe	ja du / ich auch / aber sie hier nich / guck doch /	
	sie hat sie ↑/	
	und sie habt sie /	deutet auf ihre Puppe
	nein / die hab keine /	schaut N. an
	die hab keine ↑/ die hat keine ↑/	
	zähne /	
	nein die hab keine zähne /	schaut ihre Puppe Klara an
mh = zustimmend	mh /	
	dann muß so essen /	kaut demonstrativ
	ja genau / und wenn die keine zähne habn dann müssn wir das – dann müssn wir n breichen machn aus den kartoffeln /	
	dann müssn wir das – dann müssn wir die ganz klein machen die kartoffeln / wo sind denn die kartoffeln nochma ? / hier / ganz klein müssn wir die machn / die m – die babies müssn wir mit m	was - /
drückt die Kartoffeln klein	löffel füttern / hm ↑/	schaut N. zu

Amélie_d2;10,17

Amélie / Deutsch

hm ? = nicht wahr ?			
	guck ma /	ja /	
		jetz - /	unterbricht sich und schaut N. zu
mischt noch etwas Soße in den Brei pss = „Gieß"-Geräusch	guck ma / pss / ah / pss / so warte /		
gibt A. den Brei	hier / gib das ma deim baby / das is bestimmt lecker / das is n kartoffelbreichen /	jetz - /	setzt sich mit ihrer Puppe hin steht mit Puppe auf
		wi lassn das /	stellt den Brei auf den Tisch wi=wir
mh = brummt unzufrieden	mh /		
	ja aber die ham doch so n hunger /	nee wi lassen das /	
		ja ja ja / ich hab sie da /	
hoh = erschrocken	hoh den kochtopf auf s bett ? / is der nich mehr heiß ? /		stellt einen großen Topf auf das Bett und legt dafür ihre Puppe auf den Tisch
	nee /	nein / da sin das - /	stellt den Kochtopf wieder auf den Tisch, aber an einer anderen Stelle
		wir stelln das hier /	
mhm = zustimmend	mhm / ja stell - /	do- / doch /	
	is doch heiß ne ↑ /		
		nein noch kalt /	
	is kalt ↑ / na ja dann kannst du ihn ruhig auch aufs bett stelln / dann is es ja nich schlimm / ich dachte der is noch heiß /		
		nein d- / kalt das is / jetz bring ich ihn da in den schoß / la la la la /	setzt sich und nimmt ihre Puppe auf den Schoß und singt

Amélie_d2;10,17

Amélie/ Deutsch

singt auch	la la la la la la la la la la la / meine möchte noch n bisschen was trinkn / komm her /		
gibt ihrer Puppe die Flasche		guck hier ! / ich ess doch / doch du sollst essn / ja / hi hi hi / ja / kartoffelchen / hi hi / ich hab gesagt kartoffelchen /	öffnet ein Töpfchen und spricht mit Puppe zu N.
lacht	ja / hi hi hi /		
		klara / habt - / das sind die kartoffelchen habt klara gesagt /	zeigt auf Topf mit Kartoffelbrei
	die kann schon sprechen ? /		
	was kann sie denn schon sagn ? /	ja /	
	so n schweres wort ↑ / kartoffelchen kann dein baby schon sagn ↑ /	ähm kartoffelchen /	ähm = zögert kurz
	wow / toll /	ha /	freut sich
	das is komisch ja / hab ich noch nie gehört / dass babies in dem alter kartoffelchen sagn könn /	das is komisch /	
	hm /		freut sich
		hm /	
		die hab ein' klein' hunger /	Bezug: ihre Puppe, gibt ihr die Flasche
m-hm / na dann fütter du ma dein baby zuerst /		der - / hi hi hi / der isst / hi hi hi / was macht ihr ? / was macht sie jetz ? / oh mann / hier is ja noch eine / bring mein - mein baby auch ruhig /	kichert & schaut Puppe an
m-hm = aha			steht auf, gibt N. wieder ihre Puppe
	mhm /		bring=ich bring
mhm = zustimmend			

Amélie_d2;10,17

Amélie / Deutsch

		und auch diese: geht für klara /	
N. hält beide Puppen	mhm /		
		die beiden / oh mann ich muß sch-schnell das pudding ers mal rausk- / ehm da / der is kalt / uäh /	geht zu ihrer Kochecke, holt einen Topf hervor und stellt ihn auf den Tisch uäh: Bedeutung unklar
	aber dürfn die schon pudding ? /		
		nein ich muß ganz schnell kalt hier /	geht wieder mit dem Topf in ihre Kochecke und stellt den Pudding auf den Herd
	die babies dürfen doch noch kein pudding ne ↑/		
		nein /	schaut zu N.
	nee /		
		doch /	kocht
	ja ↑/		
		[babu]ch könn die dann essn /	=Pudding?
	ja ↑/	ja /	nimmt Topf vom Herd
	ich kann sie ja nich fragen / oder soll ich sie ma fragen ob sie ma pudding haben wolln ? /		
		ja /	
	dürfen babies denn schon pudding ? / also das würd ich ja nich machen /		
		nein das gehört jetz - / das mach ich /	stellt den Pudding-Topf wieder auf den Tisch
	aha /		
		nich – nich anfassn ! /	Bezug: der Topf
	nein /		
		das ganz kalt / guck ! /	fasst den Topf an

Amélie_d2;10,17

Amélie/ Deutsch

hoh = erschrocken	hm oh nee / oh dann will ich das nich anfassn / <u>hoh</u> so heiß is das ? /		
		nein gleich kalt /	berührt weiter den Topf und guckt angespannt
	ach so /		
		oh /	
	ich kann sowieso nichts anfassn / ich hab jetz hier zwei babies im arm / darum muß ich mich erstma kümmern / da muß ich ma n bisschen aufpassn /	uäh /	lässt den Topf los und hält sich die Hände kurz vor den Mund geht wieder in die Küche
mh = zustimmend / zur Kenntnis nehmend	mh /	so /	kommt zurück
		oh nein / nein nein noch nich genug / äh / (ohla) / ich glaub, genug / la la la la / das is für klara / das is judy / kannst du mich kleine geben ? /	geht wieder in die Küche und holt noch einen Topf, kocht, bringt Topf zum Tisch und stellt ihn an ihren Platz. das is judy = das is für judy nimmt ihre Puppe wieder
mhm = zustimmend	mhm /	und du hast die große /	Bezug: große Puppe
	mhm /		
		äh / dann bring ich in schoß /	setzt sich Klara auf den Schoß
	mhm /	bring in schoß / oder nein /	
nee ? = nicht ?	<u>nee</u> ↑/	nein /	
	<u>nee</u> ↑/		
		dann muß ich - /	steht auf und legt die Puppe auf den Boden

Amélie_d2;10,17

Amélie / Deutsch

	hoh /	schaut N. an
doch das baby nich auf den fußboden / gibs mir lieber wenn du noch was machen musst amélie /	das da /	bückt sich nach der Puppe kommt dann aber wieder hoch
	das kalt, glaub ich /	
gib mir das baby lieber wenn du noch was machen musst / leg s doch nich auf den fußboden /	ja ↑/	
	doch /	hebt die Puppe auf und setzt sich mit ihr hin
nein / nein /		
	in tisch ? /	deutet auf Tisch & schaut N. fragend an
nee / gib s mir lieber auf den arm wenn du noch was machen musst / wenn du noch was arbeiten musst in der küche / ich pass auf dein baby gut auf / aber auf n fußboden würd ich s nich legn / _m-m_		
nö / is doch n baby / das macht man doch nich /	nein /	
	ja / ha ha / mein baby /	schaut ihr Baby an, ha <u>ha</u> = freut sich
will es runterrutschen ? / runterkrabbeln ? / ja ↑/ nein ↑/	nei / nein /	
ach so /	da bleibt ich / ich da passt nur auf, meine kleine /	
_m-hm_ /		
	hi hi hi hi /	lacht

hoh = entsetzt
nee = nein
_m-m_ = nein
_m-hm_ = zustimmend

Amélie/ Deutsch

lacht	hm hm hm /	
	ja ↑/	was habt sie gesagt ? / butter /
	butter ↑/	ja /
	hab sie gesagt ↑/ das hat sie gesagt ↑/	ja habt sie gesagt / Bezug: die Puppe
	das gib s nich / kartoffelchen und butter kann die sagn ? /	nee /
horcht, was ihre Puppe sagt Puppe sagt „mama"	ich muß ma bei meim baby guckn / mama / hm meins is ganz normal mein baby /	ja /
spricht für die Puppe	mama / mam mam mam mam ma /	mama / wiederholt die Äußerung
		ich hab - / ich bin eine mama und du bist ein papa /
	ich bin ein papa ↑/	ja,
	mhm /	und ich bin die mama /
mhm = zustimmend	du bist die mama ↑/	
	mhm / na dann ham wir s ja schön ne ↑/ dann ham wir zwei babies /	mh / mh = zustimmend
	hm hm hm ja /	hi hi ja / freut sich
lacht	das is toll ne ↑/ hi hi hi /	hi hi hi hi / lacht
	was sagt sie ? /	was sagt sie ? / horcht auf ihre Puppe

Amélie_d2;10,17

Amélie/ Deutsch

		schinken /	
	oh sag mal ! / so ein schwieriges wort / schinken sagt sie ? /		
		ha ha ha /	lach:
oh = staunend	oh /		
		die freche /	
	was ? /		
		die freche klara /	
	die frösche sagt sie ? /		
		die kr- freche kara /	
	die freche klara / sag ma / das is ja n wunderkind / was die schon alles sagn kann / hm /		
	na ↑ /		horcht wieder auf Puppe
		was sagt sie noch ? /	
		was is - sagt sie ? / was ? / hah / was sagt du ? / rutschen / rutschen die rutsche /	
	das sagt sie auch ? /		
		ja /	
	lass ma hörn /		
		die hat - die hab gesagt /	
	die hab gesagt ↑ /		
		in den spielplatz hat sie gesagt / ja und dann s- sagt die sitzen in schoß von mir /	zitiert ihre Puppe
mhm = zustimmend	ja die sitzt auf deim schoss /mhm/		
		ja /	
	mhm /		
		dann muß in die rutsche / mit klara rutschen / und die da in mein schoß sitzn ganz ruhig /	Nebensatz: wenn sie auf meinem Schoß sitzt, ist sie ganz ruhig
	ja ↑ /		
		in spielplatz mit mama / nein ni-nich mit mama / papa und papa und pierre / und nich	

Amélie / Deutsch

	ja ↑ /	mama / mama bleibt hier in haus /	
	in welchm ? / in welchm haus ? / in diesm gelben haus ? /	in diesen gelben haus /	
	dein haus is gelb ? /	ja das' doch gelb / ähm, die farbe oder rosa oder blau oder gelb / gelb /	
		ja /	
m-hm = aha	ach so das meinst du / mhm / ich dachte du warst noch auf m spielplatz / m-hm /		
	mein haus ↑ / mh weiß und blau /	und wie is dein haus ? / ähm farbe ? /	ähm = nach Worten suchend
	m-hm / und deins ? /	ah /	ah = aha
m-hm = bekräftigend	mhm / mhm /	gelb /	
		nein nich weiß dein haus / und blau glaub ich /	
mhm = zustimmend	mhm / weiß und blau /	nich weiß /	
	weiß und blau is mein haus /	nein nich weiß / blau /	
m-m = nein	nee nich ganz blau / m-m /	doch /	
nee = nein	nee /	du magst blau /	
	ich mag blau aber das is ja so dunkel / stell dir ma vor das haus is ganz blau /		
		dumme /	versucht dunkel zu sagen

Amélie_d2;10,17

Amélie/ Deutsch

	dunkel / da kriegt man ja angst wenn man in dem haus is / oder wenn man auf das haus raus - raufguckt von draußen / uah wenn das ganz blau ist , kriegt man ja angst / das' nich schön /	nich dunkel drin /	
	nee das is nich schön / mit m bisschen weiß is schöner ne ↑/	und weiß und blau /	
	mhm / mein haus is auch weiß und blau / mhm / sonst werd ich ja angst - / will ich nich /		
	dunkles haus nee - /	uah uah uah /	schreit auf
		ah da da das / ah nein fällt runter / aah /	Puppe droht zu fallen
		sie 's runtergefalln /	Puppe ist gefallen
hoh = entsetzt	hoh / oh gott krankenwagen / hast du n telefon ? /	die (wei) - /	
		die habt sich weh getan / oh mein armes baby /	schaut zu ihrer Puppe runter
	oh hat sich weh getan ? /	ja /	
	kannst du nich ma – kannst du nich ma im krankenhaus au– anrufen amélie ? / die muß sofort ins krankenhaus / die müssn an– die muß angeguckt werdn von den ärzten /		
	die arme, mensch /	oh mann oh mann oh mann oh mann / mein armes baby /	kniet sich neben die Puppe, hebt sie auf
mhm = zustimmend	ja den krankenwagen ne ↑/ mhm /	den kranken- den krankenhauswagen /	
		ähm, da muß ein doktor – mein doktor (sie) / mit klara / die habt sich weh getan /	ähm = nach Worten suchend
	wo hat sie sich denn wehgetan ? /		

Amélie/ Deutsch

ah = mitfühlend	ah / ja dann bring sie ma zum doktor / ich warte hier auf dich amélie ne ↑ /	hier /	zeigt auf Klaras Bein
		ja /	
zeigt zum Bett	du kannst ja spieln dass da der doktor is / da wo die kassette liegt ne ↑ / da is das krankenhaus auf dem bett / willst du ? /	ja /	
	nee ↑ / das hab ich mir schon gedacht /	nein /	
Estelle lacht	hi hi hi /	äh mit auto – mit a- mein rotes auto / mein armes /	
oh = mitfühlend	oh /		
		dann muß noch ei – mein baby noch essn /	setzt sich mit der Puppe wieder zu N. an den Tisch
mhm = zustimmend	das muss noch essn / ah ja / mhm /	oh mann / nein ICH mich – ICH setz mich hier /	steht wieder auf schaut N. an
hm ? = wie bitte ?	hm ? /	ICH setz mich hier /	streckt den Arm zu N. aus
	ja setz dich doch /	oh /	oh = stöhnt
deutet auf ihren eigenen Platz	oder willst du hier sitzn ? /	ich will hier sitzen /	
	du willst auf meim stuhl sitzn ? /	ja /	
steht auf	ach so / ja kannst du /		
mhm = zustimmend	mhm /	ich – ich weil die (x) is glatt / und dann muß ich meins ,	x = Nomen nimmt ihren Teller mit an N's Platz
		hier legn /	stellt ihn dort ab

Amélie_d2;10,17

Amélie/ Deutsch

setzt sich auf Amélies Platz	mhm /	noch meiner / noch nich / noch nich fertig gemacht /	sortiert weiter die Gedecke
	ja ich warte ja /		
	mhm /	das /	gibt N. eine Schale
	mhm /	das / das ,	teilt das Besteck neu zu
	mhm / da musst du dein messer – dein messer und deine gabel aber auch rübernehmn ne ↑/	noch /	
	mhm /	ach , ja /	
	weiß nich /	leg ich / und wo is mein löffel ? /	legt etwas hin, suchend
mhm = zustimmend	mhm /	da /	findet den Löffel
	mhm /	da is doch / das is für mich / mein platz /	legt Löffel an ihren Platz und stellt sich ein Glas hin
		und den roten stuhl sitz / ich wollte nich in gelben sitzen /	
	nö ↑/	nein /	
	warum nich ↑/ is doch schick /	nein , ich wollt nich /	
m-hm = aha	m-hm /	da /	gibt N. ein Glas
nimmt das Glas	ja danke /	und mein / die flasche /	streckt den Arm nach Klaras

Amélie_d2;10,17

Amélie/ Deutsch

			Flasche aus
	die nuckelflasche ja /	dann muß ich mich setzen /	geht an ihrem Stuhl vorbei
mhm = zustimmend	mhm /	und dann pose ich mein baby hier ab / dann, setz ich, hier hin / uah / drei und vier /	legt Klara auf das Bett, setzt sich an den Tisch pose ..ab = ablegen, aus Frz. übersetzt
	du hast aber viel zu tun, ne↑ /	ah / (vorsichtig) / vorsicht / ah (hab) (ich) /	ah = schreit, Puppe fällt beinahe
	du hast ganz schön viel zu tun /	dann muß ich mit den bein was tun / eine kleine pflaster glaub ich /	hat Klara auf dem Schoß Bezug: Klaras verletztes Bein
	ja ↑ / machst du pflaster rauf ? /	ähm zum doktor mit der – mein ra- rotes auto mit / uah /	uah = schreit auf als Klara ihre Mütze verliert
m-hm = aha	m-hm /	mein / uh / der kann nich / und auch ein bauch /	versucht Mütze wieder aufzusetzen schaut Puppe an
oh = evtl. wie hups / hoppla	oh /	auch ein bauch / noch ein bein /	
mhm = zustimmend Bezug: meine Puppe	mhm / meine hat auch n bein /	ja /	
	und noch n zweites bein / und ein bauch /	oh ja /	
	ein dickn bauch / ham die babies immer / das is so /	ah / kannst du das machen ? /	ah = schreit auf als Mütze erneut runterfällt Bezug: N. soll ihr die Mütze

Amélie_d2;10,17

Amélie/ Deutsch

		mhm/	
		okay/	
nimmt die Puppe entgegen	ja / warte warte warte / oah / ganz vorsichtig ne ↑/	mein kleines baby / der hat - / äh/	aufsetzen
			gibt N. die Puppe
	was denn ?/	komm jetz!/	streckt die Arme aus, weil sie ihre Puppe zurück will
		jetz komm mich in schoß!/	= zu mir auf den Schoß
	oh /		
gibt ihr die Puppe	(ja) nimm schnell / nimm schnell / ja /	das geht halt schon wieder gut / ja /	
		ja /	
	gut /		
		ja ja ja / ja ich bin die mama / natürlich klara /	redet mit ihrer Puppe
lacht	ha ha ha /	ich hab mama gesagt /	zu N.
	ja /	ich bin die ma- /	
	ja / du bist die mama /	ich bin die mama / du bist der papa /	
mhm = zustimmend	mhm / und estelle ? / was is estelle ? /	ein bruder /	
	ein bruder ↑/ mh das is gut /	und ei - und papa is auch ein bruder /	
	mhm / und pierre ? /	aber auch ein bruder /	
	ja /	ja /	
	warte mal damn hast du ja gar keine schwester ne ↑/		

Amélie_d2;10,17

Amélie/ Deutsch

m-hm = aha	m-hm /	nein / ich bin die schule /	= je suis à l'école ?
mhm = zustimmend	du bist die mama ? / mhm /	ich bin die schwester wie ein mama / nein ich bin keine schwester / ich bin mama / ach mami / ja / mama /	
		mama /	spricht für die Puppe
hoh = staunt	hoh /	die hat mama gesagt /	
	ja /		
seufzt	ach ja /	ja / ach ja ja ja / ach /	zu ihrer Puppe
imitiert A.	ja ja ja /	ja ja ja /	zu ihrer Puppe
zur ihrer Puppe	hm mein kleines /	ja m- mein kleines /	zu ihrer Puppe
		ja /	
pf pf pf = Kußgeräusch, tut als ob sie die Puppe küßt	pf pf pf pf /		horcht, was die Puppe sagt
	was hat sie gesagt ? / kartoffelchen /	ja ja / na was hat sie gesagt ? /	
		ja /	
oh = staunend, lacht	oh ho ho ho /	j-j-j /	
	was ? /		
		die hat kartoffelchen gesagt /	
N. hält Hand ans Ohr	und (warte) - / lass ma hörn / butter hat sie auch noch gesagt /		
		ja / das is doch nich genug /	

Amélie_d2;10,17

Amélie / Deutsch

	das is noch nich genug ↑ /		
		nein /	
	das is viel / für ein baby /		
		ja /	
	boh normalerweise könn die nur mama sagn /		
mhm = zustimmend	mhm /		
		judy und klara ¡	
	mhm / (ja) /		
		ich bin die mama und du bist der papa /	
		ja ja / ja ja ja mein kleiner / äh /	zu ihrer Puppe
lacht	ha ha ha /		
		äh /	äh = seufzt
	hi hi hi /		
	ich weiß nich /		
		was hat sie gesagt ? /	
		rutschen in den spielplatz mit ich / in – in die große rutsche hat sie gesagt /	erzählt N., was die Puppe ihr gesagt hat
	will sie das mit dir ? /		
		ja /	
	aha /		
		ich hab gesagt mit papa /	
	aha / meine möchte schaukeln /		
		ja /	
	in so ner babyschaukel weißt du ? / wo die kinder nich rausfalln / das is so – das siehst so aus wie so n sack /		
		ja /	
	da kann man nich rau – da kann man nich rausfalln / da möchte meine rein /		
		in haus / in den kleinen haus /	
	in ein kleines haus ↑ /		

Amélie_d2;10,17

Amélie/ Deutsch

		ja /	
	gibt es auf dem spielplatz ein kleines haus ? /		
mhm = zustimmend	mhm /	ja /	
		mein spielplatz kinder /	evtl. Kinderspielplatz = Kompositum
	mhm /		
	ja ja ja ne ↑ / oder warst du das ? /	ich bin m- mama / ja ja ja / was hat sie gesagt ? /	ja ja ja = sagt A. zu ihrer Puppe
oh = staunt, lacht	oh ho ho ho / das gibts gar nich / du hast vielleicht n schlaues baby also /	schinken / hi hi hi /	erzählt, was die Puppe gesagt hat, kichert
mhm = zustimmend	mhm /	nein ich bin ein mama / das is mein baby /	
	na ? /	was hat sie gesagt ? /	
	auch schaukeln möchte sie ↑ / das glaub ich / wir gehen mit unsern babies nachher auf n spielplatz ne ↑ / dann dürfen beide ma schaukeln /	die wi- möchte auch schaukeln /	erzählt, was Puppe gesagt hat
		ja /	
	mhm / hm hm hm / und wippen könn wir auch mit den babies / so n bisschen auf der wippe / das müssn wir beide aber machn ne ↑ / du auf die eine seite ich auf der anderen seite und dann halten wir unsere babies gut fest /	(mein xxt)	
		ja /	
		und nich die serviette mitnehm /	Bezug: die Servietten, die die Puppen wie Lätzchen um haben
	doch nich auf n spielplatz / brauchn die doch keine	mh /	

Amélie / Deutsch

	serviette /	nein /	
nee = nein	nee / ich mag das sowieso nich wenn die babies überall mit m lätzchen hinlaufn / was s das denn ? /	äh /	
m-m = nein	m-m /	nein,	
		das soll dich nich sein /	entschlossen, unklar dich=wirklich?
	nö /		
		dann sind wir böse /	
	genau / die könn n lätzchen oder ne serviette beim essen umhaben aber doch nich überall / wenn sie irgendwie ma auf'n spielplatz gehen / das machen wir nich /		
		nich alleine sonst werdn sie böse so /	
	genau / guck ma die ham doch auch was schickes an / das sieht man sonst ja gar nich / guck ma /	bow bow /	Laute, Bedeutung unklar
		hey die sollen das wegnwehm in den bösen bobo /	entschlossen / regt sich auf
	oh la la / du bist aber ganz schön böse ne ↑/		
		nich - aber nich mit m - mit die mama soll sie , mit / nich alleine klara lassn ! /	
mhm = zustimmend	mhm /		
	nee du kannst n baby nich alleine lassn / das geht gar nicht /	wolln mitnehm /	

Amélie/ Deutsch

	natürlich / das geht gar nich / das darf man gar nich / nein das darf man nich /	dann musst sie mitkomm /	
		(xxxxx) /	=Laute
	na ? / schinken /	was hat sie gesagt ? /	Bezug: ihre Puppe
	butter /	n-nein /	
		ja /	
oh = staunend	oh /		
	kartoffelchen /	doch nich das doch nich /	
		ja auch das /	
	hat sie auch gesagt ? /		
	ja ↑/	ja / den frechen /	
		ja / auch die frech / oh ich hab mein stock in mein - / da in - ähm hier / ich hab mein stock dahinten /	zeigt auf ihre Kommode
	dein stock ↑/ hast du da ↑/		
	m-hm /	mhm /	mhm = zustimmend
m-hm = aha		hey / ach die will seine andre serviette hat sie gesagt / nein, nich heiß /	erzählt, was die Puppe zu ihr gesagt hat, stellt den Kochtopf, der nicht heiß ist, auf das Bett
Bezug: erst Kochtopf / dann die Puppe	is nich heiß ↑/ was sie kann- die kann schon sagn sie will ne andre serviette habn ? /		
		ja /	

Amélie_d2;10,17

Amélie/ Deutsch

nee = nein	nee /		
		doch /	
		doch die hat ja gesagt /	Bezug: die Puppe
	das hat - / ja hat sie gesagt ? /		
		ja /	
	nee das glaub ich dir nich amélie /		
		doch /	horcht an Puppe
	lass ma hörn /		
		ja /	spricht für die Puppe
hoh = staunend	hoh / tatsächlich /		
		ja äh / oh /	äh / oh: schreit auf, weil die Puppe erneut ihre Mütze verloren hat
	sag mal /		
		ja /	
	das kann ich gar nich glauben /		
		oh mann sie hat noch eine mütze /	schaut zur Mütze am Boden
hm ? = wie bitte ?	hm ? /		
		noch eine mütze am sie /	am=ham=haben?=hat
zeigt zur Mütze	die is doch auf dem boden da die mütze / die is runtergefalln /		
		nee nich nich / nein /	zu ihrer Puppe, die mit einem Fuß im Brei gelandet ist
	nich mit m fuß in brei / hi hi hi /		
		oh nein /	
lacht	hi hi hi /		
		oh / ich bring äh - / bring die mütze ! / bring	äh = angestrengt, gibt N. ihre

Amélie/ Deutsch

nimmt die Puppe		die mütze ! /	Puppe, zu N.
	na du kannst ja wohl ma aufstehn und die mütze holn /hm ↑/		
		äh /	
	ja mein arm is auch zu kurz guck mal / ich komm mit meim arm da auch nich ran /		
		äh /	äh = ächzt angestrengt, beugt sich zur Mütze runter
lacht	ha ha ha / guter trick /		
	ja / soll ich deim baby die mütze aufsetzn ? /	ich hab – / jetz hab ich gehört / das hier /	hebt Mütze auf und gibt sie N.
m-hm = zustimmend	m-hm /	ja /	
setzt Puppe die Mütze auf		besser / warte warte /	geht zu N., bleibt neben N. stehen
	na ja die ham ja noch keine haare ne ↑/ die muß man – den muß man auch im sommer ne - so ne kleine mütze aufsetzn hm ↑/ sonst scheint die sonne da so rauf / auf den kopf / das' nich gut /		
	nee das is nich nett / nee / da muß man auch aufpassn dass die babies sich schön wohlfühln ne ↑ /	nein / es is gar nich lieb /	
		und nich in die sonne weglaufn /	
nee =nein	nee in die sonne dürfen babies sowieso nich / oh nee /		
		nein / nein / da - da nicht anfasse ! /	
kichert	hi hi / diese hausschuhe / die sind dir aber zu klein ne ↑/	nich die sonne /	zieht sich Hausschuhe an

Amélie_d2;10,17

Amélie/ Deutsch

		was sagst du ? /	dann muß eine schuhe wir kaufn für baby /	
			ich hab gesagt wir müssen schuhe für babies holn /	
		schuhe ↑ /		
			ja für babies holn /	
		hast du denn - /		
			äh zu kaufen /	
		hm /		
			kaufen schuhe für babies / judy klara /	"und" fehlt
		ja ja die brauchn schuhe das stimmt / also / nee sie nich / guck ma hier / die hat so n strampelanzug an der auch so n fußteil hat / aber sie hier / mh mh / aber wir ham ja sommer / (xxxxx)- /		schaut zu N.
			nein / ich mag , nich /	zieht die Hausschuhe aus und klettert neben Estelle herum
lacht		hi hi hi / was machst du amélie ? /		
			ich holt etwas /	zieht sich an einer Kommode hoch
m-hm = aha		m-hm /		
			da muß einmal klettern weiter drin / das is mädchen da / w- ws- wo is denn das und ich ? / w- wer is denn das ? /	wühlt in einer Kommodenschublade, holt ein Foto hervor, zeigt darauf
		zeig ma /		
			ich da- da /	zeigt N., wo sie auf Foto ist
		bist du das ? /		
			ja ich bi- / das bin ich /	
m-hm = aha		m-hm /		
			und wer is denn das ? / marie /	zeigt auf eine andere Person auf

Amélie / Deutsch

	ach das is marie /		
mmm = bewundernd, anerkennend		mh meine freundin /	
	mmm /		
		das gehört meine freundin /	
	darf ich die ma sehn ? /		
		ja /	hält das Bild für N. hoch
	oh kannst du ma herkomm ? / ich kann das von hier aus nich sehn /		
		ach ja /	bringt N. das Bild
mhm = zustimmend	mhm / dann kann ich mir marie ma anguckn / och ja / die is ja auch süß / das is deine freundin ? / spielst du da bei marie ? /		
		mh /	mh = zustimmend
	mhm /		
		hab was rausgetragn,	wischt sich Nase am Ärmel ab
hm ? = wie bitte ?	hm ? /		
		gebracht / hab was rausgebracht e- ein nase /	Bezug: Amélies Nase läuft
	ja aber weißt du was / das nächste ma- /		
		igitt /	
	ja / das nächste mal gibs- äh sagst du mir bescheid dann geb ich dir ein taschentuch /		
		ja /	
	das kann ma passiern dass da ma was rauskommt aus der nase du /		
		(wo is die - xxxx) /	
	möchst du n taschentuch haben ? /		
		nein /	fummelt an ihrer Nase rum

Amélie / Deutsch

mhm = zur Kenntnis nehmend			
	mhm /	ich hab schon saubergemacht /	
	ja aber , das nächste mal nimmst de n taschentuch ne ↑/ okay ↑/		
	okay /	ja /	
		in die letzte nacht bring ich / heute m-nacht / wenn die zu dunkel war / heute nacht / dann wollen sie ma schlafen / und estelle und natascha komm die - ihr beide [n] zurück heute nacht / und du sollst auch schlafen, und sie auch, in - in beide in haus, mit mir / natascha und estelle /	schaut zu N. zeigt auf Estelle, dann auf N. zeigt erst auf N., dann auf Estelle zeigt erst auf N., dann auf Estelle
	wo soll n wir schlafen ? /		
		in bett / in haus /	
	ja bei uns zu hause ne ↑/	ja /	
mhm =zustimmend	mhm /	und soll sie in haus weglauf / im zug heimkomm /	
mh = zustimmend	mh wir beide nehm den zug wenn wir zu dir komm und wir nehm den zug auch wieder zurück / wenn wir zurückfahrn / nach hause / wenn wir mit dir gespielt habn fahrn wir wieder nach hause / und dann nehmn wir wieder den zug /		
	gleich /	gleich / gleich sind wir fertig /	gestikuliert mit einem Arm
		ENDE DER AUFNAHME	

Amélie_d2;10,17

Carlotta / Italienisch

00:00 In C's Zimmer anwesend: K, C und Nonna. K sitzt auf Sofa; Nonna steht davor, C läuft durchs Zimmer, spielt mit einem kleinen Ball. N ist die deutsche Interaktionspartnerin, jetzt hinter der Kamera, K die ital. Interaktionspartnerin		il pennello c' è anche /	
Nonna spricht eine römische Variation des Italienischen	c' è anche il pennello / eh / eh / si trucca eh ↑ /		
K	ah↑ /		C spielt mit einem Bällchen
Nonna	quella è una palla - /	(te a ma) /	3 Silben, enthalten die Vokale *e* und *a*
Nonna	questa è una palletta magica / com' è questa palletta , nonna ? / piccolina e magica mh ↑ / che dici ? / eh amò ? /		wühlt im Regal
K	cerchi qualcosa per giocare ? /		
	oh / cos' è ? /	qui /	
	e cosa si vede ? /	per girare /	
Nonna will, dass man C von vorne sieht (Kamera)	girati di qua ! / eh ↑ /		C steht vor K, mit dem Rücken zur Kamera antwortet K, bleibt in alter Position stehen
Nonna blickt zur Kamera	tutti i fiori se vedono eh /	tutti i fiori /	
K	no / ma dai /		
Nonna	eh / nonni /		

Carlotta_i2;10,30

Carlotta / Italienisch

		le vedi ? /	C zu K
	eh no / io non li vedo /		
	ehm /	bisogna girà ↑ /	römisch, = girare
	eh / bisogna girare /		
Nonna	eh / e se no non se vedono se non si gira /	sì /	
K	vediamo ↑ /		
Alle lachen	oh che belli ! /		wirft K den Ball auf den Schoß und lacht
	ops / e che ha fatto la palla ? / è rimbalzata ? /		lacht
			wirft Ball zu K
	è così piccola /		
wirft Ball zurück	ops /	oh /	fängt den Ball nicht
	ho vinto ? /	hai vinto /	
	ho fatto gol ? /	op /	= Anstrengung
= Geräusch beim Werfen	uep /	och /	= Anstrengung
	e hai fatto gol tu /		wirft zurück
werfen den Ball hin und her, K lacht	uep / ops / uno due / ops / quasi quasi / eh che palla pazza ! /		
	la palla verde quella che è su ? / ma è una palla grande ? /	io prende la palla verde /	
		ma io va /	läuft los, will vermutlich das Zimmer verlassen, um den Ball zu holen
	eh aspetta ! / aspe- carlotta ! / ma è una palla grande ? /		kommt zurück

Carlotta_i2;10,30

Carlotta / Italienisch

		sì /	
	eh / ma con la palla grande non possiamo giocare qui sotto eh ↑ / poi giochiamo dopo fuori / dopo /		
		fuori ? /	resigniert
	va bene ? / eh / sul balcone / per ora restiamo qui / facciamo un altro gioco /		
		quette sono coi fiori /	
	eh /		
		vedi ! /	
	è bello eh ↑ / tutti i colori / si muovono /		
		e vedi ! /	
= ja	eh eh /		
		qui non possono apri /	römisch, = aprire
	eh no /		
		no /	
	altrimenti si rompe /		
		si rompe /	wiederholt
	eh /		
		mh /	
	eh / ascolta ! / facciamo un altro gioco allora ? / per adesso ↑ /		
		io deve fare tutto a posto /	will erstmal den Tisch aufräumen, auf dem sich viel Spielzeug befindet
	ecco / è un' idea di sistemare tutto / di mettere tutto nello scaffale /		
		quello è di sally /	zeigt auf einen Gegenstand auf dem Tisch
	di sally ? /		

Carlotta_i2;10,30

Carlotta / Italienisch

	di sally /	zeigt auf einen zweiten Gegenstand, der auch von Sally ist
	mh /	
	queste sono le carte /	zeigt auf ein Quartett
	il quartetto /	
	queste sono i trucchi /	bezieht sich wohl auf Schminkkasten, der später noch geholt wird, legt Karten ins Regal, dabei fallen Sachen heraus
	ops /	
K lächelt	(te-a) /	unverständlich. C sagt es als Reaktion auf das Herausfallen der Dinge
	dove va ? /	weiß nicht, wohin das runtergefallene Foto gehört
legt es zurück	era qui / era messo qui ed è scivolato così /	
	sono tutti quelli del mio babbo quetti / uno	zeigt auf Personen auf dem Foto und zählt sie
	ah / è del tuo - /	
	due tre quattro cinque /	
	eh /	
	e chi sono ? /	
	sono tutti del mio babbo /	
	sono amici del tuo babbo ? /	
	sì /	
lacht, weil das Foto wie ein Plattencover aus den 60ern aussieht sieht zur Kamera	ah ho capito / eh /	
	la lavagna /	hält eine Tafel in der Hand
	pfff /	= lässt Luft durch Vorderzähne

Carlotta_i2;10,30

Carlotta / Italienisch

			und fast geschlossene Lippen; gelangweilt
	eh / e a cosa vogliamo giocare ? / che dici ? /	io c' ha tanti giocattoli /	zeigt auf Regal mit Spielen
	eh / scegline uno , e ci giochiamo /	quetto è l' alfabeto /	auf einer Holztafel sind Buchstaben (eher: wie eine Rechenmaschine, auf der Holzperlen sind, auf denen dann die Buchstaben/Bilder stehen)
	è l' alfabe- l' alfabeto / aha / e come si gioca ? /		
	ah / ci sono dei disegni ? /	si fa cosi /	dreht an den Holzperlen
	e che disegni sono ? /	sì /	
	no ↓ / veramente ↑ / e se lo giro cosa vedo ? / oh /	sono tutte le lettere / a b c d e f g /	beginnt mit dem ABC (auf ital.)
meint die Plakette bzw. Perle erstaunt	e qua ? /	una arancia /	Ab jetzt sieht man Bilder Eine Orange ist zu sehen; C spricht begeistert
	e qu- e qua ? /	una banana /	Banane begeistert
lacht	bau bau bau bau / e questi ? /	c' è , un cane /	Hund begeistert
= Geräusche vom Hund	e questo ? /	sono i dadi /	Würfel

Carlotta_i2;10,30

Carlotta / Italienisch

zeigt auf Schmetterling	oh che carino ! /	è un elefante /
zeigt auf Katze		questa è una farfalla /
zeigt auf Hotel	e questo cos' è ? /	un gatto / begeistert, freut sich begeistert
Man sieht einen Trichter	una casa / e questo ? /	una casa /
	un imbuto / e qua vediamo ↑ /	un buto / = imbuto
	una macchina / mh / al solito la mia lettera non c' è al solito / la lettera del mio nome non c' è / io lo sapevo / ecco / va be' /	una macchina /
	una luna / e questa ? /	una luna / will weiter drehen, man sieht einen Mond
		una – una mela / Man sieht einen Apfel
	eh /	pfff / Man sieht eine Wolke. C sagt nichts, Stille = lässt Luft durch Vorderzähne und fast geschlossene Lippen, überlegt
		non lo so /
	è una nuvola /	è una nuvola /
	eh / una nuvola / e poi ? /	wiederholt Man sieht einen Schirm

Carlotta_i2;10,30

Carlotta / Italienisch

	mah /	un ombrello /	
[pi]	e qua dietro la p c' è un ↑ /		Man sieht einen Ball
	un pallone / e questo cos' è ? /	pallone /	Man sieht ein Bild
	e questo ? /	un quadro /	Man sieht ein Netz
leise		non lo so /	
N und K lachen	non lo sai ? / è una rete / è una rete / se – si – il pallone si butta nella rete , quando l' hai centrata hai fatto palla a canestro / hai fatto rete / hai fatto gol / hai vinto / e questo ? /		Man sieht eine Sonne
guckt aus dem Fenster	un sole che adesso già sta andando via / e poi ? /	un sole /	Man sieht eine Maus
leise zeigt auf Weintrauben	un topolino / e questo ? questo qua ? /	un topolino /	überlegt
	uva / e questo ? /	mh , una uva /	Man sieht eine Geige
		mh , una chitarra /	überlegt
macht es bildlich vor = Geräusch der Gitarre = pfeift	mh / eh si / quasi / però siccome c' è questo qui è un violino / sai , il violino perché la chitarra si tiene così e si va prrrrr / mentre il violino si tiene così e si prende questo – questo coso qua e si fa così ..... / è un violino / e qua vediamo cos' altro c' è / ooh /		Man sieht ein Xylophon

Carlotta_i2;10,30

Carlotta / Italienisch

		questo che io ce l' ho io /	
	c' hai anche tu questo ↑ /		
		sì /	nickt
	è lo xilofono / dov' è ? /		
		è lo xilofono /	wiederholt
Beide suchen im Zimmer	e dov' è lo xilofono ? /		
		boh ! /	= weiß ich nicht bzw. woher soll ich das wissen
	eh / vero / l' avevo visto anch' io qua una volta /		
		mah /	
	chissà dov' è nascosto /		
		la mia mamma ha nascosto /	
	la tua mamma l' ha nascosto ? /		
		sì /	
	e perché ? / facevi troppa musica ? /		
			nickt
	eh si eh ↑ / ha detto ora basta ! / oh / e questo qua che cos' è ? /		
		oh / un pony /	kommt zurück zu K, die auf Sofa sitzt
	no / è un animale bianco e nero che si chiama zebra / il pony è marrone / e questo è bianco e nero /		dreht weiter an den Holzperlen
	e qua ci sono i numeri / uno due / oh / oh / oh che bello ! / è un orologio / che bel gioco ! /		dreht
		scoiattolo /	
	dove ? /		
		lì /	zeigt auf eine Stelle
hat C nicht verstanden	aha /		

Carlotta_i2;10,30

Carlotta / Italienisch

	qui c' è zorro come zebra /	meint den Anfangsbuchstaben Z
giusto /		
	questo è o /	zeigt auf den Buchstaben Q, meint es sei ein O
mh / questo è o / vedi che qua c' è una differenza / c' è un piccolo - / una q / questa è difficile /		
zeigt auf das O q= Buchstabe Q vermutlich: questa lettera		
	questa è mamma /	zeigt auf etwas (vermutlich Buchstabe M)
mh / questa è mamma / vedi,		
zeigt auf M		
	emme /	italienische Aussprache von M
tre gambe /		
	qui c' è a /	meint den Buchstaben A
a / e la c di carlotta dov' è ? /		
= Buchstabe A alle Buchstaben (hier: C) werden italienisch ausgesprochen, also hier: [tschie] ← keine Lautschrift		
	mh / quetto è b come babbo /	überlegt, zeigt auf Buchstabe B
giusto /		
	e qui c' è la c come carlotta /	zeigt auf Buchstabe C
giusto /		
	e qui c' è , ... /	Pause nach c' è, C zeigt dann mit einem Finger nach oben
la i /		
	la i -	wird von K unterbrochen
= Buchstabe I		
e dicevi /		
undeutlich, da sie dazwischen redet		
come chi ? /	come ubi /	

Carlotta_i2;10,30

Carlotta / Italienisch

		come ubi /	
lacht; *enne* = italienische Aussprache für Buchstabe N	*e chi è ubi ? /*		
	ah / ho capito / ascolta ! / e la enne di nonna ↑ / nonna ↑ / dov' è la nonna ? /	*è il negozio co- che compra la carne /*	
erklärt, wie die Buchstaben aussehen zeigt auf das N	*ah / e ha due gambe / la mamma ne ha tre / e la nonna ne ha due / vedi ↑ /*	*qui /*	zeigt auf das N
	una e due / nonna / mh /		
		qui c' è - /	unklar, was C meint
	mh /		
	cos' è ? /	*mh , qui / qui /*	
		qui c' è un - /	unklar, welchen Buchstaben sie meint
		quetto è erre /	= Buchstabe R
= Buchstabe R; K will, dass C den Satz beendet	*erre come ↑ /*		
	ma come babbo ? / babbo non c' ha la erre / rrrr /	*come babbo /*	
= rollt das R (Zungen-R)	*erre è come roma /*		
	roma /	*qui -*	
	mh ↑ /	*qui c' è p /*	
= [pi:] = italienische Aussprache des Buchstaben P; C soll ein Wort finden	*p come ↑ /*		= [pi:] = italienische Aussprache des Buchstaben P
		p /	= [pi:]

Carlotta_i2;10,30

Carlotta / Italienisch

	p come pallone /	wiederholt
= [pi:]	come palloneeee /	
	eh / e dai / ecco /	dreht Holzperlen herum
		quello è il babbo come la esse /	esse = ital. Aussprache von S
	eh ↑ /	esse = ital. Aussprache von S
Vater heißt Jens? summt lacht	eh / e perché babbo ? / ah jensssssssss / per questo c' è la esse / jenssss / per questo / aspetta ! / ecco / eh ↑	quella è - è la esse /	amüsiert sich
= Buchstabe U	la u /	quetta è la u /	= questa; = Buchstabe U
		quetta è - è - /	unsicher, man sieht den Buchstaben V
= Buchstabe V	è la vi /	è la vi /	wiederholt
= Buchstabe V = Geräusch	la vi / ah / che bel gioco ! / trrrrup / mh / fatto /		spielt an der Tafel herum dreht sich zum Tisch
	eh / metti a posto ! /	mh / tutto a posto fare /	
		ma le carte no /	seufzt, räumt auf
	ah↓ /	io c' ho mal di pancia /	
Es tut ihr leid, dass C Schmerzen hat	oh ! / e come mai ? /		setzt sich neben K aufs Sofa
		io deve qualcosa ancora /	undeutlich, K scheint es (akustisch) nicht verstanden zu haben, geht jedenfalls nicht

Carlotta_i2;10,30

Carlotta / Italienisch

	perchè ti fa male la pancia ? / mh ↑ /	darauf ein
	qui / qui ? /	qui / zeigt auf Stelle am Bauch
	e come mai ? / qui o qui ? /	nickt
	ah qui / e come mai ? / hai mangiato troppo ? /	qui /
	oh / e cos' è hai mangiato ? / eh ↑ / cos' hai mangiato stammatina ? /	sì /
	un yogurtino / e ti fa venire il mal di pancia / e come mai ? /	un yogurtino ¡
	ah / quando mangi tanto ti fa male la pancia /	tante / fa - fa male quando io mangia tanti /	tante = viele; nicht das deutsche Wort Tante. C steht wieder vom Sofa auf nickt
	eh sì / e mi sa che capita a tutti sai ↑ / che ti fa male la pancia quando si - /		
	eh / quando vuoi tu / cosa vuoi fare adesso ? /	giochiamo dopo ? /	meint das Quartett
	come ? /	io vo- gioca(re) di più /	
		i buntstifte / io mal- / oh /	Dt. = ital.+dt. = io male (malen)
	mh /		öffnet Stiftedose

Carlotta_i2;10,30

Carlotta / Italienisch

	oh wow ! / ma cosa sono ? /	sono per lo scrivere /	
	ah / ma dai / e tu cosa stai facendo adesso scusa ↑ /		spielt mit dem Papier, das um die Wachsmalstifte gewickelt ist
	la carta ? /	si può tirare sopra e giù /	
	vediamo ↑ /	è giù una carta / possono anche fare sopra /	holt Malpapier
holt einen Hocker unterm Tisch hervor, setzt sich zeigt auf grünen Stuhl	vuoi prenderti la sedia ? / sì ↑ /	sì /	nickt
holt Stuhl	te la prendo io ↑ /	dann bildstifte /	Dt.; C sieht zur Kamera, zeigt auf Stift (redet wohl mit N, daher deutsch);
N.	oh / die hast du jetzt /	ham wir gekauft /	Dt.; geht zurück zum Tisch; C sagt zu N.
hilft C beim Hinsetzen	ecco qua / siediti ! / prego signorina / ecco / troppo disordine /	pure non va /	probiert Stifte aus, einige scheinen nicht mehr zu schreiben; beginnt dann zu malen
zeigt auf die Stifte	ecco qua / i tuoi colori / mh /	marron- viola blu arancione marrone / quetto non me lo ricordo / viola verde blu giallo bianco verde /	zeigt auf die Farbe schwarz
zeigt auf die Farbe schwarz	e questo non te lo ricordi ? /		schüttelt den Kopf

Carlotta_i2;10,30

Carlotta / Italienisch

zeigt auf schwarze Hose vergleicht Stift mit Hose (Farbe) zeigt auf Türkis	e questo qua / vero ? / mh / è lo stesso colore / è nero / nero / e questo è il colore del tuo vestito / vero ? / mh / quasi /		
	fai i puntini ? /	fa i puntini /	meint sich selbst
zeichnet einen Stern	mh / facciamo una stellina / aspetta ! / facciamo così una stellina / zak zak zak e zak / una stellina /		kümmert sich nicht weiter darum, klopft mit Stift auf Blatt Papier, das auf Tisch liegt
	zak zak zak e zak / un' altra stellina / facciamo un sole ? /		
zeigt zum Fenster	eh / e guarda ! / e viene fuori il sole / visto ↑ / ho chiamato ed è venuto fuori il sole /		
	con tutte le nuvole che ci sono / questo è un bel colore / mh /		guckt hoch
= Geräusche	ue / ui /		
Stift kaputt	ops /		spielt mit Stift
	fai la porta rosa ? / mh / che bella ! / anch' io voglio la porta rosa a casa /		mal=
Nonna kommt, K schaut hoch	scrivi ? / eh carlotti ↑ / o disegni ? /	io disegno /	
Nonna	disegna / non scrive eh eh ↑ / signorina maccabei dove sono i pirinei ? /		
K lacht			C guckt K an
Nonna	dove sono i pirinei ? /		
K lacht			
Nonna	signorina maccabei dove sono i pirinei ? / dice non sono qui /		

Carlotta / Italienisch

K	mh /
N. und K lachen	
Nonna	hai capi- ha capito ↑ / dice non sono qui i pirinei /
K lacht	non sono qui / sì /
Nonna	maccabei /
N.	ganz schön schlau / carlotta du bist ganz schön schlau /
N und K lachen	
Nonna (redet römisch)	madonna quant' è brutto però quando uno non conosce la lingua / è terribile ! / è una deficiente proprio ! / è stupido ! / non riesce a percepi niente / anche che ce metti tutta / perché è una lingua completamente all' opposto / non è che uno dice una parola e riesce a quadrà il discorso / cioè con una parola è come fa la piramide riesce ad arrivà a qualcosa di proniente / io stammatina sò andata via cò – coi nonni / il padre e la madre di – di jense / ma io non ho potuto di 'na parola / perché che parlavo niente / come una deficiente proprio ! / una deficiente è brutto brutto ! / brutto proprio ! /
K	eh / ci vuole coraggio / vero ? /
Nonna	eh sì /
K	eh / ci vuole tanto coraggio ad andare in un posto dove – dove proprio è difficile /
Nonna	sì / sì / difatti / be' giusto / uno – il fatto è questo che proprio come se dice, il bisogno te fa diventà saggio / se c'è il bisogno vai /

Carlotta_i2;10,30

Carlotta / Italienisch

K	ma se no non è che ti spinge con tanto entusiasmo capito ↑ /		
Nonna	certo /		
K	eh / eh /		
Nonna	mhm / è vero /		
K zu C	togli il pezzettino di carta ? /		
Nonna zu C, geht dann raus	allora lotta , disegni , non scrivi tu /		
N lacht; K sagt	eh / togli un pezzetino / e perché ? /		
	ah / e io nel – mentre faccio un' altra stellina qua / zak zak zak e zak / visto ? / mh / tu fai la finestra verde ? /	perchè non scrive mai /	
Stift abgebrochen	oh /		
meint das Papier	devi togliere un altro pezzetino ancora ? / quanti pezzettini di carta ! / mhm / ascolta ! / ma quando finisci di disegnare giochiamo a qualcosa mh ↑ /	oh /	pult am Papier
Im Hintergrund geht jemand laut die Treppen hoch		finito /	
meint den Stift	hee / ma che fai ? / stacchi tutto ? / oh , carta per terra / chi è questo qua ? /		
meint eine Papierfigur	mettiamo questi insieme , così ? / come sei ordinata / mhm / ecco qua /		
		io c' ho anche un pu[sch] /	geht nicht auf Frage ein, räumt Stifte weg
	un che ? /	anche un pu[sch]	s.o.
	e cos' è ? /		
	questo ? / cos' è ? /	qui /	meint Malblatt

Carlotta_i2;10,30

Carlotta / Italienisch

N lacht		qui / questo sono le case / uno due tre quattro cinque sette e - e una stella /	*Case* = eventuell *carte* ? Die 6 (*sei*) fehlt
	è un albero di natale questo ? /		nickt
	ma dai /		
	anche quello / che bello ! / eh / mettiamolo lì / ecco /	e anche quetto io /	zeigt auf Baum; = *auch das habe ich gemacht*
legt weg			geht zum Regal, holt Schminkkasten
	e questo cos' è ? /		
		un' altra spazzola , un altro parfum /	meint einen Kamm meint einen Parfumflakon
	oh /	un altro specchio /	meint einen Spiegel
	mh /		hält K den Spiegel hin
macht sich die Haare zurecht	ok / mh / mi faccio i capelli / mh / va bene /		
		un altro parfum /	nimmt noch einen Parfumflakon und riecht am Parfum
riecht auch daran	un altro / odora ! / com' è ? / buono ? / mh / che raffinato ! / e questo cos' è ? /		
		una crema /	
	no ↓ / oh / oh /		cremt sich mit imaginärer Crème ein, beide lächeln. C hält K Dose zum Riechen hin

Carlotta / Italienisch

	mh / mh / mh / mh / che odorino ! /		
K lacht	aspetta ! / ti tengo lo specchio / ecco / così / mh / che bel colore ! / ah scusa / mh /		C macht Lippenstift auf
hält C den Spiegel hin	mh / va bene ? / sì ↑ /		
K sieht zur Kamera und lächelt			
	ah attenzione ! / è caduto il rossetto / qua /		
		(xxx) lo smalco /	(xxx) = 3 Silben, eventuell [entramo], scheint ein Verb/Imperativ zu sein; smalco = smalto (Nagellack)
	ah / posso mettere un po' di smalto ? /		
		mh , poi /	gib: ihn K dann doch; = ja, du kannst (puoi)
	o me la metti tu ? /		
		no /	
tut so, als lackiere sie sich die Fingernägel	no / me la metto io / così ↑ / mh ↑ /		
		io mi fa- /	wird von K unterbrochen, daher ist nicht zu erkennen, welche Form des Verbs fare C gewählt hätte
	ah / tu ti fai i capelli / aspetta che (x) / ci facciamo carine / vogliamo uscire ? / o perché ci facciamo così carine eh ↑ / vuoi anche tu un po' di smalto ? / eh ↑ / vuoi anche tu un po' di smalto ? /		ist mit Kämmen beschäftigt
		dopo /	
	ah / dopo / scusa /		

Carlotta_i2;10,30

Carlotta / Italienisch

trocknet ihre Nägel, pustet	se no non si asciuga mai / adesso devo stare attenta / mh /		
nicht *apro*, sondern *sciolgo* intendiert	no ↓ / nei capelli ↑ / veramente ? / mh / prova con la spazzola / ah / vuoi che te li apro i capelli , mh ↑ /	sono i nodi dentro /	kämmt weiter Knoten in den Haaren
	sì / aspetta ! / così poi puoi spazzolarli meglio / ok / prego / mh / ma come sono lunghi ! /	sì /	
	e come mai sono corti ? /	non sono lunghi , sono corti /	
	ma dove ? / ma guarda come sono lunghi ! / ti arrivano fino a qui / eh /	non vanno in faccia /	
	eh no / qua davanti no eh ↑ / altrimenti non vedi più niente / vedi ! / neanche i miei vanno in faccia / e ci mancherebbe ! / però dietro sono lunghi òh / sai cosa puoi fare ? / se prendi la mano e ti giri , sulla schiena li puoi toccare / prova ! /	non vanno in FACCIA /	
	no / da sotto / da giù / aspetta ! / al contrario / aspetta ! / così , gira il braccio ! / no no / alza la testa ! / alza - /		versucht ihre Haare so anzufassen, wie K es ihr erklärt, macht es jedoch mehrmals falsch
= Ausruf (?)	takkete ! / i capelli /		
macht es auch an ihren Haaren vor	visto che li puoi toccare / anch' io faccio così e li tocco / vedi ! / qua dietro / così si fa per vedere come sono lunghi / si possono toccare dietro / mh		Endlich macht sie es richtig

Carlotta_i2;10,30

Carlotta / Italienisch

		/	
K hat nun Haare vorm Gesicht lacht	ah / grazie / e adesso , ce li ho in faccia / non ti vedo più / eh / certo che sei una brava parrucchiera però eh ↑ / eh / così non vedo niente / ecco qua / ma guarda un po' /	viene /	will K's Haare kämmen (Pony)
will C das Haargummi wieder in die Haare machen	adesso ti rimetto ? / te lo rimetto ? /		
macht C die Haare	ah / così ? / guarda se ti va bene , nello specchio / eh mamma mia ! / va bene così signorina ? / mh ↑ /	mh /	nickt
		no /	
	come no ↓ / non le piace ? / li vuoi fatti più in alto ? / ah / così ? /		
		più in alto /	will einen höher angesetzten Pferdeschwanz haben
N lacht	ah / più in alto ↑ / una coda di cavallo / e girati ! / tutto quello che desidera signorina / come vuole lei / ecco qua / vuole anche che glieli lavo i capelli ? /		nickt
drückt C's Kopf nach hinten	sì / allora sì – si sieda per favore ! / testa indietro / testa in giù /	aaah ! /	weinerlich, schreckt vor
	che c' è ? / ti lavo i capelli /	n – n – n – n – ´	= no, C will es nicht
	ah no / aaah / scusi /	non voglio qua /	zeigt auf die Stuhllehne
	va be' / allora facciamo niente / boh / allora facciamo – facciamo soltanto la coda di		

Carlotta_i2;10,30

Carlotta / Italienisch

steht auf, um C's Haare besser zurecht zu machen	*cavallo / sa quanta gente viene qua nel mio negozio a farsi fare i capelli / normalmente devo sempre anche lavare i capelli / non devo soltanto pettinare eh ↑ / perché io sono una parrucchiera molto brava / e quindi devo sempre fare di tutto / la messa in piega / ma che sto facendo ? / madonna mia ! / aspetta ! / un attimo difficile / posso ? / tenga lo specchio in mano ! / così mi dice se è tutto bene / va bene ? /*		
		sì /	
lacht	*grazie / ecco qua / insomma va' / non è che mi stia piacendo così tanto comunque / un bernoccolo / ecco qua / insomma / metà dei capelli è rimasta qua sotto / mah / forse la mamma te li sa fare meglio i capelli sai ↑ / mh / e lo smalto ↑ /*		C räumt alles weg
		qui - qui non è /	
lacht	*mh / insomma /*		
	ENDE DER AUFNAHME		

Legende:
? = Frage
- = abgebrochene Äußerung oder Wort
' = zielsprachlich ausgelassene Wortteile (z.B. für dt. einen ein')
Großschreibung = besondere Betonung
( ) = undeutliches Sprachmaterial

/ = Äußerungsende
! = Ausruf
, = Pause im Redefluss
[ ] = lautschriftliche Wiedergabe des Gehörten
↓↑ = Stimmabsenkung / Stimmanhebung

Carlotta_i2;10,30

Tanja Anstatt (Hrsg.)

Mehrsprachigkeit bei Kindern und Erwachsenen

Erwerb, Formen, Förderung

2007, 226 Seiten,
€[D] 29,90/SFr 48,50
ISBN 978-3-89308-393-0

Welche Wege führen in die Mehrsprachigkeit, was passiert dabei im Gehirn, wie können Kinder, aber auch Erwachsene auf diesen Wegen gefördert werden und welche sprachlichen Besonderheiten sind für mehrsprachige Kinder und Erwachsene typisch? Dies sind die hoch aktuellen Leitfragen, die namhafte Experten im vorliegenden Band aus linguistischer, pädagogischer und neurobiologischer Perspektive allgemeinverständlich beleuchten. In letzter Zeit wird zunehmend der Ruf nach früher mehrsprachiger Bildung von Kindern laut, andererseits drängt die Aufgabe der sprachlichen Integration von Kindern mit Migrationshintergrund. Das Buch möchte zeigen, dass Kinder das Potenzial für den unproblematischen Erwerb mehrerer Sprachen besitzen, diese beeindruckende Leistung aber nur bei intensiver Förderung vollbringen können.

Mit Beiträgen von:
Tanja Anstatt und Elena Dieser · Bernhard Brehmer · Christine Dimroth · Ingrid Gogolin und Hans-Joachim Roth · Kurt Kohn · Grit Mehlhorn · Jürgen M. Meisel · Cordula Nitsch · Renate Thiersch · Rosemarie Tracy

Narr Francke Attempto Verlag GmbH + Co. KG
Postfach 25 60 · D-72015 Tübingen · Fax (0 7071) 97 97-11
www.attempto-verlag.de · info@attempto-verlag.de